Heinrich Schliemann
Bericht über die Ausgrabungen in Troja
in den Jahren 1871 bis 1873

Karte der Ebene von Troja. Aus dem »Atlas trojanischer Alterthümer« (Tafel 118, Bildlegende S. 292)

# Heinrich Schliemann

# Bericht über die Ausgrabungen in Troja in den Jahren 1871 bis 1873

Mit einem Vorwort von Manfred Korfmann
sowie 70 Abbildungen und
48 textbezogenen Tafeln aus dem
»Atlas trojanischer Alterthümer«

———————

Artemis Verlag
München und Zürich

Schliemanns Ausgrabungsbericht erschien erstmals 1874 bei F. A. Brockhaus in Leipzig unter dem Titel *Trojanische Alterthümer. Bericht über die Ausgrabungen in Troja.*

Die in den Text integrierten Abbildungen und die 48 textbezogenen Tafeln sind dem ebenfalls 1874 bei F. A. Brockhaus in Leipzig erschienenen *Atlas trojanischer Alterthümer. Photographische Abbildungen zu dem Berichte über die Ausgrabungen in Troja* entnommen. Die Reproduktion erfolgte mit freundlicher Genehmigung der Bayerischen Staatsbibliothek München und der Zentralbibliothek Zürich, die das in ihrem Besitz befindliche Original dem Verlag zur Verfügung stellten.

Die mit * versehenen Abbildungen sind in der vorliegenden Neuausgabe nicht reproduziert; Hinweise der Redaktion wurden in eckige Klammern gesetzt [ ].

CIP-Titelaufnahme der Deutschen Bibliothek
**Schliemann, Heinrich:**
Bericht über die Ausgrabungen in Troja in den Jahren 1871–1873 / Heinrich Schliemann. – München ; Zürich : Artemis Verl., 1990. ISBN 3-7608-1920-6

© 1990 Artemis Verlag München und Zürich, Verlagsort München.
Alle Rechte, einschließlich derjenigen des auszugsweisen Abdrucks
und der photomechanischen Wiedergabe vorbehalten. Satz: Filmsatz Schröter,
München. Druck: Peradruck Gräfelfing, Bindung: G. Lachenmaier, Reutlingen.
Printed in West Germany. ISBN 3-7608-1920-6

# INHALT

# VORWORT

*Zur Publikation der ersten regulären Ausgrabungen
in Hisarlık, 1871–1873*[1]

›Homer-Troia-Schliemann‹, das ist seit über hundert Jahren im Bewußtsein der Öffentlichkeit eine Einheit. Immer wieder wurde das Thema aufgegriffen. Schliemann gilt als der Archäologe schlechthin, sein Lebenswerk steht als Monument der Wissenschaftsgeschichte da. Er selbst hat viel dafür getan, indem er mit großen und kleinen Publikationen hervortrat, mit Büchern oder Artikeln in Fachzeitschriften und Zeitungen, insgesamt etwa mit 300 Veröffentlichungen. Die Bibliographie zu Schliemanns Person, aber auch zu seinem Werk, den archäologischen Ausgrabungen insbesondere in Troia und Mykenae, ist heute nicht mehr zu überblicken. Eine Zusammenstellung der ›Schliemannia‹, die der Athener Prähistoriker und Schliemannforscher Georg Korres im Jahre 1974 besorgte, weist über 2000 Veröffentlichungen auf. Die Zahl vermehrt sich alljährlich. Gerade im gegenwärtigen 100. Todesjahr wendet man sich besonders intensiv dem berühmten Troiaausgräber zu. Im Mittelpunkt stehen in letzter Zeit Fragen nach seiner Persönlichkeit, und zwar vornehmlich die nach seinem Charakter. Negative Aspekte seines Wesens ließen im Verlauf dieser Diskussionen generelle Zweifel an seiner wissenschaftlichen Redlichkeit aufkommen. Vor diesem Hintergrund, auf den wir bewußt nicht ausführlicher eingehen wollen, ist es gerechtfertigt und notwendig, auch ihn selbst wieder zu Wort kommen zu lassen. Denn die konkreten archäologischen Ergebnisse seiner Ausgrabungstätigkeit geraten, wie es scheint, bei den widersprüchlichen Beurteilungen aus dem Blickfeld.

Eine adäquate Sichtweise ermöglicht das vorliegende Buch. Es berichtet von den ersten drei Grabungsjahren in Hisarlık (1871–1873), einem Ort, den die Antike Ilion (Ilios) oder Troia nannte und der ab der Zeit der Schliemanngrabung normalerweise auch wieder so bezeichnet wird. Der Ausgräber wollte damals die

---

[1] Im Unterschied zum Textkorpus verwendet der Herausgeber in seinem Vorwort folgende Schreibweisen: ›Troia‹ (›i‹ anstelle von ›j‹), ›Hisarlık‹ (›s‹ anstelle von ›ss‹, zweites ›i‹ ohne I-Punkt entsprechend dem Türkischen), ebenso ›Pınarbaşı‹ beide ›i‹ ohne I-Punkt. (Anm. d. Verl.)

Arbeiten »auf immer« einstellen. Es war für ihn »nicht denkbar, daß die Wissenschaft durch fernere Ausgrabungen noch etwas sollte gewinnen können«. Schon bald sah er das jedoch anders, und es drängte ihn nach seinen Grabungen in Ithaka, Tiryns und Mykenae wieder nach Hisarlık, wo er im Herbst 1878 die Arbeit fortsetzte. Der Wert gerade des vorliegenden Werkes liegt darin, daß wir den eigentlichen Schliemann im Anfang seiner wissenschaftlichen Betätigung fassen können, einen Mann, der noch nicht von Persönlichkeiten aus dem Kreis der Altertumswissenschaften unterstützt und beeinflußt wurde. Dazu zählte später insbesondere der Anthropologe und Pathologe Rudolf Virchow (ab 1879) oder Emile Burnouf, ehemaliger Direktor des französischen Archäologischen Instituts in Athen (ab 1879) oder der Architekt (und Archäologe) Wilhelm Dörpfeld (ab 1882). Wie oft hat man in späteren Jahren die wissenschaftlich negativen Aspekte der Arbeiten in Troia auf Schliemann und die positiven auf die Mitwirkung anderer zurückgeführt! Auch die äußeren Bedingungen, unter denen seine Arbeiten stattfanden, werden im vorliegenden Buch geschildert. Hierzu muß der allgemeine Stand der Archäologie dieser Zeit gerechnet werden, der bei einer fairen Betrachtung sogar an vorderer Stelle mit zu bedenken ist. Auch dazu erfahren wir einiges, zumindest indirekt.

Es handelt sich um eine Neuauflage des am 31. Januar 1874 in einer Auflage von nur 1000 Exemplaren von Schliemann selbst finanzierten Werkes »Trojanische Alterthümer, Bericht über die Ausgrabungen in Troja von Dr. Heinrich Schliemann«. Er ließ es von F. A. Brockhaus in Leipzig vertreiben. Das Buch ist zugleich auch in französischer Sprache veröffentlicht worden. Der Text wurde durch einen gleichzeitig, jedoch nur in einer Auflage von etwa 400–500 Exemplaren erschienenen Tafelband illustriert: »Atlas trojanischer Alterthümer. Photographische Abbildungen zu dem Berichte über die Ausgrabungen in Troja«. Beide Werke wurden separat verkauft. Wegen der geringen Auflage war der »Atlas« schon eineinhalb Monate später vergriffen.

Aus dem Buch werden immer wieder in verschiedensten Publikationen kurze und längere Teile zitiert. Zu einer vollständigen Neuauflage der deutschen Ausgabe kam es jedoch nie. Im vorliegenden Band wird der Text ungekürzt und im originalen Wortlaut wiedergegeben. Lediglich Orthographie und Zeichensetzung sind behutsam modernisiert worden. Einige altertümliche Ausdrücke wurden bewußt belassen, wie Priapos = Phallus, Exkavation = Ausgrabung, oder die Verwendung des Wortes Brunnen, auch in solchen Fällen, wo sondierende Grabungen gemeint sind. Eine Besonderheit ist die Bebilderung der vorliegenden Ausgabe. Sie bezieht sich auf den »Atlas trojanischer Alterthümer«. In ihm sind damals von den etwa 100000 Troiafunden über 4000 Objekte veröffentlicht worden, dazu Pläne und Grabungszustände. Immer wieder zitiert wird er jedoch vornehmlich wegen der photographischen Abbildungen der zahlreichen Objekte des »Schatzes des Priamos«. Der »Atlas« weist 217 großformatige Tafeln auf, dazu auf 57 Druckseiten Beschreibungen und Erläuterungen zu den abgebildeten Funden und Befunden.

Der Textteil zu den Ausgrabungsergebnissen in Troia ist jedoch nur schwer und teilweise gar nicht verständlich, wenn man nicht gleichzeitig die Abbildungen des Atlas zur Hand hat. Das war der Ausgangspunkt für die vorliegende Edition. Ein Neudruck der insgesamt 217 Atlastafeln kam für die vorliegende Ausgabe nicht in Betracht. Dazu kommt, daß viele der Objekte später erneut publiziert worden sind, sei es von Schliemann selbst, durch Wilhelm Dörpfeld, Carl Schuchhardt, Hubert Schmidt, oder aber im Rahmen der Veröffentlichung von zahlreichen ›Dubletten‹, die die Berliner Museen an 37 wissenschaftliche Institutionen abgegeben haben.

Wenn der vorliegenden Ausgabe 48 ganzseitige Tafeln sowie 70 einzelne Abbildungen dieses Werkes beigegeben sind, so ist dies mit Dank als besondere Leistung des Artemis Verlages hervorzuheben. Es sei darauf hingewiesen, daß die *Tafeln* gegenüber den Originalphotographien des Atlas' *um 20% verkleinert* werden mußten. Sie entsprechen somit *⁴/₅ der Originalgröße*.

Bei den Plänen auf den Tafeln 116 und 117 sowie 213−215 war die Atlas-Vorlage derart klein, daß Schliemann selbst sagte, daß man zum Verständnis der Beschriftung »eine Lupe zur Hilfe nehmen muß«. *Die Abbildungen, die in dem Textteil enthalten sind, wurden nicht in einem einheitlichen Maßstab übernommen,* wenngleich sie zur Hälfte maßstabsgerecht reproduziert worden sind und nur selten von der Vorlage stark abweichen. Der an exakteren Maßen interessierte Fachmann wird gegebenenfalls auf die Originalpublikation zurückgreifen müssen. Dies gilt auch für im Text erwähnte, hier jedoch nicht abgebildete Objekte, die durch * kenntlich gemacht wurden.

Der »Bericht über die Ausgrabungen in Troia« ist ein authentisches Dokument. Beim Text handelt es sich um 23 periodische Niederschriften; Schliemann nennt sie »Aufsätze«. Es sind ein- oder zweiwöchige, gelegentlich zeitlich darüber hinausgehende Tätigkeitsberichte, ähnlich denen, die parallel zu den Ausgrabungen in regelmäßigen Abständen in der »Augsburger Allgemeinen Zeitung« veröffentlicht wurden. Grundlage waren zweifellos die von Schliemann täglich geführten und heute in der Athener Gennadius-Bibliothek aufbewahrten Grabungstagebücher. Naturgemäß liegt hier eine für die Publikation überarbeitete Fassung vor, die der Ausgräber bewußt einer kritischen Öffentlichkeit zur Verfügung stellt. Der Leser muß wissen, daß es der Tagebuchcharakter mit sich brachte, daß er irregeführt wird. In den ersten beiden Grabungsjahren geht Schliemann davon aus, daß die unterste »Ansiedlung« das von Homer beschriebene Troia ist, im 3. Jahr hingegen ist es die »2. Ansiedlung«. Eine umfangreiche Einleitung, geschrieben Ende 1873, faßt die Ergebnisse der drei Grabungsjahre zusammen. Ein ähnlicher interpretierender Rückblick zu den ersten drei Grabungsjahren erfolgte im Licht der zusätzlichen Erkenntnisse aus den späteren Ausgrabungen bei W. Dörpfeld, »Troja und Ilion, Ergebnisse der Ausgrabungen in den vorhistorischen und historischen Schichten von Ilion, 1870–1894« (1902) 1–9.

Die Mühen des ersten Grabungszyklus wurden gekrönt durch das Auffinden des »Schatzes des Priamos«. Schliemann wähnte sich am Ziel seiner Arbeit, und er wollte die Ausgrabungen in Troia endgültig einstellen. Die Ergebnisse sollten so schnell wie möglich präsentiert werden. Diese Eile merkt man allenthalben. Im Text fallen Unstimmigkeiten und Wiederholungen von Gedanken und Schlußfolgerungen auf, was andererseits die Ursprünglichkeit der Dokumentation unterstreicht. Die fehlende gründliche Überarbeitung gilt sogar für die Einleitung. Im Atlasband fällt dem Benutzer die wechselnde Qualität der Photographien, die zudem schlecht beschnitten und ohne Sorgfalt eingeklebt wurden, auf. Bei den Phototafeln vermißt man ein geplantes oder auch nur ästhetisches Arrangement. Die Verweise vom Text auf die Abbildungen könnten viel konkreter sein; dort wo sie präzise sind, erweisen sie sich gelegentlich als falsch.[2]

Die Mehrheit der Abbildungen des Atlas ist in »photographischer Zeichnung« wiedergegeben, wie Schliemann es nennt, Zeichnungen, die photographisch dokumentiert und in Abzügen reproduziert wurden. Deshalb muß jeder Atlasband als Unikat gelten. Der Athener Photograph Panagos Th. Zaphyropoulos hat nicht nur die meisten Aufnahmen, sondern auch die über 100 000 Abzüge gemacht. Davon hat Schliemann, wie wir wissen, 25 000 Abzüge wegen schlechter Qualität ausgeschieden. Das war gewiß eine auch für damalige Verhältnisse ungewöhnliche Relation; und dennoch muß die Qualität der verbliebenen Photos als oft sehr dürftig bezeichnet werden – eine Neuauflage kam nicht in Betracht. Insgesamt war es ein mühseliger und am Ende unbefriedigender Versuch mit einem relativ neuen Medium. Dieses Urteil gilt auch aus heutiger Sicht, wenn man bedenkt, daß die Photo-Platten nicht aufgehoben wurden und die Abzüge in den wenigen Folianten, die in den Bibliotheken verblieben sind, von Jahr zu Jahr immer mehr vergilben.

Die Lehre, die daraus gezogen wurde, war so eindringlich, daß Funde und Befunde der Ausgrabungen in Troia zu Schliemanns Lebzeiten nie wieder als Photographien, sondern immer nur als Stiche veröffentlicht wurden. Die späteren Stiche hatten allerdings häufig Photographien zur Grundlage, denn die photographische Dokumentation fand innerhalb seiner Grabungen weiterhin Anwendung.

Schon ein Jahr nach dem Erscheinen des Atlas hat man zur Bebilderung der

---

[2] Sie wurden hier korrigiert.

englischsprachigen Ausgabe des »Berichtes über die Ausgrabungen in Troja«[3] die Vorlagen des Atlas für die Herstellung von Stichen verwendet. Diese Umgestaltung war optisch ansprechend. Dennoch wollte der Verlag, und wir meinen zu Recht, bei der ursprünglichen deutschen Ausgabe auch der forschungsgeschichtlichen und wissenschaftlichen Originalität entsprechen und bei der anfänglichen Konzeption Schliemanns bleiben. An diese hält sich strikt das vorliegende Werk, auch in der Beziehung, daß allein diejenigen Abbildungen aus dem Atlas berücksichtigt wurden, auf die Schliemann ganz besonders hinweist. Es orientiert sich bewußt nicht an der Objektauswahl der englischsprachigen Ausgabe, da diese nicht von Schliemann selbst betreut wurde. Abgesehen davon, daß nunmehr erheblich mehr Objekte in Abbildung vorliegen, beruht der wissenschaftliche Aspekt der Dokumentation hauptsächlich darauf, daß die Funde des »Schatzes des Priamos« nun in den Originalphotographien auf 19 Tafeln zugänglich sind. Diese kulturhistorisch besonders wertvollen Objekte gingen im Verlauf der letzten Wochen des Zweiten Weltkriegs verloren. Wenigstens auf diesem Wege können sie jetzt einer größeren Öffentlichkeit wieder vor Augen geführt werden. Gelegentlich wird behauptet, Schliemann habe den ›Schatz‹ gar nicht in toto in Troia gefunden, sondern ihn durch verschiedene, zusammengekaufte Stücke ergänzt. Deshalb ist es von Interesse, daß die Objekte teilweise in ungereinigtem Zustand aufgenommen wurden, die Photos somit auch als Dokumente wichtig sind. Wie mehr würde gar noch über Aspekte der ›Fälschung‹ spekuliert werden, wenn es nicht diese so frühe Publikation gäbe, sogar eine solche mit dem Dokument der Photographie? Viel Zeit für ›Fälschungen‹ blieb jedenfalls nicht. Schliemanns Voraussage, daß dieser Schatz »jahrhundertelang der Gegenstand eingehender Forschung bleiben« würde, hat sich ohne Zweifel für das erste Jahrhundert bestätigt.

Als Hilfe für den Leser wurden griechische Inschriften, Begriffe und Literaturzitate ins Deutsche übertragen. Sofern gedruckte Übersetzungen vorlagen, wurden diese zitiert. Einzelne Inschriften und Begriffe sind von Dr. Friedrich Wilhelm Hamdorf, Staatliche Antikensammlungen und Glyptothek München, übersetzt worden. Herr Dr. Wilfried Bölke, Leiter des Heinrich-Schliemann-Museums in Ankershagen (Mecklenburg), stellte die Zeittafel zu Schliemanns Leben und das Verzeichnis seiner deutschsprachigen Monographien zusammen.

---

[3] *Troy and its Remains; a Narrative of Researches and Discoveries made on the Site of Ilium and in the Trojan Plain*, London 1875 und New York 1876, Nachdruck New York 1976, jetzt nicht mehr lieferbar.

## Schliemanns Ausgrabungen in Hisarlık als eine Form
## der Ilias-Rezeption

Die Ausgrabungen Heinrich Schliemanns in Troia sind Teil der vielfältigen und langen Rezeptionsgeschichte der Ilias des Homer. Wie kein anderes Werk der Literatur hat dieses etwa 710 v. u. Z. verfaßte Epos die Welt des Abendlandes geistig geprägt.

Der Archäologe kann feststellen, daß das Thema des Kampfes um Troia schon eine Generation nach Homer die Kunst bewegte, demnach wohl in aller Munde war. Der Einfluß der Ilias im geistigen Bereich riß bis zum heutigen Tag nicht ab. Nicht allein beim Erlernen des Griechischen, ob in der Antike oder in der Gegenwart, lieferten die Geschichten im Zusammenhang mit dem Troianischen Krieg die Grundlagen. Das Thema wird auch künstlerisch und sogar politisch genutzt. Seit dem 5. Jh. v. u. Z. bekannte sich Rom zu seiner troianischen Abstammung. Iulius Caesar und mit ihm das Iulisch-Claudische Herrscherhaus führte sich zum Ausbau seiner Herrschaftsideologie auf Aeneas und dessen Sohn Iulus zurück, der wiederum nach dem sagenhaften Gründer der Stadt Troia (Ilos) benannt war. Troia hatte bemerkenswerterweise noch einen zweiten Namen: Ilios. Auf den Kampf zwischen europäischen Griechen und asiatischen Troianern beriefen sich viele politische Machthaber, ob Xerxes vor der Eroberung Griechenlands oder Alexander der Große vor dem Zug nach Südwestasien, ob die Kreuzfahrer des 4. Kreuzzuges vor und nach der Einnahme Konstantinopels oder Sultan Mehmet Fatih nach der Eroberung dieser Stadt durch die Osmanen. Die Könige Frankreichs, die Herzöge Burgunds und viele andere leiteten sich genealogisch von Troianern ab.

Insgesamt gesehen hat die geistige und ideologische Auseinandersetzung mit dem Geschehen um diese Stadt eine verbindliche kulturelle Grundlage für Erziehung und Bildung in Europa bewirkt. In dieser anatolischen Stadt an der Grenze zweier Kontinente und Meere finden sich kräftige Wurzeln der europäischen Kultur. In einer Zeit der politischen und wirtschaftlichen Einigungsbestrebungen in Europa sollten uns auch solche geistige Grundlagen bewußt werden.

Die Rezeption der Ilias hatte schließlich zwei weitere ›Kämpfe um Troia‹ zur Folge, die heute noch andauern:

1. War Troia ein »Phantasiebild des Poeten«, eine sagenhafte, erfundene Stadt?
2. Wenn nein, wo lag Troia?

Den meisten Altphilologen des 19. und 20. Jahrhunderts war die Ilias reine dichterische Erfindung. Es gab Zeiten, in denen sogar die Existenz Homers als Person von der Wissenschaft angezweifelt wurde. Die Antike hingegen hatte kaum Zweifel. Man wußte, wo Troia/Ilios lag. In Hisarlık wurden Ilion-Münzen geprägt, auf der römischen ›Peutingerschen‹ Straßenkarte ist die Stadt mit Entfer-

nungsangaben zu den Nachbarorten verzeichnet. Dennoch wurde im ausgehenden 18. und bis zu Schliemanns Grabungen im 19. Jahrhundert der Ort Troia von
den meisten derjenigen Gelehrten, die an einen historischen Kern der Ilias
glaubten, nicht mit Hisarlık, sondern mit dem knapp 10 km südöstlich auf den
Felshängen oberhalb Pınarbaşıs (Bunarbaschis) gelegenen Ruinen identifiziert.
Schliemann hatte somit zwei Wissenschaftlergruppierungen zu Gegnern. Man
könnte die Gleichsetzung Hisarlıks mit Troia als wichtigstes Arbeitsergebnis von
Schliemann bezeichnen, was oft geschieht. Dennoch, ganz so einfach stellt sich
der Sachverhalt nicht dar. Schliemann hat Troia nicht ›entdeckt‹, wenngleich er in
eine knapp 100 Jahre während akademische Diskussion mit Hilfe einer neuen
Methode, der Ausgrabung, eingegriffen hat. Dabei war er nicht der erste. In
Pınarbaşı hatte 1864 der österreichische Konsul Johann Georg von Hahn gegraben, und fünf Jahre vor Schliemanns erster sondierender Ausgrabung (1870) hatte
in Hisarlık schon der britische Staatsbürger Frank Calvert Grabungen begonnen.
Letzterer war ortsansässig an den Dardanellen und als Großgrundbesitzer, Händ-
ler und britischer sowie amerikanischer Konsul zu Vermögen gelangt. Er war aber
auch als Gelehrter, der sich für Altertümer interessierte und diese auch publi-
zierte, international ausgewiesen. Bei aller Zähigkeit im Streben, die man Schliemann zubilligt, muß doch hervorgehoben werden, daß es Frank Calvert war, der
ihm die Wege innerhalb der Landschaft Troias geebnet und ihn auf Hisarlık
besonders aufmerksam gemacht hatte.

Wie damals üblich, ging man im 18. und 19. Jahrhundert mit der Ilias in der
Hand durch das Gelände, so auch Schliemann, als er 1868 zum ersten Mal
hierherkam. Homer beschreibt diese Landschaft nicht exakt, aber doch in zufrie-
denstellender Weise. Er oder seine Informanten dürften mit wachen und alles
registrierenden Sinnen die Skamanderebene betrachtet haben. Eine heutzutage
nachvollziehbare Landschaftsbeschreibung der Homerischen Zeit ist jedoch noch
kein Beweis dafür, daß etwa 550 Jahre vor dieser Beschreibung dort der »Troiani-
sche Krieg« stattgefunden hat. Allerdings konnte die Archäologie (nach Schliemann) zeigen, daß Homer oder seine Zeitgenossen im ausgehenden 8. Jahrhundert v. u. Z. die mächtigen Mauern des Troia des 2. Jahrtausends (= Troia VI und
VII) als Ruinen vor Augen gehabt haben könnten. Vielleicht waren letztere aber
auch bewohnt.

Freilich sind auch gelegentlich kritische Ansätze gegenüber einem wörtlichen
Homervertrauen bei Schliemann zu registrieren; und zwar immer dann, wie man
im vorliegenden Buch erfahren kann, wenn die Grabungsbefunde offenkundig
nicht mit den Aussagen der Ilias übereinstimmen.

Tatsächlich aber war es im wesentlichen namenlose Vorzeit, was man bei den
deutschen Grabungen von Heinrich Schliemann (1871–1873, 1878, 1879, 1882
und 1890) und Wilhelm Dörpfeld (1893–1894) fand. Gleiches gilt für die amerika-

nischen unter der Leitung von Carl W. Blegen (1932–1938). Die Ergebnisse waren von hohem wissenschaftlichen Interesse, aber weit entfernt von Homer und dem angeblichen Geschehen der Ilias, das von den meisten ins beginnende 13. Jh. v. u. Z. datiert wird.

Die ›Schatzfunde‹ Troias und die archäologische Schicht Troia II (s. Abb. S. XXIII rechts) sind, wie wir heute wissen, entgegen Schliemanns Meinung, etwa 1000 Jahre älter als die mutmaßliche Epoche des Priamos. Insofern wäre die zeitgenössische Kritik an Schliemanns Interpretation durchaus gerechtfertigt gewesen. Aber mit methodisch-archäologischen Argumenten hat man ihn damals nicht angegriffen. Daß er von Anfang an prinzipiell offen für neue Gesichtspunkte war, auch das kann man dem vorliegenden Buch entnehmen. Er korrigiert sich selbst, sucht die Zusammenarbeit mit anderen, auch mit Nachbardisziplinen, fordert geradezu zur Diskussion auf. Hier ist er zweifellos Wissenschaftler.

*Der allgemeine Stand der »Archäologie« zu Schliemanns Zeiten*
*und die Bedeutung des Platzes Hisarlık für die*
*Vor- und Frühgeschichtliche Archäologie des 19. Jahrhunderts*

Für einen ernsthaften Disput in der Sache war das Jahr der Publikation der ›Schatzfunde‹ (1874) noch gar nicht reif. Mykenae war noch nicht bekannt. Schliemann selbst sollte erst mit seinen dortigen Ausgrabungen das Grundmaterial für die archäologisch-wissenschaftliche Auseinandersetzung mit Troia liefern.

Erst nach dem Tode Schliemanns, unter der Grabungsleitung W. Dörpfelds, kamen 1893 und 1894 die mächtigen Befestigungsmauern der Epoche Troia VI am südlichen und östlichen Rande des Burgberges von Troia auf großer Strecke zutage. Schliemann hatte sie schon, wie nachzulesen ist, im Jahre 1873 an der Südseite seines großen Grabens gesehen, zumindest einen zu dieser Schicht gehörigen Großbau (s. Tafel 109, links). Man vermochte sie aber erst aufgrund der in Mykenae gewonnenen Erkenntnisse zu datieren, vornehmlich mit der hier wie dort angetroffenen typisch geformten und bemalten Keramik.

Wenngleich mit Troia im weiteren Sinne die Vorderasiatische und die Klassische Archäologie verbunden sind, so hat dort insbesondere die Vor- und Frühgeschichtliche Archäologie, die sogenannte ›Spatenforschung‹ ihren Anfang genommen. Hisarlık mit seinen vielen, übereinanderliegenden Bebauungsphasen war der Ort, an dem ein Ausgräber zum ersten Mal die Abfolge von archäologischen Schichten würdigte, die ›stratigraphische Methode‹ für die Archäologie erkannte und dies auch gleichzeitig der Öffentlichkeit vermittelte. Das Verdienst gebührt, darin besteht kein Zweifel, Heinrich Schliemann. Die Erkenntnisprozesse kann man in der vorliegenden Publikation nachvollziehen. Darüber hinaus wurde von

XIV

Schliemann der Wert bis dahin unscheinbarer Funde als Leittyp registriert. Sie waren ihm wichtiger, wie er selbst sagte, als Schatzfunde. Auch das kann man hier ausdrücklich nachlesen, schon im 1. Grabungsjahr: »Meine Ansprüche sind höchst bescheiden, plastische Kunstwerke zu finden hoffe ich nicht. Der einzige Zweck meiner Ausgrabungen war ja von Anfang nur, Troja aufzufinden, über dessen Baustelle von hunderten Gelehrten hundert Werke geschrieben worden sind, die aber noch niemals jemand versucht hat durch Ausgrabungen ans Licht zu bringen. Wenn mir nun dies nicht gelingen sollte, würde ich doch überaus zufrieden sein, wenn es mir nur gelänge, durch meine Arbeiten bis in das tiefste Dunkel der vorhistorischen Zeit vorzudringen und die Wissenschaft zu bereichern durch die Aufdeckung einiger interessanter Seiten aus der urältesten Geschichte des großen hellenischen Volks. Die Auffindung der Steinperiode, anstatt mich zu entmutigen, hat mich daher nur noch begieriger gemacht, bis zu der Stelle vorzudringen, die von den ersten hierher gekommenen Menschen betreten worden ist, und ich will bis dahin gelangen, sollte ich noch 50 Fuß zu graben haben.«

Mit der Würdigung von Keramikscherben und sonstigen Kleinfunden, verstanden aus der jeweiligen Schichtzugehörigkeit, war der Anfang für den Aufbau einer relativen Chronologie für den Ort selbst, aber auch weit darüber hinaus für die prähistorischen Kulturen Südosteuropas und Griechenlands gemacht.

Die Arbeiten stießen bekanntlich auf viel, teilweise von Schliemann selbst verschuldete Kritik. Was die wissenschaftliche Seite angeht, so kam sie vornehmlich von der Klassischen Philologie und Alten Geschichte, aber auch von der Klassischen Archäologie. Die damaligen Altertumswissenschaften vermochten mit Ausgrabungsergebnissen, wie sie hier vorgelegt wurden, so gut wie nichts anzufangen. Tätigkeiten dieser Art waren unter der Würde der meisten Gelehrten dieser Epoche. Im Kulturraum der Antike, in dem seit über 100 Jahren die kunsthistorische Betrachtungsweise hervorragender Funde bestimmend war, wird nunmehr mit Schliemann im großen Stil etwas Neuartiges betrieben. Es muß besonders hervorgehoben werden, daß, als die Ausgrabungen in Troia begannen, die Vor- und Frühgeschichtliche Archäologie, im Gegensatz zur Klassischen Archäologie, an keiner der deutschen Universitäten etabliert war. Wenn Schliemann, was üblich ist, als Autodidakt auf dem Gebiet der Archäologie bezeichnet wird, dann konnte das nur aus der Sicht der Kunstarchäologie gesagt werden. Es gab noch keinen an einer Universität ausgebildeten Ausgräber für die nicht-klassischen Epochen der Menschheitsgeschichte, Wissenschaftler, die alle Funde gleichwertig beachteten und ebenso deren Zusammenhänge innerhalb der Erde, die Befunde. Das systematisierte und dokumentierte Ausgraben wurde noch nicht verstanden. Zweifellos war Schliemann als Altertumswissenschaftler durch seine Promotion an der Universität Rostock seit dem Jahre 1869 akademisch ausgewiesen, zumindest so gut wie viele andere auch. Von großer Bedeutung war gewiß die

Unterstützung der Troiagrabung ab 1879 durch eine der vornehmsten Persönlichkeiten der deutschen Wissenschaft, durch den angesehenen Anthropologen und Vor- und Frühgeschichtlichen Archäologen Rudolf Virchow. Daß Virchow nicht allein Pathologe, Arzt und Politiker war, wird häufig übersehen. Hinsichtlich der Vor- und Frühgeschichtlichen Archäologie wäre auch Virchow als Autodidakt zu bezeichnen gewesen, was interessanterweise keiner auszusprechen wagt; im Gegenteil, er wird als »Altmeister der prähistorischen Forschung« verehrt.

Als Schliemann im Jahre 1871 seine ersten regulären Grabungen in Troia begann, war Alfred Götze, der erste Fachprähistoriker Deutschlands, gerade sechs Jahre alt geworden.[4] Durch die Schliemannschen Grabungen, insbesondere in Troia und Mykenae, wurde die ›Spatenforschung‹ als sinnvolle Methode einer historischen Wissenschaft teilweise anerkannt. Diese Erkenntnisse erreichten nicht nur die Wissenschaftler, sondern auch deren Geldgeber. So nehmen das griechische Königshaus und das deutsche Kaiserhaus lebhaften Anteil an den Ausgrabungen Schliemanns, nicht weniger auch der mehrfache britische Premierminister William E. Gladstone. Davon profitierten auch die anderen ›Archäologien‹, die ohne Schliemann und Troia heute gewiß nicht den hohen Rang in den Geisteswissenschaften einnähmen, insbesondere aber auch nicht den hohen Stellenwert im Bewußtsein der Allgemeinheit.

Auch wenn Schliemanns Grabungen in Hisarlık eine besondere Art der Ilias-Rezeption darstellten, so führten doch deren Ergebnisse dazu, daß die Vor- und Frühgeschichtlichen Archäologen diesen Ort in seiner Bedeutung fast stets von der Ilias losgelöst sahen. Die Schlüsselfunktion Troias wurde erkannt und gewürdigt. Es sind in der archäologischen Fachwelt nicht so sehr die Schatzfunde, sondern vielmehr die sonstigen ›Kleinfunde‹, die Troia zum meistzitierten Fundort der Welt machten.

Zunächst ist das Phänomen interessant, daß hier weit über 40 einzelne Bauphasen in neun Hauptschichten von zusammen etwa 16 Metern Höhe übereinander liegen, immer an derselben Stelle, wie ein geschichteter Kuchen. Das allein zeigt schon, daß der Ort offensichtlich über 3000 Jahre lang bedeutsam war; und immer war er auch befestigt. Diese wichtige Kulturenabfolge gibt die Möglichkeit, ältere Funde und Befunde von jüngeren zu trennen und hier, von Asiens Grenze aus, Importe und Exporte, besser die Verbreitung kulturspezifischer Artikel in alle Himmelsrichtungen zu verfolgen und so auch relativchronologisch wie auch absolut zu datieren. Als potentieller Vermittler von Kultureinflüssen, die aus

---

[4] Götze beteiligte sich im Jahre 1894 an der 9. Ausgrabungskampagne in Troia, die unter der Leitung Wilhelm Dörpfelds stand. Später nahm er bei der Ordnung und wissenschaftlichen Bearbeitung der Funde in den Berliner Museen eine hervorragende Stellung ein.

Kleinasien, Syrien-Palästina, Ägypten, Kreta oder Mykenae stammen, ist Hisarlık sehr interessant.

Warum die Schichten in Hisarlık übereinander liegen, so daß ein Siedlungshügel entstand, erklärt sich aus der Hausbauweise. Der Baustoff spielt die entscheidende Rolle. Auf Fundamenten aus Steinen wurden die eigentlichen Hausmauern mit Lehmziegeln errichtet, die lediglich an der Luft getrocknet waren. In heißeren Klimaregionen ist dieses Verfahren üblich, insbesondere dann, wenn das Baumaterial Holz fehlt. Ein Lehmhaus, sofern verputzt und jährlich durch Schutzanstriche gepflegt, ist durchaus gegen Regenwasser gefeit. Dennoch setzt das Klima der Verbreitung dieser Bauweise eine natürliche Grenze. Troias Besonderheit liegt darin, daß hier die Lehmbauweise in einer klimatischen Grenzregion gerade noch ausgeübt wird. Wie bei allen Häusern einfacher Bauart, wird auch bei Lehmhäusern nach ein oder zwei Generationen ein Neubau fällig. Anders als bei Stein-, Fachwerk- oder Blockhäusern, verwendet man bei ihnen üblicherweise das Baumaterial nicht weiter. Das Einfachste ist das Einplanieren und das Errichten des Neubaus auf dem Schutt der vorangegangenen Bauphase. So entsteht, für den Archäologen hoch willkommen, ein geschichteter Siedlungshügel. Ein Chronologiesystem kann daran erarbeitet werden, indem man die Tiefe der Funde und deren Zusammenhänge in der Fundschicht dokumentiert. Schliemann nahm die Gelegenheit wahr. Er betonte ausdrücklich: »Eine solche Trümmeranhäufung hat man bisher noch nirgends in der Welt gefunden.« Die Registrierung der Objekte erfolgte im Verlauf der Zeit zunehmend konsequenter. Die stratigraphische Ausgrabungsmethode war im Prinzip entwickelt und somit eine geschichtete Kulturenabfolge unmittelbar vor Europas Toren gefunden.

Es liegt an der geographischen bzw. ökonomisch günstigen Lage, daß der Platz immer wieder besiedelt wurde, aber auch, daß er immer von mächtigen Mauern umwehrt, offenbar stets gefährdet war. Auf besondere äußere Bedingungen ist die hier registrierbare Macht bzw. der Reichtum zurückzuführen. Dieser Prozeß begann im 3. Jahrtausend vor unserer Zeitrechnung, in der Frühen Bronzezeit, wie die Schatzfunde Hisarlıks nachhaltig belegen, und ging weiter, wie die ständigen Erneuerungen am Befestigungssystem zeigen.

Der Reichtum rührt letztlich von einer besonderen Konstellation der Natur her, von starken Winden und Strömungen, die sich dem Seefahrer an der Dardanellenmündung entgegenstellen. Im Sommer, wenn man üblicherweise zur See fährt, weht in diesem Gebiet der Erde dem Schiffer ständig ein starker Wind aus Nordosten entgegen. Auch Schliemann erwähnt ihn als sehr störend für seine Arbeiten, und das Epitheton ›windig‹ ist bei Homer mehrfach für die Stadt Ilios zu finden. Das Kreuzen gegen den Wind wurde erst um die Zeitenwende erfunden. Somit waren die Schiffe der Vorzeit gezwungen, an einer Bucht außerhalb der Dardanelleneinfahrt zu warten, bis der Wind umschlug. Das konnte Wochen und gar Monate dauern. Hinzu kam eine beständige Strömung aus den Meerengen in die Ägäis, die bis zu sieben Kilometer Stundengeschwindigkeit erreicht.

Diese beiden Navigationsfaktoren und zudem die günstige geographische Lage führten dazu, daß die Bewohner Hisarlıks eine besondere Machtstellung hatten und Zoll von den zum Warten gezwungenen Schiffen erheben konnten, in fast beliebiger Höhe. Das störte gewiß viele, und es gab sicher häufig Kriege um diesen Ort. Die Verteidigungsmauern, ständig erneuert, sprechen für sich. Ob nun die Ilias viele Kriege aus nebulöser Vergangenheit zusammenfaßt oder von einem ganz bestimmten berichtet, wissen wir nicht, werden es wahrscheinlich auch nie erfahren. Sicher ist jedoch, daß es auch im 14. und 13. Jahrhundert v.u.Z. mehrere Kriege in Hisarlık oder Troia/Ilios gab. Somit zeichnet sich schon mit einfachen Argumenten eine Antwort auf die Frage ab, ob sich ein realer historischer Kern in der Ilias findet. Es fragt sich nur, was man unter historischem Kern versteht. In diesem Gebiet der Erde stießen Menschen und Kulturen in allen Jahrtausenden aufeinander. Für diesen verkehrs- und damit auch wirtschaftsgeographisch so günstig gelegenen Platz lohnte es sich, als Verteidiger wie als Angreifer Opfer zu bringen, sei es zu Anfang von Troia I, im 30. Jh. v.u.Z., oder gegen Ende von Troia VI, im 13. Jh. v.u.Z. Selbstverständlich gilt dies auch für das Zeitalter Homers, das ausgehende 8. und beginnende 7. Jahrhundert v.u.Z., in dem sich die griechische Welt Kolonien nicht nur an den Küsten des Mittelmeeres, sondern auch an denjenigen des Schwarzen Meeres schuf. Die strategische Bedeutung der Meerengen war in dieser Zeit jedem bewußt, und schon bald werden griechische Städte um die Vorherrschaft an den Dardanellen kämpfen – die ›Troianischen Kriege‹ hören nicht auf.

Die Zeit der ersten Spatenstiche und der daraus resultierenden Erkenntnisse, die wir im vorliegenden Werk verfolgen können, war nach dem Sieg über Frankreich die Zeit des deutschen Nationalstolzes. Dieser wollte den weltmännischen Schliemann und seine Leistungen vereinnahmen. Zu Beginn der Troiagrabungen lebte Schliemann in Paris und Athen. Nur schwer war der deutsche, russische und amerikanische Staatsbürger dazu zu bewegen, die Funde aus Troia, die in London ausgestellt waren, »dem deutschen Volke als Geschenk« zu übergeben. Deutschnationale Töne wird man im vorliegenden Werk nicht antreffen. Wir lesen, daß er die Grabungslizenz vom Osmanischen Reich als amerikanischer Staatsbürger durch die Vermittlung des amerikanischen Botschafters in Konstantinopel erlangte. Vor diesem persönlichen Hintergrund sollte man Schliemanns zahlreiche Hinweise auf Hakenkreuze und sonstige »arische Symbole« im Fundmaterial Troias nicht anders interpretieren, als sie gemeint waren. Es fiel Schliemann auf, daß diese Symbole besonders häufig in den untersten Schichten Troias vorkamen. Mit ihnen glaubte er den Nachweis von indoeuropäischen Griechen, demnach potentiellen Teilnehmern am »Krieg um Troia«, zu haben. Die »1. Ansiedlung«

XVIII

repräsentierte für ihn zunächst das gesuchte Troia. Diese frühe Gleichsetzung von Zeugnissen materieller Kultur mit Ethnos ist gleichfalls methodisch interessant und hervorzuheben. Das »fremde Volk«, das mit der völlig neuartigen Keramik, der ›Buckelkeramik‹, in zwei Meter Tiefe unter der Hügeloberfläche seine Spuren hinterlassen hat, ist ein weiteres Beispiel solcher Interpretation. Insgesamt war Schliemanns Versuch, archäologische Hinterlassenschaften (kultur)historisch zu deuten, außerordentlich anregend für die Vor- und Frühgeschichtliche Archäologie. Schon bald wird dieser Betrachtungsansatz erweitert durch die überregionale Sicht seines Mitarbeiters und Freundes Rudolf Virchow.

Die damalige Archäologie vermochte, wer will ihr das vorwerfen, noch nicht viel zu leisten. Die Grundlagen waren erst zu schaffen. Heute versteht man nicht, warum Schliemann den »Karussellen« und »Vulkanen« so ungemein viel Bedeutung zumaß, handelt es sich doch um ganz einfache Wirtel aus Ton, die man beim Spinnen von Wolle in vielen Kulturen verwendet(e). Dennoch wurden die bemerkenswerten Termini im vorliegenden Text belassen. Für Schliemann waren die Stücke, insbesondere wegen der reichlich eingeritzten Verzierungen bzw. deren vermuteter Symbolik, »Opferfunde«. Es kommen bei ihm immer wieder Zweifel an seiner eigenen Interpretation auf, zumal er sich ob der »kolossalen Menge« wundert. Einmal ist er bei seinen Überlegungen der Lösung ganz nahe. Man begegnet in diesem wie auch in anderen Punkten auffällig oft dem Wissenschaftler, der »die Wahrheit« sucht. Die häufig auftretenden Darstellungen eines menschlichen Gesichtes oder Augenpaares auf Gefäßen und Marmor-›Idolen‹ waren für ihn die Wiedergabe des Gesichtes einer »Eule«. Damit knüpft er an das Symboltier der Göttin Pallas-Athene an, die in Troia verehrt wurde. Die häufig zu registrierenden weiblichen Geschlechtsmerkmale irritierten ihn dabei offenkundig nicht. So darf man feststellen, daß dieser Mensch zum Teil voreingenommen war.

Er »glaubte« zunächst an die Genauigkeit der Iliasworte Homers »wie ans Evangelium«. Das Epos ist für ihn zwar nicht ein exaktes Geschichtsbuch zum Geschehen des 13. Jahrhunderts v.u.Z., aber dennoch akzeptierte Grundlage zur Rekonstruktion seiner ausgegrabenen Welt. Freilich korrigiert er seinen »Glauben« ab und zu dahingehend, daß Homer kein Historiker gewesen sei und man einem epischen Dichter Übertreibungen zugute halten solle. Andererseits müsse man Genugtuung empfinden, daß es Troia wirklich gab, wenngleich in viel bescheideneren Dimensionen.

Dieser ›naive Glaube‹ wurde oftmals verhöhnt, insbesondere von deutschen Altphilologen. Hält man sich die Zeit vor Augen und deren ähnlich gläubigen Umgang mit der ›Heiligen Schrift‹, dann kann man sich angesichts einer augenfälligen Zweisträngigkeit im Denken nur wundern. Die verschiedenen Verfasser des Alten Testaments berichten im Verlauf der 1. Hälfte des 1. Jahrtausends v.u.Z. von Begebenheiten, von Landschaften, Völkern, Städten und Personen, die viele

Jahrhunderte, teilweise über ein Jahrtausend vorher stattgefunden bzw. existiert haben (sollen). Methodisch gesehen müßte man das, was den Schreibern der Bibel an Wissen aus der Vergangenheit zugebilligt wird, auch Homer zugestehen. Angesichts der Bibelgläubigkeit werden jedoch die meisten von Schliemanns Kritikern keinen diskutablen Zusammenhang zwischen Homer und den Verfassern des Alten Testaments gesehen haben. In der 2. Hälfte des 19. Jahrhunderts war dies merkwürdiger- oder bezeichnenderweise kein Forschungs- bzw. öffentliches Diskussionsthema für Altertumskundler. Im Schulunterricht und in den Gottesdiensten wurden diese Geschichten den Zuhörern als zu glaubende Geschichte nahegebracht, trotz David Friedrich Strauß, der bereits 1835/36 die Evangelienberichte als Mythenbildung erklärte.

Das gesamte 19. Jahrhundert war ein Zeitalter des Aufbaus der archäologischen und ethnologischen Sammlungen in den Museen der europäischen Hauptstädte. Je ›erstklassiger‹, ›wertvoller‹ die Objekte waren – und man denkt dabei vornehmlich an Skulpturen oder ›Schätze‹ – um so willkommener waren sie. Aus der ganzen Welt kamen Expeditionen mit ›Schätzen‹ zurück. Diese Objekte, ob kostbar oder nicht, mußten geordnet werden. In den meisten Fällen waren es Gegenstände, die als solche gewürdigt wurden, und nicht als Zeugnisse (prä-)historischer Ereignisse, deren Erklärung in Verbindung mit dem Befund zu suchen war.

Schliemann war einer der ersten, der bei seinen Ausgrabungen nicht das Ziel hatte, spektakuläre Funde zu machen, sondern versuchte, (kultur)historische Fragen zu beantworten. Welchen revolutionären Weg er beschritt, trotz all seiner teilweise langatmigen Grabungsinterpretationen, kann man an einem Beispiel aus der archäologischen ›Spitzenforschung‹ damaliger Zeit ermessen:

Die spektakulären Freilegungen der Pfahlbausiedlungen an den Schweizer Seen begannen planmäßig unter Ferdinand Keller im Winter 1853/54. Auch mit diesem Datum sind Anfänge der Vor- und Frühgeschichtlichen Archäologie zu verbinden. Allerdings hatte man sich bei den damaligen Unternehmungen allein aus antiquarischer Sicht der materiellen Kultur gewidmet, nicht jedoch deren kulturhistorischer Interpretation, was möglich gewesen wäre. Das erfolgte ansatzweise erst 11 Jahre später durch den jungen englischen Reformpolitiker und Amateurprähistoriker John Lubbock (1834–1913), den späteren Lord Avebury[5]. Das war nur sechs Jahre vor dem Beginn der regulären Ausgrabungen in Troia. Bei den Pfahlbausiedlungen hatte man immerhin die Abwesenheit des Metalls bemerkt, auch das Vorhandensein einer Dorfgemeinschaft, die Reste von Kulturpflanzen

---

[5] Lubbock grub im Oktober 1872 in einem Grabhügel oberhalb von Pınarbaşı, wie wir der Einleitung des Buches entnehmen.

und domestizierten Tieren, viele geschliffene Steingeräte, insbesondere Beile, typische, retuschierte Steinpfeilspitzen, Keramikgefäße, Textilien etc. Die Schlußfolgerungen fehlten jedoch. Somit muß es als zeitgemäß und überaus charakteristisch bezeichnet werden, wenn man die jungsteinzeitliche Epoche (Neolithikum) nicht kulturhistorisch als die Epoche einer gänzlich neuen Lebensweise mit Seßhaftigkeit und produzierender Nahrungswirtschaft herausstellte, sondern als die ›des geschliffenen Steins‹ gekennzeichnet hat. In einer solchen Wissenschaftlerwelt mußte Schliemann mit seinen höchst gewagten ereignisgeschichtlichen Interpretationen als extremer Außenseiter erscheinen, wenngleich er damit auch viele faszinierte.

## Zu Schliemanns Beobachtungen und Arbeitsweisen

Wir haben, wie schon erwähnt, mit diesem Werk den originalen Schliemann vor uns. Der mit Troias Problemen vertraute Archäologe wird das Buch genau und in Ruhe durcharbeiten können. Angesichts der enthaltenen Abbildungen braucht er den »Atlas« nur noch bei speziellen Fragestellungen zur Hand zu nehmen. Er kann sehr viel zu Troia und seinen Funden und Befunden erfahren.

Schliemann wird oft vorgeworfen, er habe bei der Suche nach dem Troia des 13. Jh.s v.u.Z. die entscheidenden Schichten zerstört. Auch ihm selbst kamen diesbezüglich Zweifel.

Heute wissen wir, daß er im Hügelinnern gar nicht auf Schichten besagter Zeit hätte stoßen können. Ein Schnitt durch den Hügel soll dies verdeutlichen:

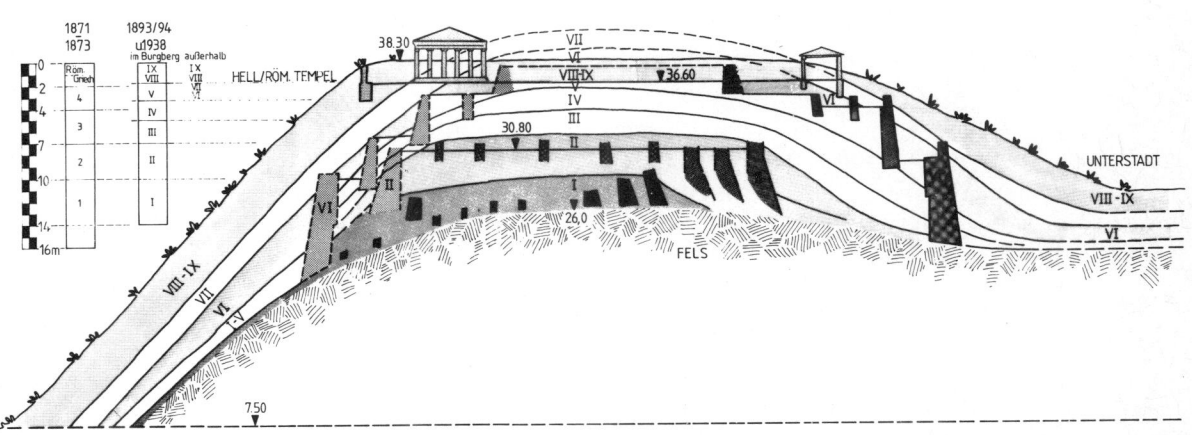

Schnitt durch den Hügel von Hisarlık, links Norden.

XXI

Im ersten und zweiten Jahr, als er nahe am Nordhang grub, ging er davon aus, daß die fraglichen Schichten ganz unten auf der Felsoberfläche lägen, nach heutiger Terminologie in Troia I. Ohne auf die zahlreichen Architekturbefunde zu achten oder sie gar zu dokumentieren, ging er schnell tiefer. Im dritten Jahr hingegen, da er im Innern des Hügels ausgrub, nahm er den oft zwei, gelegentlich bis drei Meter (!) mächtigen Brandschutt, der das katastrophale Ende der »2. Ansiedlung« markierte, als Indiz des ›Troianischen Krieges‹; dazu diente als Beweis für die angeblich zutreffende Beschreibung bei Homer u. a. der »große Turm«, das »Skäische Tor«, das »Haus des Priamos« und der »Schatz des Priamos«. Hinzu kam schließlich noch das vielfache Auffinden des Gefäßtyps »Homerischer Becher« (= »Depas Amphikypellon«). Nach heutiger Einteilung entspräche das alles der Schicht Troia II (und Troia III).

Schliemann hat die Befunde von Troia IX und VIII, V, IV und III überhastet abtragen lassen. Dennoch sind seine Dokumentationen zu den Fundtiefen der einzelnen Objekte und die Beobachtungen zu Hauptbesiedlungsabschnitten erstaunlich genau und untereinander stimmig. Wo immer gegraben wurde, das fiel Schliemann auf, wiederholte sich im Prinzip die Schichtenabfolge mit den charakteristischen Funden. Zweifellos hat er schon in den ersten drei Grabungsjahren die Grundzüge der Besiedlungsabfolge in Hisarlık erkannt (s. unsere Abbildungen). Die damalige Grabung hatte keine exakten Höhenmeßpunkte. Die Einmessungen wurden jeweils von der Hügeloberfläche aus vorgenommen. Diese war relativ plan. Angesichts besagter Regelmäßigkeiten wird der Fachmann u. E. deshalb noch sehr viele Erkenntnisse aus den Schliemannberichten extrahieren können. Erstaunlicherweise sind jedoch solche Untersuchungen bislang nur ansatzweise durchgeführt worden. Unser graphischer Vergleich mit dem Wissensstand nach 13 weiteren Grabungskampagnen in Troia (= 1938) soll zeigen, wie weit Heinrich Schliemann mit seinen Kenntnissen im Prinzip schon war:

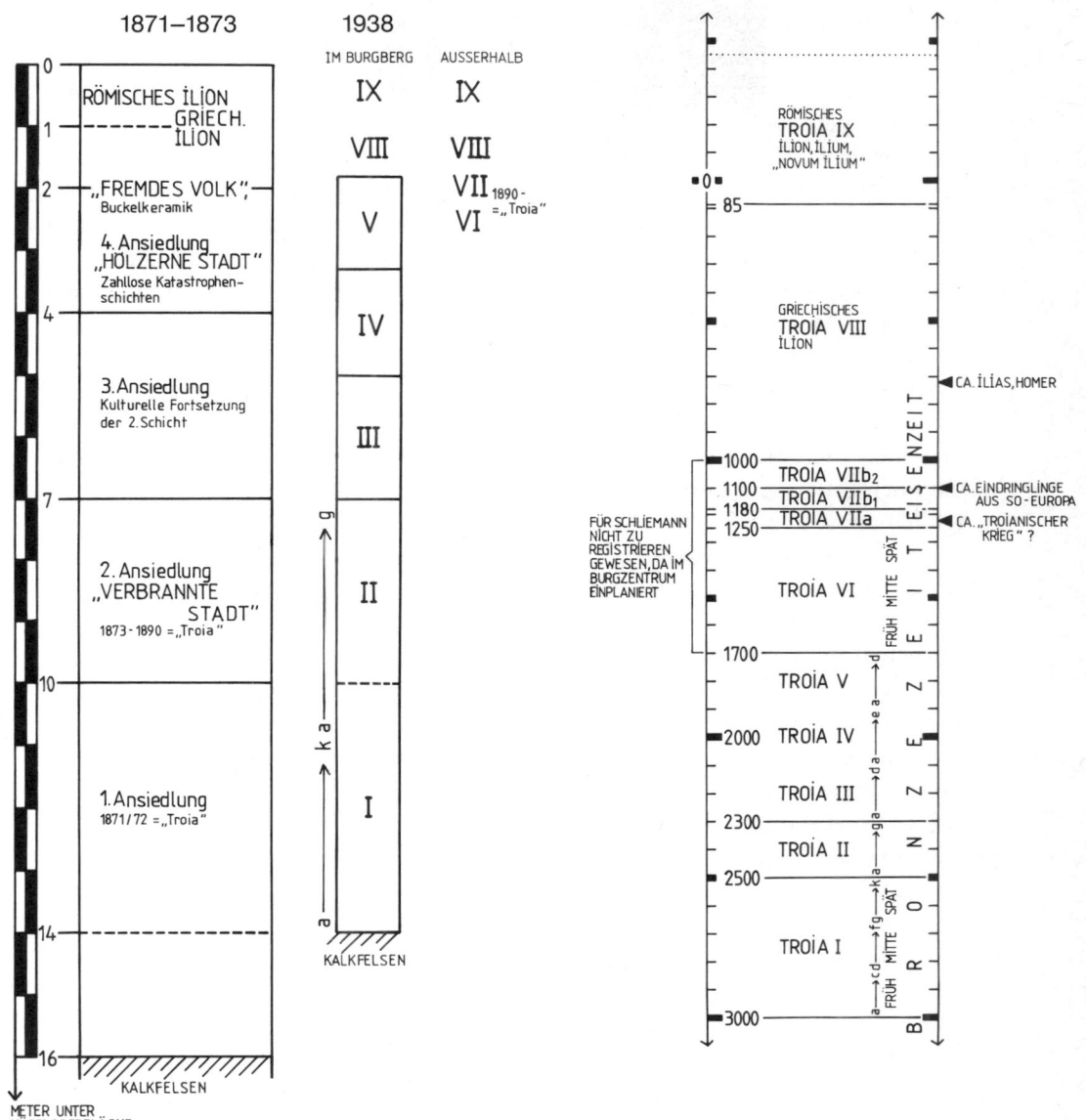

Stratigraphische Abfolge in Hisarlık.
Stand 1871/72, 1873–1890, 1938

Stratigraphische und chronologische
Abfolge. Stand 1988

XXIII

Sogar schon die ›Buckelkeramik‹ der Schicht Troia VII b 2, auf die wir oben schon in anderem Zusammenhang hingewiesen haben, hat Schliemann erkannt, wie am Ende seiner Einleitung zu entnehmen ist. Hätte er die »zahllosen Katastrophenschichten« seiner »4. Ansiedlung« in zwei Stufen unterteilt, dann wäre schon Anfang 1874 Troias archäologische Abfolge mit den wesentlichen Funden bekannt gewesen. Freilich, die Schichten Troia VI und VII hätten gefehlt. Und doch tauchen Überreste auch dieser Epoche ab und an in Bild und Beschreibung auf, so in Form eines besonderen Gefäßes mit glänzend dunkelgrauem Ton, das, in 15 Metern Tiefe gefunden, Schliemann als Nachweis »höherer Zivilisation« galt (s. Abb. S. 87). Die tiefe Fundlage konnte man erst später verstehen, nachdem man den Verlauf der Schuttschichten am nördlichen Hügelhang kannte. Mit einer abgewinkelten Mauer im Südosten des »großen Kanals«, ein »Bollwerk«, das »nicht älter zu sein scheint als die Zeit des Lysimachos«, hat Schliemann die Fundamente der Ostseite eines Palastes der Schicht Troia VI freigelegt, der später nach Dörpfelds Ausgrabungen als Haus VIM bekannt wird (s. Tafel 109). Die Besonderheit dieses Gebäudes, »schön und ehrwürdig«, hat er ohne Zweifel registriert.

Man erkennt die Fortschritte im Verlauf der Wochen und Jahre. Von großem Interesse für die Forschung sind die Arbeiten des 2. und besonders des 3. Grabungsjahres im Hügelinnern.

Der Ausgräber Schliemann hatte keine Geduld. Sonntage und griechische Feiertage ärgerten ihn. Um nur keine Zeit zu verlieren, stellte er dann kurzfristig türkische Arbeiter ein. Mehr als hundert, bis zu hundertfünfzig Arbeiter beschäftigte er, so viele wie irgend möglich. Er forderte extreme, »übermenschliche« Leistungen, von sich und allen in seiner Umgebung. Seine Arbeiter bewegten bei einem Dreizehnstundentag jeweils vier Kubikmeter Erde. In leichtsinniger Weise nimmt Schliemann Risiken in Kauf, stets sein Ziel vor Augen, immer tiefer zu kommen. Aus bis zu 16 m hohen, steilen Erdprofilen brechen laufend Steine herab, Menschen werden, wie zu erwarten war, von Erdmassen verschüttet. Sympathisch stellt er sich mit seinen kapitalistischen Methoden nicht dar, wenn er sich beispielsweise freut, daß er den Arbeitstag von 12 auf 13 Stunden (bei gleichem Lohn) verlängern konnte.

Schliemann hatte in den ersten drei Grabungsjahren nicht einmal eine Handvoll Mitarbeiter zur Seite. In späteren Beschreibungen anderer über seine Arbeit wird die Mitarbeit seiner zweiten Frau, einer Griechin, glorifiziert. Man merkt es den Passagen unseres Buches an, zumindest merkt das der lesende Archäologe, daß ihre aktive Mitarbeit bei Schliemann Wunschdenken ist.

Heutzutage bewegt ein Grabungsarbeiter in Hisarlık pro achtstündigem Arbeitstag etwa 0,5 Kubikmeter Erde. Höchstens fünf Arbeiter sind einem Wissenschaftler zugeteilt. Auch letztere leisten mit einem zwölfstündigen Arbeitstag viel.

Nach wie vor aber gilt der Satz: »Bei allen Beschwerden und Drangsalen in den Ausgrabungen hat man unter anderen Annehmlichkeiten auch die, daß man niemals Zeit hat, sich zu langweilen« – dennoch freut man sich auf Sonn- und Feiertage!

In Kenntnis aller Schwierigkeiten einer Ausgrabung staunen Fachleute immer wieder darüber, was Schliemann alles zu beobachten, einzumessen und zu veröffentlichen in der Lage war. Die Geschwindigkeit der Publikation seiner Ergebnisse sollte eher Anerkennung als Kritik hervorrufen. Wenn wir mittlerweile gewohnt sind, Jahrzehnte auf die Veröffentlichung der Ergebnisse vergleichbarer Ausgrabungen zu warten, haben wir selbstverständlich die Pflicht, mit anderen Maßstäben die Inhalte und die Art der Präsentation solcher Grabungsberichte anzusehen. Schliemanns herausgeberische und inhaltliche Fehler, die ihm damals mehrfach angekreidet wurden, werden vor dem Hintergrund der erwünschten baldigen Publikation leicht verziehen und ebenso leicht auszusondern sein wie seine Überinterpretationen. Nur wer das geschriebene Wort absolut setzt, wird mit solchen Punkten Charakterstudien betreiben! Trotz aller Voreingenommenheit und Selbstüberschätzung zeigt dieser Wissenschaftler, daß er »die Wahrheit« sucht und daß er belehrbar ist. Er hat die Größe, und das kennzeichnet ihn bis an sein Lebensende, Fehler einzugestehen. Das führte ihn im Jahre 1890 zu der schmerzhaften Erkenntnis, daß er sich auch in der Zuweisung der »Verbrannten Stadt«, der »2. Ansiedlung« (= Troia II) grundlegend irrte. Die prinzipielle Ernsthaftigkeit seines Strebens und seiner Arbeit ist unverkennbar. Ein ›Goldsucher‹, als der er in einem bekannten Buchtitel bezeichnet wird, war er nicht, wohl aber zeit seines Lebens ein ›Schatzgräber‹. »Keinesfalls soll der Wissenschaft irgend etwas von meinen Entdeckungen entgehen; jeder Gegenstand, der irgendwie Interesse für die gelehrte Welt haben kann, soll photographiert oder von einem geschickten Zeichner gezeichnet und im Anhang dieses Werkes publiziert werden; bei jedem Gegenstand wird man genau die Tiefe verzeichnet finden, in welcher er von mir entdeckt wurde.« Er konzentriert sich, durchaus seiner Zeit gemäß, aufs antiquarische Objekt, auf die Funde, zu denen auch ›Schätze‹ gehören. Die umständliche Art der Publikation in Text und Tafelbeschreibungen findet sich heutzutage in ›Fundkatalogen‹. Mit Befunden in der Fläche, mit Architektur, weiß er noch wenig anzufangen. Er entwickelte die ›Tiefgrabung‹, die heute bei Siedlungshügeln üblich, wenngleich methodisch anders angelegt ist. Trotz seiner Intelligenz und Belesenheit sucht er überall Rat und weiterführende Erkenntnisse. Daß diese Erkenntnissuche in den verschiedenen Gebieten der Geisteswissenschaften erfolgte, erstaunt nicht, aber daß Schliemann von Anfang an dafür gesorgt hatte, daß die Naturwissenschaften in seine Ausgrabungen mit einbezogen wurden, ist der Hervorhebung wert. Damit ist diese Grabung ihrer Zeit weit voraus. So wurden Metallfunde auf ihre Mischungsverhältnisse hin untersucht oder Keramikscherben hinsichtlich ihrer Tonqualitäten und Bemalungsfarben beachtet. Neben der Chemie kam schon im Anfang der Troiagrabungen die Human- und Veterinärmedizin ins Blickfeld, um menschliche Skelette, aber auch Tierknochen richtig bewerten zu können. Er versucht sich sogar ansatzweise in ›Statistik‹ und beachtet das Gewicht von Funden als einen manchmal bedeutenden Dokumentations- und Interpretationsfaktor. Er sorgt für die fachgerechte Restaurierung zerbrochener Gefäße, wenn Vorbilder zur ehemaligen Form vorlagen, und bedauert deren Zerstörung, sofern sie auf die Größe und Eile der Ausgrabungen zurückzuführen ist. Dafür übernimmt er die Verantwortung. Nachdenklichkeit und gar massive Selbstkritik gegenüber seiner Grabungsmethode wird verschiedentlich spürbar, so gegen Ende der 3. Grabungskampagne:

»Infolge meiner früheren irrigen Idee, daß Troja nur auf dem Urboden und ganz nahe darüber zu suchen sei, ist leider 1871 und 1872 ein großer Teil der Stadt von mir zerstört worden, denn ich habe damals alle mir in den höheren Schuttschichten in den Weg kommenden Hauswände niedergebrochen.« Über die Mächtigkeit der Schichten und die zeitliche Dauer der Akkumulation denkt er verschiedentlich nach.

Vor und während der Troiagrabungen hat Schliemann die umgebende Landschaft in seine Überlegungen einbezogen und Untersuchungen durchgeführt, freilich mit der Ilias in der Hand. Am Anfang stand die Pınarbaşı-Frage, schon bald kam diejenige nach den »Heldengräbern«, den großen Tumuli, hinzu. Damit war der Auftakt zu einer umfangreichen Erforschung der Landschaft Troas gegeben. Schliemann selbst, dann insbesondere Virchow, weiterhin Blegen, Koşay, Duyuran, Cook, Akarca und andere setzen diese Tradition fort. Die Erforschung des Umlandes eines Grabungsortes, insbesondere von ›Siedlungskammern‹, wird in den letzten Jahren zunehmend von der Archäologie als wichtige Aufgabe verstanden.

Seine Kraft und sein Enthusiasmus, aber auch sein Charakter fordern von vielen Menschen in seiner Umgebung Opfer, zumindest jedoch Toleranz. Hier ist u. a. sein »geehrter Freund« Frank Calvert zu nennen, mit dem er sich im dritten Grabungsjahr dünkelhaft und aufreizend auseinandersetzt. Mit spitzfindigen und nicht überzeugenden Argumenten will er nicht wahrhaben, daß er im Grunde dessen Ausgrabungen fortführte. Die Spannungen zwischen beiden kamen deshalb auf, wurden öffentlich, weil Schliemann Calvert um eine Entschädigung in angemessener Höhe gebracht hatte. Es ging um einen wichtigen Fund. Schliemann führte im Westen des Siedlungshügels auf türkischem Staatsbesitz Grabungen durch, im Osten aber auf demjenigen Hügelteil, der in Calverts Privatbesitz war und in dem Calvert seine eigenen Grabungen begonnen hatte. Das war untereinander abgesprochen, wozu aber auch ausdrücklich die Fundteilung bzw.

angemessene Entschädigung des Grundbesitzers gehörte. An besagter Stelle stand der Athenatempel, und in dessen Nähe wurde bei Schliemanns Arbeiten die bekannte frühhellenistische Metope gefunden, die Helios mit Vierergespann zeigt, »eins der erhabensten Meisterwerke, welche uns aus der Blütezeit der griechischen Kunst erhalten sind« (s. Tafel 30). Der Marmorblock wurde außer Landes gebracht und gelangte über Schliemanns Athener Wohnsitz schließlich ins Berliner Pergamonmuseum.[6] Schliemann sieht sein Unrecht gegenüber Calvert nicht ein, geschweige denn gegenüber dem türkischen Staat. Er glaubt sich gar im Recht. Erstaunlicherweise bringt er es fertig, sich mit Calvert zu einigen. Ein ähnliches Verhalten erkennen wir ein Jahr später bei dem »Schatz des Priamos«. Hier ging es um besonders spektakuläre Funde, auf die die Türkei zweifellos zur Hälfte Anspruch hatte. Die folgende langwierige gerichtliche Auseinandersetzung mit dem osmanischen Staat kommt zu einem ähnlich harmonischen Abschluß. Nach der Verurteilung zu einer hohen Geldbuße im April 1875 findet Schliemann einen Weg der Entschädigung, der aus damaliger Sicht als großzügig bewertet wurde, so daß weiterer Grabungsgenehmigungen durch den türkischen Staat in den Jahren 1878, 1879, 1882 und 1890 offenbar nichts im Wege stand. Heute wissen wir, daß sich Schliemann diesem entgegenkommenden Verhalten nicht verpflichtet fühlte.

An solchen Beispielen läßt sich relativ leicht das Geschick, aber auch die Verbissenheit und das monomane Verhalten Schliemanns aufzeigen. Allerdings war er kein ›Schatzgräber‹ um der persönlichen finanziellen Bereicherung willen. Im Gegenteil, die ungemein teuren Troia-Grabungen führte er von Anfang bis Ende auf eigene Kosten durch. Es ist bekannt, daß er immer schon daran dachte, seine Sammlung zu verschenken, nicht zu verkaufen. Ihm Profitsucht im Umgang mit Antiquitäten zu unterstellen, wäre falsch.

Schliemanns Arbeiten veränderten mehr als alle andere Grabungen das Aussehen des Hügels von Hisarlık. Eine kompetente inhaltliche Auseinandersetzung mit ihnen, getragen auch von der notwendigen Ortskenntnis, fand bisher nur in begrenztem Umfang statt. Zwar begann diese früh, wie wir dem vorliegenden Buch entnehmen können; danach trat jedoch eine schwer verständliche Pause ein.

Der gelehrte Calvert – er argumentierte gleichermaßen mit Homer, jedoch auch mit seinen Ausgrabungserfahrungen, die er vorher beispielsweise am Hanay Tepe gewonnen hatte – kam schon in einem Zeitungsartikel im Januar 1873 zu dem Schluß, daß die von Schliemann ergrabene »2. Ansiedlung« nicht diejenige der

---

[6] Bezeichnenderweise weckte erst das Auffinden dieses ungewöhnlichen Objektes das Fachinteresse bestimmter Kunstarchäologen, die ansonsten Schliemanns Grabungen nicht wohlgesinnt waren.

Zeit des Troianischen Krieges sein könne. Sie sei weit über 1000 Jahre älter. Noch nicht einmal die »4. Ansiedlung« sei die richtige. Schliemann selbst mußte noch zu Lebzeiten erfahren und akzeptieren, daß Calvert recht hatte.

Ebenfalls richtig interpretierte Calvert auch den »großen Turm«, an dem Schliemann, da angeblich in der Ilias erwähnt, ähnlich viel lag wie an der berühmten steinernen Rampe, seinem »Skäischen Tor«, oder an seinem »Schatz des Priamos«. Beim »Turm« handelt es sich in der Tat um hintereinander gelegene, im spitzen Winkel zusammenlaufende Festungsmauern der Schicht Troia II.

Die Ergebnisse der Schliemann-Grabungen wurden nicht mit denjenigen der späteren Dörpfeld-Grabungen in bestmöglicher Weise kombiniert. Wenn man behauptet, daß Schliemanns archäologische Publikationen – vor dem Hintergrund der Erkenntnisse der neueren Grabungen – bei weitem noch nicht ausgewertet sind, so schließt das auch die Resultate der amerikanischen Archäologengruppe um Carl Blegen mit ein. Ein Beispiel mag dies verdeutlichen:

Wie man nachlesen kann, so wurden bei den ersten Schliemanngrabungen Skelette und wohl auch deren Beigaben freigelegt. Bei späteren Grabungen Schliemanns, aber auch Blegens, kamen ähnliche Befunde zutage. Merkwürdigerweise haben diese Ausgräber nicht gefolgert bzw. hervorgehoben, daß zumindest einige der insgesamt etwa 20 in Troia zutage gekommenen ›Schätze‹ in Wirklichkeit Grabbeigaben gewesen sein dürften. Ein ehemaliger Friedhof in Troia würde freilich auch nahelegen, daß zu der entsprechenden Zeit (im Bereich der Schicht Troia II oder Troia III?) die Besiedlung dieses Hügelgebiets unterbrochen war. Es gibt auch anhand von Schliemanns Publikationen, so unglaublich das klingen mag, noch viel zum Nutzen der Wissenschaft zu bearbeiten. Heutzutage ist das allerdings leicht gesagt, nachdem die Ergebnisse der Nachfolger uns die dafür notwendigen Interpretationshilfen gewähren.

Was Schliemann getan und erreicht hat, wirkte auf das damalige Geistesleben mit ungeheurer Kraft. Aus heutiger Sicht den Archäologen Heinrich Schliemann zu beurteilen, ist allerdings nicht leicht. So viel steht fest, daß er nicht zum ›Vorbild‹ der professionellen Ausgräber wurde, wenngleich sein Name in der Öffentlichkeit fast ein Synonym für Archäologie ist. Die Ansicht, daß Archäologen eigentlich ›Schätze‹ suchen, ist in der Öffentlichkeit tief verwurzelt und mit darauf zurückzuführen, daß gerade Schliemann so stark auf ›Schätze‹ fixiert war. Die völlig falsche Bewertung der Ziele moderner Ausgrabungsarbeiten ist eine Hypothek, die gelegentlich zur Last wird. Selbst sein späterer Mitarbeiter und Nachfolger in Troia, Wilhelm Dörpfeld, geht auf eine gewisse Distanz. Auch wenn man ihm vieles abspricht, eines muß man ihm zugestehen: seine Arbeiten stimulierten die Wissenschaft nachhaltig und sind immer noch in vielfacher Sicht eine Herausforderung. Bei einigen derjenigen, die sich zu seinen Lebzeiten in

unstrittiger Anerkennung in Wissenschaftlerkreisen sonnten, liegt ein solches
Vermächtnis nicht vor. Seine Arbeit mit ihren methodischen Ansätzen ist als einer
der wichtigen Ausgangspunkte der ›Spatenforschung‹ hoch zu achten, und seine
Leistung wirkt bis heute fort, eigentlich in allen Bereichen der ›Archäologien‹,
und natürlich auch in Troia selbst. Dort betrachten jährlich weit über 200 000
Besucher im Grunde das, was in den von Schliemann und Dörpfeld geleiteten
Kampagnen freigelegt wurde. Es war sogar Schliemanns ausdrückliches Anliegen,
daß in Troia so viel wie möglich an Ort und Stelle belassen werden möge, damit
sich die Besucher »von der Richtigkeit aller dieser Angaben überzeugen können,
die sonst zu fabelhaft klingen möchten«. Schliemanns Entdeckung prähistorisch-
archäologischen Neulands wurde später von Dörpfeld mit der Entdeckung Ame-
rikas durch Kolumbus verglichen. Beide wollten einen bestimmten neuen Horizont eröffnen, fanden dabei aber einen ganz anderen. Auch wenn Schliemann sich
in der Identifizierung seiner »2. Ansiedlung« geirrt hat, was zweifelsfrei ist, so
würden auch heute noch viele Wissenschaftler den schon am 18. November 1871
niedergeschriebenen Satz unterschreiben:

»Wenn es jemals ein Troja gab – und mein Glaube daran steht fest – so kann es
nur hier auf der Baustelle von Ilium gewesen sein.«

Die Frage nach dem »Wenn« ist immer noch diskussionswürdig, selbst nach der
späteren Entdeckung der sehr eindrucksvollen Bauschichten des 13. und 12. Jahrhunderts v.u.Z. (= Troia VI und VII).

Tübingen, im Januar 1990                     MANFRED KORFMANN

# EINLEITUNG

Das vorliegende Werk ist eine Art von Tagebuch meiner Ausgrabungen in Troja, denn alle Aufsätze, woraus es besteht, sind, wie die Lebhaftigkeit der Schilderungen es beweist, an Ort und Stelle, beim Fortschreiten der Arbeiten, von mir niedergeschrieben.

Wenn meine Aufsätze hin und wieder Widersprüche enthalten, so hoffe ich, daß man mir diese zugute halten wird, wenn man berücksichtigt, daß ich hier eine neue Welt für die Archäologie aufgedeckt, daß man bis jetzt noch nie oder nur höchst wenige solcher Sachen gefunden, wie ich sie zu Tausenden ans Licht gebracht, daß mir daher alles fremd und rätselhaft erschien, und ich somit oft Vermutungen wagte, die ich bei reiflicher Überlegung wieder umwerfen mußte, bis ich endlich zur gründlichen Einsicht gelangte und auf viele tatsächliche Beweise gegründete Schlüsse ziehen konnte.

Eine meiner größten Schwierigkeiten ist es aber gewesen, die enorme Schuttaufhäufung in Troja mit der Chronologie in Einverständnis zu bringen, und dies ist mir trotz langem Forschen und Grübeln nur teilweise gelungen. Nach Herodot (VII, 43) »kam Xerxes bei seinem Zuge durch Troas vor seinem Einfall in Griechenland (also im Jahre 480 v. Chr.) am Skamander an und stieg zu Priams Pergamos hinauf, weil er das Verlangen hatte, diese Burg zu sehen; und nachdem er sie gesehen und sich nach ihren Schicksalen erkundigt hatte, opferte er der *ilischen* Minerva 1000 Rinder, und die Magier brachten den Manen der Helden Trankopfer dar«.

Aus dieser Stelle geht stillschweigend hervor, daß damals eine griechische Kolonie schon seit langer Zeit die Stadt innehatte, und nach dem Zeugnis Strabos (XIII, 1, 42) erbaute dieselbe Ilium unter der Herrschaft der Lydier. Da nun der Anfang der lydischen Herrschaft auf 797 v. Chr. festgestellt wird und die Ilier bei der Ankunft des Xerxes, im Jahre 480 v. Chr., dort längst vollkommen eingerichtet gewesen zu sein scheinen, so darf man wohl annehmen, daß ihre Niederlassung in Troja ungefähr 700 Jahre v. Chr. erfolgt ist. Die Hausmauern hellenischer Architektur, von großen Steinen ohne Zement, sowie die Überbleibsel des griechischen Hausgeräts, reichen aber in den Ausgrabungen auf der platten Fläche des Berges nie tiefer als 2 Meter.

Da ich in Ilium keine späteren Inschriften als vom 2. Jahrhundert n. Chr. und keine Medaillen später als Konstans II. und Konstantin II., von diesen beiden Kaisern aber sowie von Konstantin I., dem Großen, sehr viele finde, so ist bestimmt anzunehmen, daß schon vor der Zeit des letztern, der bekanntlich anfänglich dort Konstantinopel zu bauen beabsichtigte, die Stadt in Verfall kam, jedoch ungefähr bis zum Ende der Regierung Konstans' II., sage bis 361 n. Chr., ein bewohnter Ort blieb. Aber die Schuttaufhäufung in dieser langen Periode von 1061 Jahren beträgt nur 2 Meter, während man unterhalb derselben noch 12 Meter oder 40 Fuß und auf vielen Stellen gar 14 Meter oder 46½ Fuß tief zu graben hat, ehe man den Urboden erreicht, der aus einem Muschelkalkfelsen besteht. Diese gewaltige, 40 bis 46½ Fuß dicke Schuttdecke, welche von den vier verschiedenen Völkern herrührt, die, das eine nach dem andern, den Berg vor Ankunft der griechischen Kolonie, also vor 700 v. Chr., bewohnt haben, ist ein unermeßlich reiches Füllhorn der merkwürdigsten, bisher nie gesehenen Terrakottas und anderer Gegenstände, die nicht die entfernteste Ähnlichkeit mit den Erzeugnissen hellenischer Kunst haben. Die Frage drängt sich nun auf: ob nicht diese enorme Trümmermasse vielleicht von einem andern Orte hierher gebracht worden ist, um den Berg zu erhöhen? Eine solche Hypothese ist, wie sich jeder Besucher meiner Exkavationen auf den ersten Blick überzeugen kann, ganz unmöglich, weil man in allen Schuttschichten, vom Felsen in 14 und 16 Meter (46 bis 53½ Fuß) Tiefe ab bis zu 4 Meter unter der Oberfläche, fortwährend Reste gemauerter Wände sieht, die auf starken Fundamenten ruhen und von wirklichen Häusern herrühren, und außerdem, weil alle die zahlreichen großen Wein-, Wasser- und Leichenurnen, denen man begegnet, aufrecht stehen. Die Frage ist dann: aber wie viele Jahrhunderte sind erforderlich gewesen, um von den Trümmern der vorgriechischen Haushaltungen eine Schuttdecke von 40 bis 46½ Fuß Dicke zu bilden, wenn zur Formierung der obersten, der griechischen Schuttdecke, von 2 Meter oder 6½ Fuß Dicke, 1061 Jahre erforderlich waren? Ich habe in meinen dreijährigen Ausgrabungen in den Tiefen Trojas täglich und stündlich Gelegenheit gehabt, mich zu überzeugen, daß wir uns, nach dem Maßstab unserer eigenen oder der altgriechischen Lebensweise, von dem Leben und Treiben der vier Völker, welche das eine nach dem andern vor der Zeit der griechischen Ansiedelung diesen Berg bewohnt haben, gar keinen Begriff machen können; es muß heillos bei ihnen zugegangen sein, denn sonst könnte man nicht in beständiger unregelmäßiger Reihenfolge auf den verschütteten Resten des einen Hauses die Wände eines andern finden; und eben weil wir uns keinen Begriff davon machen können, wie diese Nationen gewirtschaftet und welche Kalamitäten sie zu ertragen gehabt haben, können wir unmöglich nach der Dicke ihrer Trümmer die Dauer ihrer Existenz auch nur annähernd berechnen. Höchst merkwürdig, aber durch die fortwährenden Kalamitäten, welche diese Stadt befallen haben, vollkommen erklärlich ist es, daß bei allen vier Völkern die Zivilisation stets abgenommen hat; die Terrakotten, welche fortwährende *décadence* zeigen, lassen keinen Zweifel darüber.

Die erste Ansiedelung dieses Berges scheint jedenfalls von längster Dauer gewesen zu sein, denn ihre Trümmer bedecken den Felsen bis zu einer Höhe von 4 und 6 Meter. Ihre Häuser und Festungsmauern waren von großen und kleinen, mit Erde verbundenen Steinen gebaut, und man sieht mehrfach Reste davon in meinen Ausgrabungen. Ich glaubte im vorigen Jahr, diese Ansiedler seien identisch mit den von Homer besungenen Trojanern, weil ich bei ihnen Bruchstücke des Doppelbechers, des homerischen δέπας ἀμφικύπελλον[1] gefunden zu haben vermeinte. Bei genauerer Prüfung hat es sich aber herausgestellt, daß diese Bruchstücke von einfachen Bechern mit hohlem Fuß herrühren, der nie als zweiter Becher gebraucht sein kann. Überdies glaube ich in meinen diesjährigen Aufsätzen hinreichend bewiesen zu haben, daß Aristoteles (Hist. anim., IX, 40) irrtümlich dem homerischen δέπας ἀμφικύπελλον die Gestalt einer Bienenzelle gibt, daß man von jeher diesen Becher fälschlich als Doppelbecher aufgefaßt hat und daß er nichts anderes bedeuten kann als: Becher mit einem Henkel an jeder Seite, wie solche in den Trümmerschichten der ersten Ansiedelung dieses Berges *niemals*, dagegen in jenen des folgenden Volkes in großen Massen, auch bei den beiden späteren Nationen, die hier der griechischen Kolonie vorausgegangen sind, vielfach vorkommen. Der große, 600 Gramm wiegende goldene Becher mit zwei Henkeln, den ich im königlichen Schatze, in 8½ Meter Tiefe, in den Trümmerschichten des zweiten Volkes fand, läßt in dieser Hinsicht keinen Zweifel übrig.

Die Terrakotten, welche ich in 14 Meter Tiefe auf dem Urboden fand, sind alle so ausgezeichneter Qualität, wie sie in keiner der höheren Schichten vorkommen; sie sind glänzend schwarz, rot oder braun und haben eingeschnittene, mit einer weißen Masse gefüllte Verzierungen: die Schalen haben an zwei Seiten horizontale Röhren, die Vasen haben meistenteils an jeder Seite zwei senkrechte Röhren zum Aufhängen mit Schnüren; von bemaltem Terrakotta fand ich nur ein Bruchstück.

Alles was sich über die ersten Ansiedler sagen läßt, ist, daß sie arischen Stammes waren; dies beweisen zur Genüge die in ihren Trümmerschichten sowohl auf den Topfscherben als auf den kleinen merkwürdigen durchbohrten Terrakottas in Gestalt des Vulkans und des Karussells vorkommenden arischen religiösen Symbole, unter welchen man auch die 卍 sieht.

Meine diesjährigen Ausgrabungen haben zur Genüge bewiesen, daß die zweite Nation, die auf diesem Berge, auf den 4 bis 6 Meter oder 13 bis 20 Fuß hohen Trümmern der ersten Ansiedler, eine Stadt erbaute, die von Homer besungenen Trojaner waren, deren Schuttschichten in 7 bis 10 Meter oder 23⅓ bis 33⅓ Fuß unter der Oberfläche sind. Diese trojanischen Trümmerschichten, welche ohne Ausnahme das Gepräge großer Glut tragen, bestehen hauptsächlich aus roter

---

[1] »Doppelhenkelbecher«, Ilias I, 584

Holzasche und bedecken 1½ bis 3 Meter hoch Iliums großen Turm, das doppelte Skäische Tor und die große Ringmauer, deren Bau Homer dem Neptun und dem Apollo zuschreibt, und beweisen, daß die Stadt durch eine furchtbare Feuersbrunst zugrunde ging. Wie groß die Glut gewesen ist, zeigen auch die großen Steinplatten des vom doppelten Skäischen Tor zur Ebene hinunterführenden Weges; denn als ich diesen Weg vor einigen Monaten bloßlegte, sahen alle Steinplatten so unversehrt aus, als wenn sie erst kürzlich gelegt worden wären; nachdem sie aber einige Tage der Luft ausgesetzt gewesen waren, fingen, auf einer Strecke von 3 Meter, die Platten des oberen Teils des Wegs, welcher der Glut ausgesetzt gewesen war, an wegzubröckeln und sind jetzt beinahe schon verschwunden, während diejenigen des unteren Teils des Wegs, welcher vom Feuer unberührt geblieben war, durchaus unversehrt geblieben sind und unverwüstlich zu sein scheinen. Ein weiteres Zeugnis von der furchtbaren Katastrophe gibt eine ½ bis 3 Zentimeter dicke Schlackenschicht von geschmolzenem Blei- und Kupfererz, die sich in 8½ bis 9 Meter Tiefe fast durch den ganzen Berg ausdehnt. Daß Troja nach blutigem Kampfe vom Feinde zerstört wurde, dafür zeugen die vielen Menschenknochen, die ich in diesen Schuttschichten fand, und vor allen Dingen die in den Tiefen des Minervatempels gefundenen Gerippe mit Helmen; denn, wie wir aus Homer wissen, wurden alle Leichname verbrannt und die Asche in Urnen beigesetzt, deren ich eine gewaltige Menge in allen vorgriechischen Schuttschichten dieses Berges fand. Ferner läßt keinen Zweifel über die Zerstörung der Stadt durch Feindeshand der von mir auf der großen Ringmauer neben dem königlichen Palast in 8½ Meter Tiefe und mit 1½ bis 2 Meter rotem trojanischen Schutt und einer posttrojanischen, 6 Meter hohen Festungsmauer bedeckt gefundene Schatz, den wahrscheinlich jemand von der königlichen Familie während der Zerstörung versucht hat zu retten, aber gezwungen worden ist, auf der Ringmauer zurückzulassen.

Auf die Angaben der Ilias vertrauend, an deren Genauigkeit ich wie ans Evangelium glaubte, meinte ich, Hissarlik, der Berg, den ich seit drei Jahren durchwühlt habe, sei die Pergamos der Stadt, Troja müsse wenigstens 50000 Einwohner gehabt und seine Baustelle müsse sich bis über die ganze Baustelle des Ilium der griechischen Kolonie hinaus ausgedehnt haben, dessen Plan im Maßstab von $^{2787}/_{10000}$ Millimeter per Meter ich auf Tafel 213 gebe [hier 1:4484]. Dessenungeachtet wollte ich die Sache genau untersuchen und glaubte, dies nicht besser tun zu können, als durch Anlegung von Brunnen. Behutsam fing ich daher an, an den äußersten Enden des griechischen Ilium Brunnen zu graben, die aber bis zum Urboden nur Hauswände oder Mauern sowie Bruchstücke von Töpferware aus griechischer Zeit und keine Spur von den Trümmern der vorhergehenden Völker zum Vorschein brachten. Ich rückte daher dieser vermeinten Pergamos mit dem Graben von Brunnen allmählich näher, ohne besseren Erfolg, und da nun endlich gar sieben Brunnen, die ich unmittelbar am Fuße dieses Berges bis zum Felsen grub, nur griechisches Mauerwerk und nur griechische Topfscherben zum Vorschein brachten, so trete ich jetzt aufs entschiedenste mit der Behauptung hervor: daß sich Troja auf die kleine Fläche dieses Berges beschränkt hat, daß seine Baustelle genau angegeben ist durch seine von mir auf vielen Stellen bloßgelegte große Ringmauer; daß die Stadt keine Akropolis hatte und die Pergamos eine reine Erfindung Homers ist; ferner daß Trojas Baustelle in posttrojanischer Zeit bis zur griechischen Ansiedelung nur um so viel zugenommen hat, als der Berg durch den hinuntergeworfenen Schutt gewachsen ist, daß aber dem Ilium der griechischen Kolonie sogleich bei dessen Gründung eine große Ausdehnung gegeben wurde.

Wenn man sich aber einerseits hinsichtlich der Größe Trojas getäuscht sieht, so muß man doch andererseits eine hohe Genugtuung in der nunmehr erlangten Gewißheit empfinden, daß es wirklich ein Troja gab, daß dies Troja dem größten Teile nach von mir ans Licht gebracht ist, und daß die Ilias – wenn auch in übertriebenem Maßstab – diese Stadt und die Tatsache ihres tragischen Endes besingt. Homer ist aber nun einmal kein Historiker, sondern ein epischer Dichter, und man muß ihm die Übertreibungen zugute halten.

Da Homer die Topographie und die Witterungsverhältnisse der Troade so genau kennt, so leidet es wohl keinen Zweifel, daß er selbst Troja besucht hat; da er aber lange nach dessen Untergang kam und die Baustelle Trojas sogleich bei der Katastrophe durch die Trümmer der zerstörten Stadt tief im Schutt begraben und seit Jahrhunderten durch eine neue Stadt überbaut worden war, so konnte er weder Iliums großen Turm, noch das Skäische Tor, noch die große Ringmauer, noch den Palast des Priamos sehen, denn, wie jeder Besucher der Troade sich in meinen Exkavationen überzeugen kann, lastete auf allen diesen Denkmälern unsterblichen Ruhms schon allein von Trojas Trümmern und roter Asche eine Decke von 1½ bis 3 Meter oder 5 bis 10 Fuß Dicke, und diese Schuttaufhäufung muß bis Homers Besuch noch sehr bedeutend zugenommen haben. Homer stellte keine Exkavationen an, um jene Denkmäler ans Licht zu bringen; er kannte sie aber aus der Überlieferung, denn seit Jahrhunderten war Trojas tragisches Ende im Munde aller Sänger, und das Interesse, was sich daran knüpfte, war so groß, daß, wie meine Ausgrabungen erwiesen haben, die Tradition selbst in vielen Einzelheiten genau die Wahrheit berichtete: so z. B. das Vorhandensein des Skäischen Tors in Iliums großem Turm; der stete Gebrauch des Skäischen Tors im Plural, weil dasselbe als doppelt geschildert worden sein muß, und in der Tat hat es sich als doppelt herausgestellt. Nach den Versen der Ilias, XX, 307–308 scheint es mir jetzt höchst wahrscheinlich, daß der König von Troja zur Zeit von Homers Besuch sein Geschlecht in gerader Linie von Aeneas abzustammen vorgab.

Weil nun Homer Iliums großen Turm und das Skäische Tor nicht sah, sich nicht denken konnte, daß diese Bauten tief unter seinen Füßen begraben ruhten, sich auch wohl – nach den damals bestehenden Gesängen – Troja als sehr groß vorstellen mochte und es vielleicht noch größer zu schildern wünschte, so ist es nicht zu verwundern, wenn er Hektor vom Palast in der Pergamos heruntersteigen und die Stadt durcheilen läßt, um ans Skäische Tor zu gelangen, während dieses in der Wirklichkeit, ebenso wie Iliums großer Turm, in welchem es sich befindet, unmittelbar vor dem königlichen Hause ist. Daß dies Haus wirklich des Königs Haus ist, das scheint durch seine Größe, durch die Dicke seiner steinernen Mauern, im Gegensatz zu den übrigen fast ausschließlich von ungebrannten Ziegeln erbauten Häusern der Stadt, durch seine imposante Lage auf einem künstlichen Hügel unmittelbar vor oder neben dem Skäischen Tor, dem großen Turm und der großen Ringmauer, ferner durch die darin gefundenen vielen herrlichen Sachen, namentlich durch die ungeheure, königlich geschmückte Vase mit dem Bild der eulenköpfigen ilischen Schutzgöttin Minerva, weiter und vor allen Dingen durch den unmittelbar neben demselben gefundenen reichen Schatz hervorzugehen [siehe Tafeln 192 bis 209]. Ich kann natürlich nicht beweisen, daß der Name des Königs, des Besitzers des Schatzes, wirklich Priamos war, ich nenne ihn aber so, weil er mit diesem Namen von Homer und von der ganzen Tradition genannt wurde. Alles was ich beweisen kann, ist, daß der Palast dieses Besitzers des Schatzes, dieses letzten trojanischen Königs, gleichzeitig mit dem Skäischen Tor, der großen Ringmauer und dem großen Turm in der großen Katastrophe untergegangen ist, welche die ganze Stadt verheerte. Ich beweise durch jene $1\frac{1}{2}$ und 3 Meter hohen roten und gelben kalzinierten trojanischen Trümmermassen, womit alle diese Bauten bedeckt wurden und eingehüllt blieben, und durch die vielen posttrojanischen Bauten, die wiederum auf diesen kalzinierten Trümmermassen errichtet wurden, daß weder der Palast des Schatzinhabers noch das Skäische Tor noch die große Ringmauer noch Iliums großer Turm jemals wieder ans Tageslicht gekommen sind. Eine Stadt, deren König einen solchen Schatz besaß, war für damalige Verhältnisse unermeßlich reich, und weil Troja reich war, so war es mächtig, hatte viele Untertanen und erhielt Hilfstruppen von allen Seiten.

Ich schrieb im vorigen Jahr den Bau von Iliums großem Turm den ersten Ansiedlern dieses Berges zu, bin jedoch längst zur festen Überzeugung gekommen, daß er vom zweiten Volk, den Trojanern, herrührt, da er auf der Nordseite nur innerhalb der trojanischen Trümmerschichten und 5 bis 6 Meter oberhalb des Urbodens wirkliches Mauerwerk hat. Ich habe in meinen Briefen wiederholt darauf aufmerksam gemacht, daß die von mir auf dem Turm gefundenen Terrakotten nur jenen aus 11 bis 14 Meter Tiefe zur Seite gestellt werden können. Dies gilt aber nur für die Schönheit des Tons und die Eleganz der Gefäße, keineswegs aber für die Typen derselben, die – wie man sich im Atlas dieses Werks überzeugen kann – durchaus verschieden sind von denen der Tongefäße der ersten Ansiedler.

Man glaubte bisher, das Vorfinden von steinernen Werkzeugen bezeichne die Steinperiode; meine Ausgrabungen hier in Troja stellen jedoch diese Meinung als durchaus irrig heraus; denn sehr häufig finde ich schon gleich unterhalb der Trümmerschichten der griechischen Kolonie, d.h. schon in 2 Meter Tiefe, steinerne Werkzeuge, die von 4 Meter Tiefe abwärts in sehr großen Massen vorkommen, jedoch in den trojanischen Trümmerschichten, in 7 bis 10 Meter unterhalb der Oberfläche, im allgemeinen viel besser gearbeitet sind. Ich mache ganz besonders darauf aufmerksam, daß ich leider bei der Anfertigung des vorstehenden Werks in den mir jetzt unbegreiflichen Irrtum verfallen bin, jene herrlich geschliffenen Waffen und Werkzeuge, die meistenteils aus Diorit, aber oft auch aus sehr hartem durchsichtigen grünen Stein sind, wie ich solche auf Tafel 17, Nr. 503, 504; Tafel 21, Nr. 580; Tafel 23, Nr. 613*; Tafel 22, Nr. 593 bis 598* und Tafel 24, Nr. 648 bis 653* abgebildet habe, *Keile* zu nennen. Wie sich jeder

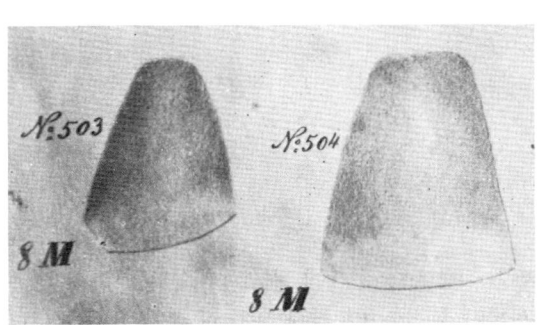

Tafel 17 Nr. 503, 504

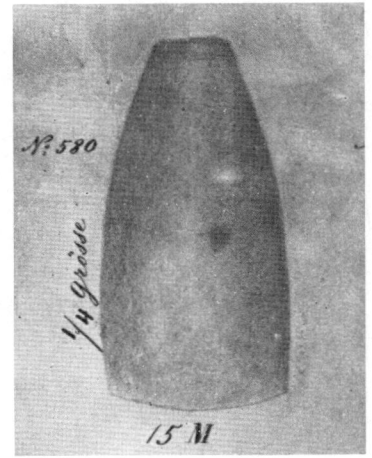

Tafel 21 Nr. 580

überzeugen kann, sind es aber keine Keile, sondern Beile oder Äxte, und die meisten derselben werden als Streitäxte gebraucht worden sein; ja viele scheinen, nach ihrer Form zu urteilen, sich ausgezeichnet als Lanzen zu eignen und mögen als solche benutzt worden sein. Ich habe viele Hunderte davon gesammelt. Gleichzeitig aber mit den Tausenden von steinernen Werkzeugen finde ich auch viele kupferne, und die viel vorkommenden Formsteine aus Glimmerschiefer zum Gießen von kupfernen Waffen und Werkzeugen sowie die vielen kleinen Schmelztiegel und roh gemachten kleinen Näpfe, Löffel und Trichter zum Füllen der Formen beweisen, daß dies Metall viel gebraucht wurde, worüber außerdem die erwähnte Schicht von Kupfer- und Bleischlacken in 8½ bis 9 Meter Tiefe keinen Zweifel läßt. Zu bemerken ist, daß alle vorkommenden kupfernen Gegenstände aus reinem Kupfer sind, ohne jegliche Beimischung eines anderen Metalls. Ja, der Schatz des Königs enthielt davon einen Schild mit großem Nabel, eine große Kasserolle, einen Kessel oder Vase, eine lange Platte mit in der Feuersbrunst daraufgeschmolzener silberner Vase, viele Bruchstücke anderer Vasen, wovon eine mit zwei Röhren an jeder Seite zum Aufhängen mit Schnüren; eine andere mit krummen, sehr künstlichen Griffen an den Seiten und einer wahrscheinlich am oberen Teil befestigt gewesenen krummen Röhre sehr niedlicher Form, dreizehn Lanzen, vierzehn jener hier häufig vorkommenden, anderswo aber noch niemals gefundenen Waffen, die nach einem Ende spitz aber stumpf, nach dem anderen in eine breite Schneide auslaufen; ich hielt sie früher für Lanzen, bin aber jetzt zur Überzeugung gekommen, daß sie nur als Streitäxte gebraucht sein können, obwohl sie kein Loch in der Mitte haben. Ich fand dort weiter sieben große zweischneidige Dolchmesser, ein gewöhnliches Messer sowie einen großen Schlüssel, der wahrscheinlich zu der hölzernen Kiste gehört hat, in welcher man versucht hat, den Schatz zu retten. Da alle Gegenstände des Schatzes dicht zusammengepackt waren und einen viereckigen Raum einnahmen, so kann es wohl keinem Zweifel unterliegen, daß sie in einer hölzernen Kiste enthalten waren. Außer dem bereits vorhin erwähnten großen goldenen Becher, welcher gegossen ist und dessen beide gewaltigen, hohlen Griffe darangeschmiedet sind, fand ich im Schatz eine 403 Gramm wiegende kugelrunde goldene Flasche, einen 226 Gramm wiegenden einfachen goldenen Becher, einen kleinen Becher von 70 Gramm, der nicht aus reinem Gold ist, wovon die drei letzteren Gegenstände mit dem Hammer getrieben sind (σφυρήλατα); ferner 60 herrliche goldene Ohrringe, worunter vier beinahe in Korbform, mit prachtvollen, von fünf oder sechs Kettchen mit Idolen der eulenköpfigen Schutzgöttin gebildeten Gehängen, und sechs goldene Armbänder, wovon drei geschlossen sind und zu beweisen scheinen, daß die Hände der Trojanerinnen viel kleiner gewesen sein müssen als die jetzigen Frauenhände, denn ein jetziges Mädchen von 10 Jahren würde Mühe haben, ihre Hand durchzustecken; auch die Öffnung der drei nicht geschlossenen Armbänder, welche doppelt sind, beweist, daß sie von Frauen mit ungemein kleinen Händen getragen sind. Weiter fand ich im Schatz ein goldenes Stirnband (ἄμπυξ)[2] und zwei wundervolle goldene Diademe (κρήδεμνα)[3], wovon das eine sechzehn herunterhängende Kettchen mit Idolen der ilischen Schutzgöttin und

---

[2] z. B. Ilias XXII, 469
[3] z. B. Ilias XXII, 470

74 andere mit Baumblättern verzierte Kettchen hat; das zweite Diadem hat 61 herunterhängende Kettchen mit Idolen derselben Göttin. Ich fand weiter im Schatz nicht weniger als 8750 kleine, kunstvoll gearbeitete, durchbohrte Gegenstände aus Gold, wie Zylinder, ausgezackte Scheibchen, Kugeln, Prismen, Würfel, mit einer Röhre zum Aufziehen versehene Baumblätter, einfache, doppelte oder dreifache Ringe mit durchgehendem Loch an zwei Seiten, Stücke ganz in Form kleiner Glockenzungen, Knöpfe mit einer Öse, sowie Doppelknöpfe, die aber nicht wie unsere Hemdknöpfe zusammengeschmiedet, sondern einfach zusammengesteckt sind, denn aus der Höhlung des einen kleinen Knopfes steht eine kleine Röhre ($αὐλίσκος$), aus der des anderen eine Stange ($ἔμβολον$) hervor, und man steckt letztere in die erstere, um den Doppelknopf herzustellen. Auf mehr als einem Drittel dieser kleinen Gegenstände sieht man eingeschnittene Verzierungen von acht oder sechzehn Rillen, die oft so fein gemacht sind, daß man nur mittels einer Lupe imstande ist, sie zu unterscheiden und ihre große Symmetrie zu bewundern. Diese 8750 kleinen goldenen Gegenstände dienten wahrscheinlich teils an Halsschnüren, teils an Schmucksachen auf Leder. Der Schatz enthielt ferner sechs an einem Ende abgerundete, an dem anderen in Form des Halbmondes ausgeschnittene Klingen aus allerreinstem Silber, deren Gewicht leider neben den Abbildungen Tafel 200 nicht genau angegeben ist; sie wiegen 171, 173, 174, 183 und 190 Gramm; nur zwei der Stücke haben genau dasselbe Gewicht von 174 Gramm; ferner einen silbernen Becher und drei große silberne Vasen; auf einer derselben ist viel Kupfer, auf einer anderen das Bruchstück einer kleineren silbernen Vase in der Feuersbrunst festgeschmolzen. Der Schatz enthielt ferner zwei kleinere, äußerst kunstvoll gearbeitete silberne Vasen mit Deckeln, in Form von langen phrygischen Hüten, wobei die eine an jeder Seite ein, die andere an jeder Seite zwei Röhrchen für die Schnüre zum Aufhängen hat. Es gehört höchstwahrscheinlich auch noch zum Schatz eine acht Tage vor dessen Entdeckung daneben gefundene große silberne Vase, in welcher ich einen großen herrlichen Becher fand, der, wie sich jetzt herausgestellt hat, aus Elektron ist und nicht aus Silber, wie ich irrtümlich im vorletzten Aufsatz dieses Buchs berichtet habe. Auch vier silberne Schalen ($φιάλαι$) enthielt der Schatz, denn die eine derselben fand ich mit den anderen Gegenständen zusammen, die drei übrigen einige Tage später am Abhang der großen Ringmauer, etwa 1 Meter unterhalb des Schatzes. Der durch seine vielen wichtigen Entdeckungen und Schriften berühmte Professor der Chemie Landerer in Athen, welcher auch alle silbernen Sachen des Schatzes genau untersucht hat, findet die beiden kleinen Vasen aus ganz reinem Silber, während die vier großen Vasen, der kleine Becher und die vier Schalen 95 Prozent Silber und 5 Prozent Kupfer enthalten, welches, wie er sagt, beigemischt ist, um dem Silber größere Härte zu geben und es mit dem Hammer treiben zu können.

Dieser in großer Tiefe, in den Ruinen der für mythisch angesehenen Stadt Troja von mir entdeckte große Schatz des für mythisch gehaltenen Königs Priamos aus dem mythischen heroischen Zeitalter ist jedenfalls eine in der Archäologie einzig dastehende Entdeckung großen Reichtums, großer Zivilisation und großen Kunstsinns in einer der Erfindung der Bronze vorhergehenden Zeit, in einer Zeit, wo man Waffen und Werkzeuge aus reinem Kupfer gleichzeitig mit gewaltigen Massen steinerner Waffen und Werkzeuge anwandte. Dieser Schatz läßt auch keinen Zweifel, daß Homer wirklich dergleichen goldene und silberne Sachen gesehen haben muß, wie er fortwährend beschreibt; in jeder Beziehung ist er von unermeßlichem Wert für die Wissenschaft und wird jahrhundertelang der Gegenstand eingehender Forschungen bleiben.

Leider finde ich auf keinem der Gegenstände des Schatzes eine Inschrift, auch kein anderes religiöses Symbol als die an den beiden Diademen (κρήδεμνα)[4] und an den vier Ohrgehängen prangenden 100 Idole der homerischen »ϑεὰ γλαυκῶπις Ἀϑήνη«[5], welche uns aber den unumstößlichen Beweis geben: daß der Schatz der Stadt und dem Zeitalter angehören, welche Homer besingt.

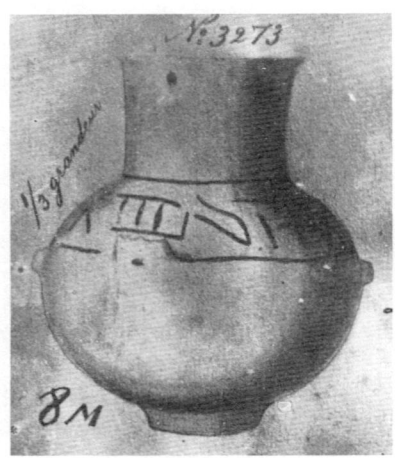

Tafel 168 Nr. 3273

Indessen fehlte die Schriftsprache zu jener Zeit nicht, und ich fand z.B. in 8 Meter Tiefe im königlichen Palast die auf Tafel 168, Nr. 3273 abgebildete Vase mit einer Inschrift, und ich mache ganz besonders darauf aufmerksam, daß von

---

[4]  z.B. Ilias XXII, 470
[5]  der »eulenäugigen Göttin Athene«, wie z.B. Ilias I, 206

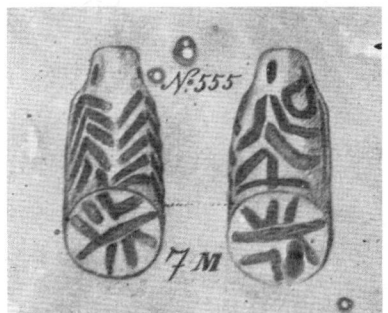

Tafel 19 Nr. 555

den in derselben vorkommenden Schriftzügen der dem griechischen P ähnliche
Buchstabe auch schon in der Inschrift auf dem aus 7 Meter Tiefe stammenden
Petschaft, Tafel 19, Nr. 555, der zweite und dritte Buchstabe, links von diesem,
auf dem ebenfalls aus 7 Meter Tiefe stammenden, Tafel 13, Nr. 432 abgebildeten
kleinen Vulkan aus Terrakotta, auch der dritte Buchstabe auf den aus 3 Meter
Tiefe stammenden beiden kleinen Trichtern aus Terrakotta, Tafel 171, Nr. 3292

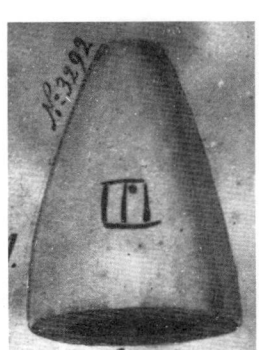

Tafel 171 Nr. 3292, 3295

und 3295, vorkommt. Ich fand ferner im königlichen Palast die auf Tafel 190,
Nr. 3474 abgebildete, ausgezeichnet eingravierte Inschrift, finde hier aber nur ein
Schriftzeichen, welches einem Buchstaben der Inschrift des erwähnten Petschafts
ähnlich ist. Mein geehrter Freund, der große Indologe Herr Emile Burnouf,
vermutet, daß alle diese Schriftzeichen einem sehr alten gräko-asiatischen Lokal-
alphabet angehören. Professor H. Brunn in München schreibt mir, daß er diese

Tafel 190 Nr. 3474

Inschriften dem Professor Haug gezeigt und dieser auf Verwandtschaft und Zusammenhang mit dem Phönizischen hingewiesen habe (von dem allerdings das griechische Alphabet abhängig ist), und ferner auf gewisse Analogien mit der Inschrift der Erztafel, die zu Idalion auf Zypern gefunden und jetzt im Cabinet des médailles zu Paris ist. Professor Brunn fügt hinzu, daß Beziehungen der trojanischen Funde zu Zypern in keiner Weise auffallen, sondern sich vielmehr sehr wohl mit Homer vertragen würden; daß jedenfalls auf diese Beziehungen ein Hauptaugenmerk zu richten ist, da nach seiner Meinung Zypern die Wiege der griechischen Kunst oder sozusagen der Kessel ist, in dem asiatische, ägyptische, griechische Ingredienzen zusammengebraut wurden, aus denen sich später die griechische Kunst abklärte.

Herrliche Töpferware, und besonders große und kleine Becher mit zwei Henkeln oder mit einem Griff von unten in Form einer Krone, Vasen mit Röhren an den Seiten und in gleicher Richtung mit Löchern im Munde zum Aufhängen mit Schnüren, ferner alle anderen Arten von Hausgerät finde ich in diesen trojanischen Trümmerschichten in großer Abondanz, auch eine schön verzierte knöcherne Flöte, mehrere Teile von anderen Flöten und das herrlich verzierte elfenbeinerne Stück einer Leier mit *nur vier Saiten*, welches man auf Tafel 98, Nr. 2044 sieht.

Tafel 98 Nr. 2044

Ebenso wie die ersten Ansiedler dieser heiligen Stätte waren auch die Trojaner von arischer Rasse, denn ich finde bei ihnen in gewaltigen Massen die mit eingeschnittenen arischen religiösen Symbolen bedeckten kleinen Stücke Terrakotta in Gestalt des Vulkans und des Karussells.

Das Baumaterial der Trojaner ist verschiedener Art; mit seltener Ausnahme bestehen alle von mir ans Licht gebrachten Hauswände nur aus ungebrannten, an der Sonne getrockneten Ziegeln, von denen durch die Glut der Feuersbrunst eine Art von wirklich gebrannten Ziegeln geworden ist; der königliche Palast aber sowie zwei kleine Bauten in den Tiefen des Minervatempels, Iliums großer Turm, das Skäische Tor und die große Ringmauer bestehen dagegen aus mit Erde vereinigten, meistens unbehauenen Steinen, deren weniger rauhe Seite nach außen gekehrt ist, so daß die Wände ein ziemlich glattes Ansehen haben.

Ich glaubte im vorigen Jahr, bei der Aufdeckung von Iliums großem Turm, daß derselbe einst höher gewesen sein müsse als er jetzt ist, nämlich 6 Meter oder 20 Fuß; seine glatt gemauerte Fläche neben dem Skäischen Tor sowie die weiterhin auf demselben befindlichen Bänke, nicht Ruinen, wie ich früher glaubte, beweisen aber, daß er nie höher gewesen sein kann. Ganz besonders mache ich darauf aufmerksam, daß das Mauerwerk des Skäischen Tors bei dessen Aufdekkung noch so merkwürdig neu aussah, als ob es erst ganz kürzlich errichtet worden wäre. Bestimmt hat es mächtige hölzerne Verteidigungswerke und wahrscheinlich auch einen hölzernen Turm oberhalb der Torflügel gehabt, denn sonst ist es mir unerklärlich, wie der Eingang zum Tor 10 Fuß hoch mit jener roten trojanischen Holzasche verschüttet, und namentlich wie dort, von anderen Bauten entfernt, die Glut so groß hat sein können, daß selbst die dicken Steinplatten davon zerstört worden sind.

Homer (Ilias, V, 638–642) spricht von einer dem trojanischen Krieg vorhergegangenen Zerstörung Trojas durch Herkules, und es wird uns ewig ein Rätsel bleiben, ob sich diese durch die Überlieferung bis zu seiner Zeit erhaltene Kunde wirklich auf das Ilium des Priamos oder auf die demselben vorausgegangene uralte Stadt der ersten Ansiedelung bezieht.

Für die Chronologie Trojas haben wir nur die allgemeine Annahme des Altertums, daß der trojanische Krieg ungefähr 1200 Jahre v. Chr. stattgefunden hat, und die Angabe Homers (Ilias, XX, 215–237), daß der erste trojanische König, Dardanos, Dardania gründete, welche Stadt ich mit Vergil und Euripides mit Ilium für synonym halte, und daß sie nach ihm von seinem Sohn Erichthonios, dann von seinem Enkel Tros, von seinem Urenkel Ilos, sowie von dessen Sohn Laomedon und Enkel Priamos beherrscht wurde. Wenn wir jedem dieser sechs Könige auch eine lange Regierung von 33 Jahren zugestehen, so bringen wir doch die Gründung der Stadt nur kaum auf 1400 Jahre v. Chr., also nur auf 700 Jahre vor der griechischen Kolonie.

Die Baustelle Trojas, welche zur Zeit der Gründung der Stadt 10 Meter unterhalb der jetzigen Oberfläche war, war nach der Zerstörung nur 7 Meter unterhalb derselben, als Ilium von einem anderen Volk arischen Stammes wieder aufgebaut ward; ich finde nämlich in den Trümmerschichten dieses Volks, die von 7 bis 4 Meter unter der jetzigen Oberfläche reichen, die nämlichen Stücke Terrakotta mit religiösen Symbolen.

Da ich bei jedem Gegenstand in den photographischen Tafeln des Atlas genau die Tiefe vermerkt habe, in welcher er gefunden worden ist, so kann man leicht die von diesem Volke stammenden Sachen herausfinden. Die Töpferwaren dieser Nation haben Ähnlichkeit mit denen der Trojaner, sind aber schlechter und gröber, und es kommen viele neue Typen vor; fast alle Vasen haben auch hier eine Röhre an jeder Seite zum Aufhängen mit Schnüren. Ich fand hier, in 5 Meter Tiefe, das steinerne Stück einer Leier mit sechs Saiten, und in 4 Meter Tiefe das schön verzierte elfenbeinene Stück einer anderen von sieben Saiten. Man findet beide Stücke in den photographierten Tafeln des Atlas dargestellt.

Die Architektur dieses Volks war, wie man aus den vielen von mir aufgedeckten Hauswänden ersieht, durchgehend von kleinen mit Erde vereinigten Steinen; jedoch sieht man auch auf zwei Stellen in den Tiefen des Minervatempels eine Mauer von an der Sonne getrockneten Ziegeln, die dieser Nation anzugehören scheinen.

Die Häuser derselben waren kleiner, und in denselben war weniger Holz verwandt, als in denen der Trojaner, denn obwohl die aufeinanderruhenden Hausreste mehrfache große Konvulsionen beurkunden, so findet man hier doch viel weniger verkohlte Trümmer als beim vorhergehenden Volk; ja diese Schuttschichten haben meistenteils ein graues oder schwarzes Ansehen, und man sieht in denselben Millionen kleiner Muschelschalen, Knochen, Fischgräten usw. Merkwürdig ist es, daß sich in diesen Trümmerschichten gewisse Typen von Terrakottas nur genau in derselben Tiefe finden, und daß so z. B. die herrlichen *schwarzen* Becher in Form von Sanduhren und mit zwei großen Henkeln nur auf 6 Meter Tiefe beschränkt sind.

In den beiden ersten Jahren meiner Ausgrabungen fand ich in 4 bis 7 Meter Tiefe fast gar kein Kupfer und glaubte schon, Metall sei bei diesem Volk selten oder gar nicht bekannt gewesen. In diesem Jahr jedoch fand ich auch in diesen Trümmerschichten viele kupferne Nägel, auch einige Messer und Streitäxte und Formsteine aus Glimmerschiefer zum Gießen derselben und anderer Waffen und Werkzeuge. Immerhin muß Kupfer bei dieser Nation selten gewesen sein, denn steinerne Werkzeuge, wie Messer aus Silex, Hämmer und Beile aus Diorit usw., kommen zu Tausenden vor.

Dem Anschein nach verschwand auch dieses Volk gleichzeitig mit der Zerstörung der Stadt, denn nicht nur finde ich von 4 Meter Tiefe aufwärts bis 2 Meter Tiefe viele neue Typen von Terrakotta-Gefäßen, sondern ich finde auch keine Reste von Hauswänden mehr; ja selbst die einzelnen Steine fehlen fast gänzlich. Jedenfalls wurde die Stadt sogleich nach der Zerstörung aus Holz wieder aufgebaut von einem verwandten Volk arischen Stammes, denn die kleinen, mit arischen religiösen Symbolen geschmückten Terrakottas, obwohl häufig mit neuen Typen, kommen auch in diesen Schuttschichten vielfältig vor. Es kommen zwar auch in diesen Tiefen Festungsmauern vor, aber diese waren schon von dem vorhergehenden Volk gebaut, wie z. B. die in 7 Meter Tiefe und 1½ bis 2 Meter oberhalb des Schatzes gegründete 6 Meter hohe Mauer, welche bis 1 Meter unter der Oberfläche reicht.

Das hölzerne Ilium war dem Anschein nach noch weniger glücklich als die steinerne Stadt seiner Vorgänger, denn wie es die zahlreichen kalzinierten Trümmerschichten beweisen, wurde es vielfältig durch Feuer verheert. Ob diese Feuersbrünste zufällig ausbrachen oder durch Feindeshand angelegt wurden, das muß uns ewig ein Rätsel bleiben; soviel ist aber gewiß und aus den aus diesen Tiefen stammenden Terrakottas ersichtlich, daß die von Anfang an geringe Zivilisation des Volkes bei den fortwährenden Verheerungen seiner Stadt immer mehr verkrüppelte. Ich finde bei dieser Nation Lanzen, Streitäxte sowie Werkzeuge aus reinem Kupfer und Formsteine zum Gießen derselben; auch eine Menge kupferne Nägel, die aber – gleich wie bei allen vorhergehenden Völkern, die diesen Berg bewohnt haben – zu lang und zu dünn sind, um zum Festschlagen in Holz verwandt worden zu sein, und jedenfalls als Brustnadeln gebraucht sein müssen; daß dem so ist, scheinen auch zwei solcher kupferner Nägel zu beweisen, an deren oberem Teil ich Reihen von durchbohrten Perlen aus Gold oder Elektron festgeschmiedet fand. Diese beiden kupfernen Nägel wurden zwar unmittelbar unter der Oberfläche gefunden, müssen aber jedenfalls der vorgriechischen Zeit angehören.

Steinerne Werkzeuge, wie z. B. Hämmer und herrlich geschliffene Beile und

Streitäxte aus Diorit, kommen auch bei diesem Volk in 4 bis 2 Meter Tiefe vor, aber bedeutend weniger als bei dem vorhergehenden.

Als die Oberfläche des Bergs um 2 Meter niedriger war als sie jetzt ist, wurde Ilium von einer griechischen Kolonie aufgebaut, und wir haben bereits versucht, nachzuweisen, daß diese Niederlassung ungefähr um 700 v. Chr. erfolgt sein muß. Von nun an findet man Reste hellenischer Hauswände aus ohne Zement zusammengelegten großen behauenen Steinen; von ungefähr 1 Meter unter der Oberfläche aufwärts auch Trümmer von Bauten, deren Steine mit Zement oder Kalk verbunden sind. Kupferne Medaillen Iliums aus der römischen Kaiserzeit von Augustus bis Konstans II. und Konstantin II. sowie ältere ilische Münzen mit dem Bild der Minerva und Medaillen von Alexandria Troas kommen in großer Menge vor, auch einige Münzen von Tenedos, Ophrynium und Sigeion, einzeln bis 1 Meter, aber größtenteils in weniger als 50 Zentimeter unter der Oberfläche. Ich habe einmal irrtümlich bemerkt, daß hier auch byzantinische Münzen nahe an der Oberfläche vorkommen. Aus späterer Zeit als Konstans II. und Konstantin II. habe ich hier aber in meinen dreijährigen Ausgrabungen nicht eine einzige Medaille gefunden, außer zwei schlechten Münzen eines byzantinischen Klosters, die von Schäfern verloren sein mögen; und da hier jede Spur von byzantinischem Mauerwerk oder byzantinischer Töpferware durchaus fehlt, so ist als bestimmt anzunehmen, daß das Ilium der griechischen Kolonie gegen Mitte des 4. Jahrhunderts n. Chr. untergegangen und nie wieder ein Dorf, geschweige denn eine Stadt auf seiner Baustelle errichtet worden ist. Die in meinem Aufsatz vom 1. März 1873 von mir erwähnte, aus mit Zement vereinigten korinthischen Säulen bestehende Mauer, die ich aus dem Mittelalter zu stammen glaubte, muß jedenfalls aus der Zeit Konstantins I. oder Konstans' II. stammen, als der Minervatempel durch den frommen Eifer der ersten Christen zerstört wurde.

Von den Mauern und Festungswerken dieser griechischen Kolonie sind hauptsächlich nur die anscheinlich von Lysimachos erbauten erhalten geblieben, und man sieht von denselben auf Tafel 109, gleich links, eine Bastion sowie auf Tafel 112 eine Mauer. Aus älterer Zeit und wahrscheinlich vom Anfang der griechischen Kolonie stammt der untere, hervorstehende Teil der Turmmauer, die man auf Tafel 212 in dem Einschnitt auf jener Seite des Skäischen Tors sieht. Große politische Konvulsionen oder Katastrophen scheinen fortan wenig oder gar nicht mehr vorgekommen zu sein, denn die Schuttaufhäufung beträgt während der langen Dauer der griechischen Kolonie, sage während 10½ Jahrhunderten, nur 2 Meter.

Merkwürdigerweise finde ich in diesen griechischen Trümmerschichten äußerst wenig Metall; ein halbes Dutzend sichelförmiger Messer, eine zweischneidige Axt, ein paar Dutzend Nägel, ein Becher, ein paar Lanzen und Pfeile usw. sind so ziemlich alles, was ich fand; ich beschrieb diese Gegenstände in meinen Aufsätzen und im Katalog als aus Kupfer; wie sich aber bei näherer Untersuchung herausgestellt hat, sind sie aus Bronze; reines Kupfer kommt in der griechischen Kolonie nicht mehr vor. Aus Eisen fand ich nur ganz nahe an der Oberfläche einen Schlüssel merkwürdiger Form und ein paar Pfeile und Nägel. Wie wir aus Homer wissen, hatten auch die Trojaner Eisen, ja sogar das von ihm κύανος[6] genannte Metall, welches man schon im Altertum mit χάλυψ (Stahl) übersetzte. Ich beteuere aber, weder bei den Trojanern, noch bei irgendeinem der andern der griechischen Kolonie voraufgegangenen Völker, die diesen Berg bewohnt haben, auch nur eine Spur von diesen Metallen gefunden zu haben. Es mögen aber immerhin eiserne und stählerne Gerätschaften dagewesen sein; ja ich glaube ganz bestimmt, daß sie dagewesen sind, sie sind aber spurlos verlorengegangen; denn bekanntlich zersetzt sich Eisen und Stahl viel leichter als Kupfer. Von Zinn, dessen Homer so vielfältig erwähnt, fand ich natürlich keine Spur, denn dies Metall zersetzt sich bekanntlich mit großer Schnelligkeit, selbst wenn es an einem trockenen Ort liegt. Blei kam bei allen Völkern vor, die diesen Berg bewohnt haben, bei den Völkern vor der griechischen Ansiedelung aber hauptsächlich nur in Klumpen, in Form von Halbkugeln. Nur erst in der griechischen Kolonie finde ich es in allgemeinem Gebrauch und sogar als Verbindungsmittel von Bausteinen angewandt. Nach der Größe der Baustelle des Iliums der griechischen Kolonie zu urteilen, deren Plan ich auf Tafel 213 gebe, mag dasselbe 100000 Einwohner gehabt haben und muß in seiner Blütezeit sehr reich gewesen sein, und die plastische Kunst muß hier einen hohen Grad von Vollkommenheit erreicht haben. Die mit den Trümmerhaufen großartiger Bauten bedeckte Baustelle ist nämlich mit Bruchstücken von ausgezeichneten Skulpturen übersät, und der hier in den Tiefen des Apollotempels von mir entdeckte und jetzt meinen Garten in Athen zierende 2 Meter lange, 86 Zentimeter hohe herrliche Triglyphenblock mit einer Metope, welche den Phöbus Apollo mit den vier Rossen der Sonne darstellt [siehe Tafel 30], ist eins der erhabensten Meisterwerke, welche uns aus der Blütezeit der griechischen Kunst erhalten sind. In der Beschreibung, welche ich sogleich nach der Entdeckung dieses Kunstschatzes in meinem Aufsatz vom 18. Juni 1872 machte, bemerkte ich, daß dieses Kunstwerk aus der Zeit des Lysimachos, sage ungefähr vom Jahre 306 v. Chr. stammen müsse. Ich schickte einen Gipsabguß davon an das Museum für Gipsabgüsse in München, und mir schreibt der Vorsteher desselben, Professor H. Brunn, welcher jedenfalls eine der größten Autoritäten der Welt für die plastischen Kunstwerke des Altertums ist, wie folgt darüber: »Selbst Photographien reichen doch zur Beurteilung plastischer Werke nie ganz aus, und mir hat auch hier erst der Abguß die volle Gewißheit gegeben, daß dieses Werk weit günstiger beurteilt werden muß, als es in der archäologi-

---

[6] z. B. Ilias XI, 24

schen Zeitung geschehen ist. Ich wage nicht, über die Triglyphen bestimmt abzusprechen: die Geschichte des dorischen Stils nach der Zeit des Parthenon und der Propyläen liegt noch durchaus im argen, doch läßt sich der gerade Abschnitt der Kannele gewiß in vorrömischer Zeit nachweisen. Von äußeren Kriterien bleibt so zunächst der Strahlenkranz. Nach den Untersuchungen von Stephani (Nimbus und Strahlenkranz) kommt derselbe erst etwa in der Zeit Alexanders des Großen vor. Für die spezielle Form, lange und kurze Strahlen, haben wir die von Curtius angeführten Münzen Alexanders I. von Epirus und von Keos, resp. Karthaea. Das jüngste Beispiel, welches ich bis jetzt gefunden, bietet die Unterweltsvase von Canosa im hiesigen Museum, die *spätestens* in das 2. Jahrhundert v. Chr. gehört; so wären also für das Relief die äußersten Termini etwa Ende des 4. und Mitte des 2. Jahrhunderts. Künstlerisch zeigt die Komposition die größten Feinheiten in der Lösung eines schwierigen Problems. Das Viergespann soll sich nämlich *nicht* in der Relieffläche bewegen, sondern so erscheinen, als ob es in halber Wendung aus derselben herauskomme. Das ist besonders dadurch erreicht, daß der rechte Hinterschenkel des Pferdes im Vordergrund stark zurückgedrängt ist, während der linke Fuß vorschreitet, daß außerdem dieses Pferd in leiser Verkürzung gebildet ist, daß die Fläche jenes Schenkels tiefer liegt als die obere Fläche der Triglyphen, die Fläche des Vorderbuges und des Halses dagegen etwas höher, während der Kopf, um das Gesetz des griechischen Reliefstils zu wahren, wieder mit der Grundfläche ziemlich parallel steht. Darum fehlt auch jede Andeutung eines Wagens, der durch das vordere Pferd verdeckt zu denken ist. Dann ist auch die Stellung des Gottes, dem Kopf einigermaßen folgend, halb nach vorne gewendet, und nur um auch hier die Stellung mit dem Reliefgesetz in Konflikt zu bringen, ist der Arm wieder stark nach innen gewendet. Wenn man sodann in dem Übergreifen des Kopfes auf die obere Leiste des Triglyphs eine Inkorrektheit hat sehen wollen, so finde ich darin einen besonders glücklichen Gedanken, der wohl an die freilich wieder verschiedene Auffassung am Parthenongiebel erinnern darf, wo Helios nur erst mit Kopf und Schultern aus dem Wagen des Ozeans auftaucht. Hier bricht Helios sozusagen aus den Pforten des Tags hervor und überstrahlt mit seinem Glanz das All. Das sind Feinheiten, wie sie nur der griechischen Kunst in ihrer vollen Kraft eigen sind. Die Ausführung entspricht durchaus dem Verdienst der Ideen, und so stehe ich nicht an, das Relief näher an den Anfang als an den Schluß des oben begrenzten Zeitraums zu setzen. Wenn Sie daher auch aus anderen Gründen an die Zeit des Lysimachos denken, so habe ich dagegen von archäologischer Seite durchaus keine Einwendung zu machen, freue mich vielmehr, unseren Monumentenschatz mit einem Originalwerk aus jener Zeit bereichert zu sehen.«

Ich bewies vorhin die Verwandtschaft der vier verschiedenen Völker, welche die Baustelle Trojas vor Ankunft der griechischen Kolonie bewohnt haben, durch die bei allen massenweise vorkommenden kleinen Terrakotta-Vulkane und -Karussells und durch die Ähnlichkeit der auf denselben eingravierten arischen religiösen Symbole. Ich beweise diese Verwandtschaft ferner und vor allen Dingen durch die plastische Darstellung der Minerva, der *Schutzgöttin Iliums, mit einem Eulengesicht*, denn diese Darstellung ist allen vier Völkern eigen, welche hier der griechischen Kolonie vorausgegangen sind. Sogleich unter den Trümmerschichten der letzteren, in 2 Meter Tiefe, fand ich dies Eulengesicht mit einer Art von Helm auf Terrakotta-Bechern, die auch in allen folgenden Schuttschichten, bis in 12 Meter Tiefe, vorkommen und sich bis in 9 Meter Tiefe sehr häufig finden. Diese Becher mögen auch, wie mein gelehrter Freund Emile Burnouf meint, nur als Deckel der gleichzeitig mit ihnen vorkommenden Vasen mit zwei emporstehenden Flügeln, zwei Frauenbrüsten und einem großen Schamteil gedient haben, denn sie passen vollkommen auf dieselben. Ich fand gleichzeitig von 3 Meter Tiefe abwärts in allen Trümmerschichten bis zu 10 Meter Tiefe Vasen mit Eulengesichtern, zwei emporstehenden Flügeln (nicht Armen, wie ich früher meinte), zwei großen Frauenbrüsten und einem sehr großen Schamteil, und sogar, in 6 Meter Tiefe, eine Vase, auf welcher der Schamteil mit einem Kreuz und vier Nägeln

Tafel 54 Nr. 1275

verziert ist (s. Tafel 54). Ich fand selbst in 14 Meter Tiefe den oberen Teil einer Vase (Tafel 102) und die Scherbe einer Schüssel (Tafel 27, Nr. 734) mit Eulengesichtern geschmückt. Außerdem fanden sich von 2 Meter Tiefe abwärts in allen Schuttschichten bis zum Urboden 2½ bis 18½ Zentimeter lange und 1½ bis 12 Zentimeter breite Idole aus sehr feinem Marmor, aus Knochen, aus Glimmerschiefer, aus Schiefer oder selbst aus ganz ordinärem Kalkstein; auf sehr vielen derselben sieht man ein Eulengesicht, und auf einigen außerdem sogar Frauenhaar auf der Stirn eingraviert; auf vielen sieht man auch einen Frauengürtel eingeschnit-

 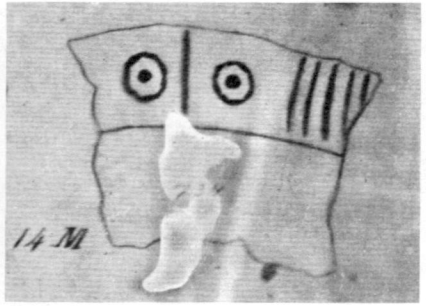

Tafel 102 Nr. 2276          Tafel 27 Nr. 734

ten. Da ich auf mehreren Idolen ohne eingeschnittenen Eulenkopf diesen mit roter oder schwarzer Farbe dargestellt finde, so vermute ich, daß ein Gleiches einst mit allen Idolen der Fall war, auf welchen die Kennzeichen der Eule jetzt fehlen, und daß auf diesen die Farbe im Laufe der Jahrtausende durch die Feuchtigkeit verlorengegangen ist. Auf mehreren Idolen aus Marmor oder Knochen sind die Flügel an den Seiten angedeutet. Ich fand aber auch den versteinerten Wirbelknochen eines antediluvianischen Tiers, auf welchem die Trojaner einen großen Eulenkopf ausgeschnitten haben. Ferner fanden sich in 3, 4, 6, 7, 8, 9 und 14 Meter Tiefe zwölf Idole aus Terrakotta, und sie sind, nur mit einer Ausnahme, auf allen Eulengesichter; die meisten haben auch zwei Frauenbrüste und auf der Rückseite angedeutetes langes Frauenhaar. Eines dieser eulenköpfigen Idole ist in Form eines Gefäßes und hat an jeder Seite einen Schlauch in Gestalt eines kleineren Gefäßes [siehe Tafel 166, Nr. 3249]; der vordere Körper der Göttin bis zum Hals ist bedeckt mit einem langen Schild, und auf der Rückseite sieht man das Frauenhaar, auf Art der Karyatiden in der Akropolis in Athen, lang herunterhängen. Auch auf mehreren dieser Idole aus Terrakotta sind Flügel angedeutet.

Diese auf Bechern, Vasen und Idolen vielfältig vorkommenden Eulengesichter mit Frauengestalt können nur eine Göttin darstellen, und diese Göttin kann nur Minerva, *die Schutzgöttin Trojas*, sein, um so mehr, als Homer sie fortwährend »ϑεά γλαυκῶπις ’Αϑήνη« nennt; denn »γλαυκῶπις« ist von den Gelehrten aller Jahrhunderte falsch übersetzt und bedeutet nicht »mit feurigen oder funkelnden *Augen*«, sondern es bedeutet »*mit Eulengesicht*«. Die natürliche Schlußfolgerung ist, erstens, daß es dem Homer vollkommen bekannt war, daß Minerva mit dem Eulengesicht Iliums Schutzgöttin war; zweitens, daß der Ort, in dessen Tiefen ich seit drei Jahren wühle, die Stätte sein muß »ubi Troja fuit«; und drittens, daß bei fortschreitender Zivilisation Pallas Athene ein menschliches Gesicht erhielt und aus ihrem früheren Eulenkopf ihr Lieblingsvogel, die Eule, gemacht wurde, welche als solcher dem Homer ganz unbekannt ist.

Es kommen in 4 bis 9 Meter Tiefe auch einige Vasen und Becher mit einem Menschengesicht vor, welches aber vieles von der Eule hat.

Da ich keine Spur des Eulengesichts in den Trümmerschichten der griechischen Kolonie finde, so ist mit Bestimmtheit anzunehmen, daß diese schon weiter in der Kultur fortgeschritten war als die Ilier, deren Stadt sie in Besitz nahm, und daß sie schon die Vorstellung der Schutzgöttin mit menschlichem Gesicht mit nach Troja brachte.

Was die mehrfach erwähnten, mit arischen religiösen Symbolen geschmückten runden durchbohrten Stücke Terrakotta in Gestalt des Karussells oder des Vulkans betrifft, so ist es immerhin möglich, daß ihre ursprüngliche Form die des Rades gewesen ist, denn in dieser Gestalt kommen sie mehrfach auf dem Urboden, in 14 und 16 Meter Tiefe vor. In den höheren Schuttschichten ist zwar bei diesen Stücken die Form des Rades selten, aber die durch Einschnitte bewirkte Darstellung des in Bewegung befindlichen Rades kommt doch noch sehr häufig vor. Trotz allen Forschens und Grübelns ist es mir noch nicht gelungen, zur Einsicht zu kommen: zu welchem Zweck diese äußerst interessanten Gegenstände gebraucht worden sind, die, wie sich jetzt beim Ausgraben des Minervatempels herausgestellt hat, nur bei den der griechischen Kolonie vorangegangenen Völkern mit arischen symbolischen Zeichen geschmückt worden sind, in der griechischen Ansiedelung aber nur noch einzeln, auch in abweichender Form und ganz ohne eingeschnittene Verzierungen vorkommen und durch die runden und viel größeren zweimal durchbohrten Stücke Terrakotta ersetzt werden, welche hin und wieder eine Art von Stempel tragen.

Durch die Güte meines geehrten Freundes, des Professors Giuseppe G. Bianconi in Bologna, erhielt ich die Zeichnungen von zehn solchen sich im Museum von Modena befindenden runden Stücken Terrakotta in der Form des Karussells und des Vulkans, welche in den Terramares der dortigen Gegend, in den Pfahlbauten aus der Steinzeit, gefunden sind. Zu meinem größten Erstaunen sehe ich darunter sechs mit den nämlichen eingeschnittenen Verzierungen, die ich auf den Stücken gleicher Gestalt hier in Troja finde. Drei derselben haben im Kreis um die Zentralsonne ein dreifaches Kreuz, welches, wie ich bemüht gewesen bin in meinem sechsten Aufsatz ausführlich auseinanderzusetzen, als Bild der beiden Hölzer unserer arischen Urväter zur Hervorbringung des heiligen Feuers ein Symbol höchster Wichtigkeit war; das vierte stellt eine solche Feuermaschine mit fünf Enden dar; die Indologen werden vielleicht finden, daß einer der Stäbe das »pramantha« genannte Stück Holz darstellt, womit das Feuer durch Reibung hervorgebracht wurde und von dem die Griechen in späterer Zeit den Prometheus machten, den sie das Feuer vom Himmel stehlen ließen. Das fünfte zeigt eine etwas verschiedene Form der Feuermaschine unserer Urväter, und das sechste hat zwölf Kreise um die Zentralsonne. Wahrscheinlich sind dies die im Rigveda so oft vorkommenden zwölf Stationen der Sonne, welche personifiziert sind durch die zwölf Adityas, Söhne des Adity (des Unteilbaren oder des unendlichen Raumes), und die zwölf Zeichen des Tierkreises darstellen.

Derselbe Freund schickte mir auch die Zeichnungen von achtzehn solchen aus den Gräbern des Kirchhofs von Villanova stammenden und im Museum des Grafen Gozzadini in Bologna befindlichen runden Stücken Terrakotta. Da der Graf in einem der Gräber ein »aes rude« gefunden hat, so glaubt er, daß so wie dies auch der Kirchhof aus der Zeit des Königs Numa stamme und somit aus circa 700 v. Chr. G. de Mortillet (Le Signe de la Croix, S. 88–89) hingegen schreibt dem Kirchhof ein viel größeres Alter zu. Jedenfalls aber haben fünfzehn der vorliegenden achtzehn Zeichnungen, im Vergleich zu den zehn im Museum von Modena sowie auch im Vergleich mit meinen hier in Troja gefundenen kleinen Karussells, Vulkanen und Rädern, ein modernes Aussehen, denn nicht nur die Verzierungen, sondern auch die Form der Stücke sind viel mehr gekünstelt. Nur drei der achtzehn Stücke zeigen eine Gestalt und Verzierungen, wie sie auch hier in Troja vorkommen. Alle drei haben die Form des Karussells; das eine hat sieben Sonnen im Kreise um die Zentralsonne; das zweite hat zwei Kreuze, deren eins durch vier Sterne, das andere durch vier Striche gebildet wird. Das dritte hat fünf fünffache Dreiecke und fünf Sterne im Kreis um den Mittelpunkt. Der Vergleich dieser achtzehn Stücke mit den trojanischen bringt mich zur Überzeugung, daß Graf Gozzadini recht hat, wenn er dem Kirchhof von Villanova kein höheres Alter als 700 v. Chr. zuschreibt.

Außer den mit religiösen Symbolen verzierten Stücken kommen aber auch in Troja Tausende von Terrakottas ähnlicher, aber meistens mehr gedehnter Form vor, die gar keine Verzierungen haben; in 3 Meter Tiefe kommen sie auch in Gestalt des Kegels vor. Früher fand ich in 3 Meter Tiefe solche Stücke auch aus blauem oder grünem Stein, die ich in letzter Zeit aber auch in 7 bis 10 Meter Tiefe häufig antraf. Unter den unverzierten Terrakottas dieser Art finde ich einige, aber kaum mehr als 2 Prozent, die einige Abnutzung zeigen und am Spinnrad gebraucht sein mögen. Die mit Einschnitten verzierten Stücke dagegen zeigen niemals irgendwelche Abnutzung, und die auf denselben eingravierten symbolischen Zeichen sind mit einer weißen Tonerde ausgefüllt, damit sie mehr in die Augen fallen. Diese weiße Tonerde hätte beim Gebrauch der Stücke am Spinnrad oder als Münze sogleich verlorengehen müssen. Als Amulette können die Stücke ihrer Größe und Schwere wegen nicht getragen worden sein. Ich muß daher glauben, daß sie als Opfergaben angewandt oder als Idole der Sonne angebetet wurden, deren Bild man im Mittelpunkt sieht. Wie es leider bei der Größe meiner Ausgrabungen, bei der Eile, mit welcher dieselben betrieben wurden, und bei der Härte des Schuttes nicht anders möglich war, kam bei weitem der größere Teil der von mir in den Tiefen Iliums gefundenen Terrakotta-Gefäße in mehr oder weniger zerbrochenem Zustand heraus. Ich habe aber alles, was nur irgend repariert werden konnte, mittels Schellack und Gips wiederhergestellt, und letzterer tritt in den Photographien hervor. Überall, wo von einem Teil etwas abgebrochen war und fehlte, habe ich denselben nach dem Modell anderer heil herausgekommener Gefäße derselben Art restauriert; wo mir aber ein solches Modell entbrach oder wo ich die geringste Ungewißheit hatte, da habe ich die Restauration ganz unterlassen.

Die Stadt Ilium, auf deren Baustelle ich seit mehr als drei Jahren gegraben habe, gab sich für die Nachfolgerin von Troja aus, und da im ganzen Altertum der Glaube an die Identität seiner Baustelle mit jener der alten Stadt des Priamos fest begründet war und niemand daran gezweifelt hat, so ist es gewiß, daß die gesamte Tradition diese Identität bestätigte. Endlich erhob sich dagegen Strabo, der jedoch, wie er selbst sagt, die Ebene von Troja niemals besucht hatte und sich auf die von Eigennutz eingegebenen Berichte des Demetrios von Skepsis verließ. Nach Strabo (XIII, 1, S. 122, Tauchn. Ausg.) behauptete dieser Demetrius, seine Geburtsstadt, Skepsis, sei die Residenz des Äneas gewesen, und beneidete Ilium um die Ehre, die Hauptstadt des trojanischen Reichs geworden zu sein. Deshalb sprach er die Ansicht aus: in Ilium und Umgegend sei für die großen Taten der Ilias nicht Raum genug, und das ganze Terrain, welches die Stadt vom Meere trennte, sei angeschwemmtes Land und habe sich erst nach dem trojanischen Krieg gebildet. Als einen anderen Beweis, daß die Stelle der beiden Städte nicht dieselbe sein könnte, führt er an: Achilles und Hektor seien dreimal um Troja gelaufen, während man um Ilium nicht herumlaufen könnte »διὰ τὴν συνεχῆ ῥάχην«, *wegen des fortlaufenden Bergrückens*. Aus allen diesen Gründen müsse man das alte Troja an die Stelle von Ἰλιέων κώμη,[7] 30 Stadien von Ilium und 42 Stadien von der Küste, verlegen, obwohl er allerdings zugestehen muß, daß sich nicht die geringste Spur davon erhalten habe (Strabo, XIII, 1, S. 99).

Strabo würde gewiß bei dem ihn kennzeichnenden richtigen Urteil alle diese irrtümlichen Behauptungen des Demetrios von Skepsis verworfen haben, wenn er selbst die Ebene von Troja besucht hätte, da sie sich leicht widerlegen lassen.

Ich bemerke zunächst, daß man um die Baustelle von Troja sehr bequem herumlaufen kann, ferner, daß die Entfernung von Ilium, in gerader Linie bis zur Küste, 6 Kilometer, dagegen in gerader nordwestlicher Linie bis zum Vorgebirge von Sigeum (oder Sigeion) 7 Kilometer beträgt, welches die Tradition noch zu Strabos Zeit als die Stelle des griechischen Lagers bezeichnete. Strabo sagt nämlich (XIII, 1, S. 103): »Nächst Rhoeteum sieht man die zerstörte Stadt Sigeum, den Hafen der Achäer, das achäische Lager und den Sumpf oder See, Stomalimne genannt, und die Mündung des Skamanders.«

---

[7] »dem Flecken der Ilier«, d. h. Ilium

Auf der Baustelle von »᾿Ιλιέων κώμη« habe ich im November 1871 Ausgrabungen gemacht, deren Resultat die Theorie des Demetrios von Skepsis vollkommen umwirft, denn überall fand ich den Urboden in weniger als ½ Meter Tiefe, und die auf einer Seite der Baustelle weit fortlaufende Anhöhe, welche die Trümmer einer großen Stadtmauer zu bergen scheint, enthält nur reinen Kornsand ohne jegliche Beimischung von Schutt.

Im Jahre 1788 n. Chr. besuchte Lechevalier die Ebene von Troja und war so begeistert für die Theorie, das Dorf Bunarbaschi und die Anhöhen hinter demselben als die Lage des homerischen Troja anzusehen, daß er es verschmähte, die Baustelle von Ilium aufzusuchen, wie aus seinem Werk »Voyage de la Troade« (Paris ³1802) sowie aus der demselben beigefügten Karte zu ersehen ist, auf welcher er höchst lächerlicherweise diese uralte Stadt »Ilium Novum« nennt und auf jene Seite des Skamanders, neben Kumkalé, nahe am Meer und 6 Kilometer von ihrer wirklichen Baustelle versetzt. Diese Theorie, daß Trojas Baustelle nur auf der des Dorfs Bunarbaschi und auf den Anhöhen hinter derselben zu suchen sei, wurde auch von den Nachstehenden festgehalten: Rennel, »Observations on the Topography of the Plain of Troy«, (London 1814); P. W. Forchhammer im »Journal of the Royal Geographical Society«, vol. XII, 1842; Mauduit, »Découvertes dans la Troade« (Paris, London 1840); Welcker, »Kleine Schriften«; Texier; Choiseul Gouffrier, »Voyage pittoresque de la Grèce« (1820); M. G. Nikolaïdes (Paris 1867); Ernst Curtius in seiner im November 1872 in Berlin gehaltenen Rede nach seiner Reise nach der Troade und Ephesus, in Gesellschaft der Professoren Adler und Müllenhoff und des Doktors Hirschfeldt. Wie ich aber in meinem Werk »Ithaque, le Péloponnèse et Troie« (Paris 1869) ausführlich auseinandergesetzt habe, ist diese Theorie in all und jeglicher Hinsicht in vollkommenstem Widerspruch mit allen Angaben der Ilias; auch haben meine Nachgrabungen in Bunarbaschi erwiesen, daß dort nie eine Stadt gestanden hat, denn ich finde dort überall in weniger als ½ Meter Tiefe und meistenteils schon unmittelbar an der Oberfläche reinen Urboden. Ebenso habe ich durch meine Exkavationen auf den Höhen hinter diesem Dorf, wo ich überall nur reinen Urboden und nirgends in mehr als 1 Meter Tiefe den Fels fand, nachgewiesen, daß dort nie menschliche Wohnungen gewesen sind. Dies bestätigt auch, überall wo die Erde fehlt, die bald spitze, bald abrupte und stets ganz anomale Form der Felsen. Eine halbe Stunde hinter Bunarbaschi ist allerdings die auf zwei Seiten von Abgründen und von den anderen Seiten von den Trümmern einer Ringmauer umgebene Baustelle einer ganz kleinen Stadt, welche ich für Skamandria hielt und so auf meiner Karte der Ebene von Troja nannte. Eine der in den Trümmern des Minervatempels des Iliums der griechischen Kolonie gefundenen Inschriften läßt mich jedoch jetzt mit Bestimmtheit vermuten, daß es *nicht* die Baustelle von Skamandria, sondern die von Gergis war. Auch ist dort die Schuttaufhäufung nur höchst unbedeutend, und man sieht nicht nur in der kleinen Akropolis, sondern auch auf der Baustelle der kleinen Stadt auf gar vielen Stellen den nackten Fels herausgucken. Außerdem findet man dort überall, wo Schuttaufhäufung ist, hellenische Topfscherben, und ausschließlich hellenische Topfscherben, bis zum Urboden. Da die Archäologie den *ältesten* dieser Scherben höchstens 500 bis 600 Jahre v. Chr. zugestehen kann, so können auch die Mauern der kleinen Stadt, welche man denen von Mykene an Alter gleichzustellen pflegte, keinesfalls älter sein als alleräußerst 500 bis 600 Jahre v. Chr.

Unmittelbar vor dieser kleinen Stadt sind drei Heldengräber, wovon man eins dem Priamos, ein anderes dem Hektor zuschrieb, weil es ganz von kleinen Steinen erbaut war. Dieses letztere Grab ist im Oktober 1872 von Sir John Lubbock ausgegraben, der nur bemalte hellenische Topfscherben darin fand, denen man ein Alter von äußerst 300 Jahren v. Chr. zugestehen kann, und somit geben uns diese Scherben auch das Alter des Grabes.

Der verstorbene Konsul J. G. von Hahn, welcher im Mai 1864 in seinen größeren Ausgrabungen in der Akropolis von Gergis bis zum Urboden dieselben und nur ganz dieselben hellenischen Topfscherben aufdeckte, die ich dort in meinen kleineren Exkavationen fand, schreibt in seiner Broschüre »Die Ausgrabungen des Homerischen Pergamos«: »Trotz eifrigen Suchens konnten meine Gefährten und ich auf dem weit gedehnten nördlichen Abhang des Balidagh vom Fuße der Akropole (von Gergis) bis zu den Quellen von Bunarbaschi außer den drei Heldengräbern nicht ein einziges Kennzeichen entdecken, welches auf eine frühere menschliche Niederlassung hinwiese, nicht einmal antike Topfscherben und Ziegeltrümmer, die nie fehlenden und daher unumgänglichen Zeugen einer antiken Niederlassung. Kein Säulen- oder sonstiges Baustück, kein alter Quader, kein in den gewachsenen Felsen eingehauenes Quaderbett, keine künstliche Ebenung desselben; überall der naturwüchsige, von keiner Menschenhand berührte Boden.«

Diese irrige Theorie, Troja auf die Höhen von Bunarbaschi zu verlegen, hätte auch *niemals* aufkommen können, hätten die genannten Verteidiger derselben die paar Stunden, welche sie auf den Höhen von Bunarbaschi und in Bunarbaschi selbst zugebracht haben, dazu benutzt, wenn auch nur von einem einzigen Arbeiter, kleine Löcher graben zu lassen.

Clarke und Barker Webb, Paris 1844, stellen die Theorie auf: Troja hätte auf den Hügeln von Chiblak oder Tschiplak gelegen. Leider aber haben auch sie sich nicht die Mühe gemacht, dort nachzugraben, denn sonst würden sie sich mit gar leichter Mühe überzeugt haben, daß alle Hügel in und um Chiblak, bis zur Ringmauer von Ilium, nur reinen Urboden enthalten.

H. N. Ulrichs (Rheinisches Museum, Neue Folge, III, S. 573–608) stellt die Theorie auf: Troja habe auf den Hügeln von Atzik-kioï, welches ich auf meiner

Karte Eski Akschi köi nenne, gelegen. Ich habe aber auch diese Hügel untersucht und gefunden, daß sie aus reinem Urboden bestehen. Ich habe bei dieser Untersuchung einen Spaten gehabt, aber ein Taschenmesser würde hingereicht haben.

Ich begreife gar nicht, wie es nur möglich ist, daß man die Lösung des großen Rätsels »ubi Troia fuit«, welche doch die ganze zivilisierte Welt aufs höchste interessiert, von jeher so leichtfertig hat behandeln können, und sich, nach einem Besuch von ein paar Stunden in der Ebene von Troja, zu Hause hinzusetzen und voluminöse Werke zu schreiben, um eine Theorie zu verteidigen, deren Nichtigkeit man eingesehen hätte, wenn man auch nur eine einzige Stunde hätte nachgraben lassen.

Ich kann zu meiner Freude rühmend Doktor Wilhelm Büchner (Jahresbericht über das Gymnasium Fridericianum, Schwerin 1871 und 1872), Doktor G. von Eckenbrecher (im Rheinischen Museum, Neue Folge 2. Jg., S. 1 ff.) und C. Mac Laren (Dissertation on the Topography of the Trojan War, Edinburgh 1822) erwähnen, welche, obwohl sie keine Ausgrabungen gemacht haben, doch in ihren ausgezeichneten Abhandlungen durch viele unwiderlegbare Beweise dartun, daß die Baustelle von Ilium, wo ich seit mehr als drei Jahren gegraben habe, mit allen Angaben der Ilias für die Lage Trojas übereinstimmt, und nur dort und nirgends anderswo die alte Stadt zu suchen sei.

Auch gedenke ich mit dankbarer Rührung des leider nun schon seit fünf Jahren seinem unermüdlichen Streben erlegenen großen deutschen Gelehrten Julius Braun, des Verfechters der Theorie, daß das homerische Troja nur auf der Baustelle von Ilium in den Tiefen des Berges Hissarlik, wo ich seit drei Jahren gegraben habe, zu suchen sei, und dessen ausgezeichnetes Werk »Die Geschichte der Kunst in ihrem Entwicklungsgang« ich allen, welche sich für das *Wahre*, das *Schöne* und das *Erhabene* interessieren, aufs angelegentlichste empfehle.

Ebenso kann ich nicht umhin, dankbar meines geehrten Freundes, des berühmten Sanskritgelehrten und unermüdlichen Forschers Emile Burnouf, des Direktors der französischen Schule in Athen, zu erwähnen, welcher mir persönlich und durch seine vielen vortrefflichen Werke und namentlich durch sein im vorigen Jahr erschienenes vorzügliches Werk »La Science des Religions« mehrere Anleitungen gegeben hat, die mich in den Stand gesetzt haben, viele der trojanischen symbolischen Zeichen zu entziffern.

Ich gedenke ferner mit Dankgefühl meines verehrten Freundes, des gelehrtesten Griechen, den ich je das Vergnügen gehabt habe zu kennen, des Professors Stephanos Koumanoudes in Athen, der mich stets mit seinem gediegenen Rat unterstützte, wenn ich dessen bedurfte.

Ebenso gedenke ich hier mit herzlichem Dank der mir während meiner langen Ausgrabungen von meinem geehrten Freund, dem griechischen Konsul Herrn G. Dokos in den Dardanellen, erwiesenen vielen Gefälligkeiten.

Ich mache ganz besonders darauf aufmerksam, daß sich in der Umgegend von Troja noch bis zum heutigen Tag mehrere Typen der uralten Töpferware erhalten haben, welche ich in meinen Ausgrabungen zwischen 3 und 10 Meter Tiefe fand. So z. B. sieht man in den Töpferläden in den Dardanellen eine ungeheure Menge von Gefäßen mit langem aufrecht stehenden Hals und zwei Frauenbrüsten, sowie Massen anderer in Gestalt von Tieren. Trotz ihrer Vergoldungen und anderen Verzierungen sind diese Gefäße zwar weder hinsichtlich Qualität noch Eleganz der Form in Vergleich zu bringen mit den ilischen Terrakottas, ja nicht einmal mit jenen aus 3 Meter Tiefe, sie geben aber dennoch den merkwürdigen Beweis, daß sich trotz vielfältiger politischer Umwälzungen gewisse Typen von Terrakottas über 3000 Jahre lang in einer Gegend fortpflanzen können.

So weit geschrieben, bin ich nach langer, reiflicher Überlegung zur festen Überzeugung gekommen, daß alle jene hier in 3 bis 10 Meter und besonders in den trojanischen Schuttschichten in 7 bis 10 Meter Tiefe in großer Zahl vorkommenden Gefäße, welche ganz die Form der Glocke und unten eine Krone haben, so daß sie nur auf die Mündung hingesetzt werden können und die ich bisher als Becher beschrieb, notwendigerweise auch und vielleicht sogar ausschließlich als *Deckel* der hier so vielfältig vorkommenden großen Terrakotta-Vasen gebraucht sind, die einen glatten Hals und auf jeder Seite zwei ohrenförmige Verzierungen haben, zwischen denen zwei gewaltige Flügel angebracht sind, welche, da sie eine Höhlung haben, auch scharf auslaufen, nie als Griffe gedient haben können, um so mehr als zwischen den ohrenförmigen Verzierungen auf jeder Seite ein kleiner Henkel ist. Da nun letzterer einem Eulenschnabel ähnlich ist, um so mehr als man ihn zwischen den Ornamenten in Form von Ohren sieht, so hat man ohne Zweifel beabsichtigt, somit auf jeder Seite der Vasen das Bild der Eule mit emporgehobenen Flügeln darzustellen, welchem der herrliche, mit einer Krone versehene Deckel ein erhabenes Ansehen gibt. Ich gebe auf Tafel 217 die Photographie der größten von dieser Art Vasen, welche vor einigen Tagen im königlichen Hause, in 8½ bis 9 Meter Tiefe, gefunden wurde, und welcher ich einen neben derselben entdeckten glockenförmigen Deckel mit Krone aufgesetzt habe, der zu ihr gehört zu haben scheint.

Alle photographierten Tafeln des zu diesem Werke gehörenden Atlas sind vom Photographen Panagos Th. Zaphyropoulos in Athen gemacht.

Mein mehrfach erwähnter Freund, der Professor der Chemie, Herr Landerer in Athen, welcher auch die Farbe der trojanischen Altertümer genau untersucht hat, schreibt mir wie folgt: »Was erstens die Gefäße selbst anbelangt, so sind solche teils auf der Ton-Drehscheibe, teils aus freier Hand geformt. Je nach Vorkommen des Tons sind selbe in ihrer *Grundfarbe* voneinander verschieden; es finden sich solche aus schwarzem, tiefbraunem, rotem, gelblichem und aschgrauem Ton verfertigt. Alle diese Tonsorten, die die trojanischen Töpfer zu diesen ihren

Gefäßen verwendeten, bestehen aus eisenoxydhaltigem, silikathaltigem Ton (argile siliceuse ferrugineuse), und je nach der stärkeren oder schwächeren Brennmethode wurde das im Ton enthaltene Eisenoxyd mehr oder wenig oxydiert, und mithin ist die schwarze, braune, rote, gelbe und graue Farbe durch die Oxydation des Eisens zu erklären. Die schöne schwarze Glasur der auf dem Urboden in 14 Meter Tiefe gefundenen Gefäße enthält kein Bleioxyd und besteht aus *Kohlenschwarz*, das mit dem Ton zusammenschmolz und in dessen Poren eindrang. Dies läßt sich erklären durch das Einstellen der Tongefäße in schlecht ziehende Brennöfen, in denen harzreiches Holz gebrannt wurde und einen starken Rauch gab, der sich in Form des feinsten Pulvers auf die Gefäße niederschlug und mit einbrannte. Möglich ist es übrigens, jedoch keineswegs wahrscheinlich, daß man sich eines schwarzen Peches oder Asphaltes, der in Terpentinöl aufgelöst wurde, oder des flüssigen Peches bediente und damit die Gefäße übertünchte. Durch das Brennen derselben wurde ebenfalls Kohlenschwarz gebildet, das in spätern Zeiten Atramentum indelebile des Apelles genannt wurde. Auf diese Weise gab man den hellenischen Terrakottas ihre Farbe und Glasur.

Die weiße Farbe, womit die auf den trojanischen Terrakottas mittels eines spitzen Gegenstandes eingegrabenen Verzierungen ausgefüllt sind, ist nichts weiter als reine weiße Tonerde. Ebenso ist die Malerei auf der Topfscherbe Nr. 722 auf Tafel 27 mit weißem und mit schwarzem kohlenhaltigen Ton gemacht. Die *glänzend rote* Farbe der großen δέπα ἀμφικύπελλα[8] ist keine eigentümliche Farbe, sondern bloßes Eisenoxyd, welches ein Bestandteil des Tons ist, aus dem die Becher gefertigt wurden. Bei manchem der glänzend gelben trojanischen Gefäße finde ich, daß sie aus grauem Ton gefertigt und mit einer gelben

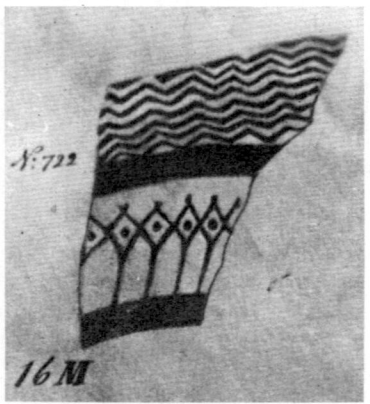

Tafel 27 Nr. 722

---

[8] Plural, »Doppelhenkelbecher«, vgl. a. a. O. S. 3

Tonmasse, die eisenoxydhaltig ist, überstrichen, darauf mit einem jener in Troja vielfältig vorkommenden geschliffenen Stücke Diorit geglättet und dann gebrannt worden sind.«

Die in meinem zweiten Aufsatz besprochenen, vor der Baustelle von Ἰλιέων κώμη gelegenen großen Sümpfe sind jetzt längst ausgetrocknet und haben dem Landgut Thymbria (früher Batak) 240 Acres reichen Landes gegeben. Wie zu erwarten war, hat sich in denselben keine Quelle heißen Wassers und nur drei Quellen kalten Wassers gefunden.

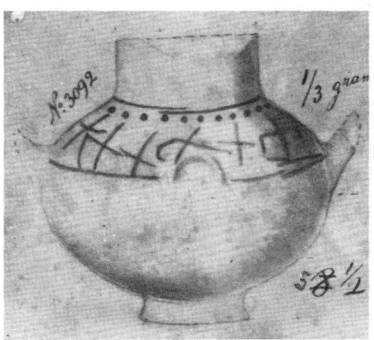

Tafel 161 Nr. 3092

Auf Tafel 161 unter Nr. 3092 findet man eine trojanische Vase mit einer herumlaufenden Reihe von Zeichen, die ich für symbolisch hielt und daher nicht noch besonders zur Reproduktion durch Photographie abzeichnen ließ. Da

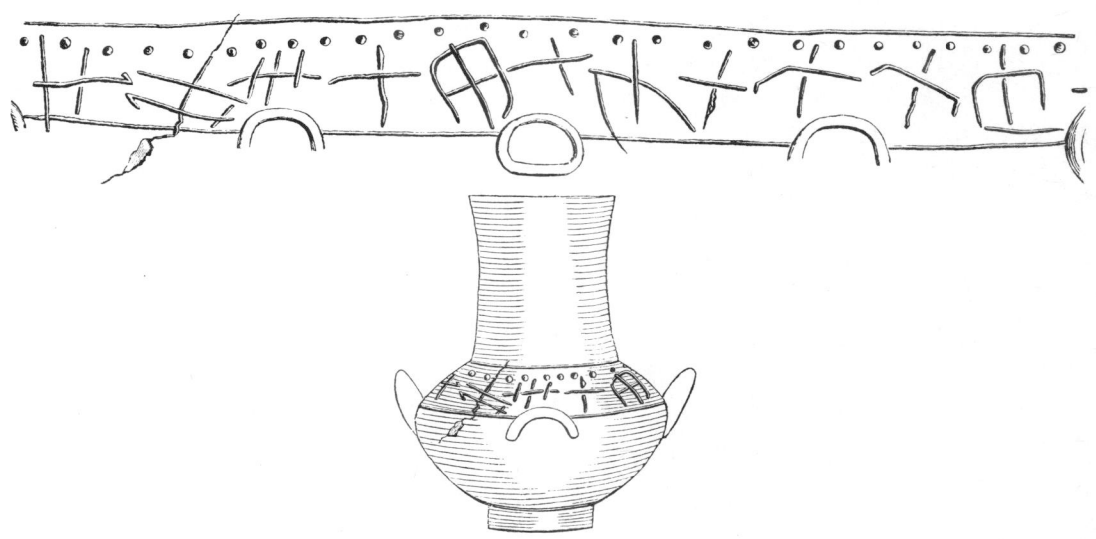

jedoch mein gelehrter Freund Herr Emile Burnouf der Meinung ist, daß es eine wirkliche Inschrift mit chinesischen Schriftzeichen ist, so gebe ich sie hier nach seiner Zeichnung.

Herr Burnouf erklärt sie wie folgt:

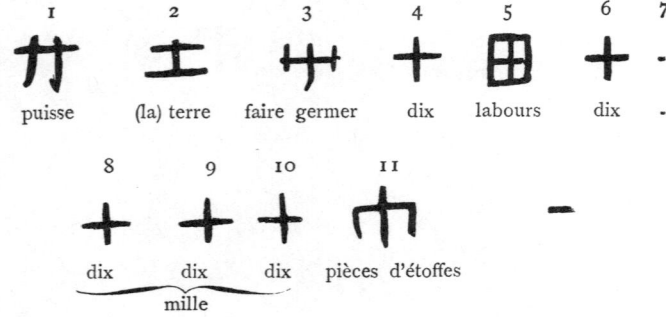

Er fügt hinzu: »Les caractères du petit vase ne sont ni grecs, ni sanscrits, ni phéniciens, ni, ni, ni – ils sont parfaitement lisibles en chinois!!! Ce vase peut être venu en Troade de l'Asie septentrional, dont tout le Nord était touranien.«

Sollte es sich bestätigen, daß dies chinesische Schrift ist, dann wird man auf den Tafeln des Atlasses dieses Werkes noch manche Inschriften finden, denn ähnliche Zeichen wie die vorstehenden kommen namentlich auf den durchbohrten Terrakottas in Form des Vulkans und des Karussells öfter vor.

Da ich von den türkischen Zeitungen auf eine so schmähliche Weise angegriffen werde, daß ich wider den Wortlaut des mir gegebenen »Fermans« gehandelt und, anstatt den Schatz mit der türkischen Regierung zu teilen, ihn für mich behalten habe, so sehe ich mich genötigt, hier in kurzen Worten auseinanderzusetzen, wie ich das vollste Recht dazu habe. Nur um Safvet Pascha, den früheren Minister für Volksaufklärung, zu schonen, gab ich in meinem ersten Aufsatz an, er habe es auf meine Bitten, im Interesse der Wissenschaft, durchgesetzt, daß der den beiden Türken im Kumkalé gehörige Teil von Hissarlik von der Regierung angekauft wurde. Der Wahrheit gemäß verhält sich aber die Sache wie folgt. Seit meinen Ausgrabungen hier Anfang April 1870 war ich unablässig bemüht, dies Feld zu kaufen, und es gelang mir endlich, nachdem ich dreimal eigens dazu nach Koumkalé gereist war, die beiden Eigentümer auf 1000 Frs. herabzustimmen. Ich ging alsdann im Dezember 1870 zu Safvet Pascha nach Konstantinopel, sagte ihm, daß es mir nach achtmonatlichen vergeblichen Bemühungen endlich gelungen wäre, die Hauptstelle von Troja zu 1000 Frs. zu behandeln, und ich den Ankauf abschließen würde, sobald er mir die Erlaubnis erteilen würde, das Feld auszugraben. Er wußte nichts von Troja oder Homer; ich setzte es ihm aber in der Kürze auseinander und sagte, daß ich dort Altertümer von unermeßlichem Wert für die Wissenschaft zu finden hoffte. Er meinte aber, ich würde dort viel Gold finden, ließ sich daher alle Détails von mir geben und ersuchte mich, nach acht Tagen wiederzukommen. Als ich aber wiederkam, hörte ich zu meinem Schrecken von ihm, daß er bereits die beiden Eigentümer gezwungen habe, ihm das Feld zu 600 Frs. zu verkaufen, daß ich daher graben könne, aber alles, was ich fände, an ihn abgeben müsse. Ich setzte ihm daher in den derbsten Worten das Gehässige und Erbärmliche seiner Handlungsweise auseinander und erklärte, daß ich infolgedessen nichts mit ihm zu tun haben und gar nicht graben wolle.

Er ließ mir aber darauf durch den damaligen amerikanischen Gesandten Herrn Wyne Mac Veagh wiederholt anbieten, die Exkavationen zu machen und ihm nur die Hälfte der gefundenen Sachen zu geben, und ich ging, auf Zureden des letzteren, darauf ein, aber nur unter der Bedingung, daß ich das Recht habe, meine Hälfte von der Türkei auszuführen. Dies mir zuerkannte Recht wurde aber im April 1872 durch ein ministerielles Dekret widerrufen, worin gesagt war, daß ich nichts von meiner Hälfte der gefundenen Altertümer ausführen dürfe, wohl aber das Recht habe, dieselben in der Türkei zu verkaufen. Durch diese neue Verordnung hatte aber die türkische Regierung unser schriftliches Übereinkommen im vollsten Sinne des Worts gebrochen und mich jeglicher Verpflichtung entbunden. Ich habe mich infolgedessen auch nicht im geringsten mehr an das ohne meine Schuld aufgehobene Übereinkommen gekehrt, habe alles Wertvolle, was ich fand, für mich behalten und somit für die Wissenschaft gerettet, und mir wird die ganze gebildete Welt Beifall klatschen, daß ich es so gemacht habe. Die gefundenen trojanischen Altertümer und namentlich der Schatz übersteigen bei weitem meine sanguinsten Erwartungen und geben mir volle Entschädigung für den mir von Safvet Pascha gespielten erbärmlichen Streich sowie für die fortwährende unangenehme Gegenwart eines türkischen Wächters bei meinen Ausgrabungen, dem ich gezwungen war, täglich 4¾ Frs. zu zahlen.

Durchaus nicht, weil ich es als meine Pflicht ansah, sondern lediglich um mein freundliches Entgegenkommen zu zeigen, habe ich dem Museum in Konstantinopel sieben große, 1½ bis 2 Meter hohe trojanische Vasen und vier Säcke mit steinernen Werkzeugen geschickt, und bin somit der einzige Wohltäter geworden, den dies Museum je gehabt hat; denn zwar werden sämtliche »Fermane« mit der ausdrücklichen Bedingung erteilt, die Hälfte der zu findenden Altertümer ans Museum zu geben, aber noch niemals hat letzteres von irgend jemand irgend etwas davon erhalten; denn da es nichts weniger als öffentlich ist und selbst gar oft dem Direktor desselben von der Schildwache der Eintritt verweigert wird, so weiß jeder, daß die dahin geschickten Altertümer auf ewig für die Wissenschaft verloren gehen.

31

Ich mache ganz besonders darauf aufmerksam, daß infolge der Reduktion der Pläne auf Tafel 213, 214, 215 und 216 durch Photographie der auf denselben verzeichnete Maßstab bedeutend verringert wird, und daß derselbe jetzt für den Plan von Ilium, Tafel 213, auf $^{2787}/_{10000}$ Millimeter per Meter [hier 1:4484]; für den Plan meiner Ausgrabungen Tafel 214 auf $^8/_{10}$ Millimeter per Meter [hier 1:1563]; für den Plan des alten Troja Tafel 215 auf $^9/_{10}$ Millimeter per Meter [hier 1:1389]; und für den Plan des Skäischen Tors und des großen Turms Tafel 216 auf $3^4/_{10}$ Millimeter [hier 1:3125] per Meter zu berechnen ist.

Der große Indologe Max Müller in Oxford schreibt mir soeben hinsichtlich der eulenköpfigen trojanischen Schutzgöttin: »Under all circumstances, the owl headed idol cannot be made to explain the idea of the goddess. The ideal conception and the naming of the goddess came first, and in that name, the owl's head, whatever it may mean, is figurative or ideal. In the idol the figurative intention is forgotten, just as the sun is represented with a golden hand, whereas the ideal conception of ›golden handed‹ was ›spreading his golden rays‹. An owl-headed deity was most likely intended for a deity of the morning or the Dämmerung, the owl light; to change it into a human figure with an owl's head was the work of a later and more materializing age.«

Ich bin vollkommen hiermit einverstanden. Es geht aber daraus hervor, daß die Trojaner oder wenigstens die ersten Ansiedler dieses Berges griechisch sprachen, denn wenn sie aus dem idealen Begriff, den sie von ihrer Schutzgöttin hatten, deren Beinamen »γλαυκῶπις«[9] nahmen und in späterer Zeit aus diesem eine Frauengestalt mit Eulengesicht machten, so mußten sie notgedrungen verstehen, daß γλαῦξ Eule und ὠπή Gesicht heißt. Daß aber diese Umwandlung viele Jahrhunderte und wahrscheinlich über 1000 Jahre vor Homers Zeit vor sich gegangen ist, dafür zeugen die selbst in 14 Meter Tiefe, in der untersten Trümmer-schicht der Vorgänger der Trojaner, auf Vasen und sogar in Monogrammen vorkommenden Eulenköpfe.

Noch muß ich darauf aufmerksam machen, daß ich bei Nachsehen meiner trojanischen Sammlung, aus 2 Meter Tiefe stammend, 70 sehr hübsche glänzend schwarze oder rote Terrakottas mit oder ohne eingeschnittene Verzierungen finde, welche sowohl in Qualität als Form nicht die geringste Ähnlichkeit weder mit der griechischen noch mit der vorhistorischen Töpferware haben. Es scheint somit, daß gerade vor Ankunft der griechischen Kolonie noch ein anderes Volk

---

[9] »eulenäugig«, z. B. Ilias I, 206

Tafel 34 Nr. 841

eine kurze Zeit lang diesen Berg bewohnt hat. Man erkennt diese Töpferware in den Photographien an den beiden langen, spitz zulaufenden Henkeln der großen kannelierten und meist mit drei oder vier kleinen Hörnern versehenen Tassen.

HEINRICH SCHLIEMANN

# I.

Auf dem Berge Hissarlik (in der Ebene von Troja),
18. Oktober 1871

In meinem 1869 publizierten Werk »Ithaque, le Péloponnèse et Troie« (deutsche Übersetzung: »Ithaka, der Peloponnes und Troja. Archäologische Forschungen«, Leipzig, Giesecke u. Devrient 1869) habe ich mich bemüht, sowohl durch das Resultat meiner eigenen Ausgrabungen als durch die Angaben der Ilias zu beweisen, daß das homerische Troja unmöglicherweise auf den Höhen von Bunarbaschi gelegen haben kann, wohin es die meisten Archäologen verlegen. Gleichzeitig habe ich dahin gestrebt darzutun, daß Trojas Baustelle notwendigerweise identisch sein muß mit der Baustelle der Stadt, die im ganzen Altertum und bis zu ihrem gänzlichen Untergang am Ende des 8. oder Anfang des 9. Jahrhundert n. Chr., Ilium hieß und erst 1000 Jahre nach ihrem Verschwinden – sage im Jahr 1788 n. Chr. – Ilium Novum getauft wurde durch Lechevalier, welcher, wie es sein Werk »Voyage de la Troade« (Paris ³1802) beweist, nie sein Ilium Novum besucht haben kann, denn er versetzt es auf seiner Karte auf jene Seite des Skamanders neben Kumkalé und somit 6 Kilometer von dem richtigen Ort.

Die Baustelle Iliums ist auf einem durchschnittlich 24 Meter oder 80 Fuß über der Ebene erhabenen Plateau, welches nach Norden sehr steil abfällt. Seine Nordwestecke wird durch einen noch um 8 Meter höheren Hügel gebildet, welcher nach den beifolgenden Plänen 215 Meter breit und 300 Meter lang ist und sich durch seine imposante Lage und natürliche Befestigungen ganz besonders zur Akropolis der Stadt zu eignen scheint; auch habe ich seit meinem ersten Besuch nie daran gezweifelt, in den Tiefen dieses Berges die Pergamos des Priamos zu finden. In einer Ausgrabung, die ich an der Nordwestecke desselben im April 1870 machte, fand ich unter anderem in 5 Meter Tiefe Mauern von 2 Meter Dicke, die, wie sich jetzt herausgestellt hat, zu einem Bollwerk aus der Zeit des Lysimachos gehören. Ich konnte jene Ausgrabungen leider damals nicht fortsetzen, weil die Eigentümer des bezüglichen Feldes, zwei Türken in Kum-Kalé, welche auf demselben ihre Schafhürden hatten, mir die Erlaubnis weiterzugraben nur unter der Bedingung geben wollten, daß ich ihnen sogleich eine Entschädigung von 12000 Piastern zahle und mich außerdem gerichtlich verpflichte, nach Beendigung meiner Ausgrabungen alles sorgfältig wieder zu verschütten. Da mir dies natürlich nicht passend erschien und die beiden Besitzer mir das Feld zu keinem Preis verkaufen wollten, so wandte ich mich an Se. Exc. Safvet-Pascha, den

Minister für Volksaufklärung, der es auf meine Bitten im Interesse der Wissenschaft durchsetzte, daß vom Ministerium des Innern dem Statthalter der Hohen Pforte im Archipelagus und in den Dardanellen, Achmed-Pascha, der Befehl erteilt wurde, das Feld durch Sachkundige abschätzen zu lassen und die Eigentümer zu zwingen, dasselbe zum Taxpreis an die Regierung zu verkaufen, die es somit für 3000 Piaster erstand.

Behufs Erlangung des zur Fortsetzung meiner Ausgrabungen nötigen Fermans stieß ich aber auf neue große Schwierigkeiten, indem die türkische Regierung für ihr neuerdings in Konstantinopel errichtetes Museum alte Kunstschätze sammeln läßt, infolgedessen kaiserliche Erlaubnisse für Ausgrabungen nicht mehr erteilt werden. Was ich aber trotz dreimaliger Reisen nach Konstantinopel nicht erreichen konnte, erreichte ich endlich auf Verwendung meines geehrten Freundes, des interimistischen Geschäftsträgers der Vereinigten Staaten von Amerika bei der Hohen Pforte, Herrn John P. Brown, des Verfassers des ausgezeichneten Werkes »Ancient and Modern Constantinople« (London, Stevens Brothers, Henrietta Street, Covent Garden, 1868), und am 27. v. M. kam ich mit meinem Ferman in den Dardanellen an, stieß aber dort wiederum auf Schwierigkeiten, und diesmal von seiten des vorerwähnten Achmed-Pascha, der die Lage des von mir zu erforschenden Feldes nicht genau genug in jenem Dokument bezeichnet zu finden glaubte und nicht eher seine Erlaubnis zu den Ausgrabungen erteilen wollte, als bis er vom Großwesir nähere Aufklärung erhalten haben würde. Wegen des inzwischen eingetretenen Ministerwechsels würde wahrscheinlich eine lange Zeit darüber hingegangen sein, ehe diese Sache in Ordnung gekommen wäre, hätte Herr Brown nicht die glückliche Idee gehabt, sich an Se. Exc. Kiamil-Pascha, den neuen Minister für Volksaufklärung, zu wenden, welcher ein lebhaftes Interesse für die Wissenschaft hegt, und auf dessen Verwendung beim Großwesir an Achmed-Pascha sogleich der verlangte Aufschluß gegeben wurde. Darüber waren aber wieder 13 Tage vergangen, und erst am 10. Oktober abends konnte ich mit meiner Frau von den Dardanellen nach der acht Stunden davon entfernten Ebene von Troja abreisen. Da ich laut des Fermans von einem türkischen Beamten überwacht werden muß, dessen Gehalt ich während der Zeit meiner Ausgrabungen zu entrichten habe, so wurde mir von Achmed-Pascha der zweite Sekretär seiner Justizkanzlei, ein Armenier namens Georgios Sarkis, mitgegeben, dem ich täglich 23 Piaster bezahle.

Ich fing endlich am Mittwoch, 11. d. M., meine Ausgrabungen mit 8 Arbeitern wieder an, konnte aber deren Zahl schon am folgenden Tag auf 35 und am 13. d. M. auf 74 Mann erhöhen, deren jeder täglich 9 Piaster (1 Frc. 80 Cent.) erhält. Da ich leider nur acht Schiebkarren von Frankreich mitgebracht habe und dieselben hier nicht zu haben sind, in der ganzen Umgegend auch nicht gemacht werden können, so muß ich zur Fortschaffung des Schuttes 52 Körbe zu Hilfe nehmen. Diese Arbeit geht aber, da der Schutt eine weite Strecke geschleppt werden muß, nur langsam vor sich und ist sehr ermüdend. Ich wende daher auch vier Karren an, die von Ochsen gezogen werden und deren jeder täglich 20 Piaster kostet. Ich arbeite mit großer Energie und scheue keine Kosten, um womöglich noch vor den Winterregen, die jeden Augenblick eintreten können, auf den Urboden zu kommen und somit endlich das große Rätsel zu lösen, ob, wie ich gerade bestimmt glaube, der Berg Hissarlik die Burg von Troja ist.

Wenn es Tatsache ist, daß Berge, die aus bloßer Erde bestehen und beackert werden, allmählich ganz verschwinden, und wenn so z. B. der Wartsberg bei dem Dorf Ankershagen in Mecklenburg, den ich einst als Kind für den höchsten Berg der Welt hielt, in 40 Jahren ganz zugrunde gegangen ist, so ist es ebensowohl Tatsache, daß Hügel, auf denen im Laufe von Jahrtausenden fortwährend neue Gebäude auf den Trümmern der früheren Bauten errichtet werden, sehr bedeutend an Umfang und Höhe gewinnen. Dafür liefert der Berg Hissarlik den schlagendsten Beweis. Wie bereits erwähnt, liegt derselbe am Nordwestende der Baustelle von Ilium, welche durch die von Lysimachos erbauten, noch auf vielen Stellen sichtbaren Ringmauern genau bezeichnet ist. Außer der imposanten Lage dieses Berges innerhalb des Stadtbezirks scheint auch sein jetziger türkischer Name Hissarlik (Festung oder Akropolis, von dem aus dem Arabischen ins Türkische übergegangenen Wort حِصَارٌ[10], von der Wurzel حَصَرَ[11], einschließen) zur Genüge zu beweisen, daß dies Iliums Pergamos, und daß es daher nach Herodot (VII, 43) hier war, wo (im Jahre 480 v. Chr.) Xerxes der *ilischen* Minerva 1000 Rinder opferte, daß es hier war, wo Alexander der Große seine Waffenrüstung im Tempel der Göttin aufhing, dagegen einige vom Trojanischen Krieg her in demselben geweihte Waffen mitnahm und ebenfalls der *ilischen* Minerva opferte (Strabo XIII, 1, 8; Arrian I, II; Plutarch, »Leben Alexanders des Großen«, VIII). Ich vermutete, daß dieser Tempel, der Stolz der Ilier, auf dem höchsten Punkt des Berges gestanden haben muß, und entschloß mich daher, diese Stelle bis zum Urboden auszugraben. Um nun gleichzeitig die urältesten Festungsmauern der Pergamos zum Vorschein zu bringen und auch genau bestimmen zu können, um wieviel der Berg seit Errichtung jener Mauern durch den hinuntergeworfenen Schutt an Breite zugenommen hat, legte ich, 20 Meter von meinen vorjährigen Arbeiten entfernt, von der steilen Nordseite genau nach Süden und bis über die höchste Bergfläche hinausgehend, einen ungeheuren Einschnitt an, welcher so breit ist, daß er das ganze Gebäude umfaßt, dessen Fundamente von großen behauenen Steinen, nur 1 bis 3 Fuß unter der Erde, ich schon im vorigen Jahr

---

[10] hisārun
[11] hasara

bloßgelegt hatte. Nach genauer Messung beträgt die Länge dieses Gebäudes, welches aus den ersten Jahrhunderten v. Chr. zu stammen scheint, 17 Meter 90 Zentimeter und seine Breite 13 Meter 25 Zentimeter. Ich habe natürlich alle diese Fundamente wegräumen lassen, da sie innerhalb meines Einschnitts von keinem Nutzen sind und nur hindern würden.

Die Schwierigkeiten der Ausgrabungen in einer Wildnis wie dieser, wo es an allem gebricht, sind ungeheuer, und dieselben wachsen mit jedem Tag, da wegen des Bergabhangs der Einschnitt um so länger wird, je tiefer ich grabe, und daher die Fortschaffung des Schutts an Schwierigkeit zunimmt; letzterer kann auch nicht vom Abhang geradeaus geworfen werden, denn er wäre dann ja fortwährend von neuem wieder wegzuräumen und muß daher in einiger Entfernung rechts und links von der Mündung des Einschnitts auf die schroffe Bergseite geschüttet werden. Auch macht das Herausholen und Fortschaffen der Massen ungeheurer Steinblöcke, die uns fortwährend in den Weg kommen, große Mühe und verursacht gar viel Zeitverlust, da in dem Augenblick, wo ein großer Steinblock bis an den Rand des Abhangs gewälzt ist, immer alle meine Leute ihre Arbeiten verlassen und hineilen, um Augenzeugen zu sein, wie die gewaltigen Lasten mit donnerndem Getöse den steilen Pfad hinunterrollen und sich erst in einiger Entfernung in der Ebene festlegen. Auch bin ich, da ich allein allem vorstehe, in der absoluten Unmöglichkeit, jedem meiner Arbeiter die richtige Beschäftigung zu geben und zu überwachen, daß jeder seine Schuldigkeit tut. Dann müssen auch behufs der Fortschaffung des Schutts die Seitenausgänge in Ordnung gehalten werden, was sehr zeitraubend ist, da deren Senkung mit jedem Schritt, den wir tiefer gehen, bedeutend modifiziert werden muß.

Ungeachtet aller dieser Hindernisse aber schreitet die Arbeit doch rasch vorwärts, und ich würde, wenn ich nur einen Monat ununterbrochen fortarbeiten könnte, trotz der ungeheuren Breite des Einschnitts schon bestimmt eine Tiefe von 10 Meter erreichen.

Die bis jetzt aufgefundenen Medaillen sind sämtlich aus Kupfer und meistenteils von Alexandria-Troas; dann auch von Ilium aus den ersten Jahrhunderten vor und nach Chr.

Meine liebe Frau, eine Athenienserin, die für Homer schwärmt und die Ilias fast ganz auswendig weiß, wohnt den Ausgrabungen von früh bis spät bei. Von unserer Lebensweise in dieser Einöde, wo es an allem fehlt und wo wir als Präservativ gegen die pestilenzialen Sumpffieber alle Morgen vier Gran Chinin einnehmen müssen, will ich gar nicht sprechen. Meine Arbeiter sind alle Griechen vom benachbarten Dorf Renkoï; nur am Sonntag, wo die Griechen nicht arbeiten, nehme ich türkische Arbeiter. Mein Diener Nikolaos Zaphyros von Renkoï, dem ich täglich 30 Piaster zahlen muß, ist mir unentbehrlich zur Zahlung des Tagelohns, da er jeden Arbeiter kennt und ehrlich ist; leider aber leistet er mir bei den

Arbeiten keine Hilfe, indem er weder die Gabe des Kommandos noch die geringste Sachkenntnis hat.

Begreiflich fehlt es mir hier ganz an Zeit und ist es mir nur möglich gewesen, Vorstehendes zu schreiben, weil es heute stark regnet und daher nicht gearbeitet werden kann. Bei nächstem Regenwetter werde ich über den Fortgang meiner Ausgrabungen weiter berichten.

# II

Seit meinem Bericht vom 18. d. M. habe ich die Ausgrabungen mit durch-schnittlich 80 Arbeitern mit allergrößter Energie fortgesetzt und heute eine mittlere Tiefe von 4 Meter erreicht. In 2 Meter Tiefe fand ich einen mit einem sehr großen Stein verdeckten und mit Schutt gefüllten Brunnen, dessen Tiefe ich noch nicht habe ermitteln können und der aus römischer Zeit stammt, wie aus dem Zement hervorgeht, mit welchem die Steine zusammengefügt sind. Trümmer von Gebäuden, die aus behauenen, mit oder ohne Zement zusammengefügten Steinen bestehen, finde ich nur bis 2 Meter Tiefe. In den Schuttschichten zwischen 2 und 4 Meter Tiefe finde ich fast gar keine Steine, und die großen Steinblöcke kommen zu meiner Freude gar nicht mehr vor.

Medaillen von Ilium vom 1. und 2. Jahrhundert vor und den beiden ersten Jahrhunderten nach Christo sowie Münzen von Alexandria-Troas und Sigeion, deren Alter ich nicht anzugeben weiß, fand ich fast nur dicht an der Oberfläche und nur in einzelnen Fällen in einer Tiefe von 1 Meter; bei weitem die meisten ilischen Münzen tragen die Bilder der Minerva, Faustina der älteren, von Marcus Aurelius, von Faustina der jüngern, von Commodus oder von Crispina, und ich fand eine mit der Aufschrift: ΦΑΥΣΤΙΝΑ ΕΚΤΩΡ ΙΛΙΕΩΝ[12]. Bis 2 Meter Tiefe fand ich, gleichwie bei meiner vorjährigen Ausgrabung in diesem Berg, eine ungeheure Menge runder, roter, gelber, grauer und schwarzer Stücke Terrakotta mit zwei Löchern ohne Aufschrift, jedoch oft mit einer Art Töpferstempel versehen. Auf keinem dieser Stücke kann ich in den Löchern oder sonstwo die geringste Spur von Abnutzung durch häuslichen Gebrauch entdecken, und daher vermute ich, daß sie als Exvotos zum Aufhängen in den Tempeln gedient haben. Auf den meisten derjenigen, die einen Stempel haben, sehe ich in letzterem einen Altar und darüber eine Biene oder Fliege mit ausgebreiteten Flügeln; auf anderen ist ein Stier, ein Schwan, ein Kind oder zwei Pferde. Merkwürdigerweise ver-

---

[12] »Faustina, Hektor, Ilieon« – Inschriften auf Münzen des 2. Jh. n. Chr., vollständig lautend CEBAC ΦAUCTINA AVΓ (»Sebaste Faustina Augusta«), verbunden mit der Büste der Faustina auf der Vorderseite der Münze, ΕΚΤΩΡ ΙΛΙΕΩΝ (»Hektor, Ilieon«), verbunden mit dem Kopf des Hektor, behelmt. Der Name des Münzprägers, d. h. der Ilier, erscheint in einem Segment unterhalb der Darstellung. (Dazu W. Wroth, Catalogue of Greek Coins of Troas, Aeolis and Lesbos. Bologna 1964, S. 65.)

schwinden diese Stücke mit einemmal in einer Tiefe von 2 Meter, und ich finde von da abwärts anstatt derselben bald kugelrunde Stücke, ganz in der Form der deutschen Brummkreisel, bald Stücke in Form von Halbkugeln, bald andere in der Gestalt von Kegeln, Karussells oder feuerspeienden Bergen; sie sind von 1½ bis 6 Zentimeter hoch und breit und haben in allen Formen ein Loch quer durch die Mitte; fast alle haben auf einer Seite die verschiedenartigsten Verzierungen im Kreis um das im Mittelpunkt befindliche Loch. Mit Ausnahme weniger, in 3 Meter Tiefe vorkommender Stücke aus blauem Stein, die 1½ Zentimeter hoch und 2½ Zentimeter breit sind, sind alle aus Terrakotta, und man sieht deutlich, daß die Verzierungen eingraviert sind, als der Ton noch weich war; viele sind aus so ausgezeichnetem und so hart gebranntem schwarzen Ton, daß ich zuerst glaubte, sie seien aus Stein und den Irrtum erst nach genauer Untersuchung einsah. In der jetzt erreichten Tiefe finde ich auch sehr viele jener zierlichen runden Knöchel, die das Rückgrat des Haifisches bilden und von denen man bekanntlich Spazierstöcke macht. Das Vorhandensein dieser Knöchel scheint zu beweisen, daß es im hohen Altertum in diesen Meeren Haifische gab, die jetzt hier nicht mehr vorkommen. Auch fand ich heute, auf einem Bruchstück grober Tonarbeit, einen Menschenkopf mit großen hervorstehenden Augen, langer Nase und ganz kleinem Mund dargestellt, der entschieden phönizischer Arbeit zu sein scheint.

Fortwährend kommt dabei eine ungeheure Menge Muscheln zum Vorschein, und es scheint fast, daß die alten Bewohner von Ilium große Liebhaber dieser Schalentiere gewesen sind. Austernschalen kommen auch vor, aber nur selten; dagegen sehr viele Knochen und Topfscherben. Bis zu der jetzt erreichten Tiefe scheinen alle Gebäude, die im Laufe von Jahrtausenden auf dem Berg gestanden haben und deren jedes deutlich durch eine Schicht kalzinierter Trümmer angegeben ist, durch Feuersbrünste zerstört worden zu sein. Jedenfalls ist dies die Ursache, daß ich nicht auch andere Gegenstände und besonders daß ich nicht mehr irdene Gefäße finde. Was ich bis jetzt davon unversehrt gefunden habe, sind ganz kleine Töpfe grober Arbeit: übrigens beweisen die Topfscherben, daß es selbst im Zeitabschnitt der Trümmer in 4 Meter Tiefe schon gutes Küchengeschirr gab.

In dem vorerwähnten viereckigen Gebäude fand ich, in 1½ Meter Tiefe, eine 65 Zentimeter lange, oben 35, unten 39 Zentimeter breite Marmorplatte mit nachstehender Inschrift, die ich im Anhang auf Tafel 28 in verkleinertem Maßstab, aber in natürlicher Form darstelle:

Ἐπειδὴ Διαφένης Πολλέως Τημνίτης, διατρίβων παρὰ τῷ βασιλεῖ, φίλος ὢν καὶ εὔνους διατελεῖ τῷ δήμῳ, χρείας παρεχόμενος προθύμως εἰς ἃ ἄν τις αὐτὸν παρακαλῇ, δεδόχθαι τῇ βουλῇ καὶ τῷ δήμῳ, ἐπαινέσαι μὲν αὐτὸν ἐπὶ τούτοις, παρακαλεῖν δὲ καὶ εἰς τὸ λοιπὸν εἶναι φιλότιμον εἰς τὰ τοῦ δήμου συμφέροντα,

δεδόσθαι δὲ αὐτῷ πολιτείαν, προξενίαν, ἔγκτησιν, ἀτέλειαν ὧγ καὶ οἱ πολῖται
ἀτελεῖς εἰσι καὶ ἔφοδον ἐπὶ τὴν βουλὴν πρώτῳ μετὰ τὰ ἱερὰ καὶ ἄφιξιν καὶ ἐμ
πολέμῳ καὶ ἐν εἰρήνῃ ἀσυλεὶ καὶ ἀσπονδεί ἀναγράψαι δὲ τὰ δεδομένα αὐτῷ ταῦτα
εἰς στήλην καὶ (ἀνα)θεῖναι ε(ἰς . . . .[13]

Der König, von dem in dieser Inschrift die Rede ist, muß einer der Pergamener
sein, und nach dem Charakter der Schrift glaube ich dieselbe dem 3. Jahrhundert
v. Chr. zuschreiben zu müssen.

In ungefähr gleicher Tiefe fand ich neben dem Gebäude eine zweite Marmorplatte von 42 Zentimeter Länge und 34 Zentimeter Breite, die ich ebenfalls im
Anhang auf Tafel 29 in natürlicher Form wiedergebe; sie lautet:

Ἰλιεῖς ἔδοσαν Μενελάῳ Ἀρραβαίου Ἀθηναίῳ εὐεργέτῃ γενομένῳ αὐτῶν καὶ
περὶ τὴν ἐλευθερίαν ἀνδρὶ ἀγαθῷ γενομένῳ προξενίαν καὶ εὐεργεσίαν.[14]

Diese zweite Inschrift scheint, nach der Form der Buchstaben zu urteilen, aus
dem 1. Jahrhundert v. Chr. Ἀρραβαῖος kommt hier zuerst als ein attischer Name
vor.

Ich fand ferner in gleicher Tiefe, ebenfalls neben den Fundamenten des mehrfach erwähnten Gebäudes, eine dritte 38 Zentimeter lange, 36 Zentimeter breite
Marmorplatte, die ich gleichfalls im Anhang auf Tafel 29 in ihrer natürlichen Form
vorstelle und deren Inhalt ist:

Μηνόφιλος Γλαυκίου εἶπεν· ἐπειδὴ πλείονες τῶν πολιτῶν ἐπελθόντες ἐπὶ τὴν
βουλήν φασιν Χαιρέαν τὸν τεταγμένον ἐπ᾽ Ἀβύδου εὔνουν τε εἶναι τῇ πόλει καὶ
ἐνίοις πρεσβευομένοις ὑπὸ τοῦ δήμου πρὸς αὐτόν, βουλόμενον τῇ πόλει χαρίζε-
σθαι τὴν πᾶσαν σπουδὴν καὶ πρόνοιαν ποεῖσθαι καὶ τοῖς συναντῶσιν αὐτῷ τῶν
πολιτῶν φιλανθρώπως προσφέρεσθαι. ἵνα οὖν καὶ ὁ δῆμος φαίνηται τὴν

---

[13] »Da Diaphenes, Sohn des Polles, aus Temnos, der im Dienst des Königs steht, stets
freundschaftlich und wohlwollend gegenüber dem Volk eingestellt, indem er bereitwillig
Hilfe leistet, wozu man ihn auch auffordern mag, scheint es Rat und Volk richtig, ihn
deswegen zu loben. Zugleich solle man ihn auffordern, auch in Zukunft für den Nutzen des
Volkes eifrig bemüht zu sein. Man solle ihm Bürgerrecht, Recht des Gastfreundes, Recht
auf Besitzerwerb einräumen, weiter Befreiung von Staatslasten, wie sie auch sonst Bürgern
gewährt werden kann, außerdem Zutritt zu den Ratssitzungen, sobald die Kulthandlungen
beendet sind, ebenso unverletzlich und ohne besondere Absprache freie Einreise in Krieg
und Frieden. Diese Privilegien sollen auf einer Stele aufgeschrieben werden, die aufgestellt
werden soll . . .« (Übersetzung von F. W. Hamdorf; s. P. Fritsch, Die Inschriften von Ilion.
In: Inschriften griechischer Städte in Kleinasien. Bonn 1975, Nr. 40)

[14] »Die Ilier verliehen Menelaos, dem Sohn des Arrhabaios, aus Athen, der ihr Wohltäter
geworden ist und sich in Bezug auf ihre Freiheit als trefflicher Mann erwiesen hat, das Recht
auf Gastfreundschaft und den Titel eines Wohltäters.« (Übersetzung von F. W. Hamdorf;
s. P. Fritsch a.a.O. Nr. 23)

καθήκουσαν χάριν ἀποδιδοὺς τοῖς προαιρουμένοις τὴν πό(λιν) . . . . . . . δεδό-
χϑαι.[15]

Diese dritte Inschrift scheint ebenfalls aus dem 1. Jahrhundert v. Chr. zu sein.

Es ist wahrscheinlich, daß das Gebäude, in und bei welchem ich diese drei Inschriften gefunden habe, das Rathaus von Ilium gewesen ist; keinesfalls scheint es ein Tempel gewesen zu sein.

Die Aussicht vom Berge Hissarlik ist eine überaus prachtvolle: vor mir die herrliche trojanische Ebene, die sich seit dem neulichen Gewitterregen von neuem mit Gras und gelben Butterblumen bedeckt hat und in einer Stunde Entfernung im Nord-Nord-Westen vom Hellespont begrenzt wird. Die Halbinsel von Gallipoli läuft hier in eine Spitze aus, die mit einem Leuchtturm versehen ist. Links davon ist die Insel Imbros, über welche man den jetzt mit Schnee bedeckten Ida der Insel Samothrake sieht, und etwas mehr nach Westen bemerkt man auf der mazedonischen Halbinsel den mit Klöstern bedeckten berühmten Berg Athos oder Monte-Santo, an dessen nordwestlicher Seite man noch jetzt die Spuren jenes großen Schiffskanals sieht, den, nach Herodot (VII, 22–23), Xerxes dort graben ließ, um die stürmische Umfahrt des Caps Athos zu vermeiden.

Wieder zur trojanischen Ebene zurückkehrend, sieht man am rechten Ende derselben, auf einem Ausläufer des Vorgebirges von Rhoeteum, den Grabhügel des Ajax, am Fuße des gegenüberliegenden Vorgebirges von Sigeion den des Patroklos und auf einem Ausläufer desselben das Denkmal des Achilles; links von letzterem, auf jenem Vorgebirge selbst, das Dorf Jenischahir. Von dort wird die zwei Stunden breite Ebene gegen Westen durch das im Durchschnitt 40 Meter hohe Ufer des Ägäischen Meeres begrenzt, auf dem man zuerst den Grabhügel des Festus, des vertrauten Freundes von Caracalla, sieht, den dieser Kaiser (nach Herodian, IV) bei seinem Besuch in Ilium vergiften ließ, um das von Homer (Ilias, XXIII) beschriebene Leichenbegängnis nachahmen zu können, welches Achilles seinem Freunde Patroklos weihte. Dann folgt auf derselben Küste ein Udjek-Tépé genannter 24 Meter hoher Grabhügel, welcher von den meisten Archäologen als der des Greises Äsyetes angesehen wird, von dem aus Polites, im Vertrauen auf die Schnelligkeit seiner Füße (Ilias II, 791–794), spähte, wann das griechische Heer

---

[15] »Menophilos, Sohn des Glaukias, teilte mit: Da mehrere Bürger zum Rat kommen und berichten, Chaireas, Befehlshaber von Abydos, habe sich wohlwollend gegenüber der Stadt und einigen vom Volk an ihn gerichteten Gesandtschaften verhalten, indem er in dem Wunsch, der Stadt gefällig zu sein alle Sorgfalt und Mühe aufwendete und den Bürgern, die ihn angingen, sich immer gütig zeigte. Damit nun das Volk den gebührenden Dank gegenüber denen, die entschlossen die Stadt (zu fördern suchen), deutlich sichtbar macht, soll man beschließen...« (Übersetzung von F. W. Hamdorf; s. P. Fritsch a.a.O. Nr. 56)

von den Schiffen hervorstürmen würde. Die Entfernung dieses Hügels vom griechischen Lager am Hellespont ist aber volle 3½ Stunden, während man auf einen Abstand von einer Viertelstunde keinen Menschen sehen kann. Ferner brauchte Polites in einer Entfernung von 3½ Stunden keine schnellen Füße zu haben, um zu entkommen. Kurz, nach jener Stelle der Ilias kann man unmöglicherweise jenes Grab mit dem des Äsyetes identifizieren, mag man nun das alte Troja auf die Höhen von Bunarbaschi oder nach Ilium, wo ich grabe, verlegen. Zwischen den beiden letztgenannten Grabhügeln sieht man über das hohe Ufer des Ägäischen Meeres die Insel Tenedos hervorragen. Gegen Süden erblickt man die trojanische Ebene, die sich noch zwei Stunden weit bis zu den Anhöhen von Bunarbaschi ausdehnt, über welche der mit ewigem Schnee bedeckte Gargarus des Idagebirges, von welchem Jupiter den Kämpfen der Trojaner und Griechen zusah, majestätisch emporragt. Eine halbe Stunde links von Bunarbaschi liegt das meinem geehrten Freund, dem Herrn Frederik Calvert, gehörige, 5000 Acres große schöne Landgut Batak, welcher Name jetzt in Thymbria umgewandelt ist. Es verdient aber diesen Namen aus mehr als einem Grunde, denn nicht nur wird es vom Fluß Thymbrios (jetzt Kemer) durchströmt, sondern es umfaßt auch die ganze Baustelle der alten Stadt Thymbria mit ihrem Tempel des Apollo, in dessen Trümmern des Besitzers Bruder, Herr Frank Calvert, der durch seine archäologischen Forschungen bekannt ist, Nachgrabungen gemacht und mehrere wertvolle Inschriften gefunden hat, unter anderem auch ein Inventarverzeichnis des Tempels. Dieses Landgut umfaßt ferner auch die dem Anschein nach stellenweise von Ringmauern umgebene Baustelle einer alten Stadt, welche mit Topfscherben bedeckt ist und so sehr mit Strabos Angaben hinsichtlich Lage, Abstand usw. übereinstimmt, daß es jedenfalls dessen Ἰλιέων κώμη sein muß, wohin er, der Theorie des Demetrios von Skepsis folgend, das homerische Troja verlegt. Am Fuß des Hügels, der diese Baustelle trägt, ist merkwürdigerweise eine Quelle heißen und eine andere kalten Wassers. Diese Quellen haben, da ihr Abzugsgraben, wahrscheinlich seit Jahrhunderten, durch eine eingestürzte Brücke verstopft war, einen 240 Acres großen Sumpf gebildet, dessen Ausdünstungen viel zur Verpestung der herrlichen Ebene beitragen. Der wunderbare Umstand, daß diese Quellen unmittelbar vor der Baustelle von Ἰλιέων κώμη liegen und ihre Lage so ganz mit der der beiden Quellen heißen und kalten Wassers übereinstimmt, die vor dem alten Troja sich befanden und in denen die trojanischen Frauen ihre Wäsche wuschen, gibt Herrn Frederik Calvert die Überzeugung, daß Demetrios von Skepsis und Strabo recht haben und daß er die wirkliche Baustelle des alten Ilium besitzt. Um 240 Acres reichen Landes zu gewinnen und die Gegend zugleich gesünder zu machen, hat Herr Calvert jetzt, namentlich auch im Interesse der Wissenschaft, den Abzugsgraben wieder aufgraben lassen und glaubt, da der Fall bedeutend ist und von dort bis zum Hellespont, auf einem

Abstand von drei Stunden Wegs, wenigstens 16 Meter beträgt, bestimmt bis zum nächsten Sommer den ganzen Sumpf auszutrocknen und die beiden Quellen, die jetzt fünf Fuß unter Wasser sind, ans Licht zu bringen. Vergebens habe ich mich bemüht, Herrn Calvert von seinem Glauben abzubringen, indem ich ihn zu überzeugen suchte, daß nach der Ilias (II, 123–130) Troja wenigstens 50000 Einwohner gehabt haben muß, während seine Baustelle kaum groß genug ist für 10000; ferner, daß die Entfernung von Ἰλιέων κώμη bis zum Hellespont ganz im Widerspruch steht mit den Angaben Homers, denn die griechischen Truppen drangen ja an einem Tag zweimal fechtend vom Lager bis zur Stadt vor und kehrten zweimal fechtend zurück. Der Abstand der Stadt von den Schiffen kann daher nach meiner Meinung höchstens eine Stunde gewesen sein. Herr Calvert antwortet mir darauf, daß die ganze Ebene von Troja Alluvialboden sei und daß zur Zeit des Trojanischen Krieges seine Baustelle dem Hellespont näher gelegen haben müsse. Ich bin aber schon vor drei Jahren in meinem Werk »Ithaque, le Péloponnèse et Troie« bemüht gewesen zu beweisen, daß die Ebene von Troja entschieden kein Alluvialboden sei.

Eine andere Merkwürdigkeit jenes Landguts ist der dicht beim Tempel des Apollo gelegene »Chanaï Tépé«, ein 10 Meter hoher, runder Hügel, der an der Basis 66 Meter im Durchmesser hat. Er wurde früher für einen natürlichen Hügel angesehen, bis Herr Frank Calvert im Jahre 1856 einen Einschnitt machte und auf einem 5 Meter hohen platten Felsen einen von einer 2 Meter hohen Mauer umgebenen Kreis fand. Der ganze innere Raum bis zum Rande der Ringmauer war angefüllt mit kalzinierten Knochen, die von den Chirurgen der englischen Flotte als Menschenknochen erkannt wurden. Im Mittelpunkte fand Herr Calvert das Skelett eines Menschen. Das Ganze war mit 3 Meter Erde bedeckt.

Die trojanische Ebene wird von Südost nach Nordwest durchströmt vom Skamander, der 35 Minuten Wegs von Hissarlik entfernt ist und dessen Bett ich durch die an seinen Ufern befindliche, ununterbrochene Reihe von Bäumen von hier aus erkenne. Zwischen dem Skamander und Hissarlik, nur 15 Minuten Wegs von letzterem entfernt, wird die Ebene ferner durchschnitten vom Fluß Kalifatli-Asmak, der aus den Sümpfen von Batak (Thymbria) entspringt und nur im Spätherbst, Winter und Frühjahr fließendes Wasser hat, in den heißen Sommermonaten aber, bis Ende Oktober, aus einer ununterbrochenen Reihe tiefer Pfützen besteht. Dieser Strom hat, selbst bei den lange anhaltenden starken Winterregen, im Verhältnis zu seinem herrlichen, ungeheuer breiten Flußbett nur ein sehr geringfügiges Quantum Wasser, ja nie soviel, um auch nur den zehnten Teil seines Bettes in der Breite zu bedecken. Ich glaube daher mit Bestimmtheit, daß sein gewaltiges Bett einst das Bett des Skamander war; ich glaube dies um so mehr, als noch heute der Simoïs sich eine Viertelstunde Weges nördlich vor Ilium, wo ich grabe, in den Kalifatli-Asmak ergießt. Indem man dies Flußbett, welches man bis zum Hellespont, nahe beim Cap von Rhöteum, sieht, mit dem uralten Flußbett des Skamander identifiziert, beseitigt man die andernfalls ganz unüberwindlichen Schwierigkeiten der Homerischen Topographie der Ebene von Troja; denn hätte der Skamander zur Zeit des Trojanischen Krieges sein jetziges Bett gehabt, so wäre er durch das griechische Lager geflossen, und Homer hätte vielfach Gelegenheit gehabt, diesen *wichtigen Umstand* anzuführen. Da er aber nie einen Fluß im Lager erwähnt, so konnte auch keiner da sein. Außerdem bleibt der Simoïs jetzt eine halbe Stunde Weges vom Skamander entfernt, während Homer vielfältig den Zusammenfluß dieser beiden Ströme vor Ilium erwähnt und die meisten Schlachten auf dem Felde zwischen Troja, dem Skamander und dem Simoïs stattfanden. Bei seinem Zusammenfluß mit dem Kalifatli-Asmak, dessen ungeheures Bett jedenfalls einst dem Skamander gehört haben muß, hat der Simoïs ein besonders großes und tiefes Bett, welches ohne Zweifel noch genau dasselbe ist, welches dieser Strom zur Zeit des Trojanischen Krieges hatte.

Der Kalifatli-Asmak wendet sich zwar jetzt nach seinem Zusammenfluß mit dem Simoïs, beim Dorfe Kumköi, nach Nordwesten und fließt unweit des jetzigen Bettes des Skamander in drei kleinen Armen ins Meer; er hat aber von diesem Dorfe ab ein ganz enges Bett, welches augenscheinlich neuer Bildung ist. Sein altes Bett dagegen, welches das uralte Bett des Skamander ist und eine ungeheure Breite hat, geht von Kumköi direkt nach Norden; es hat jetzt nur das Wasser des kleinen, Intépé-Asmak genannten Flüßchens, über das ich später ausführlich berichte, und mündet, wie gesagt, nahe beim Cap von Rhoeteum in den Hellespont.

Der Skamander ist nicht plötzlich, sondern ganz allmählich, wahrscheinlich in Zwischenräumen von vielen Jahrhunderten, in sein jetziges Bett getreten, denn zwischen diesem und seinem uralten Bett sieht man noch drei ungeheure Flußbetten, die ebenfalls in den Hellespont münden, kein Wasser haben und notwendigerweise das eine nach dem andern vom Skamander gebildet sein müssen, denn es ist hier kein anderer Strom, der sie hätte bilden können.

Nach Nordnordost übersehe ich eine zweite, über eine halbe Stunde breite und 1½ Stunden lange, vom Simoïs durchströmte und Chalil-Owasi genannte Ebene, die bis zum Berg reicht, auf dem man die mächtigen Trümmer der alten Stadt Ophrynium sieht. Die dort gefundenen Münzen lassen keinen Zweifel darüber. Dort, dicht beim Simoïs, war Hektors Grab und ein ihm geweihter Hain (Lykophrons Kassandra, Vergils Aeneis III, 302–305, Strabo XIII, 1).

# III.

Meine letzten Mitteilungen waren vom 26. v. M., und ich habe seitdem, durchschnittlich mit 80 Arbeitern, eifrig fortgearbeitet. Leider aber gingen mir drei Tage verloren, denn am Sonntag, an dem die Griechen nicht arbeiten, konnte ich keine türkischen Arbeiter bekommen, weil die Türken jetzt ihre Saaten bestellen, und zwei Tage wurde ich durch starkes Regenwetter abgehalten.

Zu meinem allergrößten Erstaunen kam ich Montag, 30. v. M., plötzlich in eine Schicht Schutt, in der ich eine ungeheure Menge Werkzeuge aus sehr hartem schwarzen Stein (Diorit), aber ganz primitiver Form fand. Am folgenden Tag dagegen wurde nicht ein einziges steinernes Instrument gefunden, anstatt dessen ein kleines Stück gedrehten Silberdrahts und viel zerbrochenes Töpfergeschirr zierlicher Arbeit, unter anderem das Bruchstück eines Bechers mit einem Eulenkopf. Ich dachte daher schon, ich sei wieder in die Trümmerschicht eines zivilisierten Volks gekommen und die steinernen Werkzeuge des vorigen Tags rührten von der Invasion eines Barbarenvolks her, dessen Herrschaft nur von kurzer Dauer gewesen. Ich hatte mich aber geirrt, denn am Mittwoch kam die Steinperiode in noch viel vollerem Maße wieder zum Vorschein und dauerte auch gestern den ganzen Tag fort. Heute kann leider, eines starken Gewitterregens wegen, nicht gearbeitet werden.

Vieles mir ganz Unerklärliche finde ich in dieser Steinperiode, und ich halte es daher für nötig, alles so umständlich als möglich darzustellen, hoffend, daß der eine oder der andere meiner geehrten Kollegen imstande sein wird, über die mir dunklen Punkte Aufklärung zu geben.

Erstens erstaune ich, daß ich hier auf der höchsten Stelle des Berges, wo doch nach allem Vermuten die vornehmsten Gebäude gestanden haben müssen, schon in 4½ Meter Tiefe auf die Steinperiode stieß, während ich bei meinem nur 20 Meter davon entfernten vorjährigen tieferen Graben in 5 Meter Tiefe, wie bereits erwähnt, eine 2 Meter dicke Mauer fand, die durchaus nicht uralt ist, und dort keine Spur von der Steinperiode entdeckte, obgleich ich jene Ausgrabung bis zu einer Tiefe von 8 Meter brachte. Dies ist wohl nicht anders zu erklären, als daß der Berg auf jener Stelle, wo die Mauer ist, sehr niedrig gewesen sein muß, und daß diese niedrige Stelle allmählich durch Schutt aufgehäuft worden ist.

Ferner verstehe ich nicht, wie es möglich ist, daß ich in der gegenwärtigen Schicht auf der ganzen Länge meiner Ausgrabung, die jetzt wenigstens 56 Meter betragen muß, und bis zur Mündung derselben, das ist bis zum steilen Abhang, steinerne Werkzeuge finde, die doch offenbar beweisen, daß die steile Seite des Berges auf jener Stelle seit der Steinperiode nicht durch von oben hinuntergeworfenen Schutt zugenommen haben kann.

Dann weiß ich mir auch nicht zu erklären, wie es möglich ist, daß ich Sachen finde, die doch augenscheinlich im Gebrauch der rohen Menschen der Steinperiode gewesen sein müssen, die aber mit den ihnen zu Gebote stehenden groben steinernen Werkzeugen nie angefertigt werden konnten. Dahin gehören nun vornehmlich die in großen Massen vorkommenden irdenen Gefäße, die zwar ohne alle Verzierungen, auch nicht fein, doch aber ausgezeichnet gearbeitet sind. Keines dieser Gefäße ist auf dem Töpferrad gedreht, und dennoch scheint es mir, daß man sie nicht anfertigen konnte, ohne eine Art von Maschinen zu benutzen, diese waren aber mit den groben steinernen Werkzeugen der Epoche nicht herzustellen.

Dann erstaune ich über die in dieser Steinperiode mehr als je zuvor vorkommenden runden Stücke mit einem Loch in der Mitte, die bald die Form von Brummkreiseln oder Karussells, bald die von feuerspeienden Bergen haben, und in dieser letzteren Gestalt im kleinen die auffallendste Ähnlichkeit besitzen mit den riesenmäßigen Grabhügeln dieser Gegend, die deswegen, auch weil in einem derselben (dem Chanaï-Tépé) steinerne Werkzeuge gefunden wurden, wahrscheinlich der Steinperiode angehören und somit vielleicht Jahrtausende älter sind als der Trojanische Krieg. In 3 Meter Tiefe kam eines dieser Stücke aus sehr feinem Marmor vor, alle übrigen waren von ausgezeichnetem, sehr hart gebranntem Ton; fast alle haben Verzierungen, welche augenscheinlich eingeritzt sind, als der Ton noch ungebrannt war, und die in gar vielen Fällen mit einer weißen Masse ausgefüllt sind, damit sie mehr ins Auge fallen. Wahrscheinlich waren einst die Verzierungen auf allen diesen Stücken mit jener weißen Masse angefüllt, denn auf vielen, auf denen sie jetzt fehlt, sehe ich wenigstens Spuren davon. A.´ einigen der Stücke von sehr hartem schwarzen Ton, auf welchen dieselben fehlten, hat man versucht, sie noch zu machen, als der Ton schon gebrannt war, und, durch die Lupe betrachtet, lassen die gemachten Einschnitte keinen Zweifel darüber, daß sie mittels eines Feuersteins mühsam eingeritzt wurden.

Die Frage drängt sich nun auf: Wozu wurden diese Stücke gebraucht? Unmöglich können sie beim Spinnen oder Weben oder gar als Gewichte an Fischernetzen benutzt worden sein, denn dazu sind sie viel zu fein und zierlich gemacht; auch habe ich bis jetzt noch auf keinem eine Spur davon entdecken können, daß es bei irgendeiner Handarbeit gebraucht sein könnte. Wenn ich nun weiter die vollkommene Ähnlichkeit der meisten dieser Stücke mit der Form der Heldengräber erwäge, so muß ich glauben, daß sie gleichwie jene mit zwei Löchern, die nur bis 2 Meter Tiefe vorkamen, als Exvotos gebraucht wurden.

Dann finde ich zu meinem Erstaunen mehrfach den Priapus; bald ist derselbe ganz der Natur getreu aus Stein oder Terrakotta gemacht, bald in der Form der oben abgerundeten Säule (ganz wie ich ihn in den Tempeln in Indien sah, aber hier nur 10 Zentimeter lang) dargestellt; einmal fand ich ihn auch in einem nur 3 Zentimeter langen Säulchen aus herrlichem schwarzen, weißgestreiften und schön polierten Marmor, der hier in der ganzen Gegend nicht vorkommt. Ich zweifle daher nicht im geringsten daran, daß dieses trojanische Volk der Steinperiode den Priapus göttlich verehrt und, zu den indogermanischen Völkerstämmen gehörend, diese Religion schon von Baktrien mitgebracht hat, denn in Indien wird der Gott der Erzeugung und der Zerstörung bekanntlich in dieser Form dargestellt und angebetet. Es ist außerdem wahrscheinlich, daß diese alten Trojaner die Vorfahren des großen hellenischen Volks sind; denn ich fand bereits mehrfach auf Bechern und Vasen aus Terrakotta den Kopf der Eule dargestellt, welche mutmaßlich die Ur-Urgroßmutter des athenischen Vogels der Pallas-Athene ist.

Außer dem erwähnten kleinen Stück Silberdraht und zwei kupfernen Nägeln habe ich bis jetzt in den Schichten der Steinperiode keine Spur von Metall gefunden.

Gleichwie in den oberen Schichten finde ich auch in jenen der Steinperiode viele Eberzähne, die ohne Ausnahme in letzterer alle zugespitzt sind und als Werkzeuge gedient haben. Unbegreiflich ist mir, wie die Männer der Steinperiode mit ihren unvollkommenen Waffen wilde Schweine zu erlegen imstande waren. Ihre Lanzen sind zwar – gleich fast allen anderen Waffen und Werkzeugen – aus sehr hartem schwarzen oder grünen Stein, aber doch so stumpf, daß eine wahre Riesenkraft dazu gehören muß, um damit einen Eber zu töten. Hämmer und Äxte kommen in allen Größen in großen Massen vor. Ebenso finde ich sehr viele Gewichte aus Granit, auch viele Handmühlen aus Lava, die aus zwei etwa 1 Fuß langen, von einer Seite ovalen, von der anderen flachen Stücken bestehen, zwischen denen das Getreide zermalmt wurde. Manchmal sind diese Mühlsteine auch aus Granit. Messer kommen in sehr großen Massen vor; alle sind aus Flintstein, einige in der Form von Messerklingen, andere – bei weitem die größere Zahl – sind auf einer oder auf beiden Seiten gleichwie Sägen ausgezackt. Nadeln und Pfriemen aus Knochen kommen häufig vor, manchmal auch kleine knöcherne Löffel. Die primitiven, aus ausgehöhlten Baumstämmen bestehenden Kähne, wie ich sie viel in Ceylon sah, finde ich hier oft in Miniatur aus Terrakotta gebildet, und ich vermute, daß diese kleinen Gefäße als Salz- oder Pfefferfässer gedient haben mögen. Ich finde ebenfalls viele 10 Zentimeter lange, 9½ Zentimeter breite Schleifsteine, bald aus Ton, bald aus grünem oder schwarzem Schiefer; ferner viele runde flache Steine von 5–5½ Zentimeter im Durchmesser, die auf einer Seite rot gefärbt sind, auch viele Hunderte von runden Terrakottas gleicher Größe und Gestalt, mit einem Loch in der Mitte, die augenscheinlich aus Topfscherben hergestellt sind und an Spindeln gebraucht sein mögen. Es kommen auch flache steinerne Mörser vor.

Ich fand auch in meinen Ausgrabungen eine Hauswand aus der Steinperiode, welche aus Steinen, die durch Lehm verbunden sind, besteht, gleichwie die Bauten auf den Inseln Therassia und Thera (Santorin), die unter drei – zusammen 68 Fuß hohen – Schichten vulkanischer Asche entdeckt wurden.

Meine Ansprüche sind höchst bescheiden; plastische Kunstwerke zu finden hoffe ich nicht. Der einzige Zweck meiner Ausgrabungen war ja von Anfang nur, Troja aufzufinden, über dessen Baustelle von hundert Gelehrten hundert Werke geschrieben worden sind, die aber noch niemals jemand versucht hat durch Ausgrabungen ans Licht zu bringen. Wenn mir nun dies nicht gelingen sollte, dann würde ich doch überaus zufrieden sein, wenn es mir nur gelänge, durch meine Arbeiten bis in das tiefste Dunkel der vorhistorischen Zeit vorzudringen und die Wissenschaft zu bereichern durch die Aufdeckung interessanter Seiten aus der urältesten Geschichte des großen hellenischen Volks. Die Auffindung der Steinperiode, anstatt mich zu entmutigen, hat mich daher nur noch begieriger gemacht, bis zu der Stelle vorzudringen, die von den ersten hierher gekommenen Menschen betreten worden ist, und ich will bis dahin gelangen, sollte ich selbst noch 50 Fuß zu graben haben.

# IV.

Seit meinem Bericht vom 3. d. M. habe ich meine Ausgrabungen mit größtem Eifer fortgesetzt, und obwohl dieselben bald durch Regen, bald durch griechische Festtage unterbrochen wurden, habe ich, ungeachtet der fortwährend wachsenden Schwierigkeiten im Fortschaffen des Schuttes, jetzt eine durchschnittliche Tiefe von 10 Meter oder etwa 33 englische Fuß erreicht. Vieles mir Unerklärliche ist mir seitdem klar geworden, und ich muß vor allen Dingen den in meinem letzten Bericht begangenen Irrtum berichtigen, als sei ich in die Steinperiode gekommen. Ich war irregeleitet durch die kolossale Masse von steinernen Werkzeugen aller Art, die täglich ausgegraben wurden, und durch die Abwesenheit jeder Spur von Metall, außer zwei kupfernen Nägeln, von denen ich glaubte, daß sie auf irgendeine Weise von einer oberen in die tiefere Schicht der Steinperiode gekommen sein müßten. Aber schon seit dem 6. d. M. kommen nicht nur viele Nägel, sondern auch Messer, Lanzen und Streitäxte aus Kupfer zum Vorschein, die so zierlich gearbeitet sind, daß nur ein zivilisiertes Volk sie hat machen können. Ich muß daher nicht nur widerrufen, daß ich schon auf die Steinperiode geraten sei, sondern ich kann nicht einmal zugeben, daß ich die Bronzeperiode erreicht habe, denn die Werkzeuge und Waffen, die ich finde, sind zu schön gearbeitet. Übrigens muß ich auf die Tatsache aufmerksam machen, daß ich, je tiefer ich von 7 Meter abwärts grabe, desto mehr Spuren höherer Zivilisation finde. In einer Tiefe von 4 bis 7 Meter waren die steinernen Werkzeuge und Waffen grober Art; die Messer aus Flintstein, meistenteils in der Form von kleinen Sägen und selten in der von Klingen; es kam aber eine sehr große Masse scharfer Stücke Silex vor, die ebenfalls als Messer gedient haben müssen. Seitdem aber sind die steinernen Werkzeuge, als Hämmer und Beile, viel besser gearbeitet; es kommt noch eine Menge von Silexmessern in der Form von Sägen vor, aber dieselben sind viel besser gemacht als die der höheren Schichten; es kommen unterhalb 7 Meter Tiefe auch bisweilen zweischneidige Messerklingen aus vulkanischem Glas vor, die so scharf sind, daß man sich damit rasieren könnte. Es finden sich außerdem in diesen Tiefen, wie gesagt, wieder Waffen und Massen von Nägeln, Messern und Werkzeugen aus Kupfer. Was aber mehr noch als alles andere zu beweisen scheint, daß ich nie die Steinperiode erreichte und bei tieferem Graben aus den 4 bis 7 Meter tief liegenden Schuttschichten roher Völker wieder in die zivilisierterer Nationen überging, bei denen sogar die Buchstabenschrift im

Gebrauch war, das sind zwei Inschriften, wovon die eine in 7½ Meter Tiefe gefundene phönizisch zu sein scheint, aber nur aus etwa fünf Buchstaben besteht, die mit einem spitzen Instrument auf einem von einer Seite weißgefärbten Scheibchen von Terrakotta eingeritzt sind, welches bloß 6 Zentimeter im Durchmesser hat. Jedenfalls sind die Buchstaben in der weißen Farbe sehr deutlich hervorgetreten, diese ist aber dem größten Teil nach verschwunden, und somit sind zwei der fünf Schriftzüge nicht klar zu sehen. Ich hoffe aber, daß die Inschrift dennoch zu entziffern sein wird.

Die andere Inschrift fand ich in 8½ Meter Tiefe auf einem jener kleinen runden Stücke aus Terrakotta mit einem Loch durch die Mitte, die von 2 Meter Tiefe abwärts in der Form des Brummkreisels, des Karussells und des Vulkans in ungeheuren Massen vorkommen. Ich sprach bereits die Meinung aus, sie möchten als »Exvotos« gebraucht worden sein, und möchte jetzt die Frage aufstellen, ob sie nicht vielleicht gar Götzenbilder waren, und namentlich, ob jene in der Form des Vulkans nicht den Hephaistos vorstellen? Diesen Gedanken gibt mir vornehmlich die große Ähnlichkeit dieser Stücke mit den kolossalen Grabhügeln der trojanischen Ebene, welche die Asche der durch Hephaistos verbrannten Leichname der Helden bedecken. Jedenfalls lassen die beinahe an allen diesen Stücken angebrachten Verzierungen, auf die man namentlich bei jenen aus ungeheuer hart gebrannter Terrakotta große Mühe verwendet zu haben scheint, sowie die weiße Masse, womit diese Verzierungen ausgefüllt wurden, damit sie mehr ins Auge fallen sollten, keinen Zweifel darüber, daß sie zu wichtigen Zwecken gedient haben. Auf einem dieser kleinen Stücke aus Terrakotta, in der Form des Karussells, fand ich die vorerwähnte zweite Inschrift, welche im Anhang, Taf. 2, Nr. 61, genau abgebildet ist; sie ist so herrlich eingraviert, daß man erstaunt, wie solches in Terrakotta möglich war. Da die Schrift ganz um das kleine Karussell herumgeht und dieses auf der einen Seite so geformt ist wie auf der anderen, so ist es mir, bei meiner vollkommenen Unkenntnis der Sprache, unmöglich zu wissen, weder mit welchem Buchstaben sie anfängt, noch welcher der obere oder der untere Teil derselben ist. Auf einem gewöhnlichen Stein fand ich gleichzeitig den Schriftzug: $\bigvee$. Unendlich sollte es mich freuen, wenn jemand fähig wäre, diese Inschriften zu lesen, und somit imstande, Aufklärung zu geben über den Gebrauch dieser sonderbaren Stücke, über das Volk, welches sie anfertigte, und über die Epoche, in der ich in 7½ und 8½ Meter Tiefe war.

Wie ich zur Zeit der Abfassung meines letzten Aufsatzes steinerne und nur steinerne Werkzeuge und Waffen herauskommen sah und somit glauben mußte, ich sei in die Schuttschichten der Völker der Steinperiode vorgedrungen, da fürchtete ich wirklich schon, daß der eigentliche Zweck meiner Ausgrabungen, hier die Pergamos des Priamos zu finden, verfehlt sei, daß ich schon in die Epoche lange vor dem Trojanischen Krieg vorgedrungen und daß die riesenmäßigen

Grabhügel der Ebene von Troja vielleicht Jahrtausende älter seien als die Taten des Achilles.

Da ich aber mehr und immer mehr Spuren von Zivilisation finde, je tiefer ich grabe, so bin ich jetzt vollkommen überzeugt, daß ich noch nicht bis zum Zeitalter des Trojanischen Kriegs vorgedrungen bin, und ich bin jetzt hoffnungsreicher als je zuvor, bei tieferem Graben hier die Stätte von Troja zu finden; denn wenn es jemals ein Troja gab – und mein Glaube daran steht fest – so kann es nur hier auf der Baustelle von Ilium gewesen sein. Ich glaube, durch meine Ausgrabungen von 1868 auf den Höhen von Bunarbaschi die Unmöglichkeit nachgewiesen zu haben, daß dort jemals eine Stadt oder auch nur ein Dorf stand, ausgenommen am äußersten Ende von Balidak, wo Konsul Hahn Ausgrabungen gemacht hat, wo aber wegen des durch die Abgründe beschränkten Raums nur ein Städtchen von höchstens 200 Einwohnern gestanden haben kann. Auf der Baustelle von Ἰλιέων κώμη, wohin Strabo, der nie selbst die Ebene von Troja besuchte, nach der Theorie des Demetrius von Skepsis das alte Troja verlegt und worüber ich in meinem Bericht vom 26. v. M. sprach, lasse ich vom Dienstag, dem 21. d. M., an zehn Arbeiter graben, um einen Teil der Ringmauer bloßlegen zu lassen, die durch eine niedrige, weit fortlaufende Anhöhe angegeben zu sein scheint. Ich tue dies aber lediglich im Interesse der Wissenschaft und weit von dem Gedanken entfernt, dort Troja zu finden.

Noch muß ich hinsichtlich der runden Stücke Terrakotta hinzufügen, daß nach 7 Meter Tiefe jene in der Form des Vulkans weniger vorkommen und fast alle in der Gestalt des Karussells sind. Auch hören mit dieser Tiefe die Idole des Vischnu, in der Form des Priapus, ganz auf. Ich finde aber noch sehr häufig nach 7 Meter Tiefe den Kopf der Eule an den irdenen Gefäßen, die, obwohl nur einfarbig und ohne alle Verzierungen, bei all ihrer Einfachheit elegant sind und eleganter werden, je tiefer ich grabe. Besonders hervorzuheben habe ich die feuerroten Becher, die bald in der Form einer Glocke mit einer Art Krone von unten, bald in der von ungeheuren Champagnergläsern mit zwei sehr großen Henkeln vorkommen, und in beiden Formen nicht auf den unteren Teil, wie unsere jetzigen Becher, sondern nur auf den oberen Teil gestellt werden konnten, gerade wie man es mit einer Glocke zu tun gezwungen sein würde, wenn man sich derselben als Trinkgefäß bedienen wollte. Dann verdienen besondere Aufmerksamkeit die kleinen Töpfe mit drei Füßchen sowie die großen mit nach hinten gebogenem Hals; ferner die größeren Gefäße mit zwei Henkeln und zwei Griffen in Gestalt von emporgehobenen Armen und endlich die sehr großen, oft mehr als 1 Meter hohen und breiten Graburnen, die in solchen Massen vorkommen, daß sie uns beim Arbeiten hindern, aber bis jetzt immer so zerbrochen waren, daß ich nicht imstande war, auch nur eine davon zu retten. Es ist unmöglich, zerbrochene Urnen wieder zusammenzuleimen, wenn der Ton eine Dicke von 4 und 5 Zentimeter hat.

Von 6 Meter Tiefe ab bis zur jetzt erreichten Tiefe von 10 Meter kommen sehr viele 10 bis 12 Zentimeter hohe, 8 bis 10 Zentimeter breite und 4 Zentimeter dicke Stücke Ton vor, die bald an der oberen breiten, bald an der schmalen Seite ein durchgehendes Loch haben und als Gewichte gedient zu haben scheinen; von demselben Ton kommen auch oft 8½ Zentimeter lange und 6½ Zentimeter breite Zylinder vor. Die kolossale Masse steinerner Gewichte und Handmühlen aus Lava, die fortwährend zum Vorschein kommt, gibt eine Idee von der Zahl der Haushaltungen, deren Trümmer ich täglich durchgrabe. Große Massen dieser Mühlen und anderer steinerner Werkzeuge lege ich den Bewunderern von Homer, welche die Ebene von Troja besuchen, zur Schau in die Nischen der Wände in meinen Ausgrabungen.

In 8 bis 10 Meter Tiefe habe ich mehrfach Bruchstücke einer 7 Zentimeter breiten, 4⅓ Zentimeter dicken Masse gefunden, die hart wie Stein inwendig eine harzähnliche Farbe, auswendig eine Art glänzender Glasur hat und die offenbar künstlich angefertigt und in glühendem flüssigen Zustand in eine Form gegossen ist, denn von allen vier Seiten ist sie kanneliert. Ohne Zweifel finde ich in der Fortsetzung meiner Ausgrabungen Aufklärung darüber, wie diese Stücke, deren Länge ich noch nicht kenne, weil bis jetzt nur Bruchstücke vorkamen, angefertigt sind und wozu sie gedient haben.

Die zahlreichen Hauswände, deren Trümmer ich täglich fortschaffe, sind von 4 bis 7 Meter Tiefe sämtlich aus durch Lehm vereinigten gewöhnlichen, unbehauenen Steinen, und von 7 bis 10 Meter Tiefe aus ungebrannten und nur in der Sonne getrockneten Ziegeln erbaut; die Fundamente und Türschwellen dieser Ziegelhäuser bestehen aber aus so großen Steinen, wie sie mir seit 2 Meter Tiefe nicht mehr vorgekommen sind.

Was die Senkung der Wände meines großen Einschnitts betrifft, so erlaubte mir die Beschaffenheit der Schuttschichten nur auf drei Stellen, jene von etwa 15 Meter Länge, dieselbe unter einem Winkel von 85 Grad zu machen; auf allen anderen Stellen ist sie unter einem Winkel von 67½ Grad. Um dies recht zu verstehen: es weichen meine 10 Meter hohen Wände von 85 Grad um nur 56 Zentimeter, jene von 67½ Grad aber um 2½ Meter von der perpendikulären Richtung ab.

Es sollte mich sehr freuen, in meinen nächsten Mitteilungen eine recht interessante Entdeckung berichten zu können.

*Am 21. November.* Der Platzregen, den wir gestern und vorgestern, auch heute morgen noch hatten, macht die Absendung dieses Berichts erst diesen Abend möglich; denn ich lebe hier in der Wildnis und acht Stunden vom nächsten Postbureau (von den Dardanellen). Hoffentlich wird der Boden bis morgen früh hinlänglich ausgetrocknet sein, um weiter arbeiten zu können. Ich beabsichtige die Ausgrabungen jedenfalls bis zum Eintritt des Winters fortzusetzen und sie Anfang April wieder zu beginnen.

Die fortwährend warme feuchte Witterung erzeugt viel bösartiges Fieber, und es werden täglich meine Dienste als Arzt in Anspruch genommen. Glücklicherweise habe ich einen großen Vorrat von Chinin bei mir und kann somit allen helfen. Da ich aber gar nichts von Medizin verstehe, so würde ich gewiß grobe Irrtümer begehen, zum Glück jedoch erinnerte ich mich, daß mich einmal, als ich an einem aus Nicaragua stammenden Sumpffieber am Tode lag, der ausgezeichnete deutsche Arzt Tellkampf in New York mit einer Dosis von 64 Gran Chinin rettete. Ich gebe daher hier immer ein gleiches Quantum, aber nur in verzweifelten Fällen in *einer* Dosis, gewöhnlich in vier Dosen von 16 Gran. Auch werde ich täglich belästigt, nicht nur an Menschen, sondern auch an Kamelen, Eseln und Pferden Wunden auszuheilen, und es ist mir dies bis jetzt noch in allen Fällen durch Arnikatinktur gelungen. Auch habe ich bisher noch alle Fieberkranken, die sich an mich wandten, geheilt. Bedankt aber hat sich bis heute noch niemand bei mir. In der Tat scheint die Dankbarkeit nicht zu den Tugenden der jetzigen Trojaner zu gehören.

# V.

Seit meinem Bericht vom 18. und 21. d. M. habe ich, trotz des fortwährenden Regenwetters, noch drei Tage gearbeitet; leider aber sehe ich mich jetzt gezwungen, die Ausgrabungen für den Winter einzustellen, um sie erst am 1. April 1872 wieder fortzusetzen. Es ist nicht wahrscheinlich, daß hier der Winter vor Mitte Dezember eintritt, und ich hätte, ungeachtet des Regens, gar zu gern bis dahin fortgearbeitet, besonders da ich jetzt ganz bestimmt glaube, schon in den Ruinen von Troja zu sein. Seit vorgestern morgen nämlich finde ich auf der ganzen Ausdehnung meiner Exkavationen fast nichts als große, teils behauene, teils unbehauene Steine, und es kommen darunter gewaltige Blöcke vor. So z. B. habe ich diesen Morgen mit 65 Arbeitern drei Stunden lang daran gearbeitet, eine einzige Türschwelle mittels Taue und Rollen fortzuschaffen.

Die beiden großen Seitenwege bin ich genötigt gewesen, schon bei 7 Meter Tiefe ganz aufzugeben, und habe seitdem allen Schutt und alle kleinen Steine in Körben und Schiebkarren durch den großen Ausgangskanal bringen und an dessen Ende auf Seitenwegen vom steilen Bergabhang werfen lassen. Dieser Ausgangskanal aber, dessen Wände 67½ Grad Senkung haben, ist bei der jetzigen Tiefe von mehr als 10 Meter für die Fortschaffung solcher ungeheuren Blöcke nicht mehr breit genug und muß vor allen Dingen um wenigstens 4 Meter breiter gemacht werden. Dies ist aber eine riesige Arbeit, die ich bei dem täglichen Regen nicht mehr vor dem nahen Winter anzufangen wage.

Wegen der vielen großen Steine wurde vorgestern und gestern von Terrakotten nichts gefunden. Heute in der letzten Stunde aber fand ich ein nur 5½ Zentimeter hohes Töpfchen mit drei Füßen; der ganze obere Teil ist in der Form eines Globus und in fünf große und fünf kleine Felder geteilt, die regelmäßig untereinander abwechseln; alle großen Felder sind mit eingeprägten Sternchen angefüllt. Der Mund oder die Öffnung hat nur 9 Millimeter im Durchmesser. Ich vermute, dieses kleine wunderbare trojanische Gefäß hat den Damen als Behälter für wohlriechendes Öl gedient, welches bekanntlich beim Bad angewandt wurde. Als Lampe kann es nicht gedient haben, denn Homer, der ja 200 Jahre nach der Zerstörung von Troja lebte, kennt noch keine Lampen. Auch fand ich diesen Morgen zwei kupferne Pfeilspitzen und einen jener kleinen Vulkane aus Terrakotta, die seit einigen Tagen seltener geworden waren. Ferner ein 3¾ Zentimeter langes und ebenso breites Bleiplättchen mit einem Schriftzug Γ in der Mitte und einem Loch an einer Ecke, was keinen Zweifel läßt, daß das Plättchen zum Aufhängen gedient hat.

Obgleich das Wort γράφειν nur zweimal im Homer vorkommt und beidemal auch nur »einritzen« bedeutet, so bin ich dennoch fest überzeugt, daß im alten Troja die Buchstabenschrift bekannt war, und ich hege die bestimmteste Hoffnung, im nächsten Frühjahr durch Inschriften und durch andere Monumente, die keinem Zweifel unterliegen können, zu beweisen, daß ich die Trümmer des lange theoretisch aufgesuchten Troja endlich praktisch, in 33 Fuß Tiefe, seit vorgestern aufzudecken angefangen habe. Von allem, was ich finde, werde ich natürlich die getreueste und sorgfältigste Beschreibung geben.

Meine Ausgrabungen von Ἰλιέων κώμη sind, wie übrigens nicht anders zu erwarten war, entschieden ungünstig für Strabo und Demetrius von Skepsis ausgefallen, denn die kleine, weit fortlaufende, steile Anhöhe enthält keine Spur von Mauer und besteht aus grobem Sand ohne die geringste Beimischung von Schutt. Auch glaube ich, gegen die Behauptung des Besitzers von Thymbria, meines geehrten Freundes Herrn Frederik Calvert, nicht an die Existenz einer heißen Quelle am Fuße der Anhöhe von Ἰλιέων κώμη, denn mit einem Thermometer in der Hand habe ich jetzt den ganzen Sumpf untersucht und finde nirgends, weder im stehenden noch im fließenden Wasser, den geringsten Temperaturunterschied. Kalte Quellen gibt es dort jedenfalls mehr als eine, aber erst nach völliger Austrocknung des Sumpfes, welcher jetzt aus schwimmenden Inseln besteht, wird es möglich sein, die Zahl derselben anzugeben.

Wenn ich nun das Ergebnis meiner Ausgrabungen zusammenfasse, so fand ich nur nahe an der Oberfläche und in seltenen Fällen bis zu einer Tiefe von 1 Meter Medaillen aus Kupfer von Sigeion, Alexandria, Troas und Ilium – letztere von den ersten Jahrhunderten v. und n. Chr.; ferner kleine lampenähnliche solide runde Stücke Terrakotta mit zwei Löchern, die bis 2 Meter Tiefe in großen Massen vorkommen, jedoch außer dem Töpferstempel, in welchem man bald einen Altar mit einer Biene oder Fliege darüber, bald ein Kind mit vorgestreckten Händen, bald zwei Pferde, bald einen Stier oder einen Schwan sieht, keine Verzierungen haben. Nach dieser Tiefe hören sie mit einemmal auf. Statt derselben fand ich in 2 bis 10 Meter Tiefe die vielbeschriebenen kleinen Vulkane, Brummkreisel oder Karussells, die nur in 3 Meter Tiefe manchmal aus blauem Stein, sonst aber immer aus Terrakotta vorkommen – fast alle mit Verzierungen; in 2 Meter Tiefe unter der Erde einen römischen Brunnen, den ich bis zu einer Tiefe von mehr als 11 Meter ausgrub, der aber bis zur Ebene hinunterzugehen scheint; in allen Tiefen viele Muscheln, Eberzähne, Fischgräten; Haifischknochen aber nur in 3½ bis 4 Meter unter der Oberfläche. Die Trümmer der aus behauenen, mit Zement oder Kalk verbundenen Steinen gebauten Häuser reichen selten tiefer als 1 Meter, und die Reste von Gebäuden, welche aus großen behauenen, ohne Verbindungsmittel zusammengelegten Steinen errichtet waren, nie tiefer als 2 Meter; hierüber können sich die Besucher der Ebene von Troja in den Wänden meiner Einschnitte durch eigene Anschauung vergewissern. Von 2 bis 4 Meter Tiefe kommen wenig oder gar keine Steine vor und scheinen die kalzinierten Trümmer der zahllosen Schuttschichten zu beweisen, daß alle im Laufe von Jahrhunderten dort vorhandenen Gebäude von Holz waren und durch Feuer zerstört worden sind; infolgedessen fand ich bis jetzt in diesen Tiefen von guter Töpferware nur Bruchstücke, und unversehrt kamen nur kleine Töpfe gröbster Art heraus.

In 4 Meter Tiefe eine Topfscherbe mit einem Brustbilde phönizischer Arbeit. Gleich darauf – also in 4 bis 4¼ Meter Tiefe – eine ungeheure Masse steinerner Werkzeuge und Waffen aus hartem schwarzen Stein, die bis 7 Meter Tiefe fortdauert; gleichzeitig mit ihr, aber bis 10 Meter Tiefe, elegante einfarbige Topfarbeit ohne jegliche Verzierung außer dem Gesicht der Eule; kleine Töpfe und größere Vasen mit drei Füßchen; ferner, aber nur bis 7 Meter Tiefe, der Priapus in natürlicher Form aus Terrakotta und in Form der abgerundeten Säule. Von 4 bis 7 Meter Tiefe sehr viele Messer aus Flintstein, die meistens die Form von Sägen haben oder auch nur aus scharfen Stücken bestehen, und nur selten in der Gestalt von Klingen sind. Bis zur gleichen Tiefe auch Nadeln und Löffelchen aus Knochen sowie eine gewaltige Menge von Terrakotta-Scheibchen mit einem Loch durch die Mitte. In 4 bis 7 Meter Tiefe nur zwei kupferne Nägel. Wie die zahlreichen von mir in diesen Tiefen durchschnittenen Hauswände beweisen, wovon sehr viele in den Erdwänden meiner Ausgrabungen sichtbar sind, waren die Häuser aus kleinen mit Erde verbundenen Steinen gebaut. Von 7 bis 10 Meter Tiefe sehr viele, manchmal bis 13 Zentimeter lange kupferne Nägel, einige elegant gearbeitete Lanzen und Streitäxte. Von 7 Meter Tiefe abwärts mehren sich, mit jedem Fuß Erde, den man tiefer gräbt, die Spuren viel höherer Zivilisation; steinerne Waffen kommen noch hie und da vor, sind aber herrlich gearbeitet. Es kommen viele kupferne Messer, aber auch ungeheuer viele Messer aus Flintstein vor, welche indes ungleich besser gearbeitet sind als diejenigen der vorhergehenden Schuttschichten; es kommen auch, obwohl nicht häufig, sehr scharfe zweischneidige, 7 Zentimeter lange Messerklingen aus vulkanischem Glas vor. Töpfe und Vasen werden immer eleganter; auch fanden sich feuerrote Becher in der Form einer Glocke mit einer Krone von unten, oder riesigen Champagnergläsern ähnlich, mit zwei großen Henkeln; sehr viele elegante Gefäße mit oder ohne drei Füße mit Röhrchen an den Seiten und Löchern in gleicher Richtung im Munde, so daß sie nicht nur hingesetzt, sondern auch an Schnüren getragen werden konnten; auch viele ganz kleine Vasen mit drei Füßchen. Alle Terrakottas haben eine glänzendrote, gelbe, grüne oder schwarze Farbe; nur die ganz großen Urnen sind farblos. Von 2 bis 10 Meter Tiefe gänzliche Abwesenheit von Malerei. In 7½ Meter Tiefe ein Terrakotta-Scheibchen mit fünf Buchstaben, die ich für phönizische halte; in 8½ Meter eine jener vielbesprochenen Terrakotten in Form eines Karussells mit sechs Schriftzügen. In gleicher Tiefe ein dem Anschein nach einer anderen Sprache angehöriger Schriftzug auf einem Stein, und endlich in 10 Meter oder 33 englische Fuß Tiefe eine Bleiplatte mit einem Buchstaben.

Was nun die Bauart der Häuser betrifft, denen die Schuttschichten von 7 bis 10 Meter Tiefe angehören, so bestanden, wie man sich beim Anblick der Erdwände in meinen Ausgrabungen überzeugt, nur die Fundamente und die Türschwellen aus großen Steinen, die Hauswände dagegen aus ungebrannten und nur an der Sonne getrockneten Ziegelsteinen. In 10 Meter Tiefe finde ich wiederum die Bauart aus Steinen, aber in kolossalen Verhältnissen; die meisten Steine sind sehr groß, viele behauen, und es kommen sehr viele gewaltige Blöcke vor. Es scheint mir, daß ich in dieser Tiefe schon mehrere Wände ans Licht gebracht habe, aber es ist mir leider bis jetzt noch nicht gelungen, zur Einsicht zu kommen, wie dieselben eigentlich gebaut waren und welche Dicke sie hatten. Die Steine der Wände scheinen mir wie durch ein heftiges Erdbeben voneinander getrennt; von einem Verbindungsmittel – wie Lehm oder Kalk – sehe ich bis jetzt keine Spur zwischen denselben.

Wie furchtbar die Schwierigkeiten der Ausgrabungen bei solchen Steinmassen sind, davon kann sich nur der einen Begriff machen, welcher der Sache mit beigewohnt und mit angesehen hat, wie lange es dauert und wie mühsam es ist – besonders bei jetzigem Regenwetter – erst um einen der vielen ungeheuren Blöcke herum die kleineren Steine herauszunehmen, darauf den Block zu untergraben, den »Bock« darunterzubringen, ihn in die Höhe zu winden und durch den Schlamm des Ausgangskanals bis an den steilen Abhang zu wälzen!

Aber die Schwierigkeiten vermehren nur mein Verlangen, das jetzt – nach so vielen Täuschungen – endlich vor mir liegende große Ziel zu erreichen und zu beweisen, daß die Ilias auf Tatsachen beruht und daß der großen griechischen Nation diese Krone ihres Ruhmes nicht genommen werden darf. Keine Mühe will ich sparen, keine Kosten will ich scheuen, dahin zu kommen.

Noch muß ich auf die sonderbare Zunahme dieses Berges aufmerksam machen. Die großen Quadersteine der Fundamente des Hauses auf dem Gipfel des Berges (in welchem ich die Inschrift fand, die aus dem 3. Jahrhundert v. Chr. zu stammen scheint), welche seinerzeit an der Oberfläche gewesen sein müssen, waren jetzt auf einigen Stellen nur 34 Zentimeter, auf anderen 1 Meter unter der Erde. Da aber die kolossalen Ruinen, die ich ganz bestimmt für die des alten Troja halte, in 10 Meter Tiefe liegen, so muß die Schuttaufhäufung auf dieser Stelle in den ersten 1000 Jahren über 30, in den letzten 2000 Jahren dagegen nur 1 bis 3 Fuß betragen haben.

Merkwürdigerweise hingegen hat die Dicke des Berges an der Nordseite, wo der steile Abhang ist, auf der Stelle, wo ich grabe, nicht im geringsten zugenommen; denn nicht nur reichen die Trümmerschichten der unzähligen Haushaltungen immer bis zum äußersten Rand des Abhangs, sondern ich finde auch bis zu diesem Punkt immer dieselben Gegenstände, die ich in derselben horizontalen Linie bis ans entgegengesetzte Ende meiner Ausgrabungen finde. Interessant ist es daher zu wissen, daß der Abhang des Berges an der Nordseite schon zur Zeit des Trojanischen Krieges genau ebenso steil war, wie er jetzt ist, nämlich daß er schon damals unter einem Winkel von 40 Grad aufstieg.

# VI.

Mein letzter Bericht war vom 24. November v. J., und ich habe in Gesellschaft meiner Frau am 1. d. M., 6 Uhr morgens, bei herrlichem Wetter mit 100 griechischen Arbeitern aus den benachbarten Dörfern Renkoï, Kalifatli und Jenischahir die Ausgrabungen fortgesetzt. Herr John Latham aus Folkestone, der Direktor der vom Piräus nach Athen führenden Eisenbahn, welche unter seiner ausgezeichneten Verwaltung den Aktionären eine jährliche Dividende von 30 Prozent gibt, hatte die Güte, mir als Unteraufseher seine beiden besten Arbeiter, Theodoros Makrys aus Mitylene und Spiridion Demetrios aus Athen, mitzugeben, deren jedem ich monatlich 150 Frcs. zahle, während der Tagelohn der übrigen Arbeiter nur 9 Piaster oder 1 Frc. 80 Cent ist. Wie früher zahle ich täglich 30 Piaster oder 6 Frcs. an Nikolaos Zaphyros aus Renkoï, der mir durch seine Lokalkenntnisse von großem Nutzen ist und mir gleichzeitig als Kassierer, Aufwärter und Koch dient. Außerdem hatte Herr Piat, der den Bau der Eisenbahn von Piräus nach Lamia übernommen hat, die Güte, mir seinen Ingenieur Adolphe Laurent auf einen Monat zu überlassen, dem ich dafür 500 Frcs. und die Reisekosten vergüte. Es sind aber außerdem noch bedeutende Ausgaben zu bestreiten, so daß sich die Gesamtkosten meiner Ausgrabungen täglich auf nicht weniger als 300 Frcs. belaufen.

Um nun auf all und jeden Fall die trojanische Frage in diesem Jahr gründlich zu lösen, lasse ich auf der unter einem Winkel von 40 Grad schroff aufsteigenden Nordseite dieses Berges, welcher 32 Meter senkrechte Höhe hat und sich 40 Meter über dem Meer erhebt, ganz genau in einer senkrechten Tiefe von 14 Meter oder 46½ engl. Fuß eine ungeheure, horizontal durch den ganzen Berg laufende Plattform (siehe die Pläne Tafel 116 und 117) graben, welche eine Breite von 70 Meter oder 233 engl. Fuß hat und meinen im vorigen Jahr gemachten Einschnitt mit einschließt. Herr Laurent berechnet die abzugrabende Schuttmasse auf 78 545 Kubikmeter; dieselbe wird geringer, wenn ich den Urboden in weniger als 14 Meter Tiefe finden sollte, und sie wird größer, wenn ich die Plattform noch tiefer anlegen müßte, um ihn zu finden. Vor allen Dingen muß ich diesen Urboden erreichen, um genaue Forschungen anstellen zu können. Zur Erleichterung der Arbeiten lasse ich, nachdem ich den nördlichen Abhang der wegzuschaffenden Schuttmasse so behauen habe, daß er unten auf 2½ Meter senkrecht und darauf unter einem Winkel von 50 Grad ansteigt, fortwährend den Schutt auf solche

Weise von der mächtigen Erdwand lösen, daß dieses Winkelmaß genau beibehalten wird. Auf diese Weise arbeite ich bestimmt dreimal rascher als früher, wo ich wegen der geringen Breite des Einschnitts gezwungen war, denselben auf dem Gipfel des Berges sogleich in horizontaler Richtung in seiner ganzen Länge zu graben. Bei aller Vorsicht bin ich jedoch nicht imstande, meine Arbeiter noch mich selbst gegen die beim Abhacken der steilen Wand fortwährend herunterrollenden Steine zu schützen, und keiner von uns allen ist ohne mehrere Wunden an den Füßen.

In den ersten drei Tagen der Ausgrabungen kam beim Abgraben des Bergabhangs eine ungeheure Menge giftiger Schlangen zum Vorschein, und unter denselben besonders viele jener kleinen braunen Antelion (ἀντήλιον) genannten Schlangen, die kaum dicker sind als Regenwürmer und die ihren Namen davon haben, daß der von ihnen Gebissene nur bis zum Sonnenuntergang lebt. Es scheint mir, als wenn ohne die vielen Tausende von Störchen, welche hier im Frühling und Sommer die Schlangen vertilgen, die Ebene von Troja wegen des Übermaßes von diesem Ungeziefer gar nicht bewohnt werden könnte.

Ich verdanke der Güte meiner geehrten Freunde, der Herren J. Henry Schröder u. Comp. in London, die zum Losbrechen und Herabwälzen des Schutts nötigen besten englischen Hacken und Schaufeln, auch 60 ausgezeichnete englische Schiebkarren mit eisernen Rädern zur Fortschaffung desselben.

Augenscheinlich ist behufs Konsolidierung der Bauten auf dem Gipfel des Hügels die ganze schroffe Nordseite desselben mit einer Stützmauer bedeckt gewesen, denn auf mehreren Stellen finde ich die Reste davon. Diese Mauer ist aber nicht uralt, denn sie besteht aus großen mit Kalk und Zement verbundenen, meistenteils behauenen Steinen von Muschelkalk. Die Mauerreste sind mit nur sehr wenig Erde bedeckt; aber auf allen andern Stellen ist mehr oder weniger Humus, der am östlichen Ende der Plattform sogar eine Tiefe von 2 und 3 Meter erreicht. Hinter demselben sowie hinter den Mauerresten ist der Schutt hart wie Stein und besteht aus Haustrümmern, in welchen ich Beile aus Diorit, Schleudern aus Magneteisenstein, viele Messer aus Flintstein, unzählige Handmühlsteine aus Lava, eine große Menge kleiner Götzenbilder aus sehr feinem Marmor mit oder ohne Eulenkopf und Frauengürtel, Gewichte aus Ton in pyramidalischer Gestalt und mit einem Loch an der Spitze oder aus Stein und in der Form von Kugeln und endlich sehr viele jener in meinen vorjährigen Berichten vielbesprochenen kleinen Terrakottas in der Form von Vulkanen und Karussells finde. Zwei solcher Stücke mit Kreuzen am unteren Ende sind in den Terramares von Castione und Campeggine (Gabriel de Mortillet, »Le Signe de la Croix avant le Christianisme«) gefunden und befinden sich im Museum von Parma. Viele dieser trojanischen Stücke, und besonders derjenigen in der Form von Vulkanen, haben – wie man in den Abbildungen Taf. 1 bis 13 sieht [im Anhang werden nur die Tafeln 2, 3, 4, 8, 9,

11, 13 abgebildet] – Kreuze der verschiedenartigsten Darstellung, und besonders viel kommt die Form ⊞ vor; auf sehr vielen sieht man auch das Zeichen 卍, welches oft in ganzen Reihen im Kreise um den Mittelpunkt steht. Ich habe in meinen früheren Berichten gar nicht von diesen Kreuzzeichen gesprochen, weil mir deren Bedeutung durchaus unbekannt war. Die 卍 kommt indes unter jenen in meinem Aufsatz vom 18. November v. J. angeführten, auf Tafel 2, Nr. 61 abgebildeten fünf Schriftzeichen vor.

Nachdem ich diesen Winter in Athen viele ausgezeichnete Werke berühmter Gelehrter über indische Altertumskunde gelesen habe, besonders Adalbert Kuhn, »Die Herabkunft des Feuers«, Max Müller, »Essays«, Emile Burnouf, »La Science des Religions« und »Essai sur le Vêda« sowie mehrere Werke von Eugène Burnouf, sehe ich ein, daß diese Zeichen des Kreuzes auf den trojanischen Terrakottas von höchster Wichtigkeit für die Wissenschaft sind, und halte es daher für notwendig, näher darauf einzugehen, um so mehr, als ich jetzt imstande bin zu beweisen, daß sowohl das ⊞ als auch die 卍, welche ich in Emile Burnoufs Sanskrit-Lexikon unter der Benennung »Swastika« und mit der Bedeutung: $\varepsilon \tilde{v}$ $\dot{\varepsilon} \sigma \tau \iota$[16] oder als Zeichen guter Wünsche finde, schon Jahrtausende v. Chr. als allerbedeutungsvollste religiöse Symbole bei den Urvätern der arischen Stämme in Baktrien, in den Tälern des Oxus geltend waren, zur Zeit, als noch Germanen, Inder, Pelasger, Kelten, Perser, Slawen und Iranier eine einzige Nation ausmachten und eine einzige Sprache redeten.

Ich erkenne nämlich auf den ersten Blick die »Swastika« auf einem jener in der »Zeitschrift für Ethnologie, Organ der Berliner Gesellschaft für Anthropologie und Urgeschichte«, 1871, Heft III, abgebildeten drei Topfböden, die auf der Bischofsinsel von Königswalde am rechten Ufer der Oder entdeckt sind und zu sehr vielen gelehrten Diskussionen Anlaß gaben, während niemand jenes höchst bedeutungsvolle religiöse Symbol unserer Urväter darin erblickte. Ich sehe eine ganze Reihe solcher Swastikas rings um die berühmte Kanzel des heiligen Ambrosius in Mailand; ich sehe es tausendmal in den Katakomben in Rom (Emile Burnouf, »La Science des Religions«). Ich sehe dasselbe in drei Reihen, und somit sechzigmal wiederholt, auf einer in Shropham in der Grafschaft Norfolk entdeckten und jetzt im British Museum befindlichen uralten keltischen Begräbnisurne (A. W. Franks, »Horae ferales«, pl. 30, fig. 19). Ich sehe dasselbe auch auf mehreren korinthischen Vasen meiner eigenen Sammlung sowie auf zwei im Besitz des Professors Rusopulos in Athen befindlichen uralten attischen Vasen, denen man ein Alter von wenigstens 1000 Jahren v. Chr. gibt. Ich sehe dasselbe ferner auf mehreren alten Münzen von Leukas sowie zweimal in dem großen Mosaik im königlichen Schloßgarten in Athen. Der englische Geistliche Wm.

---

[16] »es ist gut«

Brown Keer, welcher mich hier besuchte, versicherte daß er die 卍 unzähligemal in den ältesten Hindutempeln und besonders in jenen der Gaïna gesehen hat. Ich sehe im Ramayana, daß die Schiffe des Königs Rama, in welchen er auf seinem Eroberungszug nach Indien und Ceylon seine Truppen über den Ganges setzte, die 卍 an ihren Schnäbeln trugen. Die Sanskritgelehrten geben diesem Heldengedicht (Ramayana) ein Alter von wenigstens 800 Jahren v. Chr. und verlegen den Feldzug des Rama auf spätestens 1300 oder 1400 Jahre v. Chr., denn, wie Herr Kiepert in seinem in der National-Zeitung publizierten sehr interessanten Artikel nachweist, sind die im zweiten Buch der Könige überlieferten Namen der unter König Salomos Regierung von phönizischen Schiffen aus Ophir gebrachten Produkte wie z. B. Elfenbein, Pfauen, Affen, Spezereien kaum veränderte Sanskritwörter, und man kann doch wohl mit Bestimmtheit annehmen, daß es wenigstens drei bis vier Jahrhunderte gewährt hat, in dem so ungeheuer großen, dicht bevölkerten Indien die Sprache der Eroberer allgemein einzuführen, zumal da die Zahl derselben nicht gar groß gewesen sein kann; denn in den Hymnen des Rigveda, die noch vor dem Eroberungszug in der Heptopotamia geschrieben wurden, wird die arische Bevölkerung immer nur als geringfügig dargestellt.

Emile Burnouf sagt in seinem soeben erschienenen ausgezeichneten Werk »La Science des Religions«: »Die 卍 stellt die beiden Stücke Holz vor, die vor den Opferaltären, behufs Erzeugung des heiligen Feuers (Agni), kreuzweise aufeinandergelegt und deren Enden unter rechtem Winkel umgebogen und mittels vier Nägel befestigt wurden (卐), damit dieses Holzgerüst sich nicht drehen möge. Im Verbindungspunkt der beiden Hölzer war ein Grübchen, in welchem man ein drittes, Pramantha genanntes Stück Holz, welches die Form einer Lanze hatte, mittels eines Stricks von Kuhhaaren und Hanf drehte, bis sich durch die Reibung das Feuer entzündete. Der Vater des heiligen Feuers (Agni) ist Twastri, d. h. der göttliche Zimmermann, welcher die 卍 und den Pramantha anfertigte, durch deren Reibung das göttliche Kind erzeugt werden sollte. Aus dem Pramantha machten später die Griechen den Prometheus, den sie das Feuer vom Himmel stehlen ließen, um den aus Ton gebildeten Menschen den Feuerfunken der Seele einzupflanzen.

Die Mutter des heiligen Feuers ist die göttliche Mâjâ, aus welcher der Name der Gottesmutter, Maria, geworden ist. Mâjâ (Maria) stellt die zeugende Kraft in weiblicher Form vor; jedes göttliche Wesen hat seine Mâjâ. Kaum ist der schwache Feuerfunke dem mütterlichen Schoß entsprungen, d. h. der 卍, welche auch die Mutter genannt wird und in der vorzüglich die göttliche Mâjâ wohnt, so nimmt er (Agni) den Namen Kind an. Man findet im Rigveda Hymnen himmlischer Schönheit, um dies neugeborene schwache göttliche Geschöpf zu preisen. Man legt das kleine Kind auf Stroh, neben ihm ist die mystische Kuh, d. h. die fürs Opfer bestimmte Milch und Butter, vor ihm steht ein heiliger Priester des göttlichen Vâju, welcher den kleinen orientalischen Fächer, in der Form einer Fahne, bewegt, um des kleinen Kindes Leben, welches dem Aushauchen nahe ist, anzufachen. Von dort wird das kleine Kind auf den Altar gelegt, wo es durch den darauf gegossenen heiligen ›Sôma‹ und die gereinigte Butter eine wunderbare Kraft empfängt, welche alle Begriffe der Anbeter übersteigt; des Kindes Glanz umstrahlt alles um sich her; die Engel (dêvâs) und die Menschen jubeln vor Freude und singen ihm zur Ehre Hymnen, indem sie sich aufs Angesicht werfen. Zu seiner Linken ist die aufgehende Sonne, zu seiner Rechten ist der Vollmond am Horizont, und beide scheinen vor dem Glanz des neugeborenen Gottes (des Agni) zu bleichen und ihn anzubeten. Wie ist nun aber diese Verklärung des Agni vor sich gegangen? In dem Augenblick, wo ein Priester den kleinen Gott auf den Altar legt, hat ein anderer ihm den heiligen Trank, den geistigen ›Sôma‹, aufs Haupt gegossen, und gleich darauf hat er ihn gesalbt, indem er die Butter des heiligen Opfers über ihn ausbreitet. Durch diese Salbung erhält Agni den Namen Gesalbter – *akta* – χριστός; er ist durch die brennbaren Stoffe gewaltig gewachsen; ruhmreich schlägt er seine Flammen empor; er glänzt in einer Rauchwolke, welche wie eine Säule gen Himmel steigt, und sein Licht vereinigt sich mit dem Licht der himmlischen Lichtkörper. Der Gott Agni, in seinem Glanz und seiner Herrlichkeit, offenbart den Menschen die verborgenen Dinge; er lehrt die Doktoren; er ist der Meister der Meister und erhält den Namen Jâtavêdas, d. h. derjenige, dem die Weisheit angeboren ist.

Alle Welt weiß, daß die Theorie von Christus viel älter ist als Jesus Christus: die Juden erwarteten seit langer Zeit den Messias; sie hatten ihn in gewissen historischen Persönlichkeiten, wie z. B. in der des Cyrus, zu erkennen geglaubt; Simon der Magier gab sich für den Messias aus; zur Zeit des Augustus war die Erwartung eines Messias in allen Herzen. Die Juden erkannten ihn nicht in Jesus, und sie hatten recht, denn der Apostel Paulus und diejenigen, welche, wie Lukas, seine Lehre annahmen, verkündeten laut, daß der Christus nicht der Messias der Hebräer, sondern der Sohn des himmlischen Vaters sei. Auch war die Theorie von Christus, dem Sohn Gottes, in den Apokryphen von Alexandrien und Palästina und bei den durch arischen Einfluß zur Zeit der Gefangenschaft in Babylon entstandenen jüdischen Sekten vorherrschend. Diese Theorie war im Zend-Avesta (der heiligen Schrift der Perser) in ihrer idealen Form und in ihrer doppelten – ihrer materiellen und ihrer metaphysischen – Gestalt in den *ältesten* Hymnen der indischen Vedas. Aber die Verfasser dieser Hymnen bezeugen, daß die besagte Theorie von Christus, dem Sohn Gottes, schon seit undenklicher Zeit vor ihnen in einem großen Nationalkultus symbolisiert worden ist, dessen Gründer, Ribhu, mit Orpheus identisch ist. Diese Tradition, welche die Griechen mit den Indern gemein haben, führt uns in jene uralte Zeit zurück, wo sich die Zweige des arischen Stammes noch nicht getrennt hatten und wo diese Familie noch vereint in den Tälern des Oxus wohnte. Daher kann man auch nur dort den Ursprung der Theorie von Christus, dem Sohn Gottes, suchen.

Wäre es möglich anzunehmen, daß eine so wunderschöne Theorie, welche der ganzen Gottesverehrung einen so gewaltigen Zauber verleiht und welche mit wunderbarer Genauigkeit das Leben und die Gedanken der Menschen beurkundet, hätte in Asien 30 oder 40 Jahrhunderte einheimisch sein können, ohne eine Legende zum Vorschein zu bringen? Nein, im Gegenteil, alle Elemente der Legende von Christus finden sich im Rigveda vor: seine Herkunft von Gott und Mensch, die wunderbare Konzeption seiner Mutter Mâjâ, sein Vater Twastri (der Zimmermann), seine Geburt vor Sonnenaufgang in Verbindung mit wunderbaren Erscheinungen, seine Taufe im Wasser, die heilige Salbung ($\chi\varrho\tilde{\iota}\sigma\iota\varsigma$ oder $\chi\varrho\tilde{\iota}\sigma\mu\alpha$), woraus sein Name entstanden ist, seine frühe Gelehrsamkeit, seine Verklärung, seine Wunder, seine Himmelfahrt und seine Vereinigung mit dem Vater im Himmel, damit er der Erlöser der Menschen werde.«

Auf meine briefliche Anfrage bei Herrn E. Burnouf wegen des anderen, hundertfach auf den trojanischen Terrakottas vorkommenden Symbols, des Kreuzes ⊞, erwidert er mir, daß er aus den alten Scholiasten des Rigveda, aus der vergleichenden Philologie und aus den »Monuments figurés« ganz bestimmt weiß, daß auch Swastikas in dieser Form schon in den urältesten Zeiten zur Hervorbringung des heiligen Feuers angewandt worden sind. Er fügt hinzu, daß die Griechen eine lange Zeit hindurch Feuer durch Reibung erzeugten, und daß man die beiden unteren, quer übereinander liegenden Stücke Holz »$\sigma\tau\alpha\upsilon\varrho\acute{o}\varsigma$«[17] genannt habe, welches Wort entweder von der Wurzel »stri« kommt, welche auf die Erde legen heißt und mit dem lateinischen »sternere« identisch ist, oder vom Sanskritwort »stâvara«, das fest, solide, unbeweglich bedeutet. Seitdem die Griechen andere Mittel zum Anzünden des Feuers hatten, ist das Wort $\sigma\tau\alpha\upsilon\varrho\acute{o}\varsigma$ nur einfach für Kreuz gebraucht worden.

Adalbert Kuhn nennt in seinem gelehrten, höchst interessanten Werk »Die Herabkunft des Feuers«, die 卍 immer nur *araṇî* und bemerkt S. 70: »Den einfachen Naturmenschen mußte jene Vorrichtung zur Erzeugung des Feuers leicht an die Zeugung des Menschen erinnern, und daß dies in der Tat der Fall gewesen sei, sehen wir aus einem Lied des Rigveda, welches die Handlung der Feuerzeugung begleitet. Der Eingang (Rigveda III, 29, 1–3) lautet: Das ist das Drehholz, der Zeuger (penis) ist bereitet; bringt die Herrin des Stammes herbei, den Agni laßt uns quirlen nach altem Brauch. In den beiden Hölzern liegt der Jâtavêdas, wie in den Schwangeren die wohlbewahrte Leibesfrucht; tagtäglich ist Agni zu preisen von den sorgsamen, opferspendenden Menschen. In die Dahingestreckte laß hinein (den Stab), der du des kundig bist; sogleich empfängt sie, hat

---

[17] »Kreuz«

den Befruchtenden geboren; mit rötlicher Spitze leuchtend seine Bahn ward der Ilâsohn in dem trefflichen Holze geboren.«

Derselbe Gelehrte gibt darauf, um zu zeigen, mit welcher peinlichen Sorgfalt man bei der Auswahl des Holzes für die 卐, dem Maß der Stäbe, der Stelle der Reibung usw. zu Werke ging, nachstehende Übersetzung von »Kâtyâyana's Karmapradîpa« 1, 7, vs. 1–14: »Ein Açvatha, welcher auf einer Çâmî entkeimt ist und auf reiner Erde seinen Ursprung hat, ein Zweig von dem, sei er ein nach Osten oder nach Norden gerichteter, oder ein aufwärts gerichteter, ein solcher heißt Araṇi, und ein ebensolcher auch Uttarârani; zum Câtram und zum Ovîlî wird ein markiges Holz empfohlen. Der seine Wurzel auf einer Çâmî hat, heißt ein Çâmî entkeimter; ist ein solcher nicht vorhanden, so möge man ohne Bedenken einen von einer Çâmî entsprossenen nehmen. 24 Daumen die Länge, 6 die Breite, 4 die Höhe, das ist das überlieferte Maß der beiden Araṇî. Acht Finger sei der Pramantha, das Câtram sei 12 Finger und 12 sei auch die Ovîlî. Das ist das Manthana-Werkzeug. Überall, wo ein Maß von Daumen oder Fingern angegeben wird, lege man das Maß mit dem mittleren Gelenk auf. Von Kuhhaaren mit Hanf vermischt, dreifach gedreht und aus ganzen Fäden, eine Klafter an Maß sei das Leitseil, mit dem das Feuer hervorzureiben ist. Haupt, Augen, Ohren, Mund, der Hals als fünfter, die haben einen Daumen an Maß, die Brust besteht aus zweien, sagt man. Das Herz ist ein Daumen an Maß, dreidaumig wird der Bauch erwähnt, eindaumig, wisse man, sei die Hüfte, die Bastigegend (zwischen Schoß und Nabel) zwei, und zwei das Guhyaka (pudendum). Die beiden Schenkel, Beine und Füße werden der Reihe nach mit vier, drei und einem Daumen gemessen, das sind die von den der Opfer Kundigen überlieferten Glieder der Araṇi. Was das Guhya (pudendum) genannt wird, das heißt die Yôni (Geburtsstätte des Gottes), das Feuer, welches dort geboren wird, heißt segenbringend. Die aber an anderen Stellen reiben, geraten in Gefahr von Krankheit; jedoch gilt diese Beschränkung nur für das erste Manthana, nicht für die folgenden. Von der Uttarârani genommen sei stets der Pramantha, denn wer einen anderen als Mantha braucht, wird mit dem Fehler der Yônisaṃkara behaftet. Eine nasse, löcherige, verkrümmte, eine mit Rissen versehene Araṇi und Uttarârâni ist den Opferern nicht heilsam.« Adalbert Kuhn fügt hinzu: »Wir sehen demnach hier den beiden Araṇî (卐) vollständige Körperbildung beigelegt und nach genauem Maß die Stelle bezeichnet, aus welcher Agni seinen Ursprung nehmen müsse; nur da entsprungen ist er heilbringend; an anderer Stelle emporlodernd bringt er sogar Krankheit ins Haus. Aus dieser Vorstellung erklärt es sich denn auch, daß man umgekehrt den Zeugungsakt wie den der Feuerentzündung auffaßte.«

Ich habe es für nötig gehalten, alles Vorstehende anzuführen, um zu beweisen, daß die 卐 und das 卍 seit den urältesten Zeiten die allerheiligsten religiösen Symbole unserer arischen Vorväter waren.

Wahrscheinlich werde ich in meinen gegenwärtigen Ausgrabungen bestimmten Aufschluß darüber finden, wozu die mit so bedeutungsvollen Symbolen geschmückten Stücke gebraucht wurden; bis dahin halte ich an meiner früheren Idee fest, daß sie entweder als Exvotos dienten oder wirkliche Götzenbilder des Hephaistos waren.

# VII.

Seit meinem Bericht vom 5. d. M. habe ich die Ausgrabungen mit durchschnittlich 120 Arbeitern aufs eifrigste fortgesetzt. Leider aber gingen mir von diesen
20 Tagen sieben Tage durch Regenwetter und Feste und ein Tag durch Aufruhr
meiner Leute verloren. Da ich nämlich bemerkt hatte, daß die Zigaretten das
Arbeiten erschweren, verbot ich das Rauchen. Es gelang mir indes nicht, die Sache
sogleich durchzusetzen, und ich sah immer noch, daß heimlich geraucht wurde.
Ich wollte jedoch nicht nachgeben und ließ ausrufen, daß ich die Übertreter sofort
entfernen und nie wieder annehmen würde. Darüber erzürnt schrien die Arbeiter
vom Dorfe Renkoï – ungefähr 70 an der Zahl –, sie würden nicht weiterarbeiten,
wenn es nicht jedem freigestellt wäre, soviel zu rauchen als er wolle, und verließen
die Plattform, indem sie die Arbeiter aus den übrigen Dörfern durch Steinwürfe
hinderten weiterzuarbeiten. Die guten Leute hatten sich nämlich eingebildet, daß
ich sofort nachgeben würde, da ich gar nicht ohne sie fertig werden und außer
ihnen nicht hinreichend Arbeiter erhalten könne; daß ich überdies bei dem
schönen Wetter unmöglich den ganzen Tag still sitzen würde. Sie hatten sich aber
geirrt, denn ich schickte sofort meinen Aufseher in die übrigen umliegenden
Dörfer, und es gelang mir, zum Entsetzen der 70 Renkoïten, die die ganze Nacht
vor meiner Tür gewartet hatten, ohne sie für den nächsten Morgen 120 Arbeiter
zusammenzubringen. Mein energisches Verfahren hat nun endlich die Renkoïten,
von deren Frechheit ich hier bei meinen vorjährigen Ausgrabungen so viel zu
leiden hatte, aufs tiefste gedemütigt und auch auf alle meine jetzigen Arbeiter
einen segensreichen Einfluß gehabt, so daß es mir möglich geworden ist, nach dem
Aufruhr nicht nur das Nichtrauchen streng einzuführen, sondern auch die
Arbeitszeit täglich um eine Stunde zu verlängern; denn anstatt wie früher von
5½ Uhr morgens bis 5½ Uhr abends lasse ich jetzt von 5 Uhr morgens bis 6 Uhr
abends arbeiten. Ich gebe aber, wie früher, um 9 Uhr morgens eine halbe und um
1½ Uhr nachmittags eine Stunde zum Essen und Rauchen.

Nach genauer Berechnung des Ingenieurs Herrn A. Laurent habe ich in den
17 Tagen, an welchen seit dem 1. d. M. gearbeitet wurde, 8500 Kubikmeter Schutt
fortgeschafft; es kommen somit 500 Kubikmeter auf jeden Tag und etwas über
4 Kubikmeter täglich auf jeden Arbeiter.

Die Plattform ist bereits 15 Meter in den Berg vorgerückt, aber zu meinem
allergrößten Erstaunen habe ich bis jetzt den Urboden noch nicht erreicht. Meine

in meinem Bericht vom 24. November v. J. ausgesprochene Meinung, daß die Dicke des Berges an der Nordseite seit uralten Zeiten nicht zugenommen hat, fand ich auf dem ganzen westlichen Teil meiner Plattform, auf einer Breite von 45 Meter, bestätigt; denn nur im östlichen Teil derselben, auf 25 Meter Breite, fand ich 2 und sogar 3 Meter Humus, und unter oder hinter demselben, bis 5 Meter Höhe über der Plattform, steinharten Schutt, der nur aus Holz- und Tierasche zu bestehen und von den der *ilischen* Minerva dargebrachten Opfern herzustammen scheint. Ich vermute daher mit Bestimmtheit, daß ich bei weiterem Vordringen auf dieser Stelle auf die Baustelle des uralten Tempels dieser Göttin stoßen werde. Die Asche dieser Schuttschichten hat ein so lehmartiges Aussehen, daß ich glauben würde, es sei der Urboden, wenn ich nicht häufig Knochen, Holzkohlen und kleine Muscheln, auch dann und wann Stückchen Ziegel darin fände. Die Muscheln sind unversehrt, was zur Genüge beweist, daß sie nicht der Glut ausgesetzt gewesen sein können. In diesen steinharten Ascheschichten fand ich 3½ Meter oberhalb der Plattform und 14 Meter vom Rande derselben einen 20 Zentimeter breiten und 18 Zentimeter hohen Kanal aus grünem Sandstein, der wahrscheinlich einst zur Ableitung des Bluts der Opfertiere gedient und notwendigerweise einst auf den Abhang des Berges gemündet haben muß. Er beweist daher, daß des Berges Dicke auf dieser Stelle um volle 14 Meter zugenommen hat, seitdem das Heiligtum, zu dem er gehört hat, zugrunde gegangen ist.

Auf den übrigen 45 Meter der Plattform finde ich überall, bis ungefähr 5 Meter Höhe, kolossale Massen großer, oft mehr oder weniger behauener, meistens aber unbehauener Blöcke von Muschelkalkstein, die oft so dicht aufeinanderliegen, daß sie das Ansehen wirklicher Mauern haben. Aber man findet gar bald, daß alle diese Steinmassen notwendigerweise von großartigen Gebäuden herrühren, die hier gestanden und durch eine furchtbare Katastrophe zugrunde gegangen sein müssen. Die Gebäude können unmöglich aus diesen Steinen ohne ein Verbindungsmittel gebaut worden sein, und ich vermute, daß es bloße Erde gewesen ist, denn von Kalk oder Zement finde ich keine Spur. Zwischen den ungeheuren Steinmassen sind mehr oder weniger große Zwischenräume von sehr festem und oft steinhartem Schutt, in welchem sehr viele Knochen, Muscheln und Massen anderer Überbleibsel von Haushaltungen vorkommen. Von interessanten Gegenständen irgendwelcher Art war aber in der ganzen 70 Meter langen, 5 Meter hohen Schuttwand außer einer kleinen herrlich gearbeiteten, aber vom Rost zerstörten silbernen Haar- oder Tuchnadel noch keine Spur gefunden, als heute in derselben, in 14 Meter senkrechter Tiefe, ein 8 Zentimeter langes, 6 Zentimeter breites schön geschliffenes Stück Glimmerschiefer mit Mulden zum Gießen von zwei Brustnadeln und zwei anderen mir ganz unbekannten Schmucksachen – alles höchst phantastischer Art – gefunden wurde; ferner eine leider ganz zerbrochene Grab- oder Wasserurne mit Verzierungen in der Form von zwei flachen Kränzen, die ganz herumgehen; es muß dieselbe eine Höhe von 1½ Meter und eine Breite von wenigstens 70 Zentimeter gehabt haben. In den beiden Kränzen ist eine ununterbrochene Reihe Keileindrücke, die auf den ersten Blick entschieden assyrische Keilinschriften zu sein scheinen. Bei näherer Betrachtung aber findet man, daß es bloße Verzierungen sind. Die Scherben dieser Vase zeigen eine Dicke von 2½ Zentimeter. Noch zwei andere ganz zerbrochene, ungeheure Wasser-, Wein- oder Leichenurnen, mit Verzierungen in der Form von mehreren ganz herumlaufenden Kränzen, wurden am 22. und 23. d. M. in 6 bis 7 Meter über der Plattform, also in 8 oder 7 Meter senkrechter Tiefe gefunden. Beide müssen über 2 Meter hoch gewesen sein und über 1 Meter im Durchmesser gehabt haben, denn die Scherben zeigen eine Dicke von 5 Zentimeter. Die Kränze sind ebenfalls in Basrelief und zeigen teils ineinandergreifende doppelte Dreiecke mit Kreisen, teils Blumen, teils drei Reihen oder auch nur eine Reihe Kreise. Diese letztere Verzierung sieht man auch auf einem im Jahre 1810 von Lord Elgin in der Schatzkammer Agamemnons in Mykene ausgegrabenen Fries aus grünem Stein, der jetzt im British Museum ist. Sowohl dieser Fries als obige in den Tiefen Iliums von mir entdeckte Urnen weisen entschieden assyrische Kunst auf, und ich kann sie nicht betrachten, ohne mit Wehmut daran zu denken, mit welchen Freudentränen und mit welchem Jubelgeschrei der große, unvergeßliche deutsche Gelehrte Julius Braun, der leider vor drei Jahren seinen übermäßigen Anstrengungen erlegen ist, diese trojanischen Urnen begrüßt haben würde; denn er war nicht nur der große Verfechter der Theorie, daß das homerische Troja nur tief unter den Ruinen von Ilium gesucht werden dürfe, sondern er war auch der gewaltige Verteidiger der Doktrin, daß die plastischen Künste und ein Teil der Götterlehre von Ägypten und Assyrien nach Kleinasien und Griechenland gewandert sind, und er hat dies durch Tausende von unwiderlegbaren Beweisstücken dargetan in seinem tiefgelehrten ausgezeichneten Werk »Geschichte der Kunst in ihrem Entwicklungsgang«, welches ich allen Lernbegierigen, die sich für Kunst und Wissenschaft interessieren, aufs angelegentlichste empfehle.

Sowohl die Urne in 14 Meter Tiefe als jene in 8 oder 7 Meter Tiefe sowie auch alle früher von mir aufgedeckten Leichenurnen und großen Wasser- oder Weinbehälter standen aufrecht, was zur Genüge beweist, daß sich die kolossalen Schutt- und Trümmermassen an Ort und Stelle allmählich gebildet und nicht von anderswo hierhergeschleppt sein können, um den Berg zu erhöhen. Dies ist auch eine reine Unmöglichkeit hinsichtlich der ungeheuren Massen behauener und unbehauener riesiger Steinblöcke, die oft ein Gewicht von 1 und 2 Tonnen haben.

In den Schuttschichten von 7 bis 10 Meter Tiefe fand ich zwei Klumpen Blei von runder gehöhlter Form, jeder wohl zwei Pfund wiegend, sehr viele verrostete kupferne Nägel, auch einige Messer und eine Lanze aus Kupfer; ferner sehr viele kleinere und größere Messer aus weißem und braunem Silex in der Form von ein-

und zweischneidigen Sägen; viele Schleifsteine aus grünem und schwarzem Schiefer mit einem Loch an einem Ende, sowie verschiedene kleine Gegenstände aus Elfenbein; in allen Schichten von 4 bis 10 Meter Tiefe viele Hämmer, Beile und Keile aus Diorit, welche aber entschieden in den Schichten von mehr als 7 Meter Tiefe viel besser gearbeitet sind als in den oberen. Auch kommen von 3 Meter unter der Oberfläche in allen Tiefen bis zu 10 Meter Tiefe viele platte Götzenbilder aus sehr feinem Marmor vor; auf vielen derselben ist ein Eulengesicht und ein Frauengürtel mit Punkten; auf einem sind außerdem noch zwei Frauenbrüste eingraviert. Die auffallende Ähnlichkeit dieser Eulengesichter mit den auf vielen Bechern und Vasen befindlichen und mit einer Art von Helm bedeckten Eulenköpfen bringt mich zur festen Überzeugung, daß alle Idole und alle behelmten Eulenköpfe auf den Bechern und Vasen eine Göttin, und zwar ein und dieselbe Göttin vorstellen müssen, um so mehr als ja sämtliche Eulengesichtsvasen zwei Frauenbrüste und einen Bauchnabel, meistenteils auch zwei emporgehobene Arme haben; einmal sieht man auf dem Bauchnabel ein Kreuz mit vier Nägeln dargestellt. Die Becher mit Eulenköpfen haben dagegen nie Brüste oder Bauchnabel; jedoch ist an einigen derselben auf der Rückseite das lange Lockenhaar der Frau zu sehen.

Die wichtige Frage drängt sich nun auf, welche die Göttin sei, die hier so vielfältig, aber ganz allein auf den Idolen, Trinkbechern und Vasen vorkommt. Die Antwort ist: sie muß notwendigerweise die *Schutzgöttin von Troja*, sie muß die *ilische Minerva* sein, und dies stimmt ja vollkommen mit der Angabe Homers, welcher sie fortwährend »ϑεὰ γλαυκῶπις ᾽Αϑήνη«, die Göttin Athene mit dem Eulengesicht, nennt. Das Beiwort »γλαυκῶπις« ist nämlich von den Gelehrten aller Zeiten falsch übersetzt, weil sie sich nicht denken konnten, daß man die Minerva mit einem Eulengesicht dargestellt hätte. Es besteht aber aus den beiden Worten γλαῦξ und ὠπή, und, wie ich durch eine ungeheure Masse von Beweisstücken in corpore dartue, ist nur die wörtliche Übersetzung »mit Eulengesicht« möglich, die bisherige Übersetzung »mit blauen, feurigen oder funkelnden Augen« aber durchaus falsch. Die natürliche Schlußfolgerung ist, daß, als bei fortschreitender Zivilisation Minerva ein menschliches Gesicht erhielt, aus ihrem früheren Eulenkopf ihr Lieblingsvogel, die Eule, wurde, welche als solcher dem Homer unbekannt ist. Die fernere Schlußfolgerung ist, daß der Kultus der Minerva als Schutzgöttin von Troja dem Homer wohlbekannt war, daß folglich ein Troja existierte und daß es auf der heiligen Stätte lag, deren Tiefen ich erforsche.

Auf gleiche Weise wird man ohne allen Zweifel bei Nachgrabungen im Heraeon zwischen Argos und Mykene und auf der Baustelle des uralten Tempels der Juno auf Samos auf Idolen, Bechern und Vasen das Bild dieser Göttin mit einem Ochsenkopf finden; denn »βοῶπις«, das gewöhnliche Beiwort der Juno im

Homer, kann ursprünglich nichts anderes bedeutet haben als »*mit Ochsenge-sicht*«. Da aber Homer das Beiwort βοῶπις auch einige Male für sterbliche Frauen anwendet, so ist es wahrscheinlich, daß man zu seiner Zeit es schon häßlich fand, Juno, die Frau des mächtigsten aller Götter, mit einem Ochsengesicht darzustel-len, daß man daher schon angefangen hatte, sie mit Frauengesicht, aber mit Ochsenaugen, d. h. mit sehr großen Augen, abzubilden, und daß folglich das im Sprachgebrauch befindliche und früher nur für die Juno mit der Bedeutung »mit Ochsengesicht« angewandte Beiwort βοῶπις nur noch schlechthin »mit großen Augen« bedeutete.

Von Töpferwaren kam in den letzten Wochen viel vor, aber leider mehr als die Hälfte in zerbrochenem Zustand. Von Malerei auf Terrakottas noch immer keine Spur; die meisten Gefäße haben eine einfache glänzend schwarze, gelbe, braune, und die ganz großen Gefäße gewöhnlich gar keine Farbe. Teller ordinären Fabrikats habe ich bis jetzt nur in 8 bis 10 Meter Tiefe gefunden, und diese sind, wie man genau bemerken kann, auf dem Töpferrad gedreht; dagegen scheinen alle anderen bis jetzt entdeckten Gefäße aus freier Hand gemacht zu sein; sie haben aber dennoch eine gewisse Eleganz und erregen die Bewunderung des Beschauers durch ihre seltsamen, höchst merkwürdigen Formen. Die Vasen mit langem, zurückgebogenem Hals, schnabelartigem, nach oben gebogenem Mund und hervorstehendem Bauch, wovon zwei im British Museum, mehrere in Zypern gefundene im Museum in Konstantinopel und mehrere unter drei Schichten vulkanischer Asche in Thera und Therassia entdeckte in der französischen Schule in Athen sind, sollen wohl jedenfalls Frauen bezeichnen, denn ich finde dieselben hier in 8 und 10 Meter Tiefe mit zwei und sogar mit drei Brüsten und glaube daher auch, daß sie hier die *ilische* Schutzgöttin darstellen. Es kommen auch einige Becher und Vasen mit männlichen Gesichtern vor, in denen aber die Kennzeichen der Eule nie fehlen; auch haben die Vasen mit solchen Gesichtern stets zwei Frauenbrüste und Bauchnabel. Ich mache ganz besonders darauf aufmerksam, daß fast alle Vasen mit Eulengesichtern oder mit Menschengesichtern und den Kennzeichen der Eule zwei hoch emporstehende Arme haben, die als Griffe dienen, und dies bringt mich zu der Vermutung, daß dies Nachahmungen des im uralten Tempel der *ilischen* Schutzgöttin aufgestellt gewesenen großen Idols sind, welches also Eulengesicht, im übrigen Frauengestalt und zwei neben dem Kopf hoch emporgehobene Arme gehabt haben muß. Sehr bemerkenswert ist es, daß die meisten Töpfe und Vasen, die ich finde, zum Aufhängen an Schnüren dienten, wie es die beiden Löcher im Mund und die beiden Röhrchen oder Löcher in den Griffen an den Seiten der Gefäße beweisen.

Leider zerbrechen mir viele Terrakottas beim Abbrechen oder Herunterfallen des Schuttes; denn es gibt nur eine Weise, auf welche ich meine Arbeiter und mich selbst dagegen schützen kann, von den herunterrollenden Steinen zermalmt oder verstümmelt zu werden, und die ist, daß ich die untersten 5 Meter (nicht 2½ Meter wie in den ersten fünf Tagen) senkrecht, den ganzen oberen Teil der mächtigen Erdwand unter einem Winkel von 50 Grad halte und den senkrechten Teil immer durch Anlegen von Schornsteinen und Losbrechen mit großen eisernen Hebeln in Stücken von 15 bis 30 Kubikmeter ablöse. Wenn ich dann den Schutt und die Steine auf dem oberen Teil mit den Hackeisen losbrechen lasse, so fallen die Steine fast perpendikulär über die unterste senkrechte, 5 Meter hohe Wand weg, rollen daher höchstens einige Schritt, und es ist weniger Gefahr, daß jemand verletzt werden könnte. Auch habe ich auf diese Weise den Vorteil, daß der größte Teil des Schuttes schon von selbst hinunterfällt und das, was liegen bleibt, mit leichter Mühe hinuntergeschaufelt werden kann, während ich anfänglich die Hälfte der Zeit mit dem Hinunterschaffen des Schuttes verlor. Da aber beim Aushauen der Schornsteine und Abbrechen der riesigen Erdklötze immerhin eine gewisse Geschicklichkeit und Vorsicht nötig ist, so habe ich noch, als dritten Unteraufseher, mit 7 Frcs. Lohn per Tag, Georgios Photidas aus Paxos angenommen, der sieben Jahre als Bergmann in Australien gearbeitet und sich dort besonders mit dem Anlegen von Tunnels beschäftigt hat. Durchs Heimweh ins Vaterland zurückgetrieben, hat er sich, ohne selbst das tägliche Brot zu haben, in jugendlichem Leichtsinn und aus Patriotismus mit einer fünfzehnjährigen armen Landsmännin verheiratet. Erst nach der Hochzeit ist er durch die Qual der häuslichen Sorgen zur Besinnung gekommen und, da er gehört hatte, daß ich hier grabe, so ist er auf gut Glück hierhergeeilt, um mir seine Dienste anzubieten. Da er mir von vornherein beteuerte, daß seine Anstellung bei mir eine Lebensfrage für ihn, seine Frau und ihre Nachkommenschaft sei, so habe ich ihn auch sofort akzeptiert, um so mehr, als ich gerade einen solchen Minen-, Tunnel- und Brunnenbauer notwendig gebrauche. Er ist mir außerdem an Sonn- und Festtagen von großem Nutzen, indem er griechisch schreibt und somit imstande ist, meine griechischen Aufsätze für die Zeitungen und gelehrten Gesellschaften im Orient zu kopieren; denn nichts war mir bisher so unausstehlich, als meine langen Berichte über eine und dieselbe Sache dreimal auf griechisch niederzuschreiben, um so mehr, als ich mir die Zeit dazu vom Schlafe stehlen mußte. Dagegen verläßt mich zu meinem Bedauern morgen früh der ausgezeichnete Ingenieur Adolphe Laurent, denn sein Monat ist um, und er muß jetzt den Bau der Eisenbahn von Piräus nach Lamia anfangen. Er hat mir aber einen guten Plan dieses Berges gemacht, den ich im Anhang Taf. 116 gebe. Ich habe jedoch demselben beizufügen, daß sich die Pergamos des Priamus nicht, wie aus dem Plan hervorzugehen scheint, auf diesen meistenteils künstlichen Hügel beschränkt haben kann, sondern daß sich dieselbe, wie ich schon vor vier Jahren in meinem Werke über Troja (»Ithaque, le Péloponnèse et Troie«) darzutun versucht habe, notwendigerweise noch eine weite Strecke nach Süden hin übers hohe Plateau ausgedehnt haben muß. Aber selbst wenn die Pergamos sich auf diesen Berg beschränkt haben sollte, so ist sie dennoch größer gewesen als die Akropolis von Athen, denn diese hat nur 50126 Quadratmeter, während die Fläche des Berges 64500 Quadratmeter beträgt. Ich bemerke ferner, daß nach Herrn Laurents Messung die Bergfläche sich 14 Meter über meine Plattform erhebt, und daß seine Höhenangaben von 11 Meter 79 Zentimeter Nord und 11 Meter 95 Zentimeter Süd sich für die Punkte verstehen, wo der steile Abhang anfängt. Das auf dem Plan angegebene Haus mit drei Zimmern sowie das Magazin mit Küche habe ich erst jetzt bauen lassen, und alles zusammen kostet, inklusive Bedeckung mit wasserdichtem Filz, nur 1000 Frcs., denn das Holz ist hier billig, und man kauft das Brett von 3 Meter Länge, 25 Zentimeter Breite und 1 Zoll Dicke für 2 Piaster oder 40 Centimes.

Wir finden bis 10 und 11 Meter Tiefe noch immer giftige Schlangen zwischen den Steinen, und ich sah mit Erstaunen bisher, daß meine Arbeiter diese Tiere mit den Händen ergreifen und mit ihnen herumspielen, ja sogar gestern, wie einer derselben zweimal von einer Natter gebissen wurde, ohne daß er sich daran kehrte. Als ich mein Entsetzen darüber zu erkennen gab, erklärte er mir lachend, er selbst und alle seine Kollegen hätten gewußt, daß es in diesem Berg viele Schlangen gäbe, und alle hätten daher einen Dekokt von dem in hiesiger Gegend wachsenden Schlangenkraut getrunken, welcher den Biß der giftigen Schlange unwirksam mache. Ich habe daher Ordre gegeben, mir auch von diesem Dekokt zu bringen, damit auch ich unverletzbar werde. Ich möchte aber wohl wissen, ob denn dieser Dekokt auch den Biß der Brillenkobra unschädlich macht, von welchem ich in Indien einen Menschen in einer halben Stunde sterben sah. Es würde in diesem Fall eine gute Spekulation sein, das Schlangenkraut in Indien anzubauen.

Von den vielbesprochenen Terrakottas in der Form des Vulkans und des Karussells kommt bis 10 und 11 Meter Tiefe fortwährend eine ungeheure Menge zum Vorschein, und die meisten haben Verzierungen, die ich immer genauer aufzeichne. Bei Vergleichung dieser Zeichnungen finde ich jetzt, daß alle ohne Ausnahme in der Mitte die Sonne darstellen und daß fast auf der Hälfte aller die übrigen Verzierungen entweder nur einfach die Strahlen derselben, oder die Strahlen mit Sternen dazwischen oder am Rande herum, oder drei, vier, sechs oder acht einfache, doppelte, dreifache und vierfache aufgehende Sonnen im Kreise am Rande herum, oder auch die Sonne in der Mitte des Kreuzes mit vier Nägeln zeigen, welches nach meinen Auseinandersetzungen im sechsten Aufsatz offenbar in allen Fällen nur das von einigen Sanskritgelehrten »Araṇi«, von anderen »Swastika« genannte Gestell unserer arischen Urväter zur Erzeugung des heiligen Feuers (Agni) vorstellen kann. Die aufgehende Sonne mußte bei unseren arischen Urvätern von größter Heiligkeit sein, denn nach Max Müller (»Essays«) entstand aus ihr, nämlich aus ihrem Kampf gegen die Wolken, ein sehr großer Teil der

Götterwelt, welche später den Olymp bevölkerte. Auf einigen Stücken ist die Sonne von 40 oder 50 Sternchen umgeben; ich fand auch eines, auf welchem sie in der Mitte von 32 Sternchen und drei 卐 dargestellt wird; ein anderes, wo die eine ganze Hälfte des Kreises von den Strahlen der wie immer in der Mitte befindlichen Sonne ausgefüllt ist, während man in der anderen Hälfte zwei 卐 und 18 Sternchen sieht, von denen zweimal drei, dem Schwert des Orion gleich, in einer Reihe stehen, und ein drittesmal sieht man selbst vier in einer Reihe. Wie mir Herr Emile Burnouf mitteilt, bedeuten in den persischen Keilinschriften die drei Punkte in einer Reihe immer »königliche Majestät«. Ich wage nicht zu beurteilen, ob die drei Punkte hier eine gleiche Übersetzung zulassen. Vielleicht weisen sie auf die Majestät des Sonnengottes und des aus der 卐 erzeugten Agni hin. Auf einigen dieser Terrakottas ist die Sonne sogar von vier 卐 umgeben, die wiederum durch ihre Stellung ein Kreuz um dieselbe bilden. Auf noch anderen finde ich die Sonne im Mittelpunkt eines von vier Bäumen gebildeten Kreuzes, und jeder dieser Bäume hat drei oder vier große Blätter. Die Indologen werden vielleicht finden, daß auch diese Baumkreuze die Gerüste unserer Urväter zur Erzeugung des heiligen Feuers und ein mehrfach vorkommender fünfter Baum den »Pramantha« darstellt. Ich finde diesen selben Baum außerdem noch mehrere Male, von Kreisen umgeben oder freistehend, auf kleinen Terrakotta-Kegeln von 4 und 6 Zentimeter im Durchmesser dargestellt, welche außerdem die verschiedenartigsten symbolischen Zeichen und eine Menge von Sonnen und Sternen haben; auf einer in 8 Meter Tiefe gefundenen Kugel steht ein solcher Baum von Sternen umgeben einer 卐 gegenüber, neben welcher sich eine Gruppe von neun Sternchen befindet. Ich wage daher die Vermutung auszusprechen, daß dieser Baum der Lebensbaum ist, den man so vielfältig in den assyrischen Skulpturen sieht, und daß er identisch ist mit dem heiligen Sômabaum, welcher nach Emile Burnouf, Max Müller, Adalbert Kuhn und Fr. Windischmann im Himmel wächst und dort von den Gandharvas bewacht wird, welche der ältesten arischen Periode angehören und später die Zentauren der Griechen wurden. Indra, der Sonnengott, raubte in Falkengestalt vom Himmel diesen Sômabaum, aus dem das Unsterblichkeit verleihende Amrita (Ambrosia) träufelt. Fr. Windischmann (»Abhandlungen der k. bayerischen Akademie der Wissenschaften«, 1846, S. 127) hat die Existenz des Sômakultus als den Stämmen der Arier bereits vor ihrer Trennung gemeinsam nachgewiesen und ihn daher mit Recht als aus urältester Tradition stammendes Erbgut bezeichnet (A. Kuhn, »Herabkunft des Feuers«). Julius Braun sagt (»Geschichte der Kunst«, II, 380) über diesen Sômabaum: »Hermes, der seltene Gast, wird mit Nektar und Ambrosia bewirtet. Das ist die Speise, deren die Götter bedürfen, um unsterblich zu bleiben. Mit dem ganzen Götterberg Olymp ist sie aus Innerasien nach Westen gerückt; denn die Wurzel dieser Vorstellung ist der Lebensbaum des urzoroastrischen Systems. Frucht und Saft dieses Lebensbaums machen unsterblich. Im hebräischen Paradies werden die Menschen davon ferngehalten, damit sie, die vom Baum der Erkenntnis genossen haben, nicht auch durch Unsterblichkeit vollends gottähnlich werden. Aber der künftige Messias Sosiosch in den Zendschriften wird allen Gläubigen davon reichen und sie alle unsterblich machen. Diese Hoffnung sahen wir auf assyrischem Bildwerk, wo die geflügelten Genien mit Saftgefäß und Frucht vor dem heiligen Baum stehen, reichlich ausgesprochen. Der Baum ist dem Propheten Hom heilig oder ist selbst der Prophet Hom. Darum kann dieser Prophet sagen, es sei sein Leib und sein Saft, der von den Gläubigen genossen werde. Symbolische Nachbildung jenes künftigen, unsterblich machenden Genusses ist die irdische Abendmahlsfeier der Parsen, und ihr entstammt der christliche Gebrauch. Also die Götterspeise auf dem homerischen Olymp und die heiligen Symbole der christlichen Kirche dürften in ein und derselben Vorstellung ihre gemeinsame Wurzel haben.«

Soeben werden mir zwei jener sonderbaren kleinen Terrakottas in der Form des Vulkans gebracht, auf deren einer drei Tiere mit Geweihen im Kreis um die Sonne eingraviert sind; auf dem anderen bilden vier bis jetzt noch nicht vorgekommene Zeichen – in der Form von großen Kämmen mit langen Zähnen – ein Kreuz um die Sonne; ich vermute, daß diese höchst merkwürdigen Hieroglyphen, in denen man auf den ersten Blick wirkliche Buchstaben zu erkennen glaubt, keinesfalls etwas anderes vorstellen können, als den Opferaltar mit den darauf lodernden Flammen. Ich zweifle übrigens nicht, daß ich in der Fortsetzung der Ausgrabungen dieses Zeichen in Kammform mit anderen Symbolen finden werde, die meine Vermutung vergewissern.

Ich bemerke noch, daß die guten Trojaner wohl jedenfalls den Namen Ida, den sie dem Gebirge gaben, welches ich mit ewigem Schnee bedeckt im Südosten vor mir sehe, auf dem Zeus und Juno Hochzeit machten (Ilias XIV, 346–351) und von dem Zeus Ilium und die Schlachten in der Ebene von Troja überschaute, aus Baktrien mitgebracht haben; denn nach Max Müller (»Essays«, II, 93) war Ida Frau von Dyaus (Zeus) und ihr Sohn Eros. Das dem Eros von der Sappho zugeschriebene Elternpaar, Himmel und Erde, ist mit diesen seinen vêdischen Eltern identisch. Herkules heißt ʼΙδαῖος von seiner Sonnennatur und hat diesen Namen mit Apollo und Zeus gemeinsam.

Morgen fängt das griechische Osterfest an, welches leider sechs Tage dauert, wo nicht gearbeitet wird. Somit kann ich die Ausgrabungen erst am 1. Mai fortsetzen.

# VIII.

Seit meinem Bericht vom 25. v. M. habe ich der verschiedenen griechischen Feiertage wegen nur zehn Tage graben können, denn selbst der ärmste Grieche hiesiger Gegend arbeitet am Festtag nicht und könnte er 1000 Francs in einer Stunde verdienen, und türkische Arbeiter konnte ich nicht bekommen, weil dieselben jetzt mit ihren Feldarbeiten beschäftigt sind. Das Wetter war und ist für die Ausgrabungen sehr günstig, denn die Tageshitze übersteigt noch nicht 20 Grad Réaumur im Schatten, und außerdem regnet es hier von Anfang Mai bis Oktober nur bei Gewittern und selten mehr als eine halbe Stunde zur Zeit. Auch ist die Ebene von Troja jetzt noch gesund, und die berüchtigten trojanischen Fieber fangen eigentlich erst im Juli an, nachdem die vielen stehenden Gewässer verdunstet sind und aus der Zersetzung von Millionen von toten Fröschen und aus dem durch die Sonnenglut gespaltenen Boden der ausgetrockneten Sümpfe die pestilenzialischen Miasmen entstehen. Somit haben meine Frau und ich noch sechs Wochen Zeit mit dem Einnehmen von Chinin als Vorbeugungsmittel gegen die Fieber.

Den mehrfach erwähnten römischen Brunnen habe ich bis zu einer Tiefe von 20 Meter vom Schutt geräumt und gefunden, daß er nur bis zu einer Tiefe von 16 Meter unter der Bergesfläche gemauert ist und dann in den Muschelkalkfels hineingeht, welcher den Urboden bildet. In diesen Fels habe ich vom Brunnen aus durch Georgios Photidas einen kleinen Tunnel graben lassen und somit jetzt die Gewißheit erlangt, daß der Boden, auf dem nach Homer (Ilias XX, 216–218: »κτίσσε δὲ Δαρδανίην᾽, ἐπεὶ οὔ πω Ἴλιος ἱρὴ / ἐν πεδίῳ πεπόλιστο, πόλις μερόπων ἀνθρώπων, / ἀλλ᾽ ἔθ᾽ ὑπωρείας ᾤκεον πολυπίδακος Ἴδης«)[18] der trojanische König Dardanos, der bis dahin mit seinem Volk am Fuß des quellenreichen Idagebirges gewohnt hatte, die Stadt Dardania (Troja) in der Ebene erbaute, mit einer Schuttdecke von 16 Meter oder 53½ engl. Fuß Dicke bedeckt ist. Hierbei muß ich daran erinnern, daß die Trümmer der hier ansässig gewesenen griechischen Kolonie nur kaum bis 2 Meter Tiefe reichen, und daß folglich, wenn wir mit

---

[18]  »Der Dardania baute, solang die heilige Troja
  Noch im Felde nicht stand, die Burg der sterblichen Menschen.
  Sondern sie hausten am Fuße des quellenrauschenden Ida.«
  (Übersetzung von Hans Rupé, Artemis Verlag München ⁹1989)

Strabo (XIII, 1, 43) die Gründung dieser Kolonie unter lydischer Herrschaft, somit um 700 v. Chr., annehmen und die Dauer der Regierung der sechs Könige (Dardanos, Erichthonios, Tros, Ilos, Laomedon und Priamos), welche nach Ilias XX, 215–337 Trojas Zerstörung vorangingen, auf 200 Jahre ansetzen, somit die Gründung der Stadt um 1400 v. Chr. mutmaßen, die Schuttaufhäufung hier in den ersten 700 Jahren 14 Meter oder 46½ Fuß betragen haben muß.

Ich bin fest überzeugt, daß bei einem Blick auf meine Ausgrabungen jeder der noch übrigen Verteidiger der veralteten Theorie, Troja hinter der Ebene, auf den Höhen von Bunarbaschi zu suchen, sofort diese Theorie verdammen wird; denn die einst auf letzteren gelegene Akropolis und Stadt, deren kleine Baustelle ja ganz genau durch die Trümmer der Ringmauern und durch Abgründe bezeichnet ist, reicht kaum hin für eine Bevölkerung von 2000 Seelen; auch ist die Schuttaufhäufung dort nur äußerst geringfügig; man sieht sogar an vielen Stellen, in der Mitte der Akropolis, den nackten Fels herausgucken, und zwischen der Baustelle dieser kleinen Stadt und Bunarbaschi zeigt ja der bald spitz zulaufende, bald abrupte und überall ganz unebene Felsboden, daß niemals ein Dorf, geschweige denn eine Stadt darauf gestanden haben kann. Unmittelbar oberhalb Bunarbaschi, überall wo nur irgend Erde ist, habe ich im August 1868 bis zum Skamander mit meinem Führer und fünf Arbeitern, in Abständen von 100 Meter zu 100 Meter, eine lange Reihe von Löchern gegraben, aber überall sogleich den Urboden und in ganz geringfügiger Tiefe den Fels gefunden, und nirgends eine Spur von Topfscherben oder anderen Anzeichen, daß der Ort jemals von Menschen bewohnt gewesen sein könnte. Auch in Bunarbaschi selbst fand ich den Urboden in ½ Meter Tiefe. Auch würde, wenn Troja hinter der Ebene, auf den Höhen von Bunarbaschi erbaut gewesen wäre, Homer (Ilias, XX, 216–218) nicht ausdrücklich gesagt haben, daß es vor seiner Gründung durch Dardanos noch nicht in der Ebene erbaut war.

Der Urboden von Hissarlik ist zwar keine 20 Meter höher als die Ebene unmittelbar am Fuß des Berges, aber jedenfalls ist auch die Ebene selbst und besonders der an den Berg grenzende Teil derselben seit 31 Jahrhunderten bedeutend gestiegen. Aber selbst wenn dies nicht der Fall wäre, so würde dennoch das auf diesem weit in die Ebene hinauslaufenden Hügel erbaute Troja durch seine imposante hohe Lage die homerischen Beiwörter ὀφρυόεσσα[19], αἰπεινή[20] und ἠνεμόεσσα[21] verdienen, und besonders das letztere; denn mein größtes Leiden hier ist der fortwährende Sturm, und es kann zu Homers Zeit unmöglich anders gewesen sein. Es wird wahrlich Zeit, daß die so ganz und gar mit allen Angaben der Ilias in vollkommenem Widerspruch stehende Bunarbaschi-Theorie jetzt

---

[19] »am Bergvorsprung gebaut«, Ilias XXII, 411
[20] »hochgelegen«, Ilias IX, 419
[21] »windig«, Ilias III, 309

endlich einmal aufhört; sie würde auch niemals aufgekommen sein, wenn ihre Verfechter anstatt eine Stunde einen ganzen Tag lang auf den Höhen von Bunarbaschi zugebracht und, wenn auch nur mit einem einzigen Arbeiter, dort Ausgrabungen angestellt hätten. Wie ich bereits in meinem letzten Aufsatz bemerkte, finde ich hier die Sonne im Mittelpunkt all der unzähligen, mit Verzierungen versehenen, runden Stücke aus Terrakotta in der Form des Vulkans und des Karussells dargestellt, und ich fand gestern sogar eines, worauf die im Zentrum befindliche Sonne von fünf anderen Sonnen, jede mit zwölf Strahlen, umgeben ist.

Ich weiß sehr wohl, daß man den Stadtnamen Ilium (Ἴλιος oder Ἴλιον) vom Sanskritwort *vîlu*, Festung, und Ἥλιος von einem verlorenen Maskulinum zu Σελήνη, vielleicht von Σείριος, ableiten will, und doch drängt sich beim Anblick des vorerwähnten Stücks Terrakotta mit den fünf Sonnen im Kreise um die Zentralsonne unwillkürlich der Gedanke mir auf, daß hier tausend und abertausendmal wiederkehrende Sonnenbild müsse durchaus der Name der Stadt Troja, nämlich Ἴλιος sein, denn Ἴλιον kommt ja nur ein einziges Mal im Homer (Ilias, XV, 71) vor, der sonst stets Ἴλιος sagt und dieses Wort immer als Femininum gebraucht. Homer sagt zwar immer Ἠέλιος anstatt Ἥλιος, aber nach meiner Ansicht ist das Stammwort beider ἕλη oder εἴλη vom Verbum αἱρέω, dessen Aorist εἷλον ist. In Deutschland spricht man, nach der Erasmischen Aussprache, εἴλη zwar heilä und εἷλον heilon aus, aber im Neugriechischen spricht man εἴλη: »ili«, εἷλον: »ilon« und Ἥλιος: »ilios« aus; daß aber die Erasmische Aussprache grundfalsch und die neugriechische die richtige ist, dafür gibt es ja gar viele Beweise, und ich will von diesen nur anführen, daß alle griechischen Wörter, die in die russische Sprache übergegangen sind, als Rußland vor 900 Jahren das Christentum angenommen hat, ganz genau so auf russisch ausgesprochen werden, als dies noch jetzt in Griechenland der Fall ist, und außerdem, daß die Entzifferer der assyrischen Keilinschriften, ich glaube besonders J. Oppert in Paris, nachgewiesen haben, daß die in denselben aus der Zeit der Seleuziden vorkommenden griechischen Namen genau nach neugriechischer Aussprache durch die Kuneiformschrift wiedergegeben sind. Wenn nun aber aus dem Worte ἑόλη, ἕλη oder εὅλον, Ἠέλιος und Ἥλιος entstanden ist, so kann doch wohl durch die Gleichheit der Aussprache aus einem der ersten drei Wörter in einer vorhomerischen Zeit Ἴλιος im Femininum für πόλις Ἡλίου oder Ἰλίου entstanden sein mit der Bedeutung »Sonnenburg«, denn die früheste Bedeutung von πόλις ist jedenfalls Burg, Festung oder Akropolis, wie z. B. Ilias, VI., 88, 257, 317; XXII. 383.

Obgleich ich wohl weiß, daß die Ägyptologen bis jetzt keine Verwandtschaft zwischen der Hieroglyphen- und der Sanskritsprache gefunden haben, so kann ich doch nicht umhin hinzuzufügen, daß ich vor drei Jahren im Institut de France einem Vortrag des Vicomte de Rougé beiwohnte, welcher in einem Papyrus die

Namen der gegen Ramses III. verbündeten Mächte, und unter diesen den Staat Arouna oder Aruna gefunden hatte, welchen er ohne Bedenken mit Ilium identifizierte, da er meinte, letzteres Wort könne in der Hieroglyphensprache nur so wiedergegeben werden. Merkwürdigerweise aber heißt nach Max Müller (»Essays«, II, 324) und Adalbert Kuhn (»Herabkunft des Feuers«, S. 59) das Sanskritwort Aruṇa: »Wagenlenker der Sonne.« Ich überlasse es den Ägyptologen und Sanskritgelehrten zu beurteilen, ob und wieweit dies zur Bestätigung des Vorstehenden beitragen kann.

Obgleich ich seit den griechischen Ostern 1 Piaster mehr, also jetzt 10 Piaster oder 2 Frcs. Tagelohn zahlen muß, so arbeite ich doch nun mit 130 Mann und hoffe bestimmt bis zum 1. Oktober d. J. meine große Plattform, genau in der auf dem Plan angegebenen Breite, durch den ganzen Berg zu graben, denn während meine Frau und ich mit 85 Arbeitern auf der Plattform an der Nordseite beschäftigt sind, arbeitet uns seit zehn Tagen Georgios Photidas mit 45 Mann auf einer zweiten Plattform von der Südseite entgegen. Leider aber ist die Senkung des Berges auf der Südseite so gering, daß wir, um Raum und Leichtigkeit zur Fortschaffung des Schuttes zu haben, gezwungen waren, dieselbe in 5 Meter Tiefe unter der Bergfläche anzufangen; wir geben ihr aber eine Senkung von 14 Grad, so daß sie schon in ungefähr 75 Meter Länge den Urboden erreichen muß. Auf dieser südlichen Plattform hat Georgios Photidas das Kommando ganz allein, denn er zeigt sich als ein sehr gewandter Ingenieur und arbeitet mittels seiner geschickt angelegten Seitenterrassen mit großer Schnelligkeit vorwärts; er hat aber bis jetzt nur sehr leichte Trümmer fortzuschaffen und ist noch nicht auf jenen steinharten, zähen, feuchten Schutt gestoßen, den ich auf meiner Plattform in 10 bis 16 Meter Tiefe finde. Er hat heute ein herrliches, aus großen, schön behauenen Muschelkalksteinen und ohne Zement oder Kalk gebautes Bollwerk ans Licht gebracht, das mir aber nicht älter zu sein scheint als die Zeit des Lysimachos. Es ist uns zwar sehr im Wege, aber es ist zu schön und ehrwürdig, als daß ich wagen könnte, Hand daran zu legen, und es soll erhalten bleiben. Man sieht es gleich links auf Tafel 109.

Auf dieser Südseite ist die Schuttaufhäufung aus griechischer Zeit viel bedeutender als an der Nordseite und auf der Bergfläche, und bis jetzt findet Georgios Photidas noch immer griechische Töpferarbeit und jene runden Stücke Terrakotta mit zwei Löchern an einem Ende, welche in meinen bisherigen Ausgrabungen bereits in 2 Meter Tiefe ganz aufhörten. Die meisten dieser runden Stücke haben den bereits früher erwähnten Töpferstempel, welcher über einem Altar eine Fliege oder Biene mit ausgebreiteten Flügeln darstellt.

Auch der Plattform an der Nordseite habe ich, um die unsägliche Mühe zu sparen, dieselbe um 2 Meter niedriger zu machen und somit 3000 Kubikmeter Schutt davon wegzuräumen, auf eine Strecke von 20 Meter eine Senkung von 10 Grad gegeben, so daß ich dort auf dem Urboden weiterarbeite. Dieser Urboden beweist zur Genüge, daß alle jene gewaltigen Massen ungeheurer, meistenteils mehr oder weniger behauener Steine, mit denen ich – wie erwähnt – in einer Tiefe von 10 bis 14 Meter fortwährend zu kämpfen hatte, von großen Gebäuden herrühren, die im Laufe von Jahrhunderten das eine auf den Ruinen des anderen errichtet worden sind, denn es scheint mir nicht denkbar, daß selbst ein großer Palast, wäre er auch sechs Stockwerke hoch, diese kolossalen Ruinen zurücklassen könnte, die, da sie bis zum Fels gehen, eine Höhe von 6 Metern haben.

Seit einigen Tagen haben diese Steinmassen nachgelassen; wir finden aber fortwährend viele einzelne große Steinblöcke. Statt der Steinschichten haben wir aber jetzt auf der ganzen 70 Meter breiten Plattform, bis 6 Meter Höhe, und somit in einer Tiefe von 10 bis 16 Meter, eine feuchte, steinharte Wand von mit kleinen Muscheln, Knochen, Eberzähnen u.s.w. vermischter Asche vor uns, ganz wie jene, welche wir früher nur am östlichen Ende fanden. Dieser Schutt ist so zäh, daß wir ohne Anlegung von Schornsteinen und Abbrechung der Wände mittels ungeheurer eiserner Hebel nie damit fertig werden könnten.

Die mit größerer Tiefe zunehmenden Zeichen höherer Zivilisation, auf welche ich wiederum in meinem letzten Bericht bei Gelegenheit der großen Urne mit assyrischen Verzierungen hinwies, dauern bis zum Urboden fort, und ich finde dicht über demselben eine große Menge Bruchstücke glänzend schwarzer, auch bisweilen roter und brauner, mit eingeschnittenen Verzierungen geschmückter Töpferarbeit so ausgezeichneter Qualität, wie sie mir bis jetzt selbst in den höchsten Schichten unter den Trümmern aus griechischer Zeit noch nie vorgekommen ist. Auch fand ich mehrere Bruchstücke von Bechern, deren unterer Teil auch einen, obwohl nicht großen, Becher bildet, und ich zweifle daher nicht daran, daß es Bruchstücke von Doppelbechern (δέπας ἀμφικύπελλον)[22] sind. Bei Homer scheinen zwar alle Doppelbecher von Gold oder Silber mit vergoldetem Rand zu sein (z. B. Ilias, XI, 633–635; Odyssee, XV, 116 und 446), doch zweifle ich nicht, daß es gleichzeitig auch irdene Doppelbecher gab.

Die übrigen Gefäße, wovon ich Bruchstücke fand, sind, wie zwei auf jeder Seite nebeneinander fortlaufende Röhren beweisen, zum Tragen an Schnüren bestimmt gewesen. Auch den Kopf einer glänzend schwarzen Kanne mit hintenüber gebogenem, schnabelartigem Mund fand ich auf dem Urboden, sowie ein Bruchstück eines weißbemalten, durch horizontal gezogene schwarze Streifen in zwei Fächer geteilten Gefäßes; das obere Fach enthält wellenförmig gezogene schwarze Linien, welche wohl Wasser vorstellen sollen, während das untere gefüllt ist mit einer Reihe pfeilartiger Verzierungen, die einen viereckigen, spitzzulaufenden Kopf haben, in dessen Mitte immer ein Punkt ist.

---

[22] »Doppelhenkelbecher«, vgl. a. a. O. S. 3

Von großen Wasser- oder Leichenurnen fand ich in gleicher Tiefe Bruchstücke mit eingravierten Verzierungen verschiedener Art, auch ein durch mehrere mit einer weißen Masse ausgefüllte Linien und vier Reihen Punkte ringsum verziertes viereckiges Stück aus schwarz bemalter Terrakotta, welches, wie die Form der oberen und der unteren Seite und zwei durchgehende Löcher zu beweisen scheinen, als Einsatz und Verzierung eines hölzernen Schmuckkästchens gedient haben muß; es ist mit so viel Symmetrie gemacht und hat ein so feines Ansehen, daß ich zuerst dachte, es sei mit Elfenbein ausgelegtes Ebenholz. Eine Zeichnung dieses Stückes findet sich auf Tafel 20.

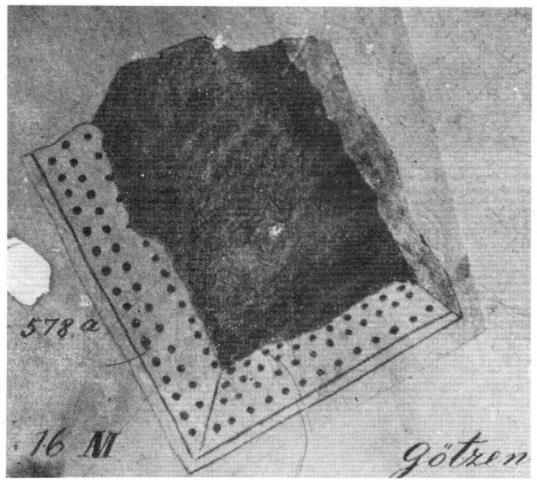

Tafel 20 Nr. 578 a

In 8 Meter Tiefe fand ich ein 4 Zentimeter langes, mit einem Loch zum Aufhängen versehenes Petschaft aus Terrakotta, auf welchem man eine Menge Zeichen sieht, die dem alten Koppa ähnlich sind, wie es auf den korinthischen Münzen geprägt ist.

In 5 Meter Tiefe fand ich heute einen sehr hübschen Topf mit drei Füßen, der jedenfalls eine Frau, wahrscheinlich die ilische Minerva, vorstellen soll, denn er hat zwei Brüste und einen Bauchnabel.

Die Schlangen scheinen durch die eingetretene warme Witterung aus ihrem Winterlager gelockt worden zu sein, denn seit zehn Tagen sah ich keine mehr.

Bei allen Beschwerden und Drangsalen in den Ausgrabungen hat man unter anderen Annehmlichkeiten auch die, daß man niemals Zeit hat, sich zu langweilen.

# IX.

Auf dem Berge Hissarlik, 23. Mai 1872

Seit meinem Bericht vom 11. d. M. hatten wir, heute mitgerechnet, leider wieder drei große und zwei kleine griechische Festtage, und ich habe somit eigentlich nur sieben ordentliche Arbeitstage in diesen 12 Tagen gehabt. So arm die Leute sind und so gerne sie arbeiten wollen, so sind sie doch nicht zu überreden, an den Feiertagen selbst der unbedeutendsten Heiligen zu arbeiten und μᾶς δέρνει ὁ ἅγιος (es schlägt uns der Heilige) ist die stete Antwort, die ich kriege, wenn ich die armen Leute zu bereden suche, gegen höheren Lohn von ihrem Aberglauben abzustehen.

Zur Beschleunigung der Arbeiten habe ich nun 5 und 6 Meter über der großen Plattform, am Ost- und am Westende derselben, Terrassen machen und behufs Fortschaffung des Schuttes in dieser Höhe Mauern von großen Steinblöcken errichten und den Zwischenraum mit Schutt füllen lassen. Die kleinere Mauer schien mir nicht stark genug, und ich hielt die Arbeiter ferne davon; sie hielt auch den Druck nicht aus und stürzte ein, als sie kaum fertig war. Auf die größere höhere Mauer war sehr viel Mühe verwandt, sie war ausschließlich aus großen, meistenteils behauenen Steinen erbaut, und alle, selbst Georgios Photidas, meinten, sie könne Jahrhunderte halten. Dennoch wollte ich am folgenden Tag einen Stützpfeiler von großen Steinblöcken errichten, um das Fallen der Mauer unmöglich zu machen, und sechs Mann waren damit beschäftigt, als sie plötzlich mit donnerndem Krachen einstürzte. Mein Schreck war entsetzlich, unbeschreiblich, denn ich glaubte, die sechs Menschen wären unter der Steinmasse begraben; zu meiner übergroßen Freude aber hörte ich sogleich, daß, wie durch ein Wunder, alle gerettet waren.

Bei aller Vorsicht sind und bleiben Ausgrabungen, wo man es mit Erdwänden von 53½ Fuß senkrechter Tiefe zu tun hat, immer sehr gefährlich. Das Schreien: »guarda, guarda!« nützt nicht immer, weil diese Worte fortwährend auf verschiedenen Stellen gerufen werden; viele Steine rollen auch von den steilen Erdwänden herab, ohne daß die Gräber es bemerken, und wenn ich den ganzen Tag lang die furchtbare Gefahr sehe, der wir alle ausgesetzt sind, so kann ich, wenn ich des Abends nach Hause komme, nicht umhin, Gott inbrünstig zu danken für den großen Segen, daß noch wieder ein Tag ohne Unglück hingegangen ist. Ich kann auch noch immer nicht ohne Entsetzen daran denken, was aus der Aufdeckung Iliums und was aus mir geworden wäre, wenn die sechs Mann von der fallenden

Mauer zermalmt worden wären; kein Geld und keine Versprechungen hätten mich dann retten können; die armen Witwen hätten mich in ihrer Verzweiflung zerrissen, denn das haben die trojanischen Frauen mit allen Griechinnen gemein, daß der Mann, mag er alt oder jung, reich oder arm sein, alles bei ihnen ist und Himmel und Erde nur von sekundärem Interesse für sie sind.

Auf der neu angelegten westlichen Terrasse, unmittelbar neben meiner vorjährigen Ausgrabung, haben wir einen Teil eines großen Gebäudes bloßgelegt, dessen Wände eine Dicke von 1 Meter 90 Zentimeter oder 6¼ Fuß haben und aus mit Lehm verbundenen, größtenteils behauenen Muschelsteinen bestehen, von denen keiner mehr als ½ Meter lang zu sein scheint und die so geschickt zusammengelegt sind, daß die Wand eine glatte Fläche bildet. Dieses Haus ist in 6 Meter Tiefe auf einer Schicht gelber und brauner Asche und Trümmer gebaut, und der erhaltene Teil der Wände reicht bis 3 Meter unter des Berges Oberfläche. In dem Haus, soweit wir bis jetzt gegraben haben, fanden wir nur eine Vase mit zwei Brüsten nach vorne und einer Brust auf der Seite und eine Menge jener vielbesprochenen runden Terrakottas in der Form des Vulkans und des Karussells, welche sämtlich fünf oder sechs vierfache aufgehende Sonnen im Kreis um die Zentralsonne haben. Diese Gegenstände, die Tiefe von 6 Meter sowie die beschriebene Bauart der Wände lassen keinen Zweifel darüber, daß das Haus Jahrhunderte vor der Gründung der griechischen Kolonie gebaut wurde, deren Trümmer ja nur eine Tiefe von 2 Meter erreichen. Ein großes Interesse gewährt es mir, von der großen Plattform aus, also in einer senkrechten Höhe von 33½ bis 43½ Fuß, dieses uralte Gebäude, welches 1000 Jahre v. Chr. errichtet sein mag, gleichsam in der Luft schweben zu sehen. Aber zu meinem Leidwesen muß es auf jeden Fall weggebrochen werden, um tiefer graben zu können. Wie gesagt, ist unmittelbar unter diesem Haus eine Schicht von Trümmern und gelber und brauner Asche und folgen darauf bis zur Terrasse noch vier andere Schichten von Asche und sonstigem Hausschutt, deren jede die Überbleibsel wenigstens eines Hauses repräsentiert. Unmittelbar über der Terrasse, somit 4 Meter unter den Fundamenten jenes uralten Hauses, finde ich eine von großen Muschelkalksteinen erbaute Wand von 1 Meter 40 Zentimeter Dicke, die ich erst in meinem nächsten Bericht beschreiben kann, denn ein großer Teil des erwähnten Gebäudes und kolossale Massen von den oberen Schuttschichten, auch eine 8 Meter dicke und 6 Meter hohe Erdwand von der Terrasse selbst müssen weggebrochen werden, ehe ich imstande sein werde, einen Teil dieser Mauer bloßzulegen und zu untersuchen, wie tief sie geht. Reicht sie bis zum Urboden oder auch nur annähernd dahin, dann will ich sie mit Ehrfurcht bewahren. Es ist aber doch eine wirklich merkwürdige Tatsache, daß dies die erste von großen Steinen erbaute, wirkliche Mauer ist, die ich bis jetzt in 10 bis 16 Meter Tiefe fand, und ich kann dies in Betracht der kolossalen Maße der, besonders in 11 bis 16 Meter Tiefe, lose und unregelmäßig zusammenliegenden Steine nicht anders erklären, als daß die Häuser der Trojaner von durch Lehm verbundenen Muschelkalksteinen erbaut und daher leicht zerstörbar waren.

Wenn die Ausgrabungen durch kein Unglück gestört werden, dann hoffe ich jedenfalls in dieser Beziehung sehr bald interessante Entdeckungen zu machen.

Leider habe ich seit 12 Tagen wenig von der unteren festen Erdwand losbrechen können, da ich zur Vermeidung der Lebensgefahr mich ganz besonders mit der Anlegung und Vergrößerung der Seitenterrassen beschäftigen mußte. Jetzt aber habe ich riesige eiserne Hebel von 3 Meter Länge und 16 Zentimeter Umfang angeschafft, und hoffe somit fortan die härtesten Erdwände von 3 Meter Dicke, 20 Meter Breite und 5 bis 8 Meter Höhe mittels Winden auf einmal niederbrechen zu können. In dem wenigen, was dieser Tage von der unteren Erdwand losgebrochen ist, finde ich wiederholt die unwiderlegbarsten Beweise höherer Zivilisation, und will nur ein vor mir liegendes, in 15 Meter Tiefe gefundenes Bruchstück eines glänzend dunkelgrauen Gefäßes erwähnen, welches wohl 60 Zentimeter im Durchmesser gehabt haben mag und auswendig und inwendig Verzierungen zeigt, die in eingravierten horizontalen und wellenförmigen Linien bestehen. Erstere, in Streifen von je fünf Linien, bilden drei Fächer, wovon das unterste mit acht, das folgende mit fünf wellenförmigen Linien geschmückt ist, welche wohl die Meereswogen vorstellen sollen; von dem darauffolgenden Fach ist nichts erhalten; die Dicke des Tons ist genau 1½ Zentimeter. Das Stück ist auf Tafel 26 abgebildet.

In meinem Bericht vom 25. v. M. erwähnte ich die Auffindung eines jener runden Stücke Terrakotta, auf dem drei Tiere mit Geweihen im Kreis um die Zentralsonne eingraviert waren. Es sind seitdem noch vier dieser merkwürdigen Stücke mit ähnlichen Darstellungen vorgekommen. Auf dem einen, welches in 6 Meter Tiefe gefunden wurde, stehen nur zwei Tiere mit Geweihen im Kreis um die Sonne, und man sieht am Ende jedes Geweihes, mit demselben zusammenhängend, ein höchst sonderbares, einem großen Leuchter oder Weihrauchbecken ähnliches Zeichen, welches jedenfalls ein besonders wichtiges Symbol darstellt, denn es kommt hier mehrfach alleinstehend vor; die Abbildung dieser Terrakotte ist Tafel 2, Nr. 35; aber eine ähnliche ist auf Tafel 9, Nr. 296. Auf einem anderen, Tafel 9, Nr. 298 dargestellten Stück sieht man unten einen roh dargestellten Menschen, der zu beten scheint, denn er hat beide Arme gen Himmel gerichtet, derselbe erinnert in dieser Stellung lebhaft an die Eulengesichtsvasen mit den beiden emporgehobenen Armen; links davon ist ein Tier mit nur zwei Füßen und zwei Bäumen auf dem Rücken. Die Indologen werden vielleicht finden, daß dies den Falken vorstellen soll, in dessen Gestalt der Sonnengott den heiligen Sôma-Baum vom Himmel raubte. Dann folgen zwei Tiere mit zwei Hörnern, wahrscheinlich Antilopen, die man so häufig auf den alten griechischen Vasen sieht und

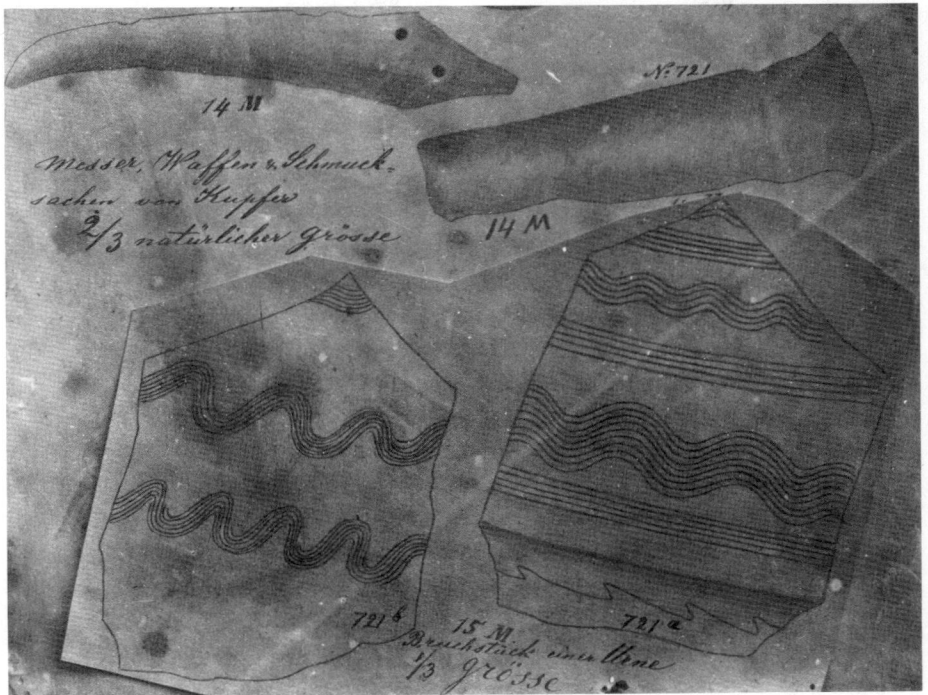

Tafel 26 Nr. 721 a, 721 b

welche im Rigvêda immer den Wagen der Winde ziehen. Auf einer dritten, Tafel 9 unter Nr. 299 abgebildeten Terrakotta, sieht man drei dieser Antilopen mit einer und zwei Reihen Sterne über dem Rücken, welche vielleicht den Himmel vorstellen sollen; dann fünf Feuermaschinen unserer arischen Urväter; dann ein Zeichen im Zickzack, welches, wie ich schon früher erwähnt habe, nichts anderes als den Flammenaltar bedeuten kann. Auf dem vierten, Tafel 9, Nr. 288 abgezeichneten Stück bilden vier Hasen, welche das Symbol des Mondes sind, ein Kreuz um die Sonne und stellen wohl die vier Jahreszeiten dar.

In 14 Meter Tiefe wurden heute zwei jener runden Stücke aus herrlich glänzender schwarzer Terrakotta gefunden, die nur 1½ Zentimeter hoch sind, aber 6 Zentimeter im Durchmesser haben und fünf dreifache aufgehende Sonnen und fünf Sterne im Kreise um die Zentralsonne darstellen. All diese Verzierungen, welche wie immer eingraviert sind, sind mit einer sehr feinen weißen Masse ausgefüllt. Beim Anblick dieser seltsamen Stücke, wovon eines Tafel 3, Nr. 70 dargestellt ist, und die ganz die Form des primitiven Wagenrades haben, drängte sich mir unwillkürlich der Gedanke auf, sie seien Symbole des Sonnenwagens, der bekanntlich im Rigvêda durch das Rad symbolisiert wird, und alle und jegliche in den höheren Schichten vorkommenden Stücke, deren Form zwar wegen größerer Dicke von der des Rades etwas abweicht, aber doch immer noch große Ähnlichkeit mit demselben behält, könnten nichts anderes sein als entartete Darstellungen des Sonnenrades. Ich vermute dies um so mehr, als nicht nur die Sonne auf allen runden Terrakottas im Mittelpunkt ist, sondern auch dieselbe fast immer umgeben ist von einem, zwei, drei, vier oder fünf Kreisen, welche die Naben des Rades vorstellen mögen. In 16 Meter Tiefe wurde eine runde Terrakotta, welche Tafel 8, Nr. 266 unter den Abbildungen vorkommt, gefunden, die kaum 2½ Zentimeter im Durchmesser und ½ Zentimeter Dicke hat; man sieht auf derselben 5 nabenähnliche Kreise um den Mittelpunkt und zwischen dem vierten und sechsten Kreis kleine schräg gezogene Strichelchen, die vielleicht die Drehung des Rades anzeigen sollen.

Bei dieser Gelegenheit zurückkommend auf die in meinem Bericht vom 18. November v. J. besprochene runde Terrakotta, deren Abbildung Tafel 2, Nr. 61 ist, muß ich jetzt zu meinem Leidwesen die bestimmte Überzeugung aussprechen, daß keine Buchstaben, sondern nur symbolische Zeichen darauf stehen, daß z. B. das obere Zeichen, welches man fast ganz so auf der Terracotta Tafel 9, Nr. 298 findet, durchaus einen Menschen in betender Stellung vorstellen muß, und daß die links folgenden drei Zeichen keinesfalls etwas anderes sein können als die Feuermaschine unserer arischen Vorväter, die wenig oder gar nicht veränderte 卐 (Swastika). Das darauffolgende Zeichen, welches mit dem vierten und sechsten Zeichen zusammenhängt, finde ich auch, wenigstens sehr annähernd, in dem Bild Tafel 13, Nr. 432 wieder, aber ich wage noch nicht, eine Meinung darüber auszusprechen, was es bedeuten soll. Das sechste Zeichen (das fünfte von der betenden Figur) ist dem phönizischen Buchstaben »Nun« sehr ähnlich, kann aber nach meiner Meinung kein Buchstabe sein; denn wie wäre es nur möglich, einen einzelnen semitischen Buchstaben zwischen arischen religiösen Symbolen zu finden? Seine große Ähnlichkeit mit dem Zickzackzeichen Tafel 11, Nr. 356 und Tafel 4, Nr. 124 und 125, in welchem ich den Blitz erkenne, führt mich zur Vermutung, daß es ebenfalls nur den Blitz vorstellen kann.

All die primitiven symbolischen Zeichen der arischen Rasse, die ich auf den trojanischen Terrakottas finde und wovon ich die verschiedenen Arten in den Abbildungen im Anhang gebe, müssen Zeichen guter Bedeutung sein, denn wohl nur solche konnte man auf diese hier zu Tausenden vorkommenden Tonstücke setzen, in denen ich jetzt, wie gesagt, das Rad, das Symbol des Sonnenwagens, zu erkennen glaube. Dennoch aber erinnern diese symbolischen Zeichen lebhaft an die »σήματα λυγρά«[23] und »θυμοφθόρα«[24], welche der König Proitos von Tiryns dem Bellerophontes an seinen Schwiegervater in Lykien mitgab (Ilias, VI, 168–170): πέμπε δέ μιν Λυκίηνδε, πόρεν δ' ὅγε σήματα λυγρά, γράψας ἐν πίνακι πτυκτῷ θυμοφθόρα πολλά, δεῖξαι δ' ἠνώγειν ᾧ πενθερῷ, ὄφρ' ἀπόλοιτο.[25]

Hätte er ihm dagegen ein Glückszeichen, z. B. ein 卍 auf dem doppelten Täfelchen eingeritzt, so hätte dies bestimmt gereicht, ihm die beste Aufnahme und Schutz zu sichern. Er gab ihm aber Todeszeichen mit, damit er getötet werden sollte.

Die in meinem Bericht vom 18. November v. J. erwähnten, in 7½ Meter Tiefe auf einem Terrakotta-Scheibchen gefundenen fünf Zeichen, die ich für phönizisch hielt, haben sich leider nicht als solche herausgestellt, denn Herr Ernest Renan in Paris, dem ich das Scheibchen einsandte, erkennt nichts Phönizisches in den Zeichen und behauptet auch, daß ich nichts der Art in Troja würde finden können, da die Phönizier nicht die Gewohnheit hatten, auf Terrakotta zu schreiben, und überdies, außer der neuentdeckten Inschrift des Mesa, noch nie eine phönizische Inschrift gefunden sei, die über 500 Jahre vor Christus hinausginge.

Noch kann ich, in bezug auf meine vorjährigen Ausgrabungen, bemerken, daß ich jetzt viereckige, 15 und bis 27½ Zentimeter lange, 4½ und bis 9 Zentimeter dicke Stücke Glimmerschiefer und Chloritschiefer gefunden habe, welche auf allen vier Seiten, mehrere sogar auf sechs Seiten Formen oder Mulden zum Gießen von Waffen und Werkzeugen haben, und daß die in meinem Bericht vom 18. November v. J. erwähnten kannelierten Stücke nichts anderes sind als Bruchstücke ähnlicher Formsteine; das glänzende, glasurähnliche Aussehen erhält dieser Schiefer, wie es scheint, durch bloßes Polieren.

Von Kellern, wie man sie in zivilisierten Ländern hat, finde ich bis jetzt weder in den Trümmerschichten griechischer noch in denen vorgriechischer Zeit die geringste Spur; dieselben scheinen überall durch irdene Behälter ersetzt worden zu sein, von denen ich auf meiner südlichen Plattform, in den Schuttschichten griechischer Zeit, bereits zehn Stück unversehrt herausgrub, welche eine Höhe von 1 Meter 85 Zentimeter bis 2 Meter und einen Durchmesser von 90 Zentimeter bis 1 Meter 25 Zentimeter haben, aber ohne Verzierungen sind. Sieben dieser πίθοι schickte ich an das Museum in Konstantinopel.

In den Trümmerschichten vorgriechischer Zeit finde ich eine ungeheure Menge solcher πίθοι, jedoch gelang es mir bis jetzt nur, zwei derselben aus 8 Meter Tiefe unversehrt herauszunehmen; dieselben haben eine Höhe von 1 Meter 10 Zentime-

---

[23] »unheilbringende Zeichen«
[24] »lebenzerstörend«
[25] »Aber er sandt' ihn gen Lykia hin, und verderbliche Zeichen
    Gab er ihm, Todeswinke, geritzt auf gefaltetem Täflein:
    Daß er dem Schwäher den Brief überbrächte, sich selbst zum Verderben.
    (Übersetzung von Hans Rupé, Artemis Verlag München ⁹1989)

ter und einen Durchmesser von 68 Zentimeter; es sind auf denselben nur unbedeutende Verzierungen.

Ich konnte in meinem letzten Bericht eine Verminderung der mir auf der großen Plattform den Weg sperrenden Steinmassen melden, muß aber heute leider wieder eine bedeutende Zunahme derselben berichten.

Ich habe jetzt, in kaum 300 Meter Abstand von meinem Haus, auf der Südseite, am Fuß der Hochebene von Ilium, gerade senkrecht unter dessen zertrümmerter Ringmauer, die von Lysimachos erbaut zu sein scheint, die Latomie entdeckt, aus der alle diese kolossalen Massen Muschelkalksteine stammen, welche von den Trojanern und ihren Nachfolgern bis nach Christus zum Bau ihrer Häuser und Mauern verwandt worden sind, die meinen Arbeitern und mir so unsaglich viel Angst, Mühe und Sorgen bereiten. Der Eingang der Latomie, die von den eingeborenen Griechen und Türken »lagum« (Mine oder Tunnel, vom ins türkische übergegangenen arabischen Worte لغم) genannt wird, ist verschüttet, aber, wie man hier allgemein versichert, ist er noch vor 20 Jahren offen gewesen, und, wie meine Untersuchungen erwiesen haben, war er sehr groß. Die Stadt hat, wie eine kleine sich unterhalb der Latomie weit ausdehnende Anhöhe zu beweisen scheint, an dieser Stelle doppelte Ringmauern gehabt, und dies war nötig, weil sonst der Feind ohne weiteres in die unter der Stadtmauer befindliche Latomie hätte dringen können, zu der der Eingang von außen war.

Unglücklicherweise bin ich hier, ohne eine Idee von Arzneikunde zu haben, als Arzt berühmt geworden, weil das große Quantum Chinin und Tinctura Arnicae, welches ich mitgebracht habe und freigebig austeilte, im Oktober und November v. J. hier alle Wunden und alle Fieberkranken heilte. Infolgedessen wird jetzt meine kostbare Zeit auf eine lästige Weise von Kranken in Anspruch genommen, die oft viele Meilen weit herkommen, um durch meine Medizin und meinen Rat zu genesen; denn in allen Dörfern hiesiger Gegend ist der Priester der Gemeindearzt, und da er selbst keine Medizin besitzt, auch nichts davon versteht und immer einen angeborenen Ekel gegen kaltes Wasser und alle Arten von Waschungen hat, so gebraucht er nie ein anderes Mittel als Aderlassen, welches natürlich die armen Leute zugrunde richtet. Oft zeigen schon die Runzeln rechts und links neben den Lippen der 10- und 12jährigen Kinder, daß der Pfaffe ihnen bereits mehrmals Blut abgezapft hat. Ich hasse aber das Blutvergießen und schwärme für Kaltwasserkur; ich lasse daher niemand zur Ader und verordne fast bei allen Krankheiten die Seebäder, die hier, außer mir, der ich keine Zeit dazu habe, allen zu Gebote stehen. Meine Verordnung dieser Bäder hat ein solches Vertrauen und sogar Enthusiasmus erweckt, daß selbst Frauen, welche zu sterben glaubten, wenn sie ihren Körper mit kaltem Wasser berührten, jetzt freudig ins Meer gehen und untertauchen. Unter anderen wurde vor 14 Tagen ein 17jähriges Mädchen aus Neo-Chori zu mir gebracht; ihr Körper war mit Geschwüren bedeckt, besonders das Gesicht, und ein furchtbares Geschwür auf dem linken Auge hatte dasselbe geblendet; sie konnte kaum sprechen, nicht gehen oder stehen, hatte, wie ihre Mutter versicherte, gar keinen Appetit, ihre Brust war eingefallen, und sie hustete. Ich sah sogleich, daß nur durch furchtbares Aderlassen und daraus entstandenen Blutmangel alle jene Leiden entsprungen waren, und fragte daher nicht ob, sondern nur wievielmal man ihr Blut abgezapft hätte. Die Antwort war, sie hätte sich erkältet gehabt und der Dorfpriester hätte sie siebenmal in einem Monat zur Ader gelassen. Ich gab ihr einen Löffel voll Kastoröl ein und verordnete täglich ein Seebad; ferner daß ihr Vater bei ihr, sobald sie zu Kräften gekommen sein würde, eine einfache passive Gymnastik, die ich genau beschrieb, anwenden solle, damit die Brust hervortrete. Ich wurde gerührt, als dasselbe Mädchen heute früh plötzlich auf der Plattform erschien, sich vor mir auf die Erde warf, meine schmutzigen Schuhe küßte und mit Freudentränen meldete, schon das erste Seebad habe ihr Appetit gegeben, alle Geschwüre hätten sofort angefangen abzutrocknen und seien verschwunden, und nur mit dem linken Auge sähe sie noch nicht; sonst wäre sie vollkommen gesund, denn selbst der Husten hätte sich verloren. Natürlich kann ich das Auge nicht kurieren; es scheint mir aber nur mit einer Haut überzogen zu sein, und ich glaube, daß ein Augenarzt leicht diese Haut abziehen könnte. Das Mädchen hatte die drei Stunden Wegs von Neo-Chori zu Fuß gemacht, um sich bei mir zu bedanken, und ich kann bezeugen, daß dies das erstemal ist, wo man sich in der Ebene von Troja für geleistete ärztliche Dienste und gelieferte Arznei bei mir bedankt hätte; nur weiß ich nicht recht, ob es das Gefühl reiner Dankbarkeit war, welches das Mädchen zu mir trieb, oder die Hoffnung, ich möchte noch ein anderes Mittel wissen, das blinde Auge sehend zu machen.

Die Hitze hat hier seit einigen Tagen bedeutend zugenommen, und das Thermometer zeigt den ganzen Tag 24 und 25 Grad Réaumur im Schatten.

# X.

Seit meinem Bericht vom 23. v. M. habe ich mit Einwilligung meines geehrten Freundes, des Herrn Frank Calvert, und unter der Bedingung, die zu findenden Gegenstände mit ihm zu teilen, auf dessen Hälfte dieses Berges unmittelbar neben meiner großen Plattform in 12 Meter senkrechter Tiefe unter der Bergfläche eine 31 Meter breite dritte Plattform mit einer 34 Meter breiten oberen Terrasse angelegt und lasse dort 70 Arbeiter graben, denn unmittelbar neben dem Rand des steilen nördlichen Abhangs finde ich auf dieser Stelle eine 34 Meter lange und 23 Meter breite viereckige Senkung des Bodens, welche nur durch Ausgrabungen entstanden sein kann, die schon vor Jahrhunderten von den nach Säulen oder anderen nur irgend als Grabmäler tauglichen Marmorblöcken suchenden Türken gemacht sind; sämtliche alte türkische Kirchhöfe in der Ebene von Troja und in deren Umgebung, ja selbst bis hinter Alexandria Troas, haben nämlich Tausende von solchen Marmorblöcken, die alten Bauten entlehnt sind. Die unzähligen Stücke Marmor, womit die ganze Bergfläche des Herrn Frank Calvert bedeckt ist, läßt keinen Zweifel, daß das Feld, jedenfalls jener Teil desselben, wo die viereckige Senkung ist, von türkischen Marmorsuchern durchgraben ist.

Kaum war diese meine dritte Plattform waagerecht in den Berg vorgerückt, so fand ich einen 2 Meter langen, 86 Zentimeter hohen und auf einer Seite 55, auf der anderen 36 Zentimeter dicken Triglyphenblock von parischem Marmor, der in der Mitte eine 88 Zentimeter lange, 86 Zentimeter hohe Skulptur in Hautrelief hat, welche den Phöbus Apollo darstellt, der in langem, mit einem Gürtel versehenem Frauengewand auf vier unsterbliche, das Weltall durcheilende Renn-pferde gelehnt ist. Von einem Wagen sieht man nichts. Über dem herrlichen, wallenden, ungetrennten, aber nicht langen Haupthaar des Gottes sieht man den Rand von ungefähr zwei Drittel der Sonnenscheibe mit zehn Strahlen von 6 Zentimeter und zehn von 9 Zentimeter Länge. Das Gesicht des Gottes ist sehr ausdrucksvoll, und die Falten seines langen Gewandes sind so ausgezeichnet gearbeitet, daß sie lebhaft an die Meisterwerke im Tempel der Νίκη ἄπτερος[26] in der Akropolis von Athen erinnern. Was aber besonders meine Bewunderung erregt, sind die vier Hengste, die wild vor sich hinblickend mit unendlicher Kraft das Weltall durchschnauben und deren Anatomie so genau beobachtet ist, daß ich

---

[26] »die flügellose Nike«

92

aufrichtig bekenne, noch nie ein solches Meisterwerk gesehen zu haben. Rechts und links davon sind dorische Triglyphen; ein drittes Triglyph ist auf der linken, 55 Zentimeter dicken Seite des Marmorblocks dargestellt, während die rechte, 36 Zentimeter dicke Seite unbearbeitet ist. Oben und unten im Block sind mit Blei befestigte Eisen, und in Betracht des Triglyphs der linken Seite vermute ich, daß diese Metope neben einer anderen Skulptur, die auf der rechten Seite ebenfalls ein dorisches Triglyph hatte, die Propyläen des Tempels geschmückt hat (Tafel 30).

Vor allem ist hier das Vorhandensein des Sonnengottes höchst merkwürdig, denn von einem Tempel der Sonne in Troja weiß Homer nichts, und die spätere Geschichte sagt uns kein Wort davon, daß es hier einen solchen gab. Das Bild des Phöbus Apollo beweist aber auch nicht, daß die Skulptur zu einem Tempel der Sonne gehört haben muß; sie kann nach meiner Meinung ebensogut als Schmuck irgendeines anderen Tempels gedient haben.

Bereits in meinem Aufsatz vom 11. Mai habe ich die Vermutung gewagt, daß das Bild der Sonne, welches ich hier tausend und abertausendmal auf den runden Stücken Terrakotta dargestellt finde, der Name oder das Sinnbild der Stadt, nämlich Ἴλιος sein müsse, und ich wage jetzt die Meinung auszusprechen, daß auf gleiche Weise dieser Sonnengott in weiblicher Gestalt als Symbol »τῆς Ἰλίου«[27] auf den Προπύλαια[28] des Tempels der *ilischen* Minerva geglänzt hat. Ich hörte von einem gelehrten Freund die Meinung aussprechen, daß dieses Meisterwerk aus der Zeit zwischen Perikles und Alexander dem Großen stamme, da die ausgestreckte Hand des Sonnengottes sehr ähnlich derjenigen des Phöbus Apollo auf den Münzen von Rhodos aus jener Epoche ist. Nach Strabo (XIII, 1) aber fand Alexander der Große bei seinem Besuch in Ilion einen winzigen Tempel (εὐτελῆ ναόν)[29] der *ilischen* Minerva vor, und ein winziger Tempel kann wohl solche Meisterwerke der plastischen Kunst nicht gehabt haben. Außerdem sieht mir der Kopf des Sonnengottes so alexandrinisch aus, daß ich an der Geschichte festhalten und glauben muß, daß dieses Kunstwerk aus der Zeit des Lysimachos stammt, der, nach Strabo, XIII, 1, nach Alexanders des Großen Tod hier den von diesem nach der Unterwerfung des persischen Reichs der Stadt Ilion versprochenen neuen Tempel der *ilischen* Minerva baute.

Daß ich nun das Kunstwerk auf dem steilen Abhang des Berges fand, während es doch notwendigerweise auf der entgegengesetzten Seite, über dem Eingang des Tempels, gestanden haben muß, ist nur dadurch erklärlich, daß die Türken, welche hier Grabsäulen suchten, diese Skulptur verschmähten, weil sie lebendige Geschöpfe darstellt, deren Nachahmung sehr streng im Koran verboten ist.

---

[27] »Ilions«
[28] »auf der Vorhalle«
[29] »einen schlichten Tempel«

Unter den Ruinen dieses Tempels hoffe ich die Trümmer jenes von Alexander dem Großen hier vorgefundenen winzigen Tempels zu finden. Es scheint mir jedoch nicht wahrscheinlich, daß ich in den Tiefen des letzteren den alten trojanischen Tempel entdecke, in welchem Hekabe durch die Priesterin Theano ihr kostbarstes Gewand auf die Knie der Minerva legen ließ (Ilias, VI, 302–304): Ἡ δ’ ἄρα πέπλον ἑλοῦσα Θεανὼ καλλιπάρῃος / θῆκεν Ἀθηναίης ἐπὶ γούνασιν ἠϋκόμοιο. / εὐχομένη δ’ ἠρᾶτο Διὸς κούρῃ μεγάλοιο.[30] Nach dem aus der Asche von Opfertieren bestehenden steinfesten Schutt zu urteilen, der mir auf einer Strecke von 25 Meter am östlichen Ende meiner großen Plattform so unendlich viele Schwierigkeiten machte, kann die Baustelle des uralten Tempels unmöglich identisch sein mit der des von Lysimachos erbauten; sie muß durchaus etwas westlicher sein und etwa am westlichen Ende desselben anfangen.

Nach meinem Bericht vom 23. v. M. fing ich an, die steinfesten unteren Erdwände mit jenen ungeheuren, bereits beschriebenen eisernen Hebeln loszubrechen. Es wollte mir jedoch nicht glücken, denn nachdem ich an einer durch Schornsteine und Minen wohlvorbereiteten, 5 Meter hohen, 5 Meter breiten und 3 Meter dicken Erdwand drei Stunden lang mit 40 Mann gearbeitet hatte, um sie mit den großen Hebeln und Winden loszubrechen, und dies nur mit der allergrößten Mühe gelungen, nachdem die dicksten Ketten mehrmals gerissen waren, fiel die nächste Erdwand ganz von selbst und begrub den Georgios Photidas und einen Arbeiter, welche mit dem Untergraben beschäftigt waren und sich durch untergestellte, 60 Zentimeter hohe, 25 Zentimeter dicke Holzblöcke, die mit 8 Zentimeter dicken Brettern bedeckt waren, vollkommen sicher geglaubt hatten. Wir alle glaubten natürlich, die beiden Menschen wären zermalmt unter der gewaltigen Stein- und Erdmasse von 75 Kubikmetern, welche die dicken Bretter zersplittert hatte, und unser Schreck war entsetzlich. Aber ohne einen Augenblick zu verlieren, gingen wir an die Arbeit, die Unglücklichen herauszuholen. Kaum hatten wir damit angefangen, so hörten wir das Ächzen beider unter der Erdlast, denn die Blöcke waren nur umgefallen und unterstützten noch, in der Länge liegend, einigermaßen die Wölbung, so daß den Leuten etwas Luftraum zum Atemholen geblieben war. Die Rettung aber konnte, der in mehrere große Scheiben zerspaltenen Erdwand wegen, nicht ohne die größte Gefahr geschehen, und beide Männer mußten mit Messern herausgeschnitten werden; ich schnitt den Georgios Photidas mit meinem Taschenmesser heraus, der andere wurde von meinen Arbeitern herausgeschnitten.

---

[30] »Aber es nahm das Gewand die anmutsvolle Theano,
Legte es dar auf die Kniee der schöngelockten Athene.
Betend flehte sie drauf zu Zeus', des gewaltigen, Tochter.«
(Übersetzung von Hans Rupé. Artemis Verlag München ⁹1989)

Infolge dieses Ereignisses habe ich beschlossen, von der großen Plattform aus nur erst einen oben 30, unten 20 Meter breiten Durchstich den Urboden entlang durch den ganzen Berg zu machen und erst nach Vollendung desselben den übrigen Teil der großen Plattform durchzustechen; denn dann werde ich imstande sein zu beurteilen, wie es am besten zu bewerkstelligen ist. Ich lasse diesen 30 Meter breiten Kanal in seiner ganzen Länge auf einmal in Angriff nehmen und hoffe, ihn so in zwei Monaten fertig zu kriegen. Bei Grabung dieses Kanals fand ich, daß in 21 Meter Abstand vom Bergabhang der Urboden sich allmählich um 2 Meter hebt, und da der Durchstich notwendigerweise dem Urboden folgen muß, so habe ich von der Stelle ab den Schutt wieder auf die große Plattform werfen lassen und habe so auf derselben, bis zum Bergabhang, einen 20 Meter breiten, 2 Meter hohen Damm gebildet.

Wären es nicht die herrlichen Terrakottas, die ich ausschließlich auf dem Urboden und bis 2 Meter über demselben finde, dann würde ich beschwören, daß ich in 8 und genau bis 10 Meter Tiefe in den Trümmerschichten des homerischen Troja bin, denn in dieser Tiefe fand ich im vorigen Jahr und finde ich in diesem Jahr tausend wunderbare Sachen, während ich in den untersten Schichten, deren Wegräumung mich so unsägliche Mühe kostet, verhältnismäßig nur wenig finde. Es kommen täglich einige jener runden Stücke sehr feiner Terrakotta aus denselben hervor, und es ist merkwürdig, daß diejenigen, welche ganz ohne Verzierungen sind, immer in der gewöhnlichen Form und Größe der kleinen Karussells ünd Vulkane, diejenigen dagegen, welche Verzierungen haben, fast alle flach und in der Form des Rades sind. Metall, wenigstens Gold, Silber und Kupfer, waren den

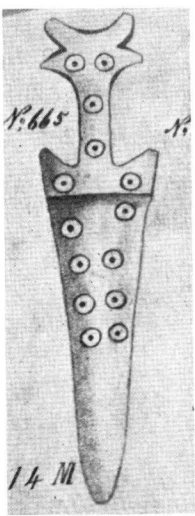

Tafel 25  Nr. 665

Trojanern bekannt, denn ich fand ein kupfernes, stark vergoldetes Messer, eine silberne Haarnadel und viele kupferne Nägel in 14 Meter, und mehrere 10 bis 16 Zentimeter lange kupferne Nägel in 16 Meter Tiefe. Kupferne Waffen und Werkzeuge müssen dagewesen sein, ich habe aber bis jetzt noch nichts davon gefunden; dagegen fand ich viele kleine Werkzeuge zum Stechen, auch eine Menge Nadeln aus Elfenbein sowie eine kleine Platte aus Elfenbein, beinahe in der Form einer Spielkarte, mit sechs Sternchen oder kleinen Sonnen, auch, mit gleichen Verzierungen bedeckt, ein sonderbares Stück Elfenbein in der Form eines Brieffalters, und ein noch sonderbareres in der Form eines äußerst niedlichen Dolches, die auf Tafel 25 dargestellt sind. Die Verzierungen dieses Dolches scheinen jedenfalls auf beiden Seiten die ilische Minerva mit dem Eulenkopf darzustellen. Es fanden sich auch einige Ringe aus Elfenbein und Kupfer sowie ein paar Armbänder aus letzterem Metall. Ein- und zweischneidige Messer in der Form von Sägen, 4½ und 5 Zentimeter lang, aus weißem Silex, fanden sich in Menge; ebenso viele 33 Zentimeter lange und 17 Zentimeter breite Handmühlen aus Lava, in der Form eines in der Länge durchschnittenen Eies. Von Terrakottas kam alles in ganz zerbrochenem Zustand heraus, jedoch habe ich von einer Menge Vasen und mehreren Töpfen alle oder fast alle Stücke, so daß ich sie wieder zusammensetzen kann. Besonders hervorzuheben ist darunter ein großer gelblicher Mischbecher von 34 Zentimeter Höhe und 43 Zentimeter Breite, welcher außer einem Henkel drei große geringelte Rammhörner hat; dann eine schwarze, unten runde Vase mit zwei Röhren zum Aufhängen an jeder Seite; eine schöne rote Vase mit vier Henkeln und ein sehr feiner roter Becher; ferner ein höchst sonderbares rotes Gefäß in der Form von zwei Kannen mit langen, ganz aufrecht stehenden schnabelartigen Mündern; die beiden Kannen hängen sowohl in der Bauchwölbung als durch einen Henkel miteinander zusammen; ferner eine 24 Zentimeter hohe glänzende schwarze Vase mit Röhrchen an den Seiten zum Aufhängen und sehr weitem Hals in der Form eines Schornsteins; der untere Teil der Vase ist verziert mit Zeichen in der Form von Blitzen, der obere mit Punkten. Nur von ein paar glänzend schwarzen trojanischen tiefen Tellern habe ich so ziemlich alle Stücke, so daß ich sie wieder zusammensetzen kann; diese Teller sind sehr merkwürdig, denn sie haben an zwei Seiten am Rand lange horizontale Röhren zum Aufhängen an Schnüren; bei den großen Schüsseln sind diese Röhren sehr groß. Von mehreren schwarzen Doppelbechern habe ich Bruchstücke, aber nicht genug von einem, um ihn wiederherstellen zu können. Leider haben die furchtbaren Steinlasten in den untersten Schichten alle Terrakottas zerschlagen oder zerdrückt; aber alles, was ich von dieser herrlichen Töpferware habe retten können und wovon ich im Anhang Fotografien gebe, zeugt von Reichtum und Kunst, und man sieht auf den ersten Blick, daß ein Volk sie anfertigte, das ganz verschieden ist von dem, welchem die Schuttschichten in 7 bis 10 Meter Tiefe angehören. Ich mache ganz besonders aufmerksam auf die große Ähnlichkeit in der Qualität der Terrakotta der schwarzen trojanischen Gefäße mit jener der Gefäße, die man in den etruskischen Gräbern findet; aber die Formen und Verzierungen derselben sind ganz verschieden; letztere sind hier immer auf der Terrakotta eingeschnitten, als diese noch in weichem Zustand war. Die meisten trojanischen Terrakottas sind unzerstörbar durch Nässe; einige derselben aber sind durch die Feuchtigkeit mürbe geworden, und ich fand z. B. auf dem Urboden, in 15½ Meter Tiefe, in einem kleinen, durch drei Steine gebildeten und geschützten, 65 Zentimeter langen, 45 Zentimeter breiten Hauskirchhof zwei mit Leichenasche gefüllte Gefäße sehr merkwürdiger Form mit drei langen Füßen, die so sehr durch die Nässe gelitten haben, daß ich sie trotz aller Mühe und Vorsicht nicht herausnehmen konnte, ohne sie ganz zu zerbrechen. Ich habe aber alle Stücke der beiden Gefäße gesammelt und kann sie daher wieder zusammensetzen. In dem einen derselben fand ich in der Leichenasche die Knochen eines Embryo von sechs Monaten, was mir nicht anders erklärlich ist, als daß die Mutter in ihrer Schwangerschaft gestorben und verbrannt sein muß, des Embryo Knochen aber durch die Hülle, die sie umgab, geschützt worden und unversehrt geblieben sind. Dennoch scheint mir die Erhaltung dieser kleinen Knochen wunderbar, denn der Mutter Gebeine waren zu Asche verbrannt, und es fanden sich nur noch kleine Bröckel von ihren Knochen. Ich habe des kleinen trojanischen Embryo Knochen aufs sorgfältigste herausgesucht, werde von einem geschickten Chirurg das kleine Gerippe wiederherstellen lassen und eine Fotografie davon diesem Werk beifügen. Der berühmte Arzt Aretaios in Athen schreibt mir soeben, daß die Erhaltung der Knochen des Embryo nicht anders möglich ist, als daß die Mutter geboren hat und daran gestorben ist, daß man ihre Leiche verbrannt und zusammen mit ihrer Asche den unverbrannten Embryo in die Leichenurne geworfen hat, in welcher ich ihn fand.

Es kommen in den tiefsten Schuttschichten auch einfache schwarze, unseren Trinkgläsern ähnliche Becher vor; auch schwarze Becher mit einem Henkel von unten, so daß sie nur auf die Öffnung gestellt werden können. Ich finde sonst noch auf dem Urboden Gewichte von Granit, deren genaues spezifisches Gewicht ich auf einer besonderen Tafel angeben werde; Hämmer und Beile sowie sehr viele herrlich gearbeitete große und kleine Keile aus Diorit; auch einige Male kleine, schön geschliffene Werkzeuge in der Form von Keilen aus sehr schönem, durchsichtigem grünen Stein. Außerdem erscheinen Massen von durchschnittlich 5 Zentimeter im Durchmesser habenden runden, schwarzen und roten Terrakotta-Scheibchen mit einem Loch in der Mitte; steinerne Scheiben (δίσκοι) von durchschnittlich 15 Zentimeter im Durchmesser und mit einem Loch im Zentrum, zum Werfen, ferner viele Idole aus sehr feinem Marmor, welche allein eine Ausnahme machen von der hier allgemeinen Regel, daß mit zunehmender Tiefe alle Gegenstände besser gearbeitet sind. In der Tat sind die in den trojanischen

Schuttschichten bis 2 und 4 Meter über dem Urboden, also in 12 bis 14 Meter Tiefe vorkommenden Idole so roh gearbeitet, daß man glauben möchte, dies wären die allerersten Versuche eines rohen Volkes, eine Gottheit plastisch darzustellen. Nur ein verstümmeltes Idol aus Terrakotta, welches ich Tafel 20, Nr. 562 abbilde,

Tafel 20 Nr. 562

kam in diesen Trümmerschichten vor; alle übrigen sind aus sehr feinem Marmor. Ich erwähne noch einen in 13 Meter Tiefe gefundenen Priapus von feinem Marmor.

Es kommen ferner in diesen Tiefen viele Tierknochen, Eberzähne, kleine Muscheln, Büffel-, Bocks- und Rehhörner sowie die Rückgratsknöchel des Haifisches vor.

Die Häuser und Paläste, in welchen die herrlichen Terrakottas gebraucht wurden, waren groß und geräumig, denn zu ihnen gehören alle jene gewaltigen Massen großer behauener und unbehauener Steine, welche 4 und 6 Meter hoch dieselben bedecken. Diese Häuser und Paläste waren leicht zerstörbar, denn die Steine waren nur mit Erde zusammengefügt, und als die Mauern fielen, wurde durch die gewaltigen Blöcke alles zerschmettert, was in den Häusern war. Das alte trojanische Volk verschwand gleichzeitig mit der Zerstörung seiner Stadt, denn in keiner der folgenden Schuttschichten findet sich solche Bauart von großen, durch Erde verbundenen Steinblöcken, in keiner sieht man in den Terrakottas, mit Ausnahme der runden Stücke in der Form des Karussells und des Vulkans, eine Ähnlichkeit mit jener von Kunstsinn zeugenden ausgezeichneten Töpferarbeit des Volkes von Priamos.

Auf der Baustelle der zerstörten Stadt erbauten neue Ansiedler verschiedener Zivilisation, Sitten und Gewohnheiten sogleich wieder eine neue Stadt; aber nur die Fundamente ihrer Häuser bestanden aus mit Lehm zusammengefügten Steinen; alle Hauswände waren aus ungebrannten Ziegeln gebaut. Viele solcher Wände sieht man in 7 bis 10 Meter Tiefe in den Erdwänden meiner Ausgrabungen;

sie sind dadurch erhalten geblieben, daß die Häuser ausbrannten und die ungebrannten Ziegel der Wände durch die Glut eine Art Ziegelkruste erhielten oder
wirkliche gebrannte Ziegel wurden.

In meinem Aufsatz vom 23. v. M. sprach ich von einer in 10 Meter Tiefe
gefundenen Mauer von Steinen, wovon ich hoffte, daß sie bis zum Urboden gehen
würde; leider aber waren es bloße Fundamente eines Hauses der unmittelbaren
Nachfolger der alten Trojaner, und diese Fundamente gingen nur ½ Meter tief.

Die vom alten Troja übriggebliebenen Mauerreste mußten natürlich von den
neuen Ansiedlern, welche so ganz verschiedene Lebensweise und Bauart hatten,
niedergebrochen werden, und somit ist es erklärlich, daß ich, mit Ausnahme einer
kleinen Wand im nördlichen Eingang meines großen Kanals, bis jetzt nicht
imstande bin, eine einzige Mauer des alten Troja aufzuweisen, und daß ich bis
dahin der Wissenschaft nur wenige herrliche Urnen, Vasen, Töpfe, Teller,
Schüsseln und nur einen Mischkrug, aber Tausende von Bruchstücken anderer
ausgezeichneter Gefäße als trauernde Denkmäler eines Volkes vorlegen kann,
dessen Ruhm unsterblich ist.

Ich kann die Beschreibung der untersten Schuttschichten nicht schließen, ohne
zu erwähnen, daß ich zwischen den großen Steinblöcken, in 12 bis 16 Meter Tiefe,
zwei Kröten, auch in 12 Meter Tiefe eine kleine sehr giftige Schlange mit schildför-
migem Kopf fand. Letztere kann von oben dahin gelangt sein; dies ist aber
unmöglich für die großen Kröten; dieselben müssen 3000 Jahre in diesen Tiefen
zugebracht haben. Sehr interessant ist es, in den Ruinen Trojas lebende Geschöpfe
aus der Zeit des Hektor und der Andromacha zu sehen, selbst wenn diese Geschöpfe nur Kröten sind.

Noch muß ich darauf aufmerksam machen, daß ich auch zweimal die 卍 auf
Tonscherben fand, wovon die eine in 16, die andere in 14 Meter Tiefe entdeckt
wurde. Die Trojaner waren daher arischer Rasse, wie es außerdem die symbolischen Zeichen auf den runden Stücken Terrakotta zur Genüge beweisen.

Die Existenz der Nation, welche den Trojanern folgte, war ebenfalls von langer
Dauer, denn ihr gehören alle jene Schuttschichten in 10 bis 7 Meter Tiefe; sie war
ebenfalls von arischer Abkunft, denn sie hatte unzählige arische religiöse Symbole; und ich glaube, von mehreren derselben nachgewiesen zu haben, daß sie
schon unseren Vorvätern eigen waren zur Zeit, als noch Germanen, Pelasger,
Hindus, Perser, Kelten und Griechen eine Nation ausmachten und eine Sprache
redeten. Vom Doppelbecher fand ich bei diesem Volk keine Spur, statt dessen aber
jene sonderbaren Becher, die als Griff eine Krone von unten haben; dann jene
glänzend roten phantastischen Becher in der Form von ungeheuren Champagnergläsern mit zwei mächtigen Henkeln an den Seiten und Rundung von unten, so
daß sie ebenfalls nur auf die Öffnung hingesetzt werden können; dann jene
kleinen, nur 10 bis 12 Zentimeter hohen Becher mit Eulengesichtern mit einer Art

von Helm am unteren Ende, der mit einem hohen Knopf oder Zopf versehen ist, welcher ohne Zweifel den Helmbusch bezeichnen soll und als Griff dient, so daß auch diese Becher nur auf den Mund gestellt werden können; ferner alle jene herrlich gebrannten Töpferwaren, wie z. B. 1 bis 1½ Meter hohe Leichen- oder Weinurnen von 50 Zentimeter bis 1 Meter Durchmesser, kleinere Leichenurnen, Teller, Schüsseln, Vasen höchst phantastischer Form von 20 bis 25 Zentimeter Höhe mit dem Eulengesicht der Schutzgöttin Trojas, zwei großen Frauenbrüsten und Bauchnabel sowie mit zwei neben dem Kopf emporgehobenen Armen, die als Griffe dienen; ferner alle jene Gefäße mit kurzem oder langem, hintenüber gebogenem, schnabelartigem Mund. Die meisten dieser Gefäße sind unten rund, so daß sie gar nicht hingestellt werden können, andere haben drei Füße, noch andere sind unten platt; der Hals von manchen ist so weit hintenüber gebogen, daß sie Ähnlichkeit haben mit einer Gans oder einem Schwan. Dann gehören hierher alle jene kleinen und großen kugelähnlichen oder eiförmigen Gefäße mit oder ohne Schornstein, die ein kurzes Röhrchen an jeder Seite und ein Loch in gleicher Richtung im Mund haben, wodurch die Schnüre zum Aufhängen gezogen werden; viele haben außerdem noch drei Füße; alle sind einfarbig braun, gelb, rot oder schwarz; einige haben als Verzierung Reihen von Blättern oder Zweigen. Es kommen auch sehr sonderbare Vasen in Tiergestalt mit drei Füßen vor, deren Öffnung in dem aufwärts stehenden, sehr dicken Schwanz ist, der durch einen Griff oder Henkel mit dem Rücken verbunden ist; auf einer dieser letzteren Vasen sind Verzierungen, die in drei eingravierten Streifen von je drei Linien bestehen. Ich fand früher den Priapus nur in 7 Meter Tiefe, kürzlich einen in 13 Meter Tiefe; ich finde ihn jetzt auch in 8 Meter, somit bei der Nation, von deren Überbleibseln ich jetzt spreche. Auch findet sich in diesen Trümmerschichten eine kolossale Masse jener runden Stücke Terrakotta, die zwar durch ihre größere Dicke von der Radform der Stücke auf dem Urboden etwas abweichen, auch nicht aus so ausgezeichnetem gebrannten Ton sind wie letztere, dagegen aber, wie man sich durch die beigefügten Zeichnungen überzeugen kann, mit ungemein schönen, sinnreichen symbolischen Zeichen geschmückt sind, unter denen der Sonnengott immer die hervorragendste Stellung einnimmt; aber auch das Feuerzeug unserer Urväter, der heilige Opferaltar mit lodernden Flammen, der heilige Lebens- und Sômabaum und die Rosa mystica kommen *sehr häufig* hier vor. Diese mystische Rose, die in den byzantinischen Skulpturen ungemein viel vorkommt und durch deren Namen bekanntlich in den katholischen Litaneien (litaniae) die heilige Jungfrau bezeichnet wird, ist ein bis jetzt leider noch nicht erklärtes uraltes arisches religiöses Symbol; es ist uralt, weil ich es jetzt hier in 7 bis 10 Meter Tiefe in den Schuttschichten der Nachfolger der Trojaner finde, die ein Alter von nahe 1200 Jahren v. Chr. haben müssen. Das dem phönizischen Buchstaben »Nun« so ähnliche Zeichen fand ich in 8 Meter Tiefe sechzehnmal auf einer jener runden

Terrakottas dargestellt; diese Zeichen stehen nämlich in Gruppen von vier und bilden durch ihre Stellung ein Kreuz um die Sonne, oder, falls meine jetzt aufgestellte Vermutung richtig ist, um die Nabe des den Sonnenwagen vorstellenden Rades. Das Bild dieses Stückes findet sich Tafel 4, Nr. 124. Ich finde das Symbol des Blitzes auch in allen höheren Schichten bis zu 3 Meter unter der Oberfläche. In allen Schuttschichten von 10 Meter bis ½ Meter Tiefe finde ich unzählige Male auf den runden Terrakottas die Sonne mit ihren Strahlen, ganz so wie sie auf der bei der Ausgrabung des Tempels von mir gefundenen Metope auf dem Haupt des Sonnengottes dargestellt ist; noch viel öfter aber im Kreis von drei, vier, fünf, sechs oder acht doppelten, dreifachen oder vierfachen aufgehenden Sonnen und am allermeisten im Zentrum von vier dreifachen aufgehenden Sonnen, die ein Kreuz um sie bilden; Hunderte von Malen finde ich auch die Sonne von Sternen umgeben im Mittelpunkt eines doppelten oder dreifachen Kreuzes, welches an jedem der vier Enden einen großen Punkt hat. Diese Punkte bezeichnen vermutlich die vier Nägel, womit das Holzgerüst zur Bereitung des heiligen Feuers befestigt wurde. Es kommen auch, obwohl seltener, in 10 bis 7 Meter Tiefe fünf mystische Rosen im Kreis um die Sonne vor. Von den runden Stücken mit Zeichen, die sich möglicherweise nicht bloß als Symbole, sondern als wirkliche Schriftzeichen herausstellen können, finde ich eins in 7 Meter Tiefe, von welchem ich Tafel 6, Nr. 208 die Abbildung gebe. Ich erwähne noch die in dieser Tiefe vorkommenden runden Stücke, auf welchen drei mystische Rosen und zwei Schweife von Sonnenstrahlen im Kreis um die Sonne stehen. Auch kamen in 9 Meter Tiefe mehrere runde Stücke vor, auf welchen 14 krumme, Windmühlenflügeln ähnliche Schweife von je drei Sonnenstrahlen nach allen Richtungen von der Sonne ausgehen, während die Fächer zwischen diesen Strahlenschweifen mit Sternen ausgefüllt sind. Diese Darstellung muß die Drehung des Rades respektive den Lauf des Sonnenwagens in den Himmeln bedeuten, falls meine vorhin gewagte Vermutung richtig ist, daß die runden Stücke das Rad darstellen. Es kommt in gleicher Tiefe auch eines vor, auf dessen einer Seite drei mit Flammen bedeckte heilige Opferaltäre und eine Sterngruppe, auf der anderen Seite drei solche Opferaltäre und eine Swastika ein Kreuz um die Sonne bilden; es finden sich auch einzelne mit nur vier gebogenen Strahlenschweifen, oder zwei 卍 und zwei Flammenaltären im Kreuz um die Sonne; auch kommt eines vor, auf welchem zwei Kreuze sich gegenüberstehen und der ganze übrige Raum um die Sonne (oder um die Nabe des Rades) mit Sternen angefüllt ist. Alle in 10 bis 7 Meter Tiefe vorkommenden Stücke sind aus sehr hartem und die meisten aus steinhartem, schwarzem oder rotem Ton, der sich im Vergleich zu dem der Stücke in den höheren Schichten durch seine Feinheit auszeichnet. Es kommen in diesen Schichten auch einige dieser Stücke aus Blei oder feinem Marmor vor, sie sind aber ohne Verzierungen.

In den Schuttschichten derselben Nation fand ich auch kupferne Streitäxte, Lanzen, Pfeile, Messer und Werkzeuge verschiedener Art sowie viele Formen aus Glimmer- und Chloritschiefer zum Gießen dieser und vieler anderer, mir teilweise ganz unbekannter Gegenstände. Petschafte aus Terrakotta mit Kreuzen und anderen Verzierungen sind nicht diesen Schuttschichten allein eigen, sondern kommen von 10 Meter bis nur 1 Meter Tiefe vor. Ferner erscheinen auf einer Seite ovale, auf der anderen platte Handmühlsteine aus Lava und mitunter auch aus Granit; große und kleine Hämmer, Keile, Kugeln mit einem Loch durch die Mitte und Mörserkeulen aus Diorit, Gewichte aus Granit; Mörser und Scheiben mit einem Loch durch die Mitte zum Werfen aus Granit und anderen Steinarten. Schleudern aus Magneteisenstein und große Massen von Messern in Gestalt von Sägen aus weißem und gelbem Silex, auch manchmal Messer aus vulkanischem Glas und Lanzen aus Diorit kommen bei diesem Volk vor, aber alle diese Werkzeuge sind besser gearbeitet als in den Schichten oberhalb 7 Meter Tiefe.

Es kommen in diesen Schuttschichten auch sehr viele Idole aus sehr feinem Marmor vor, und auf vielen sieht man das Eulengesicht der *ilischen* Minerva sowie ihren Gürtel eingraviert; auch kam in 8 Meter Tiefe ein Idol derselben Eulengesichtsgöttin aus Terrakotta vor; vier horizontale Striche am Hals scheinen ihre Rüstung anzudeuten; von ihren Armen ist nur einer erhalten in emporgehobener Stellung; zwei Linien, die von den Armen ausgehen und sich in der Gegend des Bauchnabels kreuzen, geben ihr ein kriegerisches Ansehen; zwei Punkte bezeichnen ihre Brüste; ihr langes Haar ist deutlich auf dem Hinterkopf angedeutet.

In 9½ Meter Tiefe fand ich in der gelben Asche eines ausgebrannten Hauses einen großen Klumpen dicken Draht, den ich für Kupferdraht hielt und daher gleichgültig auf meinen Tisch legte; als aber der Klumpen zufälligerweise hintergeworfen wurde, zerbrach ein Silberdraht, der das Paket zusammengehalten hatte, und es kamen drei silberne Armbänder zum Vorschein, von denen eines einfach, das andere doppelt und das dritte dreifach ist; in letzterem ist ein sehr künstlicher Schmuck, auch ein Ohrring mit einem Blatt, das aus sechs Drähten gebildet ist; diese Gegenstände müssen in der Feuersbrunst durch die Glut mit dem Armband zusammengeschmolzen sein, denn so wie es jetzt ist, wäre es unmöglich, es auf den Arm zu stecken. Es zeigte sich ferner in dem Klumpen ein sehr hübscher goldener Ohrring, der auf beiden Seiten drei Reihen von Sternchen hat. Es fanden sich ferner darin zwei Pakete oder Bünde von Ohrringen verschiedener Form, die meisten sind aus Silber und laufen in fünf Blätter aus. Zugleich waren aber auch darin mehrere Ohrringe gleicher Form aus Elektron ($ἤλεκτρον$) enthalten; von drei Ohrringen weiß ich ganz bestimmt, daß sie aus diesem Metall sind, denn sie stehen hervor; es sind aber wahrscheinlich noch mehrere aus Elektron in den beiden Bünden, die ich, aus Furcht, die silbernen Ohrringe zu zerbrechen, die stark vom Rost gelitten haben, nicht zu lösen wage.

Nach Plinius H. N. 33, 23 und Pausanias 5, 12, 6 war Elektron eine künstliche Metallmischung aus vier Teilen Gold und einem Teil Silber. Auch die ältesten lydischen Münzen sind aus Elektron. Alle vorgenannten Ohrringe und Armbänder lasse ich für dieses Werk fotografieren.

Es kommen in diesen Tiefen auch nicht selten Kugeln aus Serpentin oder Porphyr vor, die 5 Zentimeter im Durchmesser und ein Loch durch die Mitte haben. Man findet außerdem Löffel aus Knochen oder Terrakotta und große Massen von Werkzeugen aus Elfenbein und Knochen zum Stechen; auch fand ich ein sehr künstlich bearbeitetes Stück Ebenholz, welches jedenfalls zu einem musikalischen Saiteninstrument gehört hat. Ich erwähne noch die nicht bloß in diesen Schuttschichten, sondern auch bis 6 Meter Tiefe vorkommenden 7 Zentimeter langen, 6 breiten runden Stücke Terrakotta mit einem in der Länge durchgehenden Loch, sowie die 7 bis 10 Zentimeter breiten, unten platten, oben abgerundeten Stücke Terrakotta mit zwei Löchern am Rand der breiten Fläche oder mit nur einem oben von der Seite durchgehenden Loch. Alle diese Stücke haben vermutlich als Gewichte gedient. In allen diesen Schuttschichten kommen viele Rückgratsknöchel des Haifisches, Eberzähne, Rehhörner und große Massen kleiner Meermuscheln vor, wovon die Trojaner und ihre Nachfolger zu allen Zeiten große Liebhaber gewesen sein müssen.

Ich komme jetzt an die Schuttschichten in 7 bis 4 Meter Tiefe, welche augenscheinlich auch von einem Volk arischen Stammes herrühren, welches die auf Trojas Ruinen erbaute Stadt wieder einnahm, zerstörte und die Einwohner ausrottete, denn ich fand in diesen 3 Meter dicken Schichten keine Spur von Metall außer zwei Nägeln und einem Stückchen Silberdraht, während die Bauart der Häuser eine gänzlich verschiedene ist. Hier nämlich finde ich wiederum alle Hauswände aus mit Lehm zusammengesetzten kleinen Steinen, welche in den größeren Gebäuden mehr oder weniger behauen, in den kleineren aber ganz unbehauen sind. Die Besucher der Ebene von Troja sehen in den Erdwänden meiner Ausgrabungen, in 7 bis 4 Meter Tiefe, viele solcher größerer und kleinerer Hauswände, unter anderen auch Reste jener großen, 1 Meter 90 Zentimeter dicken Wände des von mir in meinem Aufsatz vom 23. v. M. erwähnten in 6 Meter Tiefe gegründeten Gebäudes, dessen Trümmer bis 3 Meter unter der Oberfläche hinaufreichen; denn da ich, wie erwähnt, außer der Tempelausgrabung vorläufig nur den oben 30 Meter breiten Kanal durch den Berg graben will, so hatte ich nicht nötig, jenes Gebäude ganz wegzubrechen.

In diesen Schuttschichten (7 bis 4 Meter Tiefe) sind nicht nur sämtliche steinerne Werkzeuge viel plumper gearbeitet, sondern auch alle Terrakottas sind schlechter Qualität; dennoch aber kann ihnen bei all ihrer Einfachheit eine gewisse Eleganz nicht abgesprochen werden, und ich bemerke besonders die dort vorkommenden sehr niedlichen, 10 Zentimeter hohen roten und 14 Zentimeter hohen schwarzen

Vasen in Form von Sanduhren mit zwei großen Henkeln; die Töpfchen in Form von Obertassen mit großem Henkel; die größeren Töpfe mit einem und zwei Henkeln und vor allem die häufig vorkommenden Becher mit dem Eulengesicht der trojanischen Schutzgöttin, welche zwar jenen in 10 bis 7 Meter Tiefe an Größe ungefähr gleichkommen, aber in der Ausführung bedeutend nachstehen.

Besonders merkwürdig sind in diesen Schichten die mit den mannigfaltigsten symbolischen Zeichen bedeckten Terrakottakugeln, wovon ich zwei in 5 Meter Tiefe gefundene beschreiben will. Die Oberfläche der einen ist durch Linien in acht gleiche Teile geteilt, und man sieht in der einen Abteilung eine Sonne mit zehn Strahlen, wovon nur vier gerade sind, während die übrigen alle religiöse Symbole vorzustellen scheinen. Ein Strahl ist in Form des phönizischen »Nun« und muß den Blitz bedeuten, ein anderer Strahl ist in Schlangenform, noch ein anderer in Form einer Drei, ein vierter hat die Gestalt eines Mecklenburger Wegweisers und die beiden übrigen die Form von Angelhaken; neben der Sonne ist ein Stern. Im folgenden Fach ist ein Baum mit acht Zweigen, ein Viereck mit zwei Sternen und ein Dreieck mit vier Sternen. Das dritte Feld enthält einen Baum mit zwölf Zweigen, einen Kreis mit einem Stern und neben und über einem Strich zwölf Sterne, wovon der eine einen Punkt im Zentrum hat. Vielleicht bezeichnen diese zwölf Sternchen die zwölf Zeichen des Tierkreises, welche als die zwölf Stationen der Sonne im Rigvêda personifiziert sind durch die zwölf Adityâs, Söhne des Aditi, des unteilbaren unendlichen Raumes. Das vierte Feld enthält einen Baum mit nur sechs Zweigen, ein Dreieck mit drei Abteilungen, in deren einer ein Strich ist, und ferner zwei Vierecke. Das fünfte Feld hat wieder eine Sonne mit sechs krummen Strahlen und einem geraden Strahl. Das sechste Feld hat fünf Abteilungen: in der ersten sind fünf, in der anderen vier, in der dritten sieben Sternchen, in der vierten ist ein Zeichen, welches der arabischen Zwei gleicht, und drei Sterne, in der fünften ein einfaches Kreuz. Im siebenten Feld sieht man einen Baum mit zehn Zweigen. Im achten Feld ist eine schlangenförmige Figur und ein Stern. Auf der zweiten Kugel sieht man eine Sonne mit dreizehn geraden Strahlen; darauf sieht man zwischen zwei 卍 drei Gruppen von je drei Sternen und vier gerade Striche und endlich, unter der Sonne, drei gleiche Striche und drei Sterne. Diese beiden Kugeln sind Tafel 14, Nr. 450 und 451 abgebildet. Ganz mit Sternen bedeckte Terrakottakugeln kommen auch in diesen Schuttschichten häufig vor; ferner eine ungeheure Menge jener runden Terrakottas in der Form des Karussells und des Vulkans, wovon mehr als die Hälfte mit den verschiedenartigsten symbolischen Zeichen verziert sind. Auch kommen hier viele Waffen aus Diorit und hartem, grünem Stein sowie eine Menge Schleifsteine aus schwarzem und grünem Schiefer mit einem Loch an einem Ende vor. Der Gebrauch dieser Schleifsteine ist mir nicht recht klar, da ich in diesen Tiefen (7 bis 4 Meter), wie gesagt, außer den zwei Nägeln und dem Stückchen Silberdraht keine Spur von Metall fand. Es kamen

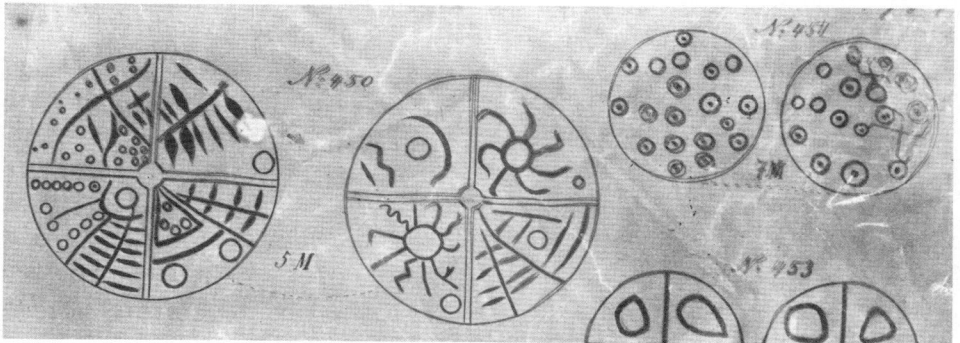

Tafel 14 Nr. 450, 451

jedoch ein paar Bruchstücke von Formensteinen zum Gießen von Werkzeugen vor, und es ist daher wahrscheinlich, daß Kupfer bekannt war. Jedenfalls aber war es selten und teuer, denn sonst würde ich nicht die kolossalen Massen von steinernen Werkzeugen gefunden haben.

Wie man aus den Abbildungen im Anhang ersieht, kommen in diesen Tiefen viele sehr merkwürdige große Vasen vor, und unter denselben eine Menge schöner Urnen mit dem Eulengesicht der *ilischen* Minerva, ihren zwei Frauenbrüsten, Bauchnabel und beiden neben dem Kopf emporgehobenen Armen. Auf einem der Bauchnabel ist ein Kreuz und vier Löcher, welche ohne Zweifel die vier Nägel bezeichnen sollen, womit unsere arischen Urväter die beiden kreuzweise gelegten Hölzer zur Erzeugung des heiligen Feuers befestigten. Es finden sich auch in diesen Schichten viele jener roten Becher in der Form von Champagnergläsern mit zwei Henkeln, die aber, wie man aus den Abbildungen ersieht, mit jedem Meter, den man höher steigt, mehr ausarten, plumper, kleiner und schlechterer Qualität werden.

Auch Becher mit Kronen von unten kommen viele vor, ebenso viele rote Töpf-chen mit drei Füßen und zwei Henkeln, sowie viele Hunderte von 10 bis 12 Zentimeter hohen ungefärbten Töpfen mit einem Henkel. Von großen plumpen Hämmern und anderen Werkzeugen aus Diorit gibt es hier eine kolossale Masse; auch fand sich ein Priapus aus Diorit, der 32 Zentimeter hoch und 20 Zentimeter dick ist. Dieser Priapus war, da man die Sechs für eine Neun angesehen hat, mit unter die Gegenstände aus 9 Meter Tiefe gekommen und ist somit aus Versehen auf Tafel 83, Nr. 1755* abgebildet; er stammt jedoch entschieden aus 6 Meter Tiefe.

Demselben Volk gehört ein von gut behauenen Steinen mittels Lehm gemauer-ter Brunnen, dessen Öffnung in 4 Meter Tiefe ist und den ich beinahe bis zum Urboden abgetragen habe; man sieht noch eine Mauer dieses Brunnens links im nördlichen Eingang meines großen Kanals.

Handmühlsteine aus Lava finden sich auch in diesen Schuttschichten in ungeheuren Massen.

Eine neue Epoche in der Geschichte Iliums trat ein, als die Schuttaufhäufung
dieses Berges die Höhe von 4 Meter unter seiner gegenwärtigen Oberfläche
erreicht hatte, denn die Stadt wurde wiederum zerstört und die Einwohner getötet
oder vertrieben durch ein armseliges Volk, welches jedenfalls auch arischer Rasse
gewesen sein muß, denn auf den runden Terrakottas finde ich noch immer sehr
viel den Lebensbaum sowie das einfache und doppelte Kreuz mit den vier Nägeln.
Die Form dieser Stücke artet aber in diesen Tiefen aus, sie werden gedehnter und
spitzer zulaufend; es finden sich auch viele in der Form von 3 bis 4 Zentimeter
hohen Kegeln, die in den tiefern Schichten nie vorkommen; die meisten sind ohne
Verzierung. Von Töpferwaren kommt viel weniger vor; hier ist alles noch viel
kunstloser als in den vorhergehenden Schichten. Besondere Erwähnung verdient
jedoch der in 4 Meter Tiefe gefundene, Tafel 41, Nr. 996 abgebildete, höchst
phantastische Trinkbecher, dessen Behälter eine auf drei Füßchen ruhende Röhre
ist, aus der drei kleine Becher aufsteigen. Becher mit dem Eulengesicht der *ilischen*

Tafel 41 Nr. 996

Minerva und einer Art Helm wie Tafel 37, Nr. 927*, Tafel 35, Nr. 872b, 874* und
882, Tafel 33, Nr. 806, Tafel 32, Nr. 775* und 776* kommen noch häufig vor, sie
werden aber immer kunstloser. Ebenso arten die Becher in der Form von
Champagnergläsern immer mehr aus, werden immer kleiner und schlechter und
sind in 2 Meter Tiefe (Tafel 32, Nr. 787* und 788) nur noch 13 Zentimeter hoch,
während sie in 10 Meter Tiefe eine Höhe von 32 Zentimeter erreichten. Von
größeren Vasen mit Frauenbrüsten, Bauchnabel und emporgehobenen Armen
kommen mehrere in 4 und eine in 2½ Meter Tiefe vor. Kleine rote Vasen in der
Form der Sanduhr mit einem Henkel kommen noch viel vor, und es fanden sich
zwei selbst in 2 Meter Tiefe. Auch von kleinen ordinären Töpfen kommt in 4 und
3 Meter Tiefe eine sehr große Menge vor; dieselben hören aber in 2 Meter Tiefe fast

ganz auf. In 4, 3 und sogar in 2½ Meter Tiefe fand ich auch sehr viele Idole der ilischen Minerva aus feinem Marmor; auf mehreren ist der Eulenkopf derselben und ihr Gürtel eingraviert.

Tafel 32 Nr. 788

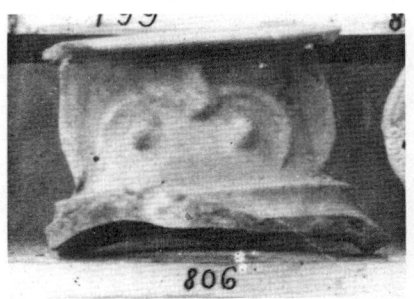

Tafel 33 Nr. 806

Tafel 35 Nr. 872 b

Tafel 35 Nr. 882

Auch fand ich in 3 Meter Tiefe ein Idol aus Terrakotta, welches dieselbe Göttin mit dem Eulengesicht und zwei ungeheuren Augen darstellt; sie hat zwei Frauenbrüste und hinten lang herabhängendes Haar. Drei horizontale Linien am Hals scheinen die Rüstung anzudeuten. In 3 Meter Tiefe fand ich auch ein kleines herrliches Opferbecken aus Terrakotta mit drei Füßen, worin eine Swastika, ein Baum mit 24 Zweigen und eine Raupe eingraviert sind.

Das Kupfer war diesem Volk bekannt, denn ich finde hier kupferne Messer,

Lanzen und Nägel. Die Form der letzteren ist oft sonderbar, denn bald haben sie zwei Köpfe nebeneinander, bald gar keinen Kopf und nur zwei spitze Enden, so daß durch eine 2 Zentimeter lange Überbiegung des einen Endes eine Art Kopf gemacht werden mußte. Steine kommen in diesen Schichten fast gar nicht vor, und die Massen verkohlter Trümmer und Holzasche lassen keinen Zweifel darüber, daß alle Gebäude dieses Volks von Holz waren. Ich finde in diesen 2 Meter dicken Schichten zwar einige wenige Gewichte aus Stein, auch ein paar Handmühlen aus Lava, sonst aber keine steinernen Werkzeuge, außer Messern aus Silex in der Form von Sägen, welche oft mit viel Sorgfalt gemacht sind. So z. B. fand ich in 2 Meter Tiefe eine 12 Zentimeter lange, 4 Zentimeter breite Säge aus Silex, die so ausgezeichnet gemacht war, daß ich anfänglich glaubte, es sei ein Kamm. Der obere Teil der Säge trug die deutlichsten Merkmale, daß dieselbe in Holz eingefaßt gewesen ist.

Mit dem Volk, dem diese Schuttschichten (von 4 bis 2 Meter Tiefe) angehören, hört die vorgriechische Zeit auf, denn von nun an sieht man viele Mauerreste hellenischer Bauart aus ohne Verbindungsmittel zusammengelegten, schön behauenen Steinen, und in den alleroberstens Schichten selbst die Ruinen von Hausmauern, in welchen die Steine mit Kalk oder Zement zusammengefügt sind. Auch die schon hin und wieder in 2 Meter Tiefe vorkommenden bemalten und unbemalten kunstvollen Terrakottas lassen keinen Zweifel darüber, daß eine griechische Kolonie sich Iliums bemächtigt hat, als die Oberfläche dieses Berges noch 2 Meter niedriger war als jetzt. Es ist unmöglich, genau zu bestimmen, wann diese neue Kolonisation stattgefunden hat; jedenfalls aber muß sie viel älter sein als der von Herodot (VII, 43) berichtete Besuch des Xerxes, welcher 480 v. Chr. stattfand. Nach Strabo (XIII, 1. 42) wurde die Stadt unter lydischer Herrschaft gebaut; dieses Ereignis mag daher um circa 700 v. Chr. stattgefunden haben, denn den Anfang der lydischen Herrschaft hat man auf 797 v. Chr. festgestellt. Kannelierte Töpfe, denen die Archäologen ein Alter von 200 Jahren v. Chr. zuschreiben, kommen hier gleich unter der Oberfläche von ½ bis 1 Meter Tiefe vor. Keinesfalls scheint die griechische Kolonie die Einwohner von Ilium ausgerottet zu haben, denn ich finde noch sehr viele vorgriechische Töpferware in 2 und sogar 1½ Meter Tiefe. Jedenfalls scheinen mir griechischen Fabrikats zu sein die runden, lampenähnlichen, einen Töpferstempel tragenden und mit zwei Löchern am Rande versehenen Stücke Terrakotta, welche bis zu 2 Meter Tiefe vorkommen. Die runden Stücke mit einem Loch durch die Mitte, ohne Verzierungen oder mit Verzierungen, welche die Sonne mit ihren Strahlen oder die Sonne mit Sternen oder vier ein Kreuz bildende, doppelte oder dreifache aufgehende Sonnen oder auch die Sonne in der Mitte eines einfachen oder doppelten Kreuzes darstellen, kommen in Menge bis zu 1 Meter Tiefe vor; aber in diesen höchsten Schichten ist die Qualität des Tons dieser runden Stücke eine sehr schlechte, und die symbolischen Zeichen sind sehr grob und kunstlos eingeschnitten. Ja, meine Frau, die für die Aufdeckung Iliums schwärmt und mir eifrig bei meinen Ausgrabungen hilft, fand in einer Exkavation, welche sie mit ihren Dienstmädchen neben unserem Haus auf diesem Berg machte, dieselben runden Terrakottas, mit und ohne Verzierungen, sogar bis ganz dicht unter der Oberfläche. Wie diese höchst merkwürdigen, mit den urältesten religiösen Symbolen der arischen Rasse verzierten Stücke bei den vier Völkern, welche das eine nach dem anderen Ilium innehatten, und darauf sogar bei der zivilisierten griechischen Kolonie noch über 1000 Jahre in Anwendung bleiben konnten – das ist für mich ein ebenso unlösbares Rätsel wie der Zweck, wozu sie gebraucht wurden. Wenn sie, wie ich jetzt vermute, das Rad darstellten, welches im Rigvêda das Symbol des Sonnenwagens ist, so wurden sie wohl als Exvotos gebraucht, oder sie wurden auch als Idole des Sonnengottes, des Phöbus Apollo, angebetet. Aber wozu dann die kolossale Menge davon?

Der griechischen Kolonie gehört natürlich jener mehrfach erwähnte, von behauenen Steinen mit Zement aufgemauerte Brunnen an, den ich hier im vorigen Jahr in 2 Meter Tiefe entdeckte; ferner natürlich alle jene ungeheuren Wasser- oder Weinurnen (πίϑοι), die ich in den höchsten Schichten finde. Ich finde sowohl diese kolossalen Behälter als auch alle in den tieferen und tiefsten Schichten vorkommenden großen irdenen πίϑοι stets in aufrechter Stellung, und dies ist der beste Beweis, wenn überhaupt noch ein Beweis nötig wäre, daß die gewaltigen Schuttmassen nicht von einem anderen Ort hierhergebracht sein können, sondern daß sie sich ganz allmählich im Laufe der Jahrtausende dadurch gebildet haben, daß die Eroberer und Zerstörer von Ilium oder wenigstens die neuen Ansiedler nach der Eroberung und Zerstörung nie dieselbe Zivilisation und Gewohnheiten hatten wie ihre Vorgänger; daß somit viele Jahrhunderte lang Häuser mit Wänden von ungebrannten Ziegeln standen auf den 4 und 6 Meter dicken, gewaltigen Steinmassen der ungeheuren trojanischen Gebäude; daß wieder jahrhundertelang Häuser aus mit Lehm zusammengefügten Steinen auf die Trümmer der Lehmhäuser gesetzt wurden; daß auf dem Schutt dieser steinernen Häuser wieder eine lange Zeit hindurch hölzerne Häuser errichtet wurden, auf deren verkohlten Trümmern endlich die Bauten der griechischen Kolonie gegründet wurden, die anfänglich aus großen behauenen Steinen mit Kalk oder Zement bestanden. Auf diese Weise erscheint es nicht mehr wunderbar, daß diese Trümmermassen, welche jetzt den Urboden bedecken, eine Dicke von mindestens 14 und 16 Metern haben.

Ich benutze die Gelegenheit, um die Übersetzung der Antwort beizufügen, die ich auf den von M. G. Nikolaïdes in Nr. 181 der griechischen Zeitung »Ἐφημερὶς Συζητήσεων«[31] veröffentlichten Artikel gab, in welchem der Verfasser zu bewei-

---

[31] »Ephimeris Syzitiseōn«, Debattier-Journal

sen sucht, daß ich mir hier unnütze Mühe gebe und daß Trojas Baustelle nicht hier, sondern auf den Höhen von Bunarbaschi sei:

»Herr Nikolaïdes behauptet, daß Trojas Baustelle nicht durch Ausgrabungen oder andere Beweise, sondern nur durch die Ilias entdeckbar ist. Er hat recht, wenn er annimmt, daß Ilium nur ein Gedankenbild Homers sei, gleichwie die Vögelstadt nur ein Phantasiebild des Aristophanes war. Wenn er jedoch glaubt, daß es wirklich ein Troja gegeben hat, dann erscheint seine Behauptung höchst sonderbar. Er sagt darauf: das homerische Troja lag auf den Höhen von Bunarbaschi, denn am Fuß derselben sind die beiden Quellen, bei denen Hektor getötet wurde. Dies ist jedoch ein großer Irrtum, denn die Zahl der dort befindlichen Quellen ist vierzig und nicht zwei, was auch schon der türkische Name des Quellenortes ›Kirkgiös‹ (40 Augen oder Quellen) zur Genüge beweist. Auch habe ich durch meine im Jahre 1868 auf den Höhen von Bunarbaschi gemachten Ausgrabungen, bei welchen ich immer bis auf den Urboden grub, hinlänglich nachgewiesen, daß dort nie ein Dorf, geschweige denn eine Stadt gestanden hat, und dies beweist auch die Gestalt der bald spitzen, bald steilen und stets ganz ungleichen Felsen. Am Ende der Höhen, in einer Entfernung von 17 Kilometer vom Hellespont, sieht man wirklich die Trümmer einer kleinen Stadt, deren Baustelle jedoch dermaßen unbedeutend ist, daß sie unmöglich mehr als 2000 Einwohner gehabt haben kann, während nach den Andeutungen der Ilias das Homerische Ilion über 50000 gehabt haben muß. Außerdem ist diese kleine Stadt 4, die 40 Quellen aber 3½ Stunden weit vom Hellespont entfernt, und solche Entfernungen sind in vollkommenem Widerspruch mit den Angaben der Ilias, wonach das griechische Heer oft viermal an einem Tag kämpfend die Strecke zwischen dem Schiffslager und der Mauer von Troja zurücklegte.

Der Plan der Ebene von Troja des Herrn Nikolaïdes kann zu Irrtümern Anlaß geben, denn er nennt Simoïs den Fluß, welcher den südöstlichen Teil der Ebene durchströmt, während dies der Thymbrius ist, wie Frank Calvert nachgewiesen hat; denn dieser fand bei seinen Ausgrabungen am Ufer jenes Flusses die Ruinen des Tempels des thymbrischen Apollo, worüber eine lange, das Inventarium dieses Tempels enthaltende Inschrift nicht den geringsten Zweifel läßt. Dann finde ich auf der Karte des Herrn Nikolaïdes gar nicht den viel größeren Fluß Dumbrek-Su angegeben, welcher den nordöstlichen Teil der trojanischen Ebene durchströmt, somit nahe bei der alten Stadt Ophrynion vorbeifließt, wo das Grab Hektors und ein ihm geweihter Hain war (Strabo, XIII, 1, S. 103; Lycophron, Cassandra 1208). Im ganzen Altertum wurde dieser Fluß Simoïs genannt, wie auch Vergil (Aeneis III, 302–305) beweist. Ebensowenig weiß die Karte des Herrn Nikolaïdes etwas von dem die trojanische Ebene von Süden nach Norden durchlaufenden Fluß Kalifatli-Asmak, der ein ungeheuer breites Bett hat, welches jedenfalls einst das Bett des Skamander gewesen sein muß und in welches, nördlich von Ilion, sich noch jetzt der Simoïs ergießt. Der Skamander hat mehrmals seinen Lauf verändert, wie es drei große Flußbetten beweisen, die man zwischen ihm und dem Bett des Kalifatli-Asmak sieht. Aber auch diese drei alten Flußbetten kennt die Karte nicht.

Ganz im Widerspruch mit allen Traditionen des Altertums erkennt die Karte das Grab des Achilles in dem kegelförmigen Grabhügel Intépé, der auf einem Hügel am Fuß des Vorgebirges von Rhoeteum steht und der von jeher als das Grab des Ajax angesehen worden ist. Bei einer 1788 geschehenen Nachgrabung in diesem Grabhügel hat man einen von Ziegeln erbauten, gewölbten, 1 Meter 17 Zentimeter hohen Gang gefunden sowie die Ruinen eines kleinen Tempels. Nach Strabo (XIII, 1, S. 103) enthielt der Tempel die Bildsäule des Ajax, welche Marcus Antonius fortnahm und der Kleopatra schenkte; Augustus gab sie den Einwohnern der nahe beim Grab gelegenen Stadt Rhoeteum zurück. Nach Philostratus (Heroica, I) wurde der auf dem Grab befindliche Tempel vom Kaiser Hadrian ausgebessert, und nach Plinius (V, 33) lag einst neben dem Grab die Stadt Aianteion. Dagegen erkannte das ganze Altertum das Grab des Achilles in dem auf einer Anhöhe am Fuß des Vorgebirges von Sigeion, nahe am Hellespont gelegenen Grabhügel, und die Lage desselben entspricht vollkommen der Beschreibung Homers (Odyssee, XXIV, 80–81):

ἀμφ' αὐτοῖσι δ'ἔπειτα μέγαν καὶ ἀμύμονα τύμβον
χεύαμεν Ἀργείων ἱερὸς στρατὸς αἰχμητάων,
ἀκτῇ ἐπὶ προὐχούσῃ, ἐπὶ πλατεῖ Ἑλλησπόντῳ,
ὥς κεν τηλεφανὴς ἐκ ποντόφιν ἀνδράσιν εἴη
τοῖς, οἵ νῦν γεγάασι, καὶ οἵ μετόπισθεν ἔσονται.[32]

Das südlich, unmittelbar neben diesem Grab liegende, mit Topfscherben bedeckte Feld ist ohne Zweifel die Baustelle der alten Stadt Achilleion, welche nach Strabo (XIII, 1, S. 110) von den Mitylenern erbaut wurde, viele Jahre lang mit den Sigeion besetzt haltenden Atheniensern im Krieg war und, gleichzeitig mit Sigeion, durch Ilium zerstört wurde. Plinius (V, 33) bestätigt das Verschwinden von Achilleion. Die Ilier brachten hier Totenopfer, nicht nur auf dem Grab des Achilles, sondern auch auf den in der Nähe liegenden Gräbern des Patroklos und des Antilochos (Strabo, XIII, 1). Alexander der Große opferte hier im Tempel des Achill (Plutarch, Leben Alexanders des Großen; Cicero, pro Archia, 10; Aelian

---

[32] »Wir, das heilige Heer der mit Speeren bewehrten Achäer;
Alle umschloß er und ragte empor auf der Höhe der Küste;
Weither vom Meer, in des breiten Hellespontos Gebieten,
Sollten die Menschen ihn sehen, so jetzt wie in künftigen Zeiten.«
(Übersetzung von Anton Weiher, Artemis Verlag München [8]1986)

V. H., 12, 7). Auch Caracalla brachte hier mit seinem Heer dem Achill Totenopfer und stellte um das Grab herum Wettspiele an (Dio Cassius, LXXVII, 16). Homer sagt nie etwas von einem Fluß im griechischen Lager, welches vermutlich das ganze Ufer zwischen dem Cap Sigeion und dem Skamander eingenommen hat, der damals das alte Bett des Kalifatli-Asmak hatte. Letzteres ist aber jedenfalls vom Dorfe Kum-Köi ab identisch mit dem großen Bett des kleinen Stroms Intépé-Asmak, der beim Cap Rhoeteum in den Hellespont fließt.

»Herr Nikolaïdes führt ferner die Verse der Ilias (II, 811–815) an:

> ἔστι δέ τις προπάροιθε πόλιος αἰπεῖα κολώνη,
> ἐν πεδίῳ ἀπάνευθε, περίδρομος ἔνθα καὶ ἔνθα,
> τὴν ἤτοι ἄνδρες Βατίειαν κικλήσκουσιν,
> ἀθάνατοι δέ τε σῆμα πολυσκάρθμοιο Μυρίνης.
> ἔνθα τότε Τρῶές τε διέκριθεν ἠδ᾽ἐπίκουροι.[33]

Herr Nikolaïdes folgert daraus, daß vor Ilium ein sehr großer Hügel war, auf welchem sich das trojanische Heer von 50000 Mann in Schlachtordnung aufstellte. Ich verstehe vorstehende Verse aber durchaus nicht so, daß der Hügel Batieia groß und geräumig war, noch daß 50000 Mann sich auf demselben in Schlachtordnung aufgestellt hätten. Im Gegenteil, wenn Homer das Wort »αἰπύς« für Anhöhen gebraucht, dann versteht er immer »steil und hoch«, und auf einem steilen und hohen Hügel konnten sich unmöglich 50000 Trojaner aufstellen. Auch sagt ja der Dichter ausdrücklich, daß der steile Hügel von den Göttern das Grab der gewandten Myrine genannt wird, während der dem Hügel von den Menschen gegebene Name »Batieia« auch nur soviel heißen kann als »Grab der Batieia«. Nach Apollodor (III, 12) war nämlich Batieia die Tochter des trojanischen Königs Teukros, die den von Samothrakien eingewanderten Dardanos heiratete, welcher später König und der Erbauer von Troja wurde (Ilias, XX, 215–218). Die Myrine war eine der Amazonen, welche den Feldzug gegen Troja unternommen hatten (Herodot, I, 27; Ilias, III, 189–190; Strabo, XIII, 3). Nie kann Homer haben glauben machen wollen, daß sich 50000 Krieger auf einem hohen und steilen Grab aufstellten, auf dessen Spitze kaum zehn Mann stehen können; er hat nur den Ort angeben wollen, wo sich das trojanische Heer aufstellte; dasselbe stellte sich also um das Grab herum oder neben demselben auf.

---

[33] »Draußen liegt vor den Toren der Stadt ein ragender Hügel
Abgesondert im Felde, von allen Seiten umgehbar.
Dieser wird Batieia genannt von den sterblichen Menschen,
Und von den Göttern das Mal der sprunggeübten Myrine.
Dort nun reihten die Troer zum Kampfe sich samt den Genossen.«
(Übersetzung von Hans Rupé. Artemis Verlag München ⁹1989)

Herr Nikolaïdes sagt weiter, daß sich ein solcher Hügel auch jetzt noch vor Bunarbaschi befinde, während vor Neu-Ilium durchaus kein Hügel oder eine Anhöhe sei. Ich antworte darauf, daß vor den Anhöhen von Bunarbaschi keines jener »σῆμα« von Homer benannten, kegelförmigen Heldengräber ist, daß aber ein solches vor Hissarlik, wo ich grabe, gewesen sein muß; es ist aber verschwunden, wie alle nur aus Erde bestehenden Anhöhen, die kultiviert werden, zugrunde gehen. So z. B. hat Herr Nikolaïdes während seines eintägigen Aufenthalts in der Ebene von Troja im Jahre 1867 noch in der Nähe des Skamander das große Grab des Antilochos gesehen, denn er spricht von demselben in seinem in demselben Jahr veröffentlichten Buch; auch ich habe dieses Grab noch im August 1868 gesehen; es hatte sich aber damals schon bedeutend verringert, denn man hatte gerade angefangen, es zu bebauen; jetzt ist es längst spurlos verschwunden. Herr Nikolaïdes sagt, daß ich in Neu-Ilium ausgrabe. Ich antworte, daß die Stadt, in deren Tiefen ich grabe, im ganzen Altertum, ja, von ihrer Gründung bis zu ihrem Untergang, der ungefähr 800 Jahre n. Chr. stattgefunden haben soll, immer nur Ilium genannt worden ist, und daß es niemand jemals Neu-Ilium genannt hat, denn alle glaubten, daß die Stadt auf der Baustelle des homerischen Ilium stände und mit diesem identisch wäre. Der einzige, welcher je die Identität dieses Ilium mit der Stadt des Priamos bezweifelt hat, war Demetrios von Skepsis, welcher behauptete, daß die alte berühmte Stadt auf der Baustelle des 30 Stadien südöstlich von hier gelegenen Dorfes der Ilier (ʼΙλιέων κώμη) gestanden hätte; diese Ansicht teilte später auch Strabo, der übrigens, wie er selbst gesteht, nie die Ebene von Troja besucht hat; er nennt daher auch die Stadt »τὸ σημερινὸν ʼΊλιον«[34], im Gegensatz zum homerischen Ilium. Ich habe aber durch meine vorjährigen Ausgrabungen auf der Baustelle von ʼΙλιέων κώμη dargetan, daß die sich auf einer Seite derselben weit ausdehnenden Anhöhen, welche die Ruinen großer Stadtmauern zu enthalten schienen, nur reinen Urboden enthalten; auch fand ich überall, wo ich auf der Baustelle des alten Dorfes grub, immer den Urboden in geringer Tiefe und nirgends die geringste Spur, daß dort jemals eine Stadt gestanden hat. Demetrios von Skepsis und Strabo, der seine Theorie annahm, waren daher gewaltig im Irrtum. Die Stadt Ilium wurde erst ungefähr 1000 Jahre nach ihrem völligen Untergang mit dem Namen Ilium Novum getauft; in der Tat, diese Taufe geschah erst im Jahre 1788 n. Chr. durch Lechevalier, den Gründer der Theorie, daß das homerische Ilium auf den Höhen von Bunarbaschi gestanden habe. Unglücklicherweise aber, wie es sein Werk und seine Karte der Ebene von Troja beweisen, kannte Lechevalier nur vom Hörensagen die von ihm mit dem Namen Ilium Novum getaufte Stadt Ilium, niemals hat er sich die Mühe gegeben,

---

[34] »das heutige Ilion«

selbst hierherzukommen, und er hat so den höchst lächerlichen Irrtum begangen, sein Neu-Ilium 6 Kilometer von hier, jenseits des Skamander, bei Kumkalé, auf seine Karte zu setzen.

Ich erstaune, wie Herrn Nikolaïdes die Nachricht zugekommen ist, daß die Stadt, welche er Ilium Novum nennt, im 6. Jahrhundert v. Chr. von den Astypaläern gegründet ist. Es scheint aber, daß er einfach im Strabo (XIII, 602) gelesen hat, daß die in Rhoeteum wohnenden Astypaläer am Simoïs die Stadt Polion erbauten (welcher Name in Polisma überging), die, da sie nicht von der Natur befestigt war, bald zerstört wurde, und daß er diese Mitteilung Strabos irrtümlich dahin abänderte, daß die Astypaläer im 6. Jahrhundert v. Chr. Ilium Novum gebaut hätten. Im darauffolgenden Satz sagt Strabo, daß die Stadt (Ilium) unter der Herrschaft der Lydier 797 v. Chr. anfing. Woher kann Herr Nikolaïdes Kunde haben, daß der Bau der Stadt im 6. Jahrhundert stattgefunden hat?

Herr Nikolaïdes sagt weiter, daß Homer jedenfalls die Nachkommen des Äneas in Troja hat herrschen sehen, indem er sonst nicht die prophetischen Worte:

> νῦν δὲ δὴ Αἰνείαο βίη Τρώεσσιν ἀνάξει
> καὶ παίδων παῖδες, τοί κεν μετόπισθε γένωνται[35]

(Ilias, XX, 307–308) dem Poseidon hätte in den Mund legen können. Auch ich war immer derselben Ansicht, bis meine Ausgrabungen dieselbe als irrig erwiesen und über jeden Zweifel herausstellten, daß Troja von Grund aus zerstört und von einem anderen Volk wieder aufgebaut wurde. Als weiterer Beweis, daß das homerische Ilium auf den Höhen von Bunarbaschi lag, führt Herr Nikolaïdes an, daß die Trojaner einen Kundschafter auf dem Grabhügel des Äsyetes aufgestellt hatten, um zu erspähen, wann die Achäer aus den Schiffen hervorstürmen würden, und er meint, daß, des geringen Abstandes vom Hellespont wegen, dies Spähen überflüssig und widersinnig gewesen sein würde, wenn, wie ich sage, Troja auf der Baustelle von Ilium, welches Herr Nikolaïdes Ilium Novum nennt, gestanden hätte. Ich erstaune auch über diese Bemerkung des Herrn Nikolaïdes, denn wie er aus seiner eigenen Karte der Ebene von Troja ersehen kann, ist die Entfernung von hier bis zum Hellespont 6 Kilometer oder 1½ Stunde Wegs, während kein menschliches Auge Menschen in einer Entfernung von 2 Kilometer erkennen kann, und noch viel weniger dies auf 6 Kilometer Abstand möglich ist. Herr Nikolaïdes indessen erkennt den Grabhügel des Äsyetes in dem 13 Kilometer oder 3½ Stunden Wegs vom Hellespont entfernten, Udjek-Tépé genannten

---

[35] Jetzt aber wird des Aeneas Gewalt die Troer beherrschen,
     Kinder und Kindeskinder, in ferner Zeit noch geboren!«
     (Übersetzung von Hans Rupé. Artemis Verlag München ⁹1989)

Grabhügel. In einer solchen Entfernung aber erkennt das menschliche Auge kaum die größten Schiffe und niemals Menschen.

Ebenfalls durchaus falsch ist die Behauptung des Herrn Nikolaïdes, daß bei Hissarlik gar keine Quelle sei. Ein Unglück wäre es für mich, wenn dies wahr wäre, denn ich habe meinen 130 Arbeitern stets frisches Trinkwasser zu geben; aber, Gott sei Dank, dicht bei meinen Ausgrabungen, gerade unter den Trümmern der Stadtmauer, sind zwei schöne Quellen, von denen die eine sogar doppelt ist. Auch ist die Behauptung des Herrn Nikolaïdes irrig, daß zwischen Hissarlik und dem Hellespont der Skamander weder fließe noch jemals geflossen sei. Denn, wie gesagt, der Skamander muß einst das auf Herrn Nikolaïdes' Karte vergessene, große, herrliche Bett des Kalifatli-Asmak innegehabt haben, welches unweit des Caps von Rhoeteum in den Hellespont mündet.

Endlich ist durchaus falsch die Angabe des Herrn Nikolaïdes, daß der Berg Hissarlik, wo ich grabe, am äußersten Nordostende der Ebene von Troja liege; denn, wie jeder mit einem Blick auf die Karte sehen kann, erstreckt sich die Ebene von Troja noch 1½ Stunde lang und ½ Stunde breit vom Berge Hissarlik mehr nach Nordosten, und sie endet erst am Fuß der Anhöhen von Renköi und der alten Stadt Ophrynium.

Begreiflicherweise habe ich bei meinen übermenschlichen Arbeiten nie einen Augenblick freie Zeit und kann unmöglich meine teure Zeit mit eitlen Schwätzereien verlieren. Ich bitte daher Herrn Nikolaïdes, nach Troja zu kommen, um sich mit eigenen Augen zu überzeugen, daß ich in der Widerlegung seiner falschen Angaben alles der reinsten Wahrheit gemäß so geschildert habe, wie ich es hier vor mir sehe.«

# XI.

Mein letzter Bericht war vom 18. Juni. Da ich bei der Größe meiner Ausgrabungen gar nicht imstande bin, mit weniger als 120 Mann zu arbeiten, so habe ich, der Erntezeit wegen, schon seit dem 1. Juni den Tagelohn auf 12 Piaster erhöhen müssen und würde selbst dadurch nicht imstande gewesen sein, die nötige Zahl von Leuten zusammenzubringen, hätte nicht Herr Max Müller, der würdige deutsche Konsul in Gallipoli, die Güte gehabt, mir 40 Arbeiter von dort zu schicken. Infolgedessen habe ich selbst in der schwersten Erntezeit immer 120 bis 130 Arbeiter gehabt, und jetzt, wo die Ernte beendigt ist, habe ich beständig 150. Zur Erleichterung der Arbeiten habe ich mir durch die Güte des englischen Konsuls, Herrn Charles Cookson in Konstantinopel, 10 man-carts angeschafft, die von zwei Mann gezogen und von einem dritten geschoben werden. Derselbe hat außerdem 20 Schiebkarren geschickt, so daß ich jetzt mit 10 man-carts und 88 Schiebkarren arbeiten lasse. Ich halte aber außerdem noch sechs Schuttwagen mit Pferden, wovon jeder 5 Frs. täglich kostet, und somit übersteigen die Gesamtkosten der Ausgrabungen täglich 400 Frs. Außer Böcken, Ketten und Winden bestehen meine Werkzeuge aus 24 großen eisernen Hebeln, 108 Spaten und 103 Hacken, alle besten englischen Fabrikats. Es wird von Sonnenaufgang bis Sonnenuntergang eifrig gearbeitet, denn ich habe drei tüchtige Aufseher, und meine Frau und ich sind stets bei den Arbeiten. Dennoch kann ich nicht rechnen, daß ich jetzt mehr als 300 Kubikmeter Schutt täglich fortschaffe, denn die Entfernung wird immer größer und übersteigt an mehreren Stellen schon 80 Meter, und außerdem ist auch der beständige Nordsturm, der uns den Staub fortwährend in die Augen treibt und uns blendet, bei den Arbeiten äußerst hinderlich. Dieser immerwährende Sturm erklärt sich vielleicht dadurch, daß zunächst das Meer von Marmara und dann das Schwarze Meer durch eine verhältnismäßig so enge Wasserstraße mit dem Ägäischen Meer verbunden sind. Da man aber solche fortwährenden Stürme sonst nirgends in der Welt kennt, so muß Homer in der Ebene von Troja gelebt haben, denn sonst könnte er seiner Ἴλιος nicht so oft das treffende Beiwort »ἠνεμόεσσα« (das windige oder stürmische) geben, welches er sonst keinem anderen Ort gibt.

Wie bereits erwähnt, habe ich in 12 Meter senkrechter Tiefe unter dem Berggipfel, auf der Baustelle des wahrscheinlich von Lysimachos gebauten Tempels, eine unten 31, oben 34 Meter breite Plattform getrieben, die bereits eine Länge von

25 Meter erreicht hat. Aber zu meinem größten Schrecken sehe ich, daß ich sie um wenigstens 5 Meter zu hoch angelegt habe, denn ich bin trotz der großen Tiefe und der großen Entfernung vom Abhang des Berges noch immer in den Schutthaufen der griechischen Kolonie, während ich sonst am nördlichen Abhang des Berges gewöhnlich schon in weniger als 2 Meter Tiefe die Trümmer des vorhergehenden Volkes erreichte. Diese ganze Plattform um 5 Meter tiefer zu graben, würde eine Riesenarbeit sein, für welche ich jetzt, der vorgerückten Jahreszeit wegen, nicht mehr die Geduld habe. Um aber jedenfalls baldmöglichst zu erforschen, was in den Tiefen dieses Tempels steckt, habe ich mich damit begnügt, genau 5 Meter unterhalb der Plattform und in deren Mitte einen oben 8, unten 4 Meter breiten Einschnitt zu machen, welcher, da ich ihn gleichzeitig von unten und auf zwei Terrassen grabe, schnell fortschreitet.

Es sind seit der Entdeckung des Sonnengottes mit den vier Pferden viele Marmorblöcke mit Darstellungen von Sonnen und Blumen gefunden, jedoch keine Skulpturen von Wichtigkeit. Von anderen Gegenständen kam in dieser Tempelausgrabung bis heute sehr wenig zum Vorschein: nur wenige runde Stücke Terrakotta mit der gewöhnlichen Verzierung der von drei, vier oder fünf dreifachen oder vierfachen aufgehenden Sonnen umgebenen Zentralsonne; Messer aus Silex in Form von Sägen, einige niedliche Terrakotta-Figuren, worunter eine Priesterin mit sehr ausdrucksvollen assyrischen Gesichtszügen, mit feuerrotem und grünem Gewand und mit rotem Tuch um den Kopf; auch ein kleiner Napf, dessen unteres Ende einen Mausekopf vorstellt. Die Maus war bekanntlich als ein von Erddünsten begeistertes Tier und als Symbol der Weissagung dem Apollo geweiht. Auch soll nach Strabo (XIII, 613) Apollo den von Kreta ausgewanderten Teukrern durch Mäuse den Ort angezeigt haben, wo sie sich ansiedeln sollten. Der Napf mit dem Mausekopf beweist aber ebensowenig wie die den Sonnengott mit vier Pferden darstellende Metope, daß der hier von Lysimachos gebaute Tempel dem Apollo geweiht war.

In meinen übrigen Ausgrabungen kam seit meinem letzten Bericht wiederum eine ungeheure Menge runder Stücke Terrakotta zum Vorschein und darunter, in 4 bis 10 Meter Tiefe, besonders viele mit drei, vier oder fünf 卐 um die Zentralsonne. Eins aus 7 Meter Tiefe, dessen Abbildung ich Tafel 9, Nr. 295 gebe, zeigt die Zentralsonne umgeben von sechs Sonnen, durch deren jede eine 卐 geht; auf einem anderen, in 10 Meter Tiefe gefundenen, hat die Zentralsonne anstatt Strahlen 12 Bäume; auf einem dritten, aus 5 Meter Tiefe stammenden, hat die Sonne sieben Strahlen in der Form von Angelhaken, einen in Form einer Drei und zwei in Gestalt des phönizischen Buchstaben Nun, darauf folgen 12 Strahlenschweife, in deren jedem vier Sternchen sind; auf einem vierten Stück, welches ich in 5 Meter Tiefe fand, sieht man vier aufgehende Sonnen und einen Baum im Kreis um die Sonne. Sehr häufig finde ich zwischen den aufgehenden Sonnen drei oder vier auf die Zentralsonne zugehende Reihen von je drei Punkten, die, wie bereits erwähnt, nach Herrn E. Burnouf in den persischen Keilinschriften »königliche Majestät« bedeuten. Bestimmt soll dieses Symbol auch hier den Sonnengott verherrlichen. Es kommen in 7 bis 10 Meter Tiefe auch runde Stücke Terrakotta vor, auf denen die ganze Fläche um die Sonne mit Sternchen ausgefüllt ist und man außerdem nur eine 卐 sieht.

In den letzten Tagen sind auch in den Schuttschichten des homerischen Iliums auf dem Urboden, in 14 und bis 11 Meter Tiefe, viele ausgezeichnet gearbeitete, runde, glänzend schwarze Stücke Terrakotta gefunden; die meisten derselben sind viel platter als die in den höheren Schichten vorkommenden und einem Rad ähnlich; manche haben die Gestalt von großen platten Knöpfen; es kommen aber auch oft Stücke in Form des Karussells und des Vulkans vor, die sich nur durch die Feinheit der Terrakotta und durch bessere Arbeit von denen in den höheren Trümmerschichten unterscheiden. Die Verzierungen dieser urältesten Stücke sind aber im allgemeinen viel einfacher als die der oberhalb 10 Meter Tiefe vorkommenden und beschränken sich meistenteils auf die Darstellung der Sonne mit ihren Strahlen oder mit Sternen zwischen letzteren oder auf die Sonne in der Mitte eines einfachen Kreuzes oder in der Mitte von vier oder fünf doppelten oder dreifachen aufgehenden Sonnen. In 6 Meter Tiefe wurde abermals eine runde Terrakotta in der Form eines Vulkans gefunden, auf dem drei Antilopen im Kreis um die Sonne dargestellt sind.

In einer Tiefe von 5 bis 8 Meter kommen viele Terrakotta-Kugeln vor, deren Oberfläche oft in acht Felder abgeteilt ist; diese enthalten eine große Menge von entweder durch Kreise umschlossenen oder auch freistehenden kleinen Sonnen und Sternen; die meisten Kugeln sind aber ohne Abteilungen und mit Sternen bedeckt; auf einigen sieht man auch die 卐 und den Lebensbaum, der, wie bereits erwähnt, auf einer aus 8 Meter Tiefe stammenden Kugel Sterne zwischen seinen Zweigen hat.

Unter den Tausenden und Abertausenden der hier von der Oberfläche bis 14 und 16 Meter Tiefe, also vom Ende der griechischen Kolonie bis zu den Trümmerschichten der ersten Einwohner des homerischen Troja vorkommenden runden Stücke Terrakotta in Form des Vulkans, des Karussells oder des Rades habe ich noch nicht ein einziges mit symbolischen Zeichen bedecktes gesehen, auf welchem ich die geringste Spur hätte entdecken können, daß es zu irgendeinem häuslichen Gebrauch benutzt worden wäre; dagegen finde ich zwischen denen, welche ohne Verzierungen sind, einige wenige in der Form des Vulkans, vielleicht zwei unter hundert, deren oberer Teil deutliche Spuren der Abreibung und somit des Gebrauchs am Spinnrad oder in Webstühlen zeigen. Daß diese herrlichen, oft mit den feinsten, kunstvollsten eingravierten Zeichnungen bedeckten Stücke als Gewichte an Fischernetzen gedient haben sollten, daran ist nicht im entferntesten zu denken, denn abgesehen von allen anderen dagegensprechenden Gründen, haben Stücke aus Terrakotta nicht die nötige Schwere und werden natürlich beim Gebrauch im Wasser sogleich verdorben.

Herr E. Burnouf schreibt mir, daß diese höchst merkwürdigen Stücke entweder von den Trojanern und ihren Nachfolgern als Amulette getragen oder bei ihnen als Münzen im Gebrauch gewesen sein müssen. Beides scheint mir aber unmöglich. Als Amulette sind sie viel zu groß und schwer, denn sie haben 3,5 und selbst 6 Zentimeter im Durchmesser und 1 bis 5 Zentimeter Höhe; auch würde es ungemein unbequem sein, auch nur ein einziges dieser schweren Stücke um den Hals oder auf der Brust zu tragen. Der Gebrauch derselben als Münzen scheint mir wegen der religiösen symbolischen Zeichen nicht denkbar; auch müßten sie, als Münzen benutzt, durch den fortwährenden Austausch abgenutzt sein. Dann scheint gegen den Gebrauch als Münzen auch die weiße Masse zu sprechen, mit der die Verzierungen ausgefüllt sind und die bei dem fortwährenden Wandern von Hand zu Hand gar bald hätte verschwinden müssen; ferner der Umstand, daß sie auch in den Trümmerschichten der griechischen Kolonie vorkommen, in denen ich viele kupferne, auch einige silberne Münzen von Ilium finde. Übrigens sind letztere meistens aus der römischen Kaiserzeit, und ich kann nicht mit Bestimmtheit behaupten, daß sie über unsere Zeitrechnung hinausgehen. Es finden sich indes Münzen von Sigeion, die wahrscheinlich aus dem 2. Jahrhundert vor Christus sind, denn diese Stadt war schon zu Strabos Zeit zerstört.

In 14 Meter Tiefe finde ich unter anderen merkwürdigen Gegenständen kleine runde Näpfe von nur 4½ Zentimeter Durchmesser; einige derselben haben am Rande des Bodens herum vier Füßchen mit einem durchgehenden Loch, während sich ein fünftes Füßchen ohne Loch in der Mitte befindet. Andere Näpfe gleicher Größe haben vier Füßchen, wovon nur zwei ein durchgehendes Loch haben. Ich vermute, daß alle diese Näpfchen, welche sowohl hingestellt als aufgehängt werden konnten, den alten Trojanern als Lampen gedient haben. Bei keiner der drei folgenden Nationen finde ich eine Spur von Lampen, und erst in weniger als 1 Meter Tiefe griechische λύχνοι[36].

In 2 Meter Tiefe fand ich in den Trümmern eines Hauses eine große Masse von ganz kleinen, nur 2 Zentimeter hohen und 1 Zentimeter breiten Näpfchen mit ihren Deckelchen, deren Gebrauch mir unbekannt ist. In 4 bis 7 Meter Tiefe finde ich grobe, in 7 bis 10 Meter Tiefe feinere, und in 13 bis 14 Meter Tiefe sehr feine kleine flache Schälchen von 5 bis 8 Zentimeter im Durchmesser, die zwei sich gegenüberstehende Löcher haben und deren Gebrauch mir vollends ein Rätsel ist. In allen diesen Tiefen finde ich auch 7 bis 8 Zentimeter lange und am breiten Ende nur 3 bis 3½ Zentimeter im Durchmesser habende Trichter, welche in den oberen

---

[36] »Lampen«

Schichten aus sehr schlechtem Ton sind, aber allmählich mit zunehmender Tiefe besser werden und in 14 Meter Tiefe aus sehr guter Terrakotta sind. Höchst merkwürdig aber ist es, daß diese seltsame, ganz unpraktische Art von Trichtern, wovon ich mehrere photographieren lassen werde, sich in ganz unveränderter Gestalt von der Gründung der Stadt ab bei allen Völkern erhalten hat, die vor der griechischen Kolonie Ilium bewohnt haben. Auch finde ich in 4 bis 7 Meter Tiefe grobe, 10 Zentimeter lange, und in 7 bis 10 Meter Tiefe feingearbeitete, 4 bis 7 Zentimeter lange Terrakottas in der Form des primitiven, aus einem ausgehöhlten Baumstamm bestehenden Kahns, welche als Salz- oder Pfefferfässer gebraucht sein mögen; mehrere derselben habe ich mit flachen Deckeln gefunden. In den trojanischen Schuttschichten kommen diese Gefäße nicht vor. Miniaturvasen und Töpfe von 3 und 4 Zentimeter Höhe kommen in allen Trümmerschichten von 3 bis 10 Meter Tiefe viel vor, und ich werde hundert von den besseren photographieren lassen; in 14 bis 16 Meter Tiefe kamen nur drei Miniaturtöpfe vor, unter denselben aber ist einer von nur 2½ Zentimeter Höhe. In 5 Meter Tiefe fand sich ein ganz geschlossenes irdenes Gefäß mit einem Henkel von oben, welches als Glocke gebraucht zu sein scheint, denn es sind Stücke Metall darin, welche klingeln, wenn man schüttelt.

Von Bechern mit Eulenköpfen und Helm kamen seit meinem letzten Bericht zwei in 3 und 3½, zwei in 5 und einer in 8 Meter Tiefe zum Vorschein. Erstere sind von schlechter Terrakotta und kunstlos, jene von 5 Meter Tiefe sind schon viel feiner gearbeitet und von besserem Ton, während der Becher aus 8 Meter Tiefe so schön ist, daß man sagen möchte, er stelle das wirkliche Porträt der Göttin mit dem Eulengesicht dar. Von jenen herrlichen roten Bechern in der Form großer Champagnergläser, ohne Fuß und mit zwei ungeheuren Henkeln, wurden dieser Tage viele gefunden, darunter einer von 27 Zentimeter Höhe; ich fand aber bereits einen von 32 Zentimeter Höhe. Auch kamen in den letzten Tagen aus 8 bis 10 Meter Tiefe viele Töpfchen vor mit drei Füßchen mit Röhren an den Seiten und Löchern im Munde zum Aufhängen und mit hübschen eingeschnittenen Verzierungen. Im ganzen genommen kamen in den letzten Tagen aus allen Schuttschichten viele schöne Terrakottas zum Vorschein.

Ich muß noch eine jener sehr niedlichen Vasen beschreiben, die in 7 bis 10 Meter Tiefe häufig vorkommen und entweder zwei geschlossene Henkel oder anstatt derselben zwei Griffe mit durchgehenden Löchern und, in gleicher Richtung, zwei Löcher im Munde haben, daher hingestellt oder mittels der durch die vier Löcher gezogenen Schnüre aufgehängt werden können. Sie haben in den meisten Fällen ringsherum Verzierungen, welche gewöhnlich oben und unten aus drei parallelen, horizontal herumlaufenden Strichen bestehen, zwischen welchen sich 24 senkrechte, ebenfalls parallel laufende Linien befinden; die durch letztere gebildeten Räume sind abwechselnd mit drei oder sechs Sternchen angefüllt. Es kommen auch, obwohl selten, in 7 bis 10 Meter Tiefe Vasen mit keilförmigen Verzierungen vor. Ich erinnere aber daran, daß alle Verzierungen, die hier von 10 bis 2 Meter Tiefe vorkommen, immer nur mehr oder weniger kunstvoll in die Terrakottas eingraviert sind, als diese noch weich und ungebrannt waren, daß alle Vasen immer nur eine eintönige Farbe haben, die ganz ordinären Töpfe aber in den meisten Fällen ungefärbt sind, und daß von Malerei in diesen Tiefen nie eine Spur vorkommt, mit Ausnahme einer sonderbaren, in 8 Meter Tiefe gefundenen Dose in Form einer Schachtel, welche drei Füße und Löcher zum Aufhängen hat; dieselbe ist auf gelbem Grund auf allen Seiten mit roten, gemalten Verzierungen geschmückt und trägt auf dem Deckel eine große 卐 oder ein diesem sehr ähnliches symbolisches Zeichen der Maya, der Feuermaschine unserer arischen Urväter. Ihrer Merkwürdigkeit wegen werde ich diese Dose von allen Seiten photographieren lassen.

In den Schuttschichten der alten Trojaner, in 14 bis 16 Meter Tiefe, habe ich auch nur das eine bereits früher beschriebene Bruchstück einer Vase mit wirklicher Malerei gefunden, welches Tafel 27, Nr. 722 (siehe S. 28) abgebildet ist; alle sonst in denselben vorkommenden Gefäße, selbst die runden Terrakottastücke in der Gestalt des Rades, des Vulkans oder des Karussells haben eine glänzend schwarze, rote oder braune Farbe, und die Verzierungen sind kunstvoll eingeschnitten und mit einer weißen Masse ausgefüllt, damit sie mehr in die Augen fallen.

Da in den der dunklen Nacht vorgriechischer Zeit angehörigen Trümmern jeder Gegenstand, der Spuren menschlichen Kunstsinns trägt, eine Seite der Geschichte für mich ist, so muß ich vor allen Dingen dafür sorgen, daß mir nichts entgeht, ich bezahle daher meinen Arbeitern ein Trinkgeld von 10 Paras (5 Centimes) für jeden Gegenstand, der den geringsten Wert für mich hat, also auch für jedes runde Stück Terrakotta mit religiösen Symbolen. Und, wer sollte es glauben, ungeachtet der ungeheuren Masse derartiger vorkommender Stücke versuchen meine Arbeiter manchmal auf den unverzierten Stücken Verzierungen zu machen, um den Preis zu verdienen; besonders die Sonne mit ihren Strahlen ist der Gegenstand ihres Kunstfleißes. Ich erkenne natürlich die gefälschten Symbole auf der Stelle, bestrafe auch die Fälscher immer mit einem Abzug von 2 Piastern vom Tagelohn, aber bei dem fortwährenden Wechsel der Arbeiter wird die Fälschung doch noch immer von Zeit zu Zeit versucht.

Da ich bei meinen vielen Arbeiten nicht die Namen aller meiner Arbeiter im Gedächtnis behalten kann, so nenne ich sie je nach ihrem mehr oder weniger gottesfürchtigen, militärischen oder gelehrten Aussehen: Derwisch, Mönch, Pilgrim, Korporal, Doktor, Schulmeister usw. und kaum habe ich einen solchen Namen gegeben, so wird der gute Mann von allen bei demselben so genannt, solange er bei mir ist. Auf diese Weise habe ich viele Doktoren, von denen keiner lesen oder schreiben kann.

Gestern fand ich wieder in 13 Meter oder 43½ Fuß Tiefe, zwischen den Steinen des alten Troja, zwei Kröten, welche davonhüpften, sobald sie sich in Freiheit sahen.

Die Zahl der an der Nordseite von Ilium befindlichen Quellen habe ich in meinem letzten Bericht noch nicht ganz genau angegeben. Ich habe jetzt alle Quellen selbst untersucht, ihre Entfernung von meinen Ausgrabungen gemessen und kann Nachstehendes darüber mitteilen: Die erste gerade unter den Trümmern der alten Stadtmauer befindliche Quelle ist genau 365 Meter von meinen Ausgrabungen entfernt; ihr Wasser hat eine Temperatur von 16 Grad Celsius oder 12⁴∕₅ Réaumur; sie hat eine 2 Meter hohe und 2 Meter 80 Zentimeter breite Einfassung von mit Zement verbundenen großen Steinen, und vor ihr stehen zwei steinerne Tröge zum Tränken des Viehs. Die zweite, ebenfalls noch unter den Ruinen der alten Stadtmauer befindliche Quelle ist genau 725 Meter von meinen Ausgrabungen entfernt; sie hat eine ähnliche, 2 Meter 10 Zentimeter hohe, 1 Meter 50 Zentimeter breite Einfassung von großen Steinen und ebenfalls eine Temperatur von 16 Grad Celsius; sie ist aber in Unordnung, und das Wasser läuft nicht mehr durch die steinerne Röhre der Einfassung, sondern auf der Erde, ehe es letztere erreicht. Die in meinem letzten Bericht erwähnte doppelte Quelle ist genau 945 Meter von meinen Ausgrabungen entfernt; sie besteht aus zwei verschiedenen Quellen, die in einer 2 Meter 10 Zentimeter hohen, 7 Meter breiten Einfassung von durch Zement verbundenen großen Steinen durch zwei nebeneinanderliegende steinerne Röhren auslaufen und eine Temperatur von 17 Grad Celsius oder 13⅗ Grad Réaumur haben. Vor diesen beiden Quellen, von denen Tafel 107* eine Photographie gibt, stehen sechs steinerne Tröge, die so gestellt sind, daß der Überfluß des Wassers immer aus dem ersten Trog der Reihe nach durch alle anderen läuft. Höchstwahrscheinlich sind dies die beiden von Homer (Ilias, XXII, 145–148) erwähnten Quellen, bei denen Hektor getötet wurde, und wenn der Dichter die eine derselben als siedend heiß, die andere als eiskalt beschreibt, so kann dies wohl nur metaphorisch zu verstehen sein; denn das Wasser dieser beiden Quellen läuft in den nahe davor fließenden Simoïs und durch diesen in den Kalifatli-Asmak, dessen ungeheures Bett einst das des Skamander gewesen ist; letzterer aber entspringt bekanntlich im Idagebirge aus einer heißen und einer kalten Quelle.

Ich bemerkte in meinem letzten Aufsatz, daß der Dumbrek-Su (Simoïs) auch heute noch nördlich von Ilium in jenes ehemalige Bett des Skamander fließt, und sagte nachher, daß ein Arm desselben beim Cap Rhoeteum ins Meer geht; dies bedarf einer Erklärung. Die Quellen des Simoïs sind acht Stunden von hier entfernt, und obgleich bis zum nahen Dorf Chalil-Köi viermal Kanäle zum Treiben von Wassermühlen von ihm abgeleitet sind, so hat er doch bis zu jenem Dorf, selbst im heißesten Sommer, in seinem großen Flußbett immer einen

Überfluß von Wasser. In Chalil-Köi aber teilt er sich in zwei Arme, von denen der eine, nachdem er eine Mühle getrieben hat, in nordwestlicher Richtung in die Ebene geht, ungeheure Sümpfe bildet und sich in zwei Arme teilt, wovon der eine mit dem von Chalil-Köi in westlicher Richtung fließenden Arme wieder zusammenfließt und sich gleich darauf in den Kalifatli-Asmak, das frühere Bett des Skamanders, wirft. Der andere Arm aber des von Chalil-Köi in nordwestlicher Richtung fließenden Simoïs wendet sich, nachdem er bei Kum-Köi durch einen künstlichen Kanal Zufluß vom Kalifatli-Asmak erhalten hat, ganz nach Norden und fließt unter dem Namen Intépé-Asmak in einem gewaltig breiten Flußbett, welches jedenfalls früher dem Kalifatli-Asmak und im hohen Altertum dem Skamander gehört hat, neben dem Intépé genannten Grab des Ajax in den Hellespont. Ich mache darauf aufmerksam, daß der Name Ajax (Αἴας gen. Αἴαντος) selbst in diesem türkischen Namen wiederzuerkennen ist; Tépé heißt Hügel.

Auf den Artikel des Herrn Nikolaïdes zurückkommend, kann ich jetzt auch seine Behauptung widerlegen, daß es bei Ilium, wo ich grabe, keinen Hügel gebe, den man für das von Homer (Ilias, II, 811–815) beschriebene Grabmal der Batieia oder der Amazone Myrine ansehen könnte. Strabo (XIII, I, S. 109) führt unter anderem als Beweis gegen die Identität von Ilium und dem Ilium des Priamos die Verse der Ilias (II, 791–794) an:

εἴσατο δὲ φϑογγὴν υἷϊ Πριάμοιο Πολίτῃ,
ὅς Τρώων σκοπὸς ἷζε ποδωκείῃσι πεποιϑώς,
τύμβῳ ἐπ' ἀκροτάτῳ Αἰσυήταο γέροντος,
δέγμενος, ὁππότε ναῦφιν ἀφορμηϑεῖεν Ἀχαιοί.[37]

Strabo fügt hinzu: »Wenn Troja auf der Baustelle des derzeitigen Ilium gestanden hätte, so würde Polites die Bewegungen der Griechen bei den Schiffen besser von der Höhe von Pergamos aus haben beobachten können als vom Grabmal des Äsyetes, welches auf dem Weg nach Alexandria Troas, 5 Stadien (925 Meter) von Ilium liegt.«

Strabo hat durchaus darin recht, daß man das griechische Lager besser von der Höhe der Pergamos hätte sehen müssen als von einem auf dem Weg nach Alexandria Troas, 5 Stadien von Ilium gelegenen Grab, denn Alexandria Troas liegt südwestlich von Ilium, und der Weg dahin, der durch die Furt des Skamander

---

[37] »Gleich an tönender Stimme des Priamos Sohn Polites,
Der als Wächter der Troer, den hurtigen Fersen vertrauend,
Oben saß auf dem Grabe von Äsyetes, dem Greise,
Spähend, wann die Achäer entstürmten dem Lager der Schiffe.«
(Übersetzung von Hans Rupé. Artemis Verlag, München ⁹1989)

bei seinem Eintritt ins Tal genau bezeichnet ist, geht bis vor Bunarbaschi genau südlich, während der Hellespont und das Lager der Griechen nördlich von Ilium liegen. Nun sehe ich im Süden von Ilium, genau in der Richtung, in welcher die Straße von Alexandria Troas gewesen sein muß, einen 10 Meter hohen Grabhügel vor mir, der 120 Meter im Umfang hat und nach meiner genauen Messung 930 Meter von der südlichen Stadtmauer entfernt ist. Notwendigerweise muß daher dies das Grab sein, von welchem Strabo schreibt; offenbar aber ist er rücksichtlich der Identität desselben mit dem Tumulus des Äsyetes durch Demetrios von Skepsis irregeführt worden, welcher durch die Lage dieses Grabes, in gerader Linie zwischen dem griechischen Lager und dem Dorf der Ilier (Ἰλιέων κώμη), letzteres als die Baustelle von Troja nachweisen wollte. Der Grabhügel des Äsyetes ist vermutlich im jetzigen Dorf Kum-Köi, unweit des Zusammenflusses des Skamander und des Simoïs gewesen, denn noch heute sieht man dort die einige Meter hohen Reste eines Heldengrabes.

Das vor mir liegende Grab liegt vor Troja, aber seitwärts in der Ebene, und entspricht in dieser Lage vollkommen den Angaben, welche uns Homer (Ilias, II, 811–815) für die Lage des Grabes der Batieia oder der Amazone Myrine gibt: »προπάροιθε πόλιος«[38] und »ἐν πεδίῳ ἀπάνευθε«[39]. Dieses Grab wird jetzt Pascha-Tépé genannt.

Eine Idee von der bedeutenden Bevölkerung Iliums zur Zeit des Lysimachos geben unter anderem die ungeheuren Dimensionen des von ihm gebauten Theaters, welches sich neben der Pergamos, wo ich grabe, befindet und dessen Bühne eine Breite von 60 Meter hat.

Die Tageshitze von 32 Grad Celsius bemerkt man hier gar nicht infolge des fortwährenden Sturms, und die Nächte sind kühl und erfrischend.

Nächst dem unaufhörlichen, unerträglichen Sturm ist die hiesige ungeheure Menge von Insekten und Ungeziefer aller Art unsere größte Plage; besondere Angst aber haben wir vor den Skorpionen und den sogenannten Vierzigfüßlern (Σαραντοπόδια), die oft von der Decke des Zimmers auf uns oder neben uns niederfallen und deren Biß tödlich sein soll.

Ich kann nicht schließen, ohne eine höchst merkwürdige Persönlichkeit, den Krämer Konstantinos Kolobos, in dem in der Ebene von Troja gelegenen Dorfe Neo-Chorion, zu erwähnen, welcher, obwohl ohne Füße geboren, dennoch im Kleinhandel, in einem armseligen Dorf, ein bedeutendes Vermögen erworben hat. Aber sein Talent ist nicht allein auf den Handel beschränkt, es dehnt sich auch auf Sprachkenntnis aus, und obwohl Kolobos mit den rohen, unwissenden Dorfjungen aufgewachsen ist und nie einen Lehrer gehabt hat, so ist es ihm dennoch durch

---

[38] »vor der Stadt«
[39] »fernab in der Ebene«

Selbstunterricht gelungen, sich die italienische und französische Sprache so eigen zu machen, daß er beide fertig schreibt und spricht. Auch im Altgriechischen hat er es durch mehrmaliges Abschreiben und Auswendiglernen eines großen etymologischen Lexikons und durch das Lesen aller Klassiker zu einer bewunderungswürdigen Fertigkeit gebracht und weiß ganze Rhapsodien der Ilias auswendig. Wie jammerschade ist es, daß ein solches Genie ohne jeglichen Nutzen für die Welt in einem erbärmlichen Dorf der Troade verkümmern muß in der steten Gesellschaft ganz roher, unwissender Menschen, die ihn alle mit Bewunderung begaffen, von denen ihn aber niemand versteht.

# XII.

Bezugnehmend auf meinen Bericht vom 13. v. M. freut es mich jetzt melden zu können, daß ich bei der Ausgrabung in den Tiefen des Tempels, in einer Entfernung von 40 Meter vom Abhang des Berges und in einer senkrechten Tiefe von 10½ Meter, eine 2 Meter dicke und 3 Meter hohe Mauer fand, die aber, wie die Massen der vor ihr liegenden Steine zu beweisen scheinen, einst viel höher gewesen ist. Diese Mauer besteht aus großen, mit Erde zusammengesetzten Steinen, und wie die unter ihr schräg hinunterlaufenden Schuttschichten beurkunden, wurde sie einst auf dem steilen Abhang des Berges gebaut. Somit hat, seitdem die Mauer errichtet worden ist, der Berg auf dieser Stelle durch die Schuttaufhäufung um 40 Meter an Ausdehnung und um 13½ Meter an Höhe zugenommen. Ich habe noch nicht ermitteln können, ob diese Mauer als Unterbau eines alten trojanischen Tempels gedient hat, oder ob sie zu der, wie Homer (Ilias, XII, 452–453) sagt, von Poseidon und Apoll gebauten Ringmauer gehört. Ist letzteres der Fall, so darf es nicht auffallen, daß sie nur 2 Meter dick und vielleicht nie höher als 5 Meter gewesen ist, denn ich erinnere daran, daß der Berg an der Nordseite steil abläuft, der Abhang besonders an dieser Stelle sehr jäh ist. Unterhalb der Mauer fand ich fünf jener kleinen herrlichen, glänzenden, schwarzen, platten trojanischen Karussells, die dem Rad so ähnlich sind und die man auf den ersten Blick von allen anderen unterscheidet. Eines hat sechs Sonnen im Kreise um die Zentralsonne; ein anderes vier Sterne, die ein Kreuz um die Sonne bilden; ein drittes drei doppelte aufgehende Sonnen im Kreise um die Zentralsonne; ein viertes vier mit fünf Strichen versehene aufgehende Sonnen, die ein Kreuz um die Sonne bilden; ein fünftes drei dreifache aufgehende Sonnen um die Sonne. Auch viele Scherben von schwarzen trojanischen Gefäßen, die man durch ihre Feinheit und durch die an den Seiten befindlichen langen einfachen oder doppelten Röhren sogleich erkennt, fand ich unter der Mauer. Letztere geht von Westen nach Osten und sperrt mir somit den Weg ab, und hinter ihr kann ich den Schutt nicht herausholen, ohne den Kanal bedeutend zu erweitern, was zwischen den ungeheuren Erdwänden eine Riesenarbeit ist. Meinen Kanal in horizontaler Linie fortführend, bin ich gerade 2 Meter *unter* diese Mauer gekommen. Sehr interessant ist es, aus dieser senkrechten Tiefe von 15½ Meter oder 51 Fuß 4 Zoll dies uralte trojanische Bauwerk in 13½ bis 10½ Meter Tiefe und neben ihr die von Lysimachos gebaute Mauer fast unmittelbar an der Oberfläche und gleichsam in der Luft schweben zu sehen.

Auf der Südseite des Berges, wo ich wegen der Geringfügigkeit der natürlichen Senkung meinen großen Kanal mit einer Inklination von 14 Grad machen mußte, entdeckte ich in einer Entfernung von 60 Meter vom Bergabhang einen 12 Meter oder 40 Fuß dicken Turm, der mir ebenfalls den Weg sperrt und sehr lang zu sein scheint, und ich bin eifrig damit beschäftigt, rechts und links davon große Ausgrabungen zu machen, um ihn ganz ans Licht zu bringen, denn außer dem gewaltigen Interesse, welches dieser Turm für die Wissenschaft hat, muß ich auch notgedrungen einen Kanal graben zum Abfluß des Winterregenwassers, welches sonst von meiner 60 Meter langen, stark gesenkten Plattform mit Ungestüm auf den Turm stürzen und denselben beschädigen würde. Ich habe ihn auf der Nord- und der Südseite auf die ganze Breite meines Kanals bloßgelegt und mich überzeugt, daß er in 14 Meter oder 46½ Fuß senkrechter Tiefe auf den Felsen gebaut ist.

An die Nordseite des Turmes lehnt sich eine 20 Meter breite, 5 Meter hohe Anhöhe von Kalkerde, welche augenscheinlich von dem Schutt gemacht ist, den man abzugraben hatte, um den Felsen für den Aufbau des Turmes zu ebnen. Ich habe natürlich diese Anhöhe durchstochen und mich überzeugt, daß die Nord- seite des Turmes 5 Meter hoch über dem Felsen nicht gemauert ist, sondern aus großen, lose übereinanderliegenden Steinen besteht, und daß nur der obere, 1 Meter hohe Teil derselben aus wirklichem Mauerwerk besteht. Diese Anhöhe, die in Form eines Walles ist, diente also dazu, die Nordseite des Turmes zu konsolidieren und ohne Treppen ersteigbar zu machen. Die der Stadt und Ebene zugewandte Südseite des Turmes besteht aus sehr solidem Mauerwerk von durch Erde verbundenen, teils behauenen, teils unbehauenen Muschelkalksteinen. Diese Südseite des Turmes steigt unter einem Winkel von 75 Grad vom Felsen auf.

Wie ungeheuer die Schwierigkeiten sind, rechts und links vom Turm 46½ Fuß tiefe Ausgrabungen zu machen, wo der Schutt über 80 Meter weit weggeschleppt werden muß, davon kann sich nur derjenige eine Idee machen, der diesen Ausgrabungen beigewohnt hat. Da bei so großer Entfernung die Arbeit für die Schiebkarren und man-carts sehr ermüdend ist, so sind mir die von Pferden gezogenen Schuttkarren, deren ich jetzt sieben halte, von sehr großem Nutzen.

Wie der Turm jetzt ist, ist er nur 6 Meter oder 20 Fuß hoch, indessen die Natur seiner Oberfläche und die Massen der an beiden Seiten liegenden Steine scheinen zu beweisen, daß er einst viel höher war. Aber die Erhaltung dessen, was übrig ist, haben wir nur Trojas Trümmern zu verdanken, welche den Turm, so wie er jetzt ist, ganz und gar bedeckten. Wahrscheinlich blieb aus Trojas Zerstörung viel mehr von ihm erhalten, und der über die Trümmer der Stadt hervorragende Teil desselben wurde von den Nachfolgern der Trojaner vernichtet, welche weder Mauern noch Festungswerke hatten. Der westliche Teil des Turmes, soweit er bis jetzt bloßgelegt ist, ist nur 37 bis 38 Meter von dem steilen westlichen Abhang des

Berges entfernt, und in Betracht der enormen Schuttaufhäufung glaube ich daher, daß der Turm einst an der westlichen Kante der Akropolis gestanden hat, wo seine Lage höchst interessant und imposant war und man von ihm nicht nur die ganze trojanische Ebene, sondern auch das Meer mit den Inseln Tenedos, Imbros und Samothrake überschauen konnte. Es gab und gibt auf Trojas Baustelle keine erhabenere Lage als diese, und ich vermute daher, daß er Iliums großer Turm war, auf welchen Andromacha stieg, weil sie gehört hatte, die Trojaner seien bedrängt und gewaltig sei der Achäer Obmacht:

ἀλλ᾽ ἐπὶ πύργον ἔβη μέγαν Ἰλίου οὕνεκ᾽ ἄκουσε
τείρεσθαι Τρῶας, μέγα δὲ κράτος εἶναι Ἀχαιῶν.

(Ilias, VI, 386–387).[40]

Nachdem dieser Turm 31 Jahrhunderte lang tief unter dem Schutt begraben war und jahrtausendelang ein Volk nach dem anderen seine Häuser und Paläste hoch über seinem Gipfel erbaut hatte, ist er jetzt wieder ans Licht gekommen und übersieht, wenn auch nicht die ganze Ebene, doch wenigstens den nördlichen Teil derselben und den Hellespont. Möge dies heilige, erhabene Denkmal von Griechenlands Heldenruhm fortan auf ewige Zeiten die Blicke der durch den Hellespont Fahrenden fesseln, möge es ein Wallfahrtsort werden für die wißbegierige Jugend aller künftigen Generationen und sie begeistern für die Wissenschaft, besonders für die herrliche griechische Sprache und Literatur; möge es die Veranlassung werden zur baldigen vollständigen Aufdeckung von Trojas Ringmauern, die notwendigerweise mit diesem Turm, höchstwahrscheinlich auch mit der auf der Nordseite von mir bloßgelegten Mauer in Verbindung stehen müssen und deren Aufdeckung jetzt sehr leicht ist.

Die Kosten von Iliums Ausgrabung sind aber zu groß für Privatvermögen, und ich hoffe, es wird sich später eine Gesellschaft bilden oder eine Regierung beschließen, meine Exkavationen fortzusetzen, damit ich zur Ausgrabung der Akropolis von Mykene schreiten kann. Fürs erste setze ich die Ausgrabungen auf eigene Kosten fort, werde mich aber künftighin auf die allmähliche Bloßlegung der großen Ringmauern beschränken, welche jedenfalls in großer Tiefe unter der von Lysimachos erbauten Stadtmauer mehr oder weniger gut erhalten sind.

Ehe ich noch den geringsten Mauerrest von Ilium gesehen hatte, habe ich schon in meinen Aufsätzen wiederholt versichert, daß die ganze Stadt so gebaut war, wie es sich jetzt bei der Mauer und dem Turm herausstellt, nämlich aus mit Erde

---

[40] »Sondern sie stieg zum Turme von Ilios, weil sie vernommen,
  Daß die Achäer mit Übermacht die Troer bedrängten.«
  (Übersetzung von Hans Rupé. Artemis Verlag München ⁹1989).

verbundenen Steinen. Daß diese Bauart, wenn nicht älter, doch wenigstens ebenso alt ist wie die sogenannte zyklopische, das beweisen die auf gleiche Weise erbauten Mauern und Häuser in Thera (Santorin) und Therassia, welche bekanntlich unter drei Schichten vulkanischer Asche von 68 Fuß Dicke entdeckt sind. Letztere sind aber von einem wenigstens 3800 Fuß hoch gewesenen Zentralvulkan ausgeworfen, der, wie man allgemein annimmt, spätestens 1500 Jahre v. Chr. ins Meer versunken sein muß.

Auf der Baustelle des Tempels fand ich in 2 Meter Tiefe einen 1 Meter 57 Zentimeter hohen, 80 Zentimeter breiten und ebenso dicken, ungefähr 50 Zentner wiegenden Marmorblock mit nachstehender Inschrift:

```
      ΗΒΟΥΛΗΚΑΙΟΔΗΜΟ
      ΙΛΙΕΩΝΕΤΙΜΗΣΑΝΑΥ
      ΚΛΑΥΔΙΟΝΚΑΙΚΙΝΑΙ
      ΑΙΟΝΚΥΖΙΚΗΝΟΝΑ
   5  ΤΑΛΟΓΙΣΤΗΝΥΠΟΤΟ
      ΟΤΑΤΟΥΑΥΤΟΚΡΑΤΟΡΟ
      ΣΑΡΟΣΤΙΤΟΥΑΙΛΙΟΥΑΔ
      ΝΟΥΑΝΤΩΝΙΟΥΣΕΒΑ
      ΕΥΣΕΒΟΥΣΚ..ΙΠΟΛΛ
  10  ΜΕΓΑΛΑΤΗΙΠ..ΛΕΙΚΑΤΟ
      ΣΑΝΤΑΚΑΙΓ..ΡΑΣΧΟΝΤ
      ΤΕΤΗΛΟΓΙΣΤ..ΙΑΚΑΙΣΥ
      ΓΟΡΙΑΙΣΑΝΔ...ΠΑΣΗΣΤ
      ΑΞΙΟΝΑΡΕΤΗ..ΕΝΕΚΕΝΚ
  15  ΕΥΝΟΙΑΣΤΗΣΠΡΟΣΤΗ
            ΠΟΛΙΝ
```

Der erste in dieser Inschrift vorkommende Name, wovon ΑΥ erhalten ist, ist wohl ΑΥΛΟΣ; ΚΑΙΚΙΝΑΙ muß jedenfalls der Familienname sein und den lateinischen Ablativ andeuten. Ob der andere Name, wovon ΑΙΟΝ übrig ist, ΓΑΙΟΣ sein soll, wage ich nicht gewiß zu behaupten, halte es aber für wahrscheinlich. Die Inschrift, welche ich demnach wie folgt lese, ist namentlich gegen das Ende in schlechtem Griechisch abgefaßt: Ἡ βουλὴ καὶ ὁ δῆμος Ἰλιέων ἐτίμησαν Αὖλον Κλαύδιον Καικινᾶ Γάϊον Κυζικηνὸν ἄρχοντα λογιστὴν ὑπὸ τοῦ θειοτάτου αὐτοκράτορος Καίσαρος Τίτου Αἰλίου Ἀδριανοῦ Ἀντωνίνου Σεβαστοῦ εὐσεβοῦς καὶ πολλὰ καὶ μεγάλα τῇ πόλει κατορθώσαντα καὶ παράσχοντά τε τῇ λογιστείᾳ καὶ συνηγορίαις ἄνδρα πάσης τιμῆς ἄξιον ἀρετῆς ἕνεκεν καὶ εὐνοίας τῆς πρὸς τὴν πόλιν.[41]

Der in dieser Inschrift erwähnte Kaiser ist natürlich der im Jahre 138 n. Chr. zur Regierung gekommene und 161 verstorbene Antoninus Pius, und es kann nur irrtümlich sein, daß er hier Antonius genannt wird. Den Namen Hadrianus hat er von seinem Pflegevater, dem Kaiser Hadrian, und den Namen Aelius von des letzterem erstem Pflegesohn Aelius nach dessen Ableben angenommen.

Auf dem oberen Ende dieses Marmorblocks sind zwei Fußmarken, die eine bedeutend vor der anderen, von denen jede eine Länge von 39 Zentimeter hat, dieselben lassen keinen Zweifel übrig, daß auf diesem Block die kolossale Bildsäule des in der Inschrift gepriesenen Kyzikeners in der Stellung eines Redners stand. In der hinteren Fußmarke sieht man ein viereckiges, 4½ Zentimeter langes und breites Loch, in welches die eiserne Stange zur Befestigung der Statue gesteckt worden ist. Nach der Größe der Fußmarken ist die Bildsäule über 8 Fuß hoch gewesen, und da der Marmorblock, wie gesagt, 1 Meter 57 Zentimeter oder 5¼ Fuß hoch ist, so hatte das Ganze eine Höhe von mindestens 13¼ Fuß, und daraus läßt sich schließen, daß der Tempel, in welchem dieses Kunstwerk stand, sehr geräumig war.

Die Abgrabungen links und rechts vom Turm müssen leider von oben geschehen, was langsamer geht, aber den Vorteil gewährt, noch einmal wieder mit großer Genauigkeit konstatieren zu können, in welchen Tiefen die verschiedenen Gegenstände vorkommen. Wenn im allgemeinen die Trümmer aus griechischer Zeit bis zu 2 Meter Tiefe reichen, so gibt es doch manche Stellen, wo die Überbleibsel aus vorgriechischer Zeit schon in weniger als 1 Meter Tiefe anfangen; dies ist östlich vom Turm der Fall, wo ich schon 1 Meter unter der Oberfläche ein Petschaft aus Ton mit einem Baum und zwei Sternen fand. In gleicher Tiefe fand ich dort ein gerades und drei krumme kupferne Messer sowie ein großes zweischneidiges Beil und mehrere andere Werkzeuge aus gleichem Metall. Beinahe an der Oberfläche fand ich dort unter anderen Münzen eine höchst merkwürdige und, wie ich glaube, noch nie vorgekommene Medaille, welche auf der einen Seite das Bild des Kaisers Commodus (hier ΚΟΜΟΔΟΣ geschrieben) hat; auf der anderen steht eine geharnischte, mit zwei Lanzen bewaffnete Figur (wahrscheinlich Minerva) auf dem Vorderteil eines Schiffes, welches in einen meisterhaft ge-

---

[41] «Rat und Volk der Ilier ehrten Aulus Claudius Caecina Gaius aus Kyzikos, den obersten Rechnungsbeamten unter dem allergütigsten Kaiser Titus Aelius Hadrianus Antoninus Augustus Pius, der in der Verwaltung wie in der Verteidigung vieles und Großes für die Stadt erreicht und geleistet hat, einen Mann jedes Lobes wert, wegen seiner Tugend und seines Wohlwollens gegenüber der Stadt.»
(Übersetzung von F. W. Hamdorf; s. P. Fritsch a.a.O. Nr. 106)

arbeiteten Gazellenkopf ausläuft; im Halbkreis um dasselbe steht das Wort
ΕΛΑΙΟΥΣΙΩΝ. Die Medaille stammt daher von der zu Zilizien gehörigen,
ganz kleinen Insel Eläusa und stellt die merkwürdige Tatsache heraus, daß diese
kleine, jetzt beinahe unbewohnte Insel im Altertum so bevölkert war, daß sie ihre
eigenen Münzen schlagen ließ.

Die vielbesprochenen kleinen Vulkane und Karussells aus Terrakotta mit
einfachen und doppelten Kreuzen mit den Marken der vier Nägel oder mit drei,
vier oder fünf doppelten aufgehenden Sonnen im Kreise um die Zentralsonne,
kommen östlich vom Turm schon ganz dicht unter der Oberfläche, nämlich schon
in 30 Zentimeter Tiefe vor. In 1 Meter Tiefe fand ich dort einen kleinen Vulkan,
auf dem die Rosa mystica mit ihren vier Blumenblättern ein Kreuz um die Sonne
bildet. Schon in 2 Meter Tiefe entdeckte ich dort einen kleinen, roh gearbeiteten
Becher mit dem Eulengesicht der *ilischen* Schutzgöttin, sehr plumpe Trinkgefäße
in der Gestalt von Champagnergläsern mit zwei Henkeln; in 3 Meter Tiefe kleine
Schälchen mit drei Füßchen, die mit 卐 und Lebensbäumen verziert sind. Auch
kamen dort schon in 3 Meter Tiefe kleine Terrakotta-Vulkane und Karussells mit
卐 vor, und sehr viele in 4 Meter Tiefe. In dieser letzteren Tiefe fand ich in der
Ausgrabung an der Westseite des Turmes einen höchst sonderbaren, 20 Zentime-
ter hohen Becher in der Form einer Mecklenburger Plutensemmel, mit vier
Absätzen, aber rund und mit zwei ungeheuren Henkeln versehen; er hat einen
abgerundeten Fuß, so daß er nur auf den Mund hingestellt werden kann.
Ebendaselbst fand ich eine merkwürdige Vase mit Röhrchen an den Seiten zum
Aufhängen an Schnüren und mit einer kleinen Röhre im Bauch, so daß die in die
Vase gegossene Flüssigkeit sogleich wieder herauslaufen muß. Vasen mit solchen
Röhren im Bauch, aber ohne Röhren an den Seiten, sind sehr häufig. Ferner in
4 Meter Tiefe Becher in der Form von Champagnergläsern mit zwei großen
Henkeln, auch einen merkwürdigen kleinen Terrakotta-Vulkan mit vier 卐, dem
Symbol des Blitzes, und zwei mit Flammen bedeckten Opferaltären. Mehrere
solche Stücke mit höchst interessanten symbolischen Zeichen fand ich in 5 Meter
Tiefe, darunter eines mit sehr fein eingraviertem Flammenaltar und Lebensbaum.
In gleicher Schuttschicht eine kleine niedliche Vase mit drei Füßchen, zwei
Henkeln und hübschen eingeschnittenen Verzierungen, endlich viele kleine Mes-
ser aus Silex in Form von Sägen. In 6 Meter Tiefe wurde ein 23 Zentimeter langes
Gefäß gefunden, welches ganz die Gestalt eines Tieres hat; es hat drei Füße,
Schwanz und aufrechtstehenden Hals, der mit dem Rücken durch einen großen
Henkel verbunden ist. In 7 Meter Tiefe fand ich eine sehr hübsche Vase mit dem
Eulenkopf der Schutzgöttin Trojas, ihren beiden Frauenbrüsten und Bauchnabel;
sie hat ihre beiden Arme neben dem Kopf emporgehoben, die als Griffe dienen.
Diese Vase ist Tafel 65, Nr. 1440* abgebildet. Aus gleicher Tiefe kamen eine
sonderbare knöcherne Säge, aus 8 Meter Tiefe Idole mit dem Bild der ilischen

Minerva und ihrem Gürtel aus sehr feinem Marmor, in gleicher Tiefe einige von den mehrfach erwähnten irdenen Trichtern sowie mehrere mit eingeschnittenen Sternchen bedeckte Terrakotta-Kugeln zum Vorschein. Auch fand ich in 8 bis 11 Meter Tiefe in den letzten Tagen viele große Vasen und Gefäße verschiedener Form mit zwei, drei und vier Henkeln, außerdem in 10 Meter Tiefe ein tierähnliches Gefäß mit drei Füßen und Schwanz; ein vom aufrecht stehenden Hals ausgehendes Horn, welches als Henkel dient, verbindet den Kopf mit dem hinteren Rücken; dieses Gefäß sieht einer Lokomotive nicht unähnlich und ist Tafel 91, Nr. 1893 abgebildet.

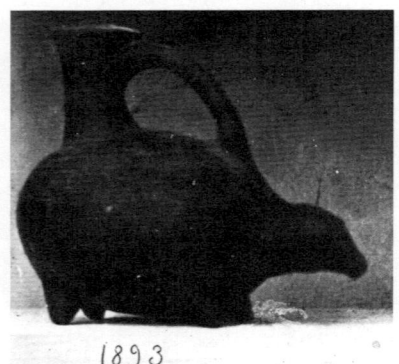

Tafel 91 Nr. 1893

In 14 Meter Tiefe wurden vorgestern viele sehr interessante Sachen gefunden, z. B. der Tafel 102, Nr. 2276 [siehe Abb. S. 20] abgebildete Hals einer glänzend roten Vase mit Eulenkopf, der ein paar ungeheuer große Augen hat; ein 22 Zentimeter langes, 18 Zentimeter hohes und 15 Zentimeter dickes glänzend braunes Gefäß in der Form einer Sau, mit hervorstehendem, ausgezeichnet gemachtem, aber geschlossenem Kopf und drei Füßen, die Öffnung des Gefäßes ist im Schwanz, der durch einen Henkel mit dem Rücken verbunden ist; das Gefäß ist Tafel 104, Nr. 2299 abgebildet; ferner eine Lanze und mehrere Werkzeuge, sowie viele Nägel aus Kupfer und Nadeln aus Elfenbein zum Sticken. In der Asche desselben augenscheinlich verbrannten Hauses fand ich ferner in 13 Meter Tiefe das ziemlich gut erhaltene Gerippe einer Frau, wovon ich so ziemlich alle Knochen gesammelt zu haben glaube; der Schädel ist besonders gut konserviert, aber leider beim Graben zerschlagen; ich kann ihn jedoch leicht wieder zusammensetzen; der Mund ist etwas spitz zulaufend und zeigte gute, aber erstaunlich kleine Zähne. Neben dem Gerippe fand ich einen Fingerring, drei Ohrringe und eine Tuchnadel von reinem Gold. Letztere ist ganz einfach und hat einen runden

Tafel 104 Nr. 2299

Kopf; zwei der Ohrringe sind ganz primitiver Art und bestehen aus einfachem, 1½ Millimeter dickem Golddraht, ebenso der dritte Ohrring, der aber viel feiner gearbeitet ist und in ein Blatt ausläuft, welches von sechs zusammengeschmiedeten Golddrähten gleicher Dicke gebildet wird. Der Fingerring ist von 2½ Millimeter dickem, dreifachem Golddraht. Alle diese Gegenstände tragen das Gepräge, daß sie großer Glut ausgesetzt gewesen sind. Aber noch andere Schmucksachen muß die Trojanerin getragen haben, denn ich sammelte neben dem Gerippe mehrere nur 1 Millimeter große Goldperlen sowie auch einen ganz dünnen ovalen Ring von nur 7 Millimeter Länge. Auch die Farbe der Knochen läßt keinen Zweifel darüber, daß die Dame, vom Feuer übereilt, lebendig verbrannt ist; überdies ist mir hier außer dem Gerippe des Embryo von sechs Monaten in der Vase auf dem Urboden noch nie in irgendeiner der vorgriechischen Schuttschichten dieses Berges Menschengerippe vorgekommen. Wie wir aus Homer wissen, wurden alle Leichname verbrannt und die Asche in Urnen beigesetzt, deren ich eine große Menge in den Trümmerschichten aller Nationen fand, welche diese Anhöhe vor der griechischen Kolonie bewohnt haben; aber die Knochen waren immer zu wirklicher Asche verbrannt, und höchstens habe ich dann und wann einen heilen Zahn, nie einen anderen ganzen Knochen darin gefunden.

Im Schutt desselben trojanischen Hauses unweit des Gerippes fand ich das Bruchstück eines gelben Bechers mit sehr ausdrucksvollem Männergesicht; die Nase ist sehr lang und etwas gebogen. Außerdem fand ich dort sieben jener runden Terrakotten in Gestalt von flachen Karussells, worunter eines von 6 Zentimeter im Durchmesser, welches vollkommen die Form eines Rades hat; es hat im Kreise um die Nabe fünf aufgehende Sonnen; wie immer sind diese Verzierungen eingraviert und mit einer weißen Masse ausgefüllt.

Von Säulen habe ich bis jetzt keine Spur in Troja gefunden, und wenn es daher wirklich Säulen gab, so müssen sie jedenfalls aus Holz gewesen sein. Übrigens findet sich das Wort »κίων«[42] ja auch nie in der Ilias, und nur in der Odyssee[43]. Einen hübsch geschnittenen und sehr harten Kalkstein in der Form eines Halbkreises mit einem runden, 4 Zentimeter tiefen Loch fand ich in einem Hause in 12 Meter Tiefe und vermute, daß derselbe in einer Tür gedient haben mag.

Schließlich schmeichle ich mir mit der Hoffnung, daß als Belohnung für meine riesenmäßigen Kosten und alle meine Entbehrungen, Drangsale und Leiden in dieser Wildnis, vor allem aber für meine wichtigen Entdeckungen die zivilisierte Welt mir das Recht zuerkennt, diese heilige Stätte umzutaufen, und im Namen des göttlichen Homer taufe ich sie mit jenen Namen unsterblichen Ruhmes, welche das Herz eines jeden mit Freude und Enthusiasmus erfüllen; ich taufe sie mit den Namen »*Troja*« und »*Ilium*«, und ich nenne »*Pergamos von Troja*« die Akropolis, wo ich diese Zeilen schreibe.

---

[42] »Säule«

[43] z. B. Odyssee XIX, 38 ff.

XIII.

Pergamos von Troja, 14. August 1872

Seit meinem Bericht vom 4. d. M. habe ich die Exkavationen mit aller Energie fortgesetzt, bin nun aber gezwungen, heute abend die Arbeiten einzustellen, denn meine drei Aufseher und mein Bedienter, der auch mein Kassierer ist, haben das bösartige Sumpffieber, und meine Frau und ich sind so leidend, daß wir nicht imstande sind, den ganzen Tag in der furchtbaren Sonnenglut allein das Kommando zu führen. Wir lassen daher unsere beiden hölzernen Häuser und alle unsere Maschinen und Werkzeuge hier unter der Aufsicht eines Wächters und kehren morgen nach Athen zurück.

Wie die Bewunderer Homers bei ihrem Besuch in der Pergamos von Troja finden werden, habe ich den Turm auf der Südseite nicht nur auf die ganze Breite meines Kanals, bis auf den Felsen, auf dem er in 14 Meter oder 46½ Fuß Tiefe steht, freigelegt, sondern ihn auch durch meine Ausgrabungen nach Osten und Westen bedeutend weiter aufgedeckt, ohne ein Ende zu finden. Im Gegenteil finde ich auf seiner Ostseite, wo er 40 Fuß Breite hat und noch breiter zu werden scheint, die Ruinen einer zweiten Etage, wovon aber nur, soweit es bis jetzt zu beurteilen ist, vier sich langausdehnende Stufen erhalten sind. An der Westseite hat er nur 9 Meter oder 30 Fuß Breite und sendet von dort eine ungeheure Mauer, deren Dicke ich noch nicht imstande gewesen bin zu ermitteln, nach Norden. Wenn ich diese neuen Ausgrabungen nicht bis auf den Urboden und nur 11 Meter oder 36½ Fuß tief habe machen können, so ist die zerbrechliche Natur der Schutt- und Trümmerwände um den Turm herum daran schuld, die, wie sich jeder überzeugen kann, aus roter Asche und aus durch die Glut verkalkten Steinen bestehen und jeden Augenblick einzustürzen und meine Arbeiter zu begraben drohten. Auf dem Turm, und besonders in der auf demselben befindlichen langen ovalen Vertiefung und auf den Stufen der zweiten Etage, fand ich zwei kupferne trojanische Lanzen, mehrere Pfeilspitzen in der primitiven Form von 3 und 5 Zentimeter langen dicken Stiften, die am Ende der Pfeile befestigt wurden, auch eine 6½ Zentimeter lange Pfeilspitze aus Silex in der Form einer spitzzulaufenden, zweischneidigen Säge; dann mehrere kupferne und silberne Nägel mit rundem Kopf, dieselben mögen als Tuchnadeln gedient haben; ferner große Massen von Knochen, Massen von glänzenden roten und schwarzen trojanischen Topfscherben und eine Menge mehr oder weniger gut erhaltener Vasen und Töpfe. Mehrere derselben ist es mir gelungen in gutem Zustand herauszunehmen; unter denselben ist eine hübsche, 25 Zentimeter hohe glänzend rote Vase, die ich mit den Gräten eines Meerfisches angefüllt in einer großen, leider ganz zerbrochenen Urne fand; diese Vase hat zwei kleine Henkel und auf zwei Seiten eine Verzierung in der Form des griechischen Lambda, aber mit kreisförmigen Enden; noch drei Vasen ähnlicher Form und mit ganz derselben Verzierung fand ich auf dem Turm. Von derselben Form und sehr ähnlicher Verzierung kamen noch zwei Vasen in 8 und 6 Meter Tiefe vor. Dann fand ich auf dem Turm ein höchst merkwürdiges Gefäß von 15 Zentimeter Länge, welches ganz in der Form des Maulwurfs ist und drei Füße hat. Es kann auch so hingestellt werden, daß die Schnauze des Tieres unten ist und als Fuß dient; die Öffnung ist im Schwanz, den ein großer Henkel mit dem Rücken verbindet, s. Tafel 114, Nr. 2317. Ich fand dort ferner eine 40 Zentimeter

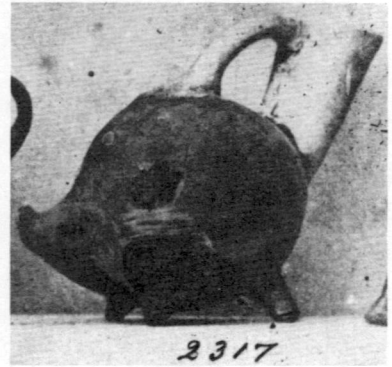

Tafel 114 Nr. 2317

hohe herrliche, glänzend schwarze trojanische Vase, die aber leider ganz zerschlagen wurde; ich habe jedoch alle Stücke davon und kann sie daher wieder zusammensetzen, s. Tafel 95, Nr. 2006; außerdem einen trojanischen Topf und ein kugelrundes Gefäß mit der vorerwähnten Verzierung eines abgerundeten Lambda. Ebenso rettete ich beinahe heil eine höchst interessante rote, unten ganz abgerundete, 23 Zentimeter hohe Kanne mit so sehr hintenüber gebogenem Hals, wie mir derartige Gefäße noch nie vorgekommen sind. Ich fand dort auch einen Priapus und ein sehr niedliches Vogelei von sehr feinem Marmor, viele kleine Terrakotta-Vulkane mit den gewöhnlichen Symbolen von doppelten und dreifachen Kreuzen, sechs Sonnen, vier oder fünf doppelten oder dreifachen aufgehenden Sonnen oder auch Sternen im Kreise um die Zentralsonne; auch ein Stück, auf welchem vier 卐 ein Kreuz um die Sonne bilden und der übrige Raum mit Sternen ausgefüllt ist. Auch einige kleine Gefäße mit Röhren zum Aufhängen an Schnüren

Tafel 95  Nr. 2006

wurden dort gefunden, sowie 25 sehr ordinäre irdene Teller, die vom Töpfer
gedreht sind, während sonst alles aus der Hand, ohne Töpferrad, gemacht zu sein
scheint; wohl die Hälfte der Teller ist unversehrt herausgekommen.

Beim Graben links und rechts vom Turm wurden seit meinem letzten Bericht
noch viele interessante Sachen gefunden; so z. B. kamen in 2 Meter Tiefe sehr
niedliche, obwohl ordinäre Gefäße mit Röhrchen an den Seiten und Löchern im
Mund zum Aufhängen an Schnüren vor, die ich bisher nur in größerer Tiefe fand;
in 3 Meter Tiefe ein kleiner Becher mit dem Eulengesicht und Helm der *ilischen*
Minerva, sehr guter Arbeit; auch in 3½ Meter Tiefe ein kleiner Terrakotta-Vulkan
mit drei Hirschen im Kreise um die Sonne. In 5 bis 6 Meter Tiefe fand ich eine sehr
große Menge kleiner Messer in Form von Sägen aus Silex. In 10 Meter Tiefe fand
ich ein sehr sonderbares Werkzeug aus glänzendgelber Terrakotta, dessen Abbildung ich Tafel 16, Nr. 485 gebe und dessen Gebrauch mir unerklärlich ist; es ist

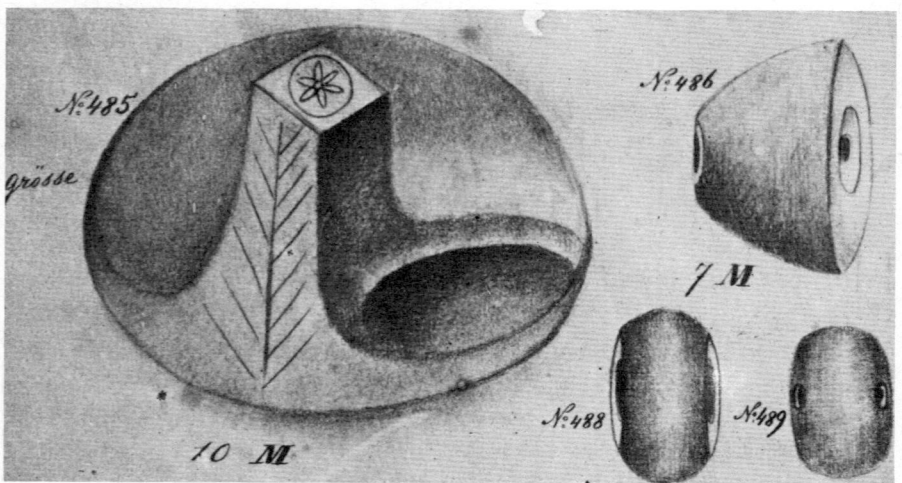

Tafel 16 Nr. 485

fast in Gestalt eines Schildes und hat neben dem mit einem Baum verzierten Griff eine Höhlung zum Einstecken der Hand. Da es, wie gesagt, aus Terrakotta ist, so kann es natürlich nicht als Schild gedient haben.

Nachdem es hier seit vier Monaten nicht geregnet hatte, haben wir merkwürdigerweise gerade heute, nach Einstellung der Arbeiten, bei heftigem Gewitter eine Art von Wolkenbruch, und ich bedaure ungemein, nicht imstande gewesen zu sein, einen Kanal zur Ableitung des Regenwassers vom Turm bis an den westlichen Abhang des Berges zu graben. Aber der Abzugsgraben müßte eine Tiefe von 50 Fuß haben und seine Breite müßte ebenfalls 50 Fuß sein, denn sonst würden seine aus verbrannten Trümmern und loser roter Asche bestehenden Wände einstürzen; es würde somit nötig sein, 5000 Kubikmeter Schutt wegzuräumen, und eine solche Riesenarbeit kann ich jetzt nicht mehr unternehmen.

Indem ich die Ausgrabungen für dieses Jahr einstelle, kann ich beim Rückblick auf die furchtbare Gefahr, der wir seit dem 1. April zwischen den riesigen Trümmerschichten fortwährend ausgesetzt waren, nicht umhin, Gott inbrünstig für die große Gnade zu danken, daß nicht nur niemand ums Leben gekommen, sondern daß sogar keiner von uns gefährlich verletzt worden ist.

Was nun das Resultat meiner Ausgrabungen betrifft, so wird mir jeder zugestehen, daß ich ein großes historisches Problem gelöst habe, und daß ich es gelöst habe durch die Entdeckung hoher Zivilisation und Riesenbauten auf dem Urboden, in den Tiefen einer alten Stadt, welche im ganzen Altertum Ilium hieß und sich für die Nachfolgerin Trojas ausgab und deren Baustelle von der ganzen damaligen zivilisierten Welt als identisch mit der Baustelle des homerischen Ilium angesehen wurde. Die Lage dieser Stadt entspricht nicht nur in jeder Hinsicht vollkommen allen Angaben der Ilias, sondern auch allen jenen der uns durch spätere Autoren bekannten Traditionen, während es weder in der Ebene von Troja noch in der Umgegend eine andere Stelle gibt, welche im entferntesten denselben angepaßt werden könnte. Die Höhen von Bunarbaschi, als Baustelle Trojas angesehen, widersprechen in jeglicher Hinsicht allen Angaben Homers und der Tradition. Meine Ausgrabungen oberhalb Bunarbaschi sowie die Form der Felsen beweisen, daß jene Höhen bis zu den drei Heldengräbern nie von Menschen bewohnt sein können. Wie bereits früher erwähnt, findet man hinter jenen Gräbern die Trümmer einer ganz kleinen Stadt, deren an zwei Seiten durch die Trümmer einer Ringmauer und an den übrigen Seiten durch Abgründe umschlossene Baustelle so geringfügig ist, daß sie nur allerhöchstens 2000 Einwohner gehabt haben kann; die Ringmauer ihrer kleinen Akropolis ist kaum 1 Fuß dick und deren Tor kaum 1 Meter breit, während dort die Schuttaufhäufung nicht der Rede wert ist und man auf vielen Stellen im Boden der Akropolis den nackten, platten Felsen sieht. Hier in Ilium dagegen sind die Verhältnisse ganz anders; hier ist die durch Lysimachos' Ringmauern genau angegebene Baustelle der Stadt groß genug für eine Bevölkerung von über 100000 Seelen, und daß eine solche Einwohnerzahl wirklich da war, davon zeugt die 60 Meter oder 200 Fuß breite Szene des Theaters. Hier ist die von Lysimachos gebaute Ringmauer 2 Meter dick, während in großer Tiefe unter ihr die vom Turm auslaufende Mauer eine fünfmal größere Dicke zu haben scheint, und gewiß hat Homer den Bau von Trojas Mauern nur wegen ihrer kolossalen Proportionen dem Poseidon und Apollo zugeschrieben. Was nun gar die Schuttaufhäufung anbetrifft, so gibt es hier in der Pergamos keine Stelle, wo dieselbe weniger betrüge als 14 Meter oder 46½ Fuß, und an vielen Stellen ist sie noch bedeutend größer. So z. B. finde ich auf meiner großen Plattform den Urboden erst in 16 Meter oder 53⅓ Fuß Tiefe, und in den Tiefen des Tempels, auf dem angrenzenden Feld des Herrn Frank Calvert, habe ich denselben in 15½ Meter oder 51⅔ Fuß Tiefe noch nicht erreicht. Eine solche Trümmeranhäufung hat man bis jetzt noch nirgends in der Welt gefunden, außer hin und wieder in den kleinen Felsentälern von Jerusalem, wo sie jedoch erst seit der Zerstörung der Stadt durch Titus angefangen hat, somit kaum mehr als 1800 Jahre alt ist, während hier in Troja die Überreste aus griechischer Zeit schon in ½, 1 oder 2 Meter Tiefe ganz aufhören und man von da bis zum Urboden in genauer Reihenfolge die gewaltigen Trümmerschichten von vier uralten Nationen findet.

Ebenso wage ich hinsichtlich der von mir ans Licht gebrachten mehr als hunderttausend Gegenstände, welche bei jenen uralten Völkern in Gebrauch gewesen sind, zu sagen, daß ich für die Archäologie eine neue Welt aufgedeckt habe; denn, um nur ein Beispiel anzuführen, von jenen Rädern, Vulkanen oder

Karussells aus Terrakotta mit den verschiedenartigsten arischen religiösen Symbolen habe ich hier viele Tausende gefunden.

Wenn es, wie es scheint, weder bei den Trojanern noch bei irgendeiner der drei ihnen nachfolgenden Nationen eine Schriftsprache gab, so müssen uns, soweit es möglich ist, die von mir aufgefundenen »monuments figurés« die Schriftsprache ersetzen. Da ich, wie bereits früher erwähnt, jeden den Tag über aufgefundenen Gegenstand und besonders die bildlichen Symbole mit größter Genauigkeit am Abend in mein Tagebuch abzeichne, so ist es mir durch den Vergleich der unzähligen Symbole gelungen, einige derselben zu entziffern, und ich hoffe, daß es meinen gelehrten Kollegen gelingen wird, die übrigen zu erklären. Keinesfalls soll der Wissenschaft irgend etwas von meinen Entdeckungen entgehen; jeder Gegenstand, der irgendwie Interesse für die gelehrte Welt haben kann, soll photographiert oder von einem geschickten Zeichner gezeichnet und im Anhang dieses Werkes publiziert werden; bei jedem Gegenstand wird man genau die Tiefe verzeichnet finden, in welcher er von mir entdeckt wurde.

# XIV.

Ich schrieb meinen letzten Aufsatz am 14. v. M. und reiste am 10. d. M. in Gesellschaft meiner Frau und des Landmessers Sisilas nach Troja zurück, um einen neuen Plan der Pergamos aufzunehmen, auf welchem alle meine Ausgrabungen sowie die Tiefe derselben und die von mir entdeckten Denkmäler unsterblichen Ruhmes aufs genaueste verzeichnet sind. Auch nahm ich von den Dardanellen den Photographen Siebrecht mit, um Photographien von meinen Ausgrabungen, von zwei der vier an der Nordseite von Ilium befindlichen Quellen, von Iliums großem Turm und Trojas Ebene und dem Hellespont, von diesem Moment aus gesehen, aufzunehmen.

Mit Schrecken sah ich bei meiner Ankunft dort, daß der von mir zurückgelassene Wächter treulos gewesen und eine ungeheure Menge großer, aus meinen Ausgrabungen stammender behauener Steine weggeschleppt war, aus denen ich an verschiedenen Stellen Mauern errichtet hatte, um zu verhindern, daß der Winterregen den ausgeworfenen Schutt wegschwemme. Er entschuldigte sich damit, daß die Steine zu guten Zwecken angewandt wären, nämlich zum Bau eines Glockenturmes im christlichen Dorfe Yenischahir und zur Errichtung von Wohnhäusern im türkischen Dorf Tschiplak, aber ich jagte ihn natürlich sogleich weg und nahm an seine Stelle einen mit einer Flinte bewaffneten Wächter, welcher den Ruf der Treue hat und durch seine körperliche Stärke den Steinräubern Respekt einflößen wird. Was mich am meisten ärgerte, war, daß letztere sich sogar an das von mir, wie früher erwähnt, auf der Südseite dieses Berges ans Licht gebrachte herrliche Bollwerk aus der Zeit des Lysimachos gewagt und zwei große Steine aus demselben entwendet hatten; bestimmt wäre diese Bastion ganz verschwunden, wenn ich auch nur eine Woche länger weggeblieben wäre.

Auch sehe ich mit Bedauern, daß der Regenschauer vom 14. August hingereicht hat, die große Öffnung, welche ich auf der Südseite des großen Turmes gemacht hatte, um ihn bis auf den Felsen, auf dem er gebaut ist, bloßzulegen, 2 Meter hoch mit Schutt zu füllen. Ich habe daher sogleich bei meiner Ankunft hier 20 Arbeiter angenommen, wovon zehn damit beschäftigt sind, die Südseite des Turmes bis auf den Urboden zu reinigen, den Schutt wegzukarren und vor der großen Öffnung eine Mauer von großen Steinblöcken zu bauen, durch welche nur das Regenwasser, nicht aber der von demselben fortgeschlemmte Schutt dringen kann.

Wie ich Gelegenheit gehabt habe, mich zu überzeugen, schadet das Regenwetter dem Turm nicht, denn es verschwindet sogleich rechts und links von demselben in den losen Trümmerschichten. Von den übrigen zehn Arbeitern sind sechs damit beschäftigt, die von frevelhafter Hand zerstörten oder beschädigten Mauern wiederherzustellen, während die anderen vier daran arbeiten, soviel als möglich von einer höchst merkwürdigen Mauer bloßzulegen, die in 15½ Meter Tiefe und 40 Meter vom Rand des Berges auf der Baustelle des Tempels, genau 2 Meter *unterhalb* der dort von mir ans Licht gebrachten trojanischen Mauer unter einem Winkel von 40 Grad emporsteigt. Wie bereits früher bemerkt, beweisen die unter jener trojanischen Mauer schräg nach Norden hinunterlaufenden Schuttschichten, daß dieselbe einst auf dem steilen Abhang des Berges gebaut worden ist; hierfür liefert uns einen ferneren untrüglichen Beweis die 2 Meter unter ihr emporsteigende Stützmauer, welche keinen anderen Zweck haben konnte als den, das Erdreich des Bergabhangs zusammenzuhalten und hinlänglich zu befestigen, so daß ohne Gefahr Gebäude von gewaltigem Gewicht auf dem Gipfel errichtet werden konnten. Da ich aber hier bis jetzt noch nie in den Trümmerschichten der vorgriechischen Zeit dergleichen Stützmauern zur Konsolidierung des Bergabhangs fand, obgleich es, wie die riesigen 5 und 6 Meter hohen Massen ungeheurer, mit verkohltem Schutt gemischter, behauener und unbehauener Steine beweisen, mit denen ich auf meiner großen Plattform zu kämpfen hatte, an großartigen Gebäuden in der Pergamos von Troja nirgends gefehlt hat, so glaube ich ganz gewiß, die vorerwähnte Stützmauer ist dazu bestimmt gewesen, die Baustelle eines Tempels von größter Heiligkeit zu befestigen. Ich glaube dies um so mehr, als die Stützmauer hier einen Bogen bildet und die ganze Nordostecke des Berges zu bekleiden scheint, welche das äußerste Ende der Pergamos war, und Homers Angabe über die Lage des Tempels der Minerva: »ἐν πόλει ἄκρῃ« (Ilias, VI, 297)[44] vollkommen entspricht. Ich hege keinen Zweifel, daß ich, mit dieser Stützmauer emporsteigend, die Ruinen jenes uralten Tempels schon in weniger als 10 Meter Abstand finde. Aber um weiter zu graben, muß ich vor allen Dingen die mehrfach erwähnte 3 Meter hohe und 2 Meter dicke trojanische Mauer einreißen und gewaltige Schuttmassen wegräumen; diese Arbeit muß ich bis zum 1. Februar verschieben, denn jetzt bin ich zu krank und müde dazu. Die Entdeckung des uralten Tempels der Minerva auf des Berges Nordostecke würde dann auch das große Rätsel lösen, woher die kolossale Schuttaufhäufung kommt, welche hier den Bergabhang mit einer steinharten Kruste von 40 Meter Dicke bekleidet, und von der ich nicht nur bei dieser Ausgrabung, sondern auch auf den östlichen 25 Metern meiner großen Plattform zu sehr viel zu leiden hatte. Man würde finden, daß diese riesige Kruste nur durch die Überbleibsel der der *ilischen* Minerva dargebrachten Opfer entstanden ist.

---

[44] »hoch auf der Burg«

Ich hatte die Stützmauer bis zu meiner Abreise am 15. August gar nicht bemerkt und bemerkte sie auch jetzt erst, weil der Regen zwei Steine davon ans Licht gebracht hatte. Sie ist aus 30 bis 66 Zentimeter langen und breiten, mit Erde vereinigten Muschelkalksteinen gebaut und bekleidet höchstwahrscheinlich die ganze nordöstliche Bergecke von unten bis oben. Ich vermute, daß zu dem uralten Minervatempel der in meinem Aufsatz vom 25. April erwähnte Abzugskanal aus grünem Sandstein von 20 Zentimeter Breite und 18 Zentimeter Höhe gehört, den ich in einer Höhe von 3½ Meter über meiner großen Plattform und in einer Entfernung von 14 Meter vom Rand des Abhangs fand.

Der von mir gefundene Triglyphenblock mit dem Sonnengott und den vier Pferden beweist, daß der Tempel, den er geziert hat, in dorischem Stil gebaut war, und da der dorische Baustil bekanntlich der älteste ist, so hatte diesen ohne Zweifel auch der uralte Tempel der *ilischen* Minerva. Wir wissen aber aus der Ilias (VII, 83 und IV, 508), daß es in der Pergamos auch einen Tempel Apollos gab, und dieser stand vermutlich auf der Südostecke des Berges, denn am Fuß derselben sieht man in einer kleinen Ausgrabung eine aus herrlichen korinthischen Säulen mittels Zement zusammengesetzte Mauer. Wahrscheinlich gehören diese Säulen zu einem Apollotempel aus der Zeit des Lysimachos. Bei der weiteren Ausgrabung des Turmes in östlicher Richtung hoffe ich die Baustelle dieses Tempels und in den Tiefen derselben die Ruinen des uralten Apollotempels zu finden.

Falls es in Troja eine Schriftsprache gab, so werde ich wahrscheinlich Inschriften in den Ruinen der beiden Tempel finden. Ich bin aber in dieser Hinsicht nicht mehr sanguinisch, da ich bisher in den kolossalen Trümmerschichten der vier Völker, welche der griechischen Kolonie vorhergegangen sind, keine Spur von Schrift gefunden habe.

# XV.

Ich kehrte am 31. Januar mit meiner Frau hierher zurück, um die Ausgrabungen fortzusetzen, wurde aber bald durch griechische Festtage, bald durch furchtbare Gewitterregen, bald durch grimmige Kälte gestört und kann kaum rechnen, daß ich bis heute mehr als acht gute Arbeitstage gehabt habe. Ich hatte mir hier neben meinen beiden hölzernen Häusern letzten Herbst aus Steinen alter trojanischer Bauten ein Haus mit 60 Zentimeter dicken Wänden bauen lassen, wurde aber gezwungen, dasselbe meinen Aufsehern zu überlassen, welche nicht hinlänglich mit Kleidern und Decken versehen waren und daher bei der großen Kälte umgekommen sein würden. Meine arme Frau und ich haben infolgedessen viel leiden müssen, denn der eisige Nordsturm blies mit Ungestüm durch die Fugen unserer Bretterwände, so daß wir nicht einmal imstande waren, des Abends Licht anzuzünden; und obgleich wir Feuer im Kamin hatten, so zeigte dennoch das Thermometer 4 Grad Réaumur Kälte in den Stuben, und das Wasser gefror zu Klumpen neben dem Kamin. Den Tag über konnten wir die Kälte noch einigermaßen ertragen, indem wir in den Ausgrabungen mitarbeiteten, des Abends aber hatten wir weiter nichts als unseren Enthusiasmus für das große Werk der Aufdeckung Trojas, um uns zu erwärmen. Glücklicherweise aber dauerte die große Kälte nur vier Tage – vom 16. bis 19. d. M. –, und seitdem haben wir herrliches Wetter.

Als Aufseher habe ich außer Georgios Photidas, der auch während der vorjährigen Ausgrabungen bei mir war, den Schiffskapitän Georgios Barba Tsirogiannis aus Chalkis in Euböa sowie einen Albanesen von Salamis, den ich aber wegen seiner Unbrauchbarkeit nächstens zurückschicke, indem ich mir dafür zwei andere Aufseher vom Piräeus schicken lasse. Ein guter Aufseher ist mir nützlicher als zehn gewöhnliche Arbeiter, ich finde aber die Gabe des Kommandos selten bei anderen als bei Seeleuten.

Ich habe auch einen Maler mitgenommen, um die gefundenen Gegenstände immer sogleich mit chinesischer Tinte abzeichnen und die Zeichnungen in Athen durch Photographie vervielfältigen zu lassen. Auf diese Weise ist es mir aber nicht mehr möglich, wie früher die Gegenstände jeder Tiefe auf besonderen Tafeln zu geben; die in den verschiedenen Tiefen gefundenen Sachen sind jetzt durcheinandergemischt, jedoch ist bei einer jeden außer der Nummer des Katalogs genau die Tiefe in Metern sowie das Größenverhältnis angegeben.

Die Arbeiter sind gegenwärtig nicht so häufig zu haben als früher, denn ein hier anwesender Kaufmann aus Smyrna beschäftigt 150 Mann zum Aufsuchen einer hier γλυκόριζα genannten medizinischen Wurzel, aus welcher der Lakritzensaft bereitet wird, und sowohl das Wort Lakritze als das französische Wort *lacorice* sind jedenfalls nur Verderbungen von γλυκόρριζα.[45] Da nun die Leute bei dem Smyrnaer Kaufmann das Land nach Flächenmaß zu bestimmten Preisen durchgraben, so verdienen sie bei ihm täglich 12 bis 23 Piaster (2 Frs. 40 bis 4 Frs. 60 Cent.), während ich in den jetzigen kurzen Tagen nur 9 Piaster (1 Frs. 80 Cent.) zahlen kann, um nach Ostern 10 und nach dem 1. Juni 12 Piaster zu bewilligen. Da die Wurzel unweit Renkoï gegraben wird, so sind hauptsächlich Leute aus diesem Dorf damit beschäftigt, und ich bin für meine Ausgrabungen auf die in und an der Ebene von Troja gelegenen Dörfer Kalifatli, Yenischahir und Neo-Chori angewiesen, aus welchen ich bei trockenem Wetter von morgen ab auf 120 tägliche Arbeiter rechnen kann.

Ich habe die Stelle auf der Nordseite des Berges, wo mir, in einer Entfernung von 40 Meter vom Bergabhang, in einer Tiefe von 15½ Meter, die 2 Meter unterhalb der trojanischen Mauer unter einem Winkel von 40 Grad aufsteigende Mauer von weißen Steinen die Baustelle des uralten Minervatempels zu bezeichnen scheint, von zwei Seiten gleichzeitig in fünf Terrassen in Angriff genommen und lasse den Schutt mit man – carts und Schiebkarren fortschaffen. Dieser Schutt besteht in der nordöstlichen Ausgrabung, von der Oberfläche bis zu 3 Meter Tiefe, aus mit schwarzer Erde vermengten Marmorsplittern, und darin finde ich gar viele große, herrlich skulptierte Marmorblöcke, welche offenbar von dem auf der Stelle befindlichen Tempel aus der Zeit des Lysimachos herrühren, aber durchaus weiter keinen Wert für die Wissenschaft haben. Die Fortschaffung dieser Blöcke, deren Gewicht oft 2000 Kilogramm übersteigt, macht mir die größte Schwierigkeit. Die Baustelle des Tempels ist zwar deutlich genug durch das Vorhandensein dieser großen, dorischen Stil zeigenden Marmorblöcke angegeben, aber vom Heiligtum selbst findet sich kein Stein an seiner Stelle. Wie die 34 Meter lange, 23 Meter breite Senkung im Erdboden zu beweisen scheint, ist der Ort schon vor Jahrhunderten von den nach passenden Grabsteinen suchenden Türken durchwühlt, welche merkwürdigerweise auch alle Fundamente fortgenommen haben. Unterhalb dieser 3 Meter dicken Schuttdecke folgt eine unter einem Winkel von 50 bis 60 Grad ablaufende Aschenmasse, welche mit einer 40 Meter dicken Kruste an jeder Stelle den durch die erwähnte Stützmauer genau bezeichneten einstigen Bergabhang bedeckt. Letzterer rundet sich hier nach Osten ab, und wie es sowohl die sich nach jener Richtung umwendende Stütz-

---

[45] Altgriech. Glykyrrhiza, Süßholz, überliefert nur in lateinischer Umschrift, s. Plinius, Nat. Hist. XXII 24

mauer als die oberhalb derselben auch nach Osten ablaufenden Schuttschichten beweisen, fing von diesem Punkt ebenfalls einst der *östliche* Bergabhang an, während der jetzige 80 Meter von demselben entfernt ist. Somit hat der Berg der Pergamos in östlicher Richtung um 80 Meter oder 264 Fuß an Dicke zugenommen, seitdem die Stützmauer gemacht ist. Ich glaube nicht, daß es einen zweiten Berg in der Welt gibt, dessen Zunahme im Lauf der Jahrtausende auch nur im entferntesten mit diesem kolossalen Zuwachs zu vergleichen wäre.

Außer jenen kleinen runden Terrakottas in Form von Vulkanen und Karussells mit den gewöhnlichen, viel vorkommenden und mehrfach beschriebenen Verzierungen und einigem mehr oder weniger zerbrochenen Topfgeschirr wurde bis jetzt nichts in dieser Ausgrabung gefunden. Die andere Ausgrabung, um die vermeinte Baustelle des uralten Minervatempels zu erreichen, geschieht am Ostende meiner großen Plattform, auf welche ich wiederum den größten Teil des dort jetzt abgegrabenen Schuttes werfen lasse, weil mir dessen Fortschaffung außerhalb derselben zu ungeheure Schwierigkeiten machen würde. Ich habe dieser Ausgrabung nur vorläufig eine Breite von 13 Metern gegeben, beabsichtige aber sie zu erweitern, sobald ich darin irgendeinen Nutzen für die Wissenschaft sehe. In der unteren Terrasse dieser Ausgrabung finde ich die Fortsetzung jener trojanischen Mauer der mehr östlichen Ausgrabung. Diese Mauer hat hier nur eine Höhe von 1 Meter, aber die unter ihr liegenden Steine scheinen keinen Zweifel übrigzulassen, daß sie einst viel höher gewesen ist. Merkwürdigerweise erkenne ich, und erkennt jeder Besucher der Troade mit mir, die Fortsetzung dieser Mauer auch an beiden Seiten meines großen Durchstichs durch den ganzen Berg, links und rechts am Eingang desselben, in 12 Meter Tiefe. Wenn diese Mauer der Zeit vor dem trojanischen Krieg angehört, woran ich in Betracht ihrer großen Tiefe nicht zweifeln darf, so beweisen doch jedenfalls die unter ihr befindlichen mächtigen Ruinen sowie das in dem großen Durchstich in ½ Meter Tiefe gerade unter ihr liegende Pflaster von weißen Meersteinen, daß sie erst lange Zeit nach der *ersten* Zerstörung der Stadt gebaut sein muß. Aber der eigentliche Zweck dieser Mauer ist mir hier und weiterhin nach Westen ganz unerklärlich, indem dieselbe über und durch die Trümmer mächtiger Bauten errichtet ist.

Die Schuttschichten in dieser Ausgrabung liegen alle horizontal, was keinen Zweifel übrig läßt, daß sie sich im Laufe der Zeit allmählich aufgehäuft haben. Die Beschaffenheit derselben beweist, daß die meisten der hier gestandenen Häuser durch Feuersbrunst vernichtet sind. Es kommen aber auch hier mehrere dicke Schuttschichten vor, in denen man Tausende von wohlerhaltenen Muscheln sieht, und die Erhaltung der letzteren beweist, daß erstere nicht von verbrannten Bauten herrühren können.

Unter den in dieser Ausgrabung entdeckten interessanten Gegenständen muß ich besonders hervorheben einen in 7 Meter Tiefe gefundenen glänzend roten

Hippopotamus aus Terrakotta, dessen Bild ich auf Tafel 119 Nr. 2330 in Zweidrittelgröße gebe; er ist hohl, hat eine Röhre an der linken Seite und mag daher als Gefäß gedient haben. Das Vorhandensein der Gestalt des Hippopotamus hier in 7 Meter Tiefe ist höchst merkwürdig, ja wunderbar, denn dieses Tier kommt bekanntlich nicht einmal in Oberägypten und nur in den Flüssen des Innern von Afrika vor. Es ist jedoch wahrscheinlich, daß es im Altertum Hippopotami in Oberägypten gab, denn nach Herodot (II, 7) wurden sie in der ägyptischen Stadt Papremites als heilige Tiere verehrt. Jedenfalls muß daher Troja mit Ägypten in Handelsverbindung gestanden haben; aber selbst dann bleibt es ein Rätsel, wie das Tier hier so bekannt war, daß es in Ton, vollkommen der Natur getreu, nachgebildet werden konnte.

Tafel 119 Nr. 2330 M. 2:3

Von Idolen aus Marmor kamen in diesen wenigen Arbeitstagen erst acht vor, und davon nur zwei mit dem eingravierten Eulenkopf der ilischen Minerva. Von Vasen mit Eulengesicht, zwei Frauenbrüsten und zwei emporgehobenen Armen kam nur eine in 15 Meter Tiefe vor, sowie in 7 Meter Tiefe der obere Teil einer anderen, auf dem noch der Stummel des einen Arms zu erkennen ist. In 3 Meter Tiefe finden sich zwei Vasen mit zwei Frauenbrüsten und einem ungeheuren Bauchnabel, welche ohne allen Zweifel auch die Schutzgöttin Trojas darstellen sollen. Endlich von Bechern mit Eulengesicht und Helm fand sich erst einer in 1 Meter Tiefe, der einen doppelten Griff in Form einer Krone hat, und ein anderer mit einem einfachen Griff in 8 Meter Tiefe. Von den übrigen Terrakotta-Gefäßen gebe ich die Zeichnungen der noch nicht vorgekommenen Arten; ich kann unter denselben besonders hervorheben einen in 3 Meter Tiefe gefundenen, höchst merkwürdigen Becher in der Form eines Waldhorns mit drei Füßen sowie das Gefäß Nr. 2368 auf Tafel 120, welches nur zwei Füße und, wie es die abgebrochene Stelle an der rechten Seite beweist, mit einem anderen Gefäß ganz gleicher Form und Art zusammengehangen hat; dieses doppelte Gefäß hatte auf jeder Seite eine Röhre zum Aufhängen von Schnüren. Von dem übrigen Töpfergeschirr kann

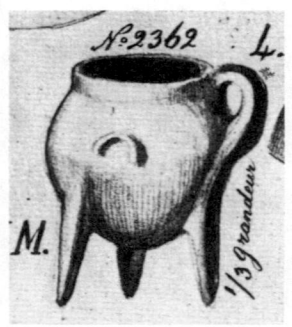

Tafel 120 Nr. 2362          Tafel 120 Nr. 2368

ich nur noch hervorheben die kleine merkwürdige Vase Nr. 2362 auf Tafel 120, welche drei lange Füße, einen Henkel und zwei Griffe in Gestalt von Ohren hat.

Von den runden Stücken Terrakotta in Form von Vulkanen und Karussells mit symbolischen Verzierungen kamen wie immer große Massen vor; ich verzeichne natürlich aber nur die Bilder der noch nicht dagewesenen. Von Schleudern kamen vier vor; davon eine aus Kupfer aus 15 Meter Tiefe; eine aus Alabaster aus 7 Meter und zwei aus Diorit aus 6 und 7 Meter Tiefe. In 4 Meter Tiefe fand sich ein herrlich verziertes flaches Stück Elfenbein, dessen Bild ich Tafel 122, Nr. 2435 gebe und welches offenbar zu einem musikalischen Instrument gehört haben muß. Endlich kam aus 1 Meter Tiefe der Tafel 119, Nr. 2343 verzeichnete untere Teil einer mit großer Meisterschaft gemachten weiblichen Statue aus feinem Marmor, und es ist nicht unwahrscheinlich, daß dieselbe Iliums Schutzgöttin darstellte, welche ja ihren Tempel in der Pergamos hatte.

Gleichzeitig mit diesen Ausgrabungen ließ ich auch 22 Arbeiter an der Südostecke der Akropolis in nordwestlicher Richtung graben, um zu versuchen, von

Tafel 122 Nr. 2435

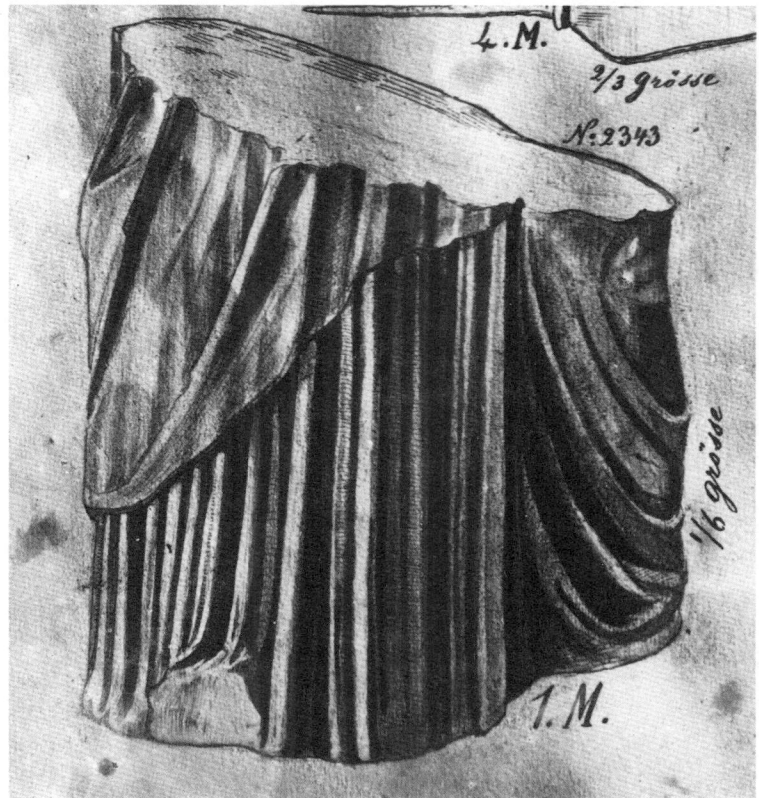

Tafel 119 Nr. 2343

dieser Seite den großen Turm weiter bloßzulegen, was mir von meinem großen Durchstich aus durchaus unmöglich geworden ist. Da aber der Berg an dieser Stelle nur sehr allmähliche Senkung hat, so wurde ich gezwungen, den neuen Einschnitt mit einer bedeutenden Senkung anzulegen, welche das Herauskarren des Schuttes sehr erschwert, aber durchaus notwendig ist, um die zur Erreichung des Turmes nötige Tiefe von 8 Meter erlangen zu können. Gleich im Anfang dieses Einschnittes stieß ich, 30 Zentimeter unter der Oberfläche, auf zwei ungeheure Mauern, deren jede 3 Meter oder 10 Fuß Dicke hat und wovon die erste aus dem Mittelalter zu stammen scheint und aus großen durch Zement verbundenen korinthischen Säulenblöcken und anderen alten Bauten entlehnten Marmorblök-ken besteht. Die unmittelbar darauffolgende zweite Mauer, welche jedenfalls zu der nach Strabo (XIII, 1, S. 100 und 101, Tauchnitz' Ausgabe) von Lysimachos erbauten, 40 Stadien langen Stadtmauer gehören muß, besteht aus großen schön behauenen Muschelkalksteinen, die ohne Verbindungsmittel zusammengelegt sind und großenteils ein Monogramm tragen. Da der Buchstabe nicht immer derselbe ist und auf einem Stein z. B. ein Σ, auf einem anderen ein Υ oder ein Δ steht, so vermute ich, daß es die Initialen der verschiedenen Bauunternehmer sind. In der ersten fand ich eine 1 Meter 10 Zentimeter lange, 30 Zentimeter dicke, 83 Zentimeter breite Marmorplatte mit nachstehender Inschrift:

ΗΒΟΥΛΗΚΑΙΟΔΗΜΟΣ
ΓΑΙΟΝΚΑΙΣΑΡΑΤΟΝΥΙΟΝΤΟΥΣΕΒΑΣ
ΤΟΥΤΟΝΣΥΝΓΕΝΗΚΑΙΠΑΤΡΩΝΑΚΑΙΕΥ
ΕΡΓΕΤΗΝΤΗΣΠΟΛΕΩΣ

Ἡ βουλὴ καὶ ὁ δῆμος
Γάϊον Καίσαρα τὸν υἱὸν τοῦ Σεβαστοῦ τὸν συνγενῆ καὶ πατρῶνα καὶ εὐ-
εργέτην τῆς πόλεως.[46]

Der in dieser Inschrift Gepriesene kann keinesfalls der Kaiser Caligula sein, denn dann würde αὐτοκράτωρ[47] dastehen. Da aber dieses Wort fehlt, so ist jedenfalls Cajus Cäsar, der Sohn von Vipstanus (oder Vipsanius) Agrippa und Julia, der Tochter des Octavianus, gemeint. Er hatte einen Bruder namens Lucius. Beide wurden von Augustus Octavianus adoptiert und erhielten durch diese Adoption den Titel »υἱὸς τοῦ Σεβαστοῦ«, beide waren von Augustus für das Staatsruder ausersehen. Cajus Cäsar, geboren im Jahre 20 v. Chr., wurde schon im Alter von drei Jahren adoptiert. Er nahm teil an den trojanischen Spielen, welche Augustus Octavianus bei der Einweihung des Tempels von Marcellus veranstaltete. Im Alter von 15 Jahren wurde er zum Konsul und mit 19 Jahren zum Gouverneur von Asien ernannt. Während seiner dortigen Verwaltung kam er in Streit mit Phraates, dem König von Armenien, wurde verwundet und starb im Jahre 4 n. Chr. am 21. Februar, also im Alter von 24 Jahren. (Vellejus Paterculus, Histor., II, 102). Da er in der Inschrift der Verwandte, der Wohltäter und der Patron von Ilium genannt wird, so ist er wahrscheinlich während seiner Administration öfter hierhergekommen und hat sich jedenfalls die Stadt sehr angelegen sein lassen und sie mit Wohltaten überhäuft. Die Familie der Julier nämlich legte anfänglich ein großes Gewicht darauf, von Iulos (oder Askanios), dem Sohn des Aeneas, abzustammen, und die Aeneïs des Vergil hatte bekanntlich einzig und

---

[46] »Rat und Volk (ehrten) Gaius Caesar, Sohn des Augustus, den Verwandten ehrenhalber, Schutzherrn und Wohltäter der Stadt.«
(Übersetzung von F. W. Hamdorf; s. P. Fritsch a.a.O. Nr. 87)
[47] »Selbstherrscher«

allein den politischen Zweck, diese Abstammung zu beweisen und zu verherrlichen. Dadurch erklären sich die Wohltaten, womit die Julier Ilium überhäuften, und ihr Haß gegen die Griechen, weil sie Troja zerstört und außerdem weil sie die Partei des Marcus Antonius ergriffen hatten.

Der Wein, welcher hier im vorigen Jahr nur 1¼ Piaster (25 Centimes) die Oka von zwei gewöhnlichen Weinflaschen kostete, kostet jetzt 2 Piaster (40 Centimes) die Oka; er ist aber ganz ausgezeichneter Qualität, und ich ziehe ihn jedem französischen Wein vor.

# XVI.

Schon seit Montagmorgen, 24. v. M., ist es mir gelungen, die Zahl meiner Arbeiter auf 158 zu bringen, und da wir diese Woche fortwährend herrliches Wetter hatten, so habe ich in diesen sechs Tagen etwas Tüchtiges leisten und ungeachtet der vielen Hindernisse und Schwierigkeiten, mit denen ich anfänglich zu kämpfen hatte, bis jetzt seit dem 1. Februar von der Baustelle des Tempels 8500 Kubikmeter Schutt fortschaffen können. Ich hatte somit heute endlich die Freude, einen großen Teil jener aus großen unbehauenen weißen Steinen bestehenden Stützmauer bloßzulegen, welche einst die ganze Nordostecke des Bergabhangs bekleidete, während infolge des Zuwachses durch die im Laufe vieler Jahrhunderte hinuntergeworfene Asche der Opfertiere der jetzige Bergabhang nach Norden 40, nach Osten 80 Meter davon entfernt ist. Zu meinem Erstaunen fand ich, daß diese Stützmauer bis 8 Meter unter die Oberfläche reicht und somit, da der Urboden sonst überall nur in 14 bis 16 Meter Tiefe unter der Oberfläche ist, am Nordostende der Pergamos einen isolierten Hügel von 6 bis 8 Meter Höhe bekleidet hat, auf welchem ohne Zweifel einst ein kleiner Tempel gestanden hat. Von diesem Heiligtum aber fand ich nur rote Holzasche mit glänzenden schwarzen trojanischen Topfscherben vermischt und eine ungeheure Menge unbehauener Steine, die einer furchtbaren Glut ausgesetzt gewesen zu sein scheinen; dagegen keine Spur von Skulptur, es muß das Gebäude daher sehr winzig gewesen sein. Ich habe die Stützmauer dieses Tempelhügels auf eine Breite von 4 Meter durchbrochen, um den Boden zu untersuchen. Ich grub ihn 1½ Meter tief ab und fand, daß er aus reinem Urboden von grünlicher Farbe besteht. Auf der durch die Stützmauer angewiesenen Baustelle des kleinen uralten Tempels finde ich an zwei Stellen reinen Kornsand, der sehr tief zu gehen scheint, da ich beim Nachgraben bis in 2 Meter Tiefe das Ende desselben nicht erreichte. Ob dieser Hügel ganz oder nur teilweise aus Erde und Kornsand besteht, vermag ich nicht zu sagen; ich unterlasse auch, dies zu untersuchen, da deswegen aufs neue Tausende von Kubikmetern Schutt fortgeschafft werden müßten. In dem Schutt des Tempels wurden einige wenige, aber höchst interessante Gegenstände gefunden, z. B. das größte bis jetzt vorgekommene marmorne Idol von 13½ Zentimeter Länge und 8 Zentimeter Breite, dessen Bild ich auf Tafel 126, Nr. 2560 gebe; ferner der Topfdeckel Nr. 2555, welcher durch grob eingeschnittene Linien in zwölf Fächer abgeteilt ist, wovon zehn mit Sternchen, eins mit zwei Blitzen und eines mit sechs

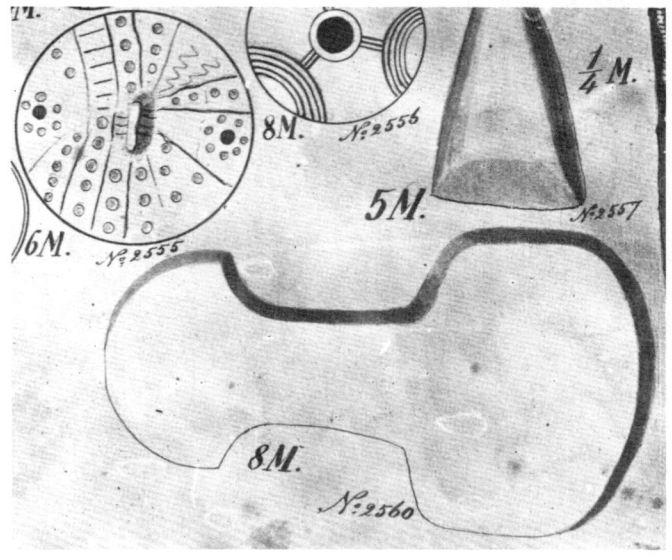

Tafel 126 Nr. 2555, 2560

Strichen verziert ist. Es fand sich dort ein kleines Tafel 122, Nr. 2438 abgebildetes Idol aus Terrakotta mit dem Eulenkopf der ilischen Schutzgöttin, einem Bauch-nabel, zwei Armen und auf der Rückseite lang herunterhängendem Haupthaar, es ist aber so kunstlos gemacht, daß z. B. die Augen der Göttin oberhalb der Augenbrauen stehen. Auch fand ich im Schutt des Tempels eine Vase mit

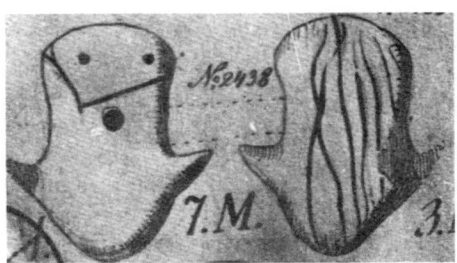

Tafel 122 Nr. 2438

Eulengesicht, zwei Frauenbrüsten und einem großen Bauchnabel; vom Gesicht ist aber nur ein Auge und ein Ohr erhalten. Ich mache ganz besonders darauf aufmerksam, daß sowohl auf allen Vasen mit Eulenköpfen, zwei Frauenbrüsten und Bauchnabel, als auch auf allen anderen, die ohne Eulengesicht und nur mit zwei Frauenbrüsten und Bauchnabel verziert sind, letzterer immer zehnmal größer ist als die Brüste. Ich vermute daher, daß der Bauchnabel irgendeine wichtige Bedeutung hatte, um so mehr als derselbe manchmal mit einem Kreuz und einmal sogar mit einem solchen und den Marken eines Nagels an jedem der vier Enden des Kreuzes verziert ist. Es fanden sich ferner in den Trümmern des kleinen uralten Gebäudes einige hübsche Keile und eine Menge sehr grober klotziger Hämmer aus Diorit, ferner eine Menge jener kleinen roten und schwarzen runden Terrakottas in der Form des Vulkans oder des Karussells mit den gewöhnlichen Verzierungen von vier oder fünf 卐 oder drei, vier oder fünf dreifachen aufgehenden Sonnen im Kreise um die Zentralsonne oder mit anderen höchst sonderbaren Verzierungen.

Es wurde auch in 7 und 8 Meter Tiefe eine Menge Vasen mit eingravierten Verzierungen und mit drei Füßen oder ohne Füße, aber meistenteils mit Röhren an den Seiten und Löchern im Munde zum Aufhängen an Schnüren gefunden; wiederum Trinkbecher, die aus einer kreisförmigen Röhre bestehen und an einer Seite eine hervorragende Öffnung zum Trinken haben; letztere ist immer durch einen Henkel mit der anderen Seite der Röhre verbunden; ferner kleinere und größere Töpfe mit ganz hintenüber gebogenem Mund; kleine Terrakotta-Trichter; sehr merkwürdige kleine, nur 2½ bis 3 Zentimeter lange Schleudern aus Diorit. Der merkwürdigste aller bis heute in diesem Jahre gefundenen Gegenstände ist aber jedenfalls ein in 9 Meter Tiefe gefundenes Idol aus sehr hartem schwarzen Stein, von 6½ Zentimeter Länge und Breite. Kopf, Hände und Füße sind in Form von Halbkugeln, und der Kopf ist nur dadurch kenntlich, daß mehrere unter demselben befindliche horizontal herumgehende Einschnitte Halsschnüre zu bezeichnen scheinen. In der Mitte des Bauchs sieht man einen Nabel, welcher ebensogroß ist wie der Kopf, aber nicht hervorsteht, wie dies bei den Vasen der Fall ist, sondern durch eine kreisförmige Vertiefung bezeichnet ist. Die Rückseite des mittleren Körpers ist gewölbt und hat das Ansehen eines Schildes, so daß man bei Betrachtung des Idols unwillkürlich daran denkt, daß es den Kriegsgott Mars darstellt.

Es kommen in 4 bis 7 Meter Tiefe auch Bruchstücke von Terrakotta-Schlangen vor, deren Köpfe manchmal mit Hörnern dargestellt sind. Letztere müssen durchaus ein uraltes bedeutungsvolles Symbol von höchster Wichtigkeit sein, denn noch jetzt herrscht hier der Aberglaube, daß Schlangenhörner durch bloße Berührung des menschlichen Körpers eine Menge Krankheiten und besonders Epilepsie heilen, ferner daß sie in Milch getaucht diese augenblicklich in Käse verwandeln und dergleichen mehr. Wegen der vielen heilsamen und nützlichen Wirkungen, die man den Schlangenhörnern beilegt, schreibt man ihnen einen ungeheuren Wert zu. Bei meiner Rückkunft hier, Ende Januar, wurde einer meiner vorjährigen Arbeiter von seinen neidischen Kameraden beschuldigt, er habe im vorigen Jahr in einer Urne in 16 Meter Tiefe ein paar Schlangenhörner gefunden und entwendet. Alle meine Versicherungen, daß es keine Schlangenhörner gebe, vermochten nicht, die guten Arbeiter zu überzeugen, und sie glauben heute noch, ihr Kamerad habe mir einen großen Schatz gestohlen. Die nicht mit Hörnern verzierten Schlangenköpfe stellen meistenteils die giftige Aspis dar; sie haben über dem Maul eine Menge Punkte, und Kopf und Rücken sind durch Querstriche in Fächer abgeteilt, und diese sind mit Punkten geschmückt. Auf der entgegengesetzten Seite haben diese flachen Schlangenköpfe der Länge nach laufende, Frauenhaaren ähnliche Striche. Es kommen auch 4 Zentimeter hohe Kegel aus Terrakotta vor, welche drei nicht durchgehende Löcher haben. Von Terrakotta-Vasen ohne Eulengesicht, aber mit zwei Frauenbrüsten und großem Bauchnabel sowie mit zwei kleinen aufrechtstehenden Griffen in Form von Armen wurden dieser Tage noch mehrere in 1 und 2 Meter Tiefe gefunden. Werkzeuge aus Diorit und Wurfscheiben aus Granit, auch mitunter aus hartem Kalkstein kommen in allen Schuttschichten unterhalb 4 Meter Tiefe in Menge vor. Hämmer und Keile kommen sowohl aus Diorit als aus grünem Stein vor und sind in den meisten Fällen sehr hübsch gearbeitet. Nicht alle steinernen Hämmer haben ein durchgehendes Loch; bei vielen sieht man nur eine ½ bis 1 Zentimeter tiefe Höhlung auf beiden Seiten.

Von Metallen kam nur Kupfer vor; eine 14 Zentimeter lange kupferne Sichel wurde heute gefunden; von kupfernen Waffen wurden seit dem 1. v. M. nur erst zwei Lanzen in 7 und ein Pfeil in 4 Meter Tiefe gefunden. Lange, dünne kupferne Nägel mit rundem Kopf oder nur gebogener Spitze kommen in Menge vor, und ich finde deren jetzt auch mehrfach in 5 und 6 Meter Tiefe, wo ich bis dahin seit Anfang meiner Ausgrabungen im Jahre 1871 erst zwei Nägel gefunden hatte.

Den an der Südostecke der Pergamos angelegten Einschnitt zur Bloßlegung des östlichen Teils des großen Turms habe ich jetzt bis zu meinem vorjährigen Einschnitt in einer Länge von 96 Meter und in einer Breite von 20 bis 24 Meter auf einmal in Angriff genommen; die Arbeit geht sehr rasch, da diese Ausgrabung nahe am südlichen Bergabhang und daher der Schutt nicht weit zu karren ist. Ich habe acht Seitenwege zur Fortschaffung desselben angelegt. Die Erfahrung hat mich gelehrt, daß es weit vorteilhafter ist, keine besonderen Leute zum Beladen der Schiebkarren zu halten und jeden Arbeiter selbst seine Karre vollschaufeln zu lassen. Ebenso hat mir die Praxis gezeigt, daß beim Abbrechen der Erdwände mit den langen eisernen Hebeln mittels eines »Bocks« sehr viel kostbare Zeit verloren geht und daß es viel vorteilhafter und für die Arbeiter weniger gefahrvoll ist, die Erdwände immer unter einem Winkel von 55 Grad zu halten, nach Maß des Bedarfs abzugraben und den Schutt mit 21 Zentimeter breiten Hacken herunterzuharken. In dieser neuen Ausgrabung finde ich vier aus irdenen, 48 bis 57 Zentimeter langen und 17 bis 30 Zentimeter dicken Röhren zusammengesetzte Wasserleitungen, in welchen das Wasser aus einer Entfernung von 1½ deutschen

Meilen vom obern Thymbrius hergeleitet wurde. Letzterer heißt jetzt Kemar, vom griechischen Wort *καμάρα* (Gewölbe), weil eine Wasserleitung aus römischer Zeit in großem Bogen über seinen unteren Lauf hinweggeht, die einst Ilium mit Trinkwasser aus dem oberen Teil des Flusses versorgte. Für die Pergamos aber waren besondere Wasserleitungen nötig, da dieselbe höher liegt als die Stadt.

Ich finde in dieser Ausgrabung eine ungeheure Menge sehr großer, 1 bis 2 Meter hoher und 75 Zentimeter dicker irdener Weinbehälter (*πίθοι*) sowie eine Menge Bruchstücke von korinthischen Säulen und anderen herrlich skulptierten Marmorblöcken. Alle diese Marmorblöcke müssen jedenfalls zu jenem großartigen Gebäude gehört haben, dessen südliche Wand von 87,7 Meter Länge ich bereits aufgegraben habe. Dieselbe besteht aus mit vielem steinharten Zement zusammengesetzten kleinen Steinen und ruht auf großen schön behauenen Kalksteinen. Die Richtung dieser Wand und folglich des ganzen Gebäudes ist Ostsüdost halb Ost, und drei Inschriften, die ich in den Ruinen desselben fand und in deren einer gesagt ist, daß sie im »*ἱερόν*«, d. h. im Tempel aufgestellt wurde, lassen gar keinen Zweifel, daß dies der Tempel der ilischen Minerva, der »*πολιοῦχος θεά*« war, denn nur dieses Heiligtum konnte wegen seiner über alle anderen Tempel hervorragenden Größe und Wichtigkeit schlechthin »*τὸ ἱερόν*« genannt werden. Auch stimmt ja die genau der aufgehenden Sonne zugewandte Lage des Gebäudes ganz genau mit der Lage des *Παρθενῶν* und aller übrigen Tempel der Minerva. Von Anfang an habe ich nach diesem wichtigen Heiligtum gesucht, habe, um es zu finden, über 100000 Kubikmeter Schutt von den schönsten Stellen der Pergamos weggeschleppt, und jetzt entdecke ich es gerade an jener Stelle, wo ich es am allerwenigsten erwartet hätte. Ich habe diesen wahrscheinlich von Lysimachos erbauten neuen Tempel gesucht, weil ich glaubte und glaube, daß ich in den Tiefen desselben die Trümmer des urältesten Minervatempels und darin mehr als irgendwo anders Aufschluß über Troja finden werde. Von den erwähnten hier gefundenen Inschriften ist die eine auf einer 1 Meter 60 Zentimeter langen, 45 Zentimeter breiten und 15 Zentimeter dicken Marmorplatte in Form eines Grabsteins geschrieben und lautet wie folgt:

ΜΕΛΕΑΓΡΟΣΙΛΙΕΩΝΤΗΙΒΟΥΛΗΙΚΑΙΤΩΙΔΗΜΩΙΧΑΙ
ΡΕΙΝΑΠΕΔΩΚΕΝΗΜΙΝΑΡΙΣΤΟΔΙΚΙΔΗΣΟΑΣΣΙΟΣΕΠΙ
ΣΤΟΛΑΣΠΑΡΑΤΟΥΒΑΣΙΛΕΩΣΑΝΤΙΟΧΟΥΩΝΤΑΝΤΙΓΡΑ
ΦΑΥΜΙΝΥΠΟΓΕΓΡΑΦΑΜΕΝΕΝΕΤΥΧΕΝΔΗΜΙΝΚΑΙΑΥ
5  ΤΟΣΦΑΜΕΝΟΣΠΟΛΛΩΝΑΥΤΩΙΚΑΙΕΤΕΡΩΝΔΙΑΛΕ
ΓΟΜΕΝΩΝΚΑΙΣΤΕΦΑΝΟΝΔΙΔΟΝΤΩΝΩΣΠΕΡΚΑΙΗ
ΜΕΙΣΠΑΡΑΚΟΛΟΥΘΟΥΜΕΝΔΙΑΤΟΚΑΙΠΡΕΣΒΕΥΣΑΙΑ
ΠΟΤΩΝΠΟΛΕΩΝΤΙΝΑΣΠΡΟΣΗΜΑΣΒΟΥΛΕΣΘΑΙΤΗΝ
ΧΩΡΑΝΤΗΝΔΕΔΟΜΕΝΗΝΑΥΤΩΙΥΠΟΤΟΥΒΑΣΙΛΕΩΣΑΝ

10 ΤΙΟΧΟΥΚΑΙΔΙΑΤΟΙΕΡΟΝΚΑΙΔΙΑΤΗΝΠΡΟΣΥΜΑΣΕΥΝΟΙ
ΑΝΠΡΟΣΕΝΕΓΚΑΣΘΑΙΠΡΟΣΤΗΝΥΜΕΤΕΡΑΝΠΟΛΙΝΑ
ΜΕΝΟΥΝΑΞΙΟΙΓΕΝΕΣΘΑΙΑΥΤΩΙΠΑΡΑΤΗΣΠΟΛΕΩΣΑΥ
ΤΟΣΨΜΙΝΔΗΛΩΣΕΙΚΑΛΩΣΔΑΝΠΟΗΣΑΙΤΕΨΗΦΙΣΑΜΕ
ΝΟΙΤΕΠΑΝΤΑΤΑφΙΛΑΝΘΡΩΠΑΑΥΤΩΙΚΑΙΚΑΘΟΤΙΑΝ
15 ΣΥΓΧΩΡΗΣΗΙΤΗΝΑΝΑΓΡΑφΗΝΠΟΗΣΑΜΕΝΟΙΚΑΙΣΤΗ
ΛΩΣΑΝΤΕΣΚΑΙΔΕΝΤΕΣΕΙΣΤΟΙΕΡΟΝΙΝΑΜΕΝΗΙΥΜΙΝ
ΒΕΒΑΙΩΣΕΙΣΠΑΝΤΑΤΟΓΧΡΟΝΟΝΤΑΣΥΓΧΩΡΗΘΕΝΤΑ
ΕΡΡΩΣΘΕ        ΒΑΣΙΛΕΥΣΑΝΤΙΟΧΟΣΜΕΛΕΑ
ΓΡΩΙΧΑΙΡΕΙΝΔΕΔΩΚΑΜΕΝΑΡΙΣΤΟΔΙΚΙΔΗΙΤΩΙΑΣΣΙΩΙ
20 ΓΗΣΕΡΓΑΣΙΜΟΥΠΛΕΘΡΑΔΙΣΧΙΛΙΑΠΡΟΣΕΝΕΓΚΑΣΘΑΙ
ΠΡΟΣΤΗΝΙΛΙΕΩΝΠΟΛΙΝΗΣΚΗΨΙΩΝΣΥΟΥΝΣΥΝΤΑΞΟΝ
ΠΑΡΑΔΕΙΞΑΙΑΡΙΣΤΟΔΙΚΙΔΗΙΑΠΟΤΗΣΟΜΟΡΟΥΣΗΣΤΗΙ
ΓΕΡΓΙΘΙΑΙΗΤΗΙΣΚΗΨΙΑΙΟΥΑΝΔΟΚΙΜΑΖΗΙΣΤΑΔΙΣΧΙΛΙΑ
ΠΛΕΘΡΑΤΗΣΓΗΣΚΑΙΠΡΟΣΟΡΙΣΑΙΕΙΣΤΗΝΙΛΙΕΩΝΗΤΗΝ
25 ΣΚΗΨΙΩΝ        ΕΡΡΩΣΟ        ΒΑΣΙΛΕΥΣΑΝΤΙΟΧΟΣΜΕΛΕ
ΑΓΡΩΙΧΑΙΡΕΙΝΕΝΕΤΥΧΕΝΗΜΙΝΑΡΙΣΤΟΔΙΚΙΔΗΣΟ
ΑΣΣΙΟΣΑΞΙΩΝΔΟΥΝΑΙΑΥΤΩΙΗΜΑΣΕΝΤΗΙΕφΕΛΛΗΣ
ΠΟΝΤΟΥΣΑΤΡΑΠΕΙΑΙΤΗΝΠΕΤΡΑΝΗΜΠΡΟΤΕΡΟΝ
ΕΙΧΕΝΜΕΛΕΑΓΡΟΣΚΑΙΤΗΣΧΩΡΑΣΤΗΣΠΕΤΡΙΔΟΣ
30 ΕΡΓΑΣΙΜΟΥΠΕΘΡΑΧΙΛΙΑΠΕΝΤΑΚΟΣΙΑΚΑΙΑΛΛΑ
ΓΗΣΠΛΕΘΡΑΔΙΣΧΙΛΙΑΕΡΓΑΣΙΜΟΥΑΠΟΤΗΣΟΜΟ
ΡΟΥΣΗΣΤΗΙΠΡΟΤΕΡΟΝΔΟΘΕΙΣΗΙΑΥΤΩΙΜΕΡΙΔΙΩΙ
ΚΑΙΗΜΕΙΣΤΗΝΤΕΠΕΤΡΑΝΔΕΔΩΚΑΜΕΝΑΥΤΩΙΕΙ
ΜΗΔΕΔΟΤΑΙΑΛΛΩΙΠΡΟΤΕΡΟΝΚΑΙΤΗΓΧΩΡΑΝΤΗΝ
35 ΠΡΟΣΤΗΙΠΕΤΡΑΙΚΑΙΑΛΛΑΓΗΣΠΛΕΘΡΑΔΙΣΧΙΛΙΑ
ΕΡΓΑΣΙΜΟΥΔΙΑΤΟφΙΛΟΝΟΝΤΑΗΜΕΤΕΡΟΝΠΑΡΕΣ
ΧΗΣΘΑΙΗΜΙΝΤΑΣΚΑΤΑΥΤΟΝΧΡΕΙΑΣΜΕΤΑΠΑΣΗΣ
ΕΥΝΟΙΑΣΚΑΙΠΡΟΘΥΜΙΑΣΣΥΟΥΝΕΠΙΣΚΕΨΑΜΕΝΟΣ
ΕΙΜΗΔΕΔΟΤΑΙΑΛΛΩΙΠΡΟΤΕΡΟΝΑΥΤΗΗΜΕΡΙΣΠΑ
40 ΡΑΔΕΙΞΟΝΑΥΤΗΝΚΑΙΤΗΝΠΡΟΣΑΥΤΗΙΧΩΡΑΝΑΡΙΣ
ΤΟΔΙΚΙΚΙΔΗΙΚΑΙΑΠΟΤΗΣΒΑΣΙΛΙΚΗΣΧΩΡΑΣΤΗΣΟΜΟ
ΡΟΥΣΗΣΤΗΙΠΡΟΤΕΡΟΝΔΕΔΟΜΕΝΗΙΧΩΡΑΙΑΡΙΣΤΟΔΙ
ΚΙΔΗΙΣΥΝΤΑΞΟΝΚΑΤΑΜΕΤΡΗΣΑΙΚΑΙΠΑΡΑΔΕΙΞΑΙ
ΑΥΤΩΙΠΛΕΘΡΑΔΙΣΧΙΛΙΑΚΑΙΕΑΣΑΙΑΥΤΩΙΠΡΟΣΕΝΓ
45 ΚΑΣΘΑΙΠΡΟΣΗΝΑΜΒΟΥΛΗΤΑΙΠΟΛΙΝΤΩΝΕΝΤΗΙΧΩΡΑΙ
ΤΕΚΑΙΣΥΜΜΑΧΙΑΙΟΙΔΕΒΑΣΙΛΙΚΟΙΛΑΟΙΟΙΕΚΤΟΥΤΟ
ΠΟΥΕΝΩΙΕΣΤΙΝΗΠΕΤΡΑΕΑΜΒΟΥΛΩΝΤΑΙΟΙΚΕΙΝΕΝΤΗΙ
ΠΕΤΡΑΙΑΣφΑΛΕΙΑΣΕΝΕΚΕΣΥΝΤΕΤΑΧΑΜΕΝΑΡΙΣΤΟ
ΤΟΔΙΚΙΔΗΙΕΑΝΑΥΤΟΥΣΟΙΚΕΙΝ        ΕΡΡΩΣΟ
50 ΒΑΣΙΛΕΥΣΑΝΤΙΟΧΟΣΜΕΛΕΑΓΡΩΙΧΑΙΡΕΙΝΕΝΕΤΥΧΕΝΗ
ΜΙΝΑΡΙΣΤΟΔΙΚΙΔΗΣφΑΜΕΝΟΣΠΕΤΡΑΝΤΟΧΩΡΙΟΝΚΑΙΤΗΜ

ΧΩΡΑΝΤΗΝΣΥΓΚΥΡΟΥΣΑΝΠΕΡΙΗΣΠΡΟΤΕΡΟΝΕΓΡΑΨΑΜΕΝ
ΔΙΔΟΝΤΕΣΑΥΤΩΙΟΥΔΕΤΙΚΑΙΝΥΝΠΑΡΕΙΛΗΦΕΝΑΙΔΙΑΤΟΑΘΗ
ΝΑΙΩΙΤΩΙΕΠΙΤΟΥΝΑΥΣΤΑΘΜΟΥΕΠΙΚΕΧΩΡΗΣΘΑΙΚΑΙΗΞΙ
55 ΩΣΕΝΑΝΤΙΜΕΝΤΗΣΠΕΤΡΙΤΙΔΟΣΧΩΡΑΣΠΑΡΑΔΕΙΧΘΗΝΑΙ
ΑΥΤΩΙΤΑΙΣΑΠΛΕΘΡΑΣΥΓΧΩΡΗΘΗΝΑΙΔΕΚΑΙΑΛΛΑΠΛΕ
ΘΡΑΔΙΣΧΙΛΙΑΠΡΟΣΕΝΕΓΚΑΣΘΑΙΠΡΟΣΗΝΑΜΒΟΥΛΗΤΑΙ
ΤΩΜΠΟΛΕΩΝΤΩΝΕΝΤΗΙΗΜΕΤΕΡΑΙΣΥΜΜΑΧΙΑΙΚΑΘΑ
ΠΕΡΚΑΙΠΡΟΤΕΡΟΝΕΓΡΑΨΑΜΕΝΟΡΩΝΤΕΣΟΥΝΑΥΤΟΝ
60 ΕΥΝΟΥΝΟΝΤΑΚΑΙΠΡΟΘΥΜΟΝΕΙΣΤΑΗΜΕΤΕΡΑΠΡΑΓΜΑ
ΤΑΒΟΥΛΟΜΕΘΑΠΟΛΥΩΡΕΙΝΤΑΝΘΡΩΠΟΥΚΑΙΠΕΡΙ
ΤΟΥΤΩΝΣΥΓΚΕΧΩΡΗΚΑΜΕΝΦΗΣΙΝΔΕΕΙΝΑΙΤΗΣ
ΠΕΤΡΙΤΙΔΟΣΧΩΡΑΣΤΑΣΥΓΧΩΡΗΘΕΝΤΑΑΥΤΩΙ
ΠΛΕΘΡΑΧΙΛΙΑΠΕΝΤΑΚΟΣΙΑΣΥΝΤΑΞΟΝΟΥΝΚΑΤΑ
65 ΜΕΤΡΗΣΑΙΑΡΙΣΤΟΔΙΚΙΔΗΚΑΙΠΑΡΑΔΕΙΞΑΙΓΗΣ
ΕΡΓΑΣΙΜΟΥΤΑΤΕΔΙΣΧΙΛΙΑΚΑΙΠΕΝΤΑΚΟΣΙΑΠΛΕ
ΘΡΑΚΑΙΑΝΤΙΤΩΝΠΕΡΙΤΗΝΠΕΤΡΑΝΑΛΛΑΕΡΓΑ
ΣΙΜΟΥΧΙΛΙΑΠΕΝΤΑΚΟΣΙΑΑΠΟΤΗΣΒΑΣΙΛΙΚΗΣΧΩ
ΡΑΣΤΗΣΣΥΝΟΡΙΖΟΥΣΗΣΤΗΙΕΝΑΡΧΗΙΔΟΘΕΙΣΗΙ
70 ΑΥΤΩΙΠΑΡΗΜΩΝΕΑΣΑΙΔΕΚΑΙΠΡΟΣΕΝΕΓΚΑΣΘΑΙ
ΤΗΝΧΩΡΑΝΑΡΙΣΤΟΔΙΚΙΔΗΝΠΡΟΣΗΝΑΝΒΟΥΛΗΤΑΙ
ΠΟΛΙΝΤΩΝΕΝΤΗΙΗΜΕΤΕΡΑΙΣΥΜΜΑΧΙΑΙΚΑΘΑ
ΠΕΡΚΑΙΕΝΤΗΙΠΡΟΤΕΡΟΝΕΠΙΣΤΟΛΗΙΕΓΡΑΨΑ
ΜΕΝ ΕΡΡΩΣΟ


*Μελέαγρος Ἰλιέων τῆι βουλῆι καὶ τῶι δήμωι χαί-*
*ρειν. Ἀπέδωκεν ἡμῖν Ἀριστοδικίδης ὁ Ἄσσιος ἐπι-*
*στολὰς παρὰ τοῦ βασιλέως Ἀντιόχου, ὧν τἀντίγρα-*
*φα ὑμῖν ὑπογεγράφαμεν· ἐνέτυχεν δ'ἡμῖν καὶ αὐ-*
5 *τὸς φάμενος, πολλῶν αὐτῶι καὶ ἑτέρων διαλε-*
*γομένων καὶ στέφανον διδόντων, ὥσπερ καὶ ἡ-*
*μεῖς παρακολουθοῦμεν διὰ τὸ καὶ πρεσβεῦσαι ἀ-*
*πὸ τῶν πόλεων τινας πρὸς ἡμᾶς, βούλεσθαι τὴν*
*χώραν τὴν δεδομένην αὐτῶι ὑπὸ τοῦ βασιλέως Ἀν-*
10 *τιόχου καὶ διὰ τὸ ἱερὸν καὶ διὰ τὴν πρὸς ὑμᾶς εὔνοι-*
*αν προσενέγκασθαι πρὸς τὴν ὑμετέραν πόλιν. Ἂν*
*μὲν οὖν ἀξιοῖ γενέσθαι αὐτῶι παρὰ τῆς πόλεως, αὐ-*
*τὸς ὑμῖν δηλώσει· καλῶς δ'ἂν ποήσαιτε ψηφισάμε-*
*νοί τε πάντα τὰ φιλάνθρωπα αὐτῶι καὶ καθ' ὅτι ἂν*
15 *συγχωρήσηι τὴν ἀναγραφὴν ποησάμενοι καὶ στη-*
*λώσαντες καὶ θέντες εἰς τὸ ἱερὸν, ἵνα μένηι ὑμῖν*

βεβαίως εἰς πάντα τὸγ χρόνον τὰ συγχωρηθέντα.
ἔρρωτθε. Βασιλεὺς Ἀντίοχος Μελεά-
γρωι χαίρειν. Δεδώκαμεν Ἀριστοδικιδηι τῶ Ἀσσίωι
20 γῆς ἐργασίμου πλέθρα δισχίλια προσενέγκασθαι
πρὸς τὴν Ἰλιέων πόλιν ἢ Σκηψίων. Σὺ οὖν σύνταξον
παραδεῖξαι Ἀριστοδικίδηι ἀπὸ τῆς ὁμορούστης τῆι
Γεργιθίαι ἢ τῆι Σκηψίαι, οὗ ἂν δοκιμάζηις τὰ δισχίλια
πλέθρα τῆς γῆς καί προσορίσαι εἰς τὴν Ἰλιέων ἢ τὴν
25 Σκηψίων. ἔρρωσο. Βασιλεὺς Ἀντίοχος Μελεάγρωι χαίρειν. Ἐνέτυχεν ἡμῖν Ἀριστοδικίδης ὁ
Ἄσσιος ἀξιῶν δοῦναι αὐτῶι ἡμᾶς ἐν τῆι ἐφ' Ἑλλσ-
πόντου σατραπείαι τὴν Πέτραν, ἢμ πρότερον
εἶχεν Μελέαγρος καὶ τῆς χώρας τῆς Πετρίδος
30 ἐργασίμου π(λ)έθρα χίλια πεντακόσια καὶ ἄλλα
γῆς πλέθρα δισχίλια ἐργασίμου ἀπὸ τῆς ὁμο-
ρούσης τῆι πρότερον δοθείσηι αὐτῶι μεριδίωι (;)
καὶ ἡμεῖς τήν τε Πέτραν δεδώκαμεν αὐτῶι, εἰ
μὴ δέδοται ἄλλωι πρότερον καὶ τὴγ χάραν τὴν
35 πρὸς τῆι Πέτραι καὶ ἄλλα γῆς πλέθρα δισχίλια
ἐργασίμου, διὰ τὸ φίλον ὄντα ἡμέτερον παρεσ-
χῆσθαι ἡμῖν τὰς καθ' αὑτὸν χρείας μετὰ πάσης
εὐνοίας καὶ προθυμίας. Σὺ οὖν ἐπισκεψάμενος
εἰ μὴ δέδοται ἄλλωι πρότερον αὕτη ἡ μερίς (;), πα-
40 ράδειξον αὐτὴν καὶ τὴν πρὸς αὐτῆι χώραν Ἀριστοδικίδηι καὶ ἀπὸ τῆς βασιλικῆς χώρας τῆς ὁμο-
ρούσης τῆι πρότερον δεδομένηι χώραι Ἀριστοδικίδηι σύνταξον καταμετρῆσαι καὶ παραδεῖξαι
αὐτῶι πλέθρα δισχίλια καὶ ἐᾶσαι αυτὸν προσενέγ-
45 κασθαι πρὸς ἢν ἂμ βούληται πόλιν τῶν ἐν τῆι χώραι
τε καὶ συμμαχίαι· οἱ δέ βασιλικοὶ λαοὶ οἱ ἐκ τοῦ τό-
που, ἐν ὧι ἐστὶν ἡ Πέτρα, ἐὰμ βούλωνται οἰκεῖν ἐν τῆ (ι)
Πέτραι ἀσφαλείας ἕνεκε, συντετάχαμεν Ἀριστο-
τοδικίδηι ἐᾶν αὐτοὺς οἰκεῖν. ἔρρωσο.
50 Βασιλεὺς Ἀντίοχος Μελεάγρωι χαίρειν. Ἐνέτυχεν ἡ-
μῖν Ἀριστοδικίδης, φάμενος Πέτραν τὸ χωρίον καὶ τὴ(γ)
χώραν τὴν συγκύρουσαν, περὶ ἧς πρότερον ἐγράψαμεν
διδόντες αὐτῶι, οὐδ' ἔτι καὶ νῦν παρειληφέναι, διὰ τὸ Ἀθη-
ναίωι τῶι ἐπὶ τοῦ ναυστάθμου ἐπικεχωρῆσθαι, καὶ ἠξί-
55 ωσεν ἀντὶ μὲν τῆς Πετρίτιδος χώρας παραδειχθῆναι
αὐτῶι τὰ ἴσα πλέθρα, συγχωρηθῆναι δὲ καὶ ἄλλα πλέ-

θρα δισχίλια προσενέγκασθαι πρὸς ἣν ἄμ βούληται
τῶμ πόλεων τῶν ἐν τῆι ἡμετέραι συμμαχίαι, καθάπερ καὶ πρότερον ἐγράψαμεν. Ὁρῶντες οὖν αὐτὸν
60  εὔνουν ὄντα καὶ πρόθυμον εἰς τὰ ἡμέτερα πράγμα-
τα, βουλόμεθα πολυωρεῖν τἀνθρώπου, καὶ περὶ
τούτων συγκεχωρήκαμεν. Φησὶν δὲ εἶναι τῆς
Πετρίτιδος χώρας τὰ συγχωρηθέντα αὐτῶι
πλέθρα χίλια πεντακόσια. Σύνταξον οὖν κατα-
65  μετρῆσαι Ἀριστοδικίηι καὶ παραδεῖξαι γῆς
ἐργασίμου τά τε δισχίλια καὶ καὶ πεντακόσια πλέθρα καὶ ἀντὶ τῶν περὶ τὴν Πέτραν ἄλλα ἐργασίμου χίλια πεντακόσια ἀπὸ τῆς βασιλικῆς χώρας τῆς συνοριζούσης τῆι ἐν ἀρχῆι δοθείσηι
70  αὐτῶι παρ' ἡμῶν· ἐᾶσαι δὲ καὶ προσενέγκασθαι
τὴν χώραν Ἀριστοδικίδην πρὸς ἣν ἂν βούληται
πόλιν τῶν ἐν τῆι ἡμετέραι συμμαχίαι, καθάπερ καὶ ἐν τῆι πρότερον ἐπιστολῆι ἐγράψαμεν. ἔρρωσο.[48]

---

[48] »Meleager entbietet Rat und Volk der Ilier seinen Gruß. Aristodikides aus Assos hat uns Briefe von König Antiochos übergeben, von denen wir für euch Abschriften beigefügt haben. Er kam auch selbst zu uns und teilte mit, er habe die Absicht, obwohl viele andere Städte mit ihm in Verhandlungen stehen und ihm den Ehrenkranz verleihen – was wir bestätigen können, da einige dieser Städte Gesandtschaften zu uns geschickt haben – das ihm von König Antiochos geschenkte Land sowohl um des Heiligtums willen wie auch seines Wohlwollens gegenüber euch eurer Stadt zu überlassen. Was er nun von der Stadt dafür erwartet, wird er euch selber darlegen. Ihr tätet gut daran, für ihn alle Ehrenrechte zu beschließen, außerdem die Bedingungen der Abtretung niederzuschreiben, darüber eine Steleninschrift anzufertigen und diese im Heiligtum aufzustellen, damit euch die Vergünstigungen für alle Zeit fest bewahrt bleiben. Lebt wohl.
König Antiochos entbietet Meleagros seinen Gruß. Wir haben Aristodikides aus Assos 2000 Plethren urbaren Bodens geschenkt, um diese dann den Städten Ilion oder Skepsis zuzuschlagen. Ordne du nun an, von dem Gergis oder Skepsis angrenzenden Land, wo du es für richtig hältst, dem Aristodikides die 2000 Plethren anzuweisen und dem Stadtgebiet von Ilion oder von Skepsis zuzuschlagen. Lebe wohl.
König Antiochos entbietet Meleagros seinen Gruß. Aristodikides aus Assos kam zu mir mit dem Antrag, ihm das in der Satrapie am Hellespont liegende Petra zu schenken, das früher Meleagros gehörte, außerdem 1500 Plethren urbaren Bodens im Gebiet von Petra, und weitere 2000 Plethren urbaren Bodens, die an den ihm früher geschenkten Besitz angrenzen. Wir haben ihm deshalb Petra geschenkt, falls es nicht einem anderen überlassen ist, und den Landstrich bei Petra sowie weitere 2000 Plethren urbaren Bodens, weil er unser Freund ist und uns seine Dienste mit aller Zuneigung und Bereitwilligkeit geleistet hat. Wenn du nun geprüft hast, ob es nicht einem anderen früher überlassen wurde, dann weise es

Diese Inschrift, deren hoher geschichtlicher Wert nicht zu verkennen ist, scheint jedenfalls, sowohl nach dem Inhalt als nach der Form der Buchstaben zu urteilen, aus dem dritten Jahrhundert v. Chr. zu stammen, denn der darin vielfach vorkommende König Antiochos muß entweder Antiochos I. mit Beinamen Soter (281 bis 260 v. Chr.) oder Antiochos III., der Große (222 bis 186) sein. Zwar erzählt Polybios, der 210 oder 200 v. Chr. geboren ist und 122 v. Chr. starb, in seinem Werk, XXVIII, 1 und XXXI, 21 von einem zu seiner Zeit lebenden Meleagros, einem Gesandten des Antiochos Epiphanes, der von 174 bis 164 regierte, und es wäre immerhin möglich, daß dieser Meleagros späterhin auch Satrap der Satrapie des Hellesponts geworden wäre und in dieser Stellung den ersten Brief der Inschrift an die Ilier gerichtet hätte. Aber im ersten Brief des Antiochos an seinen Satrapen Meleagros stellt er es diesem frei, die 2000 Plethra Land dem Aristodikides von dem ans Gebiet von Gergis oder an das von Skepsis grenzenden Land zuzuteilen. Die Stadt Gergis wurde aber nach Strabo (§ 616, siehe auch § 603 und 624 der Ausgabe von A. Forbiger) vom König Attalos I. von Pergamos, der von 241 bis 197 v. Chr. regierte, zerstört, welcher die Einwohner in die Nähe der Quellen von Kaïkos in Mysien verpflanzte. Diese Quellen liegen aber, wie auch Strabo (§ 616) selbst sagt, sehr weit vom Ida und somit auch von Ilium entfernt. 2000 Plethra Land in so weiter Ferne würden den Iliern von keinem Nutzen haben sein können; es ist daher nicht möglich anzunehmen, daß in

Aristodikides zu samt dem dazugehörigen Landstrich und gib außerdem Befehl, von dem an das früher dem Aristodikides geschenkte Gut angrenzenden Königsland ihm 2000 Plethren abzumessen und zuzuweisen und es ihn nach seiner Entscheidung dem Gebiet einer Stadt in unserem Gebiet oder im Land der Bundesgenossen zuschlagen zu lassen. Wenn die königlichen Untertanen aus dem Gebiet von Petra der Sicherheit halber in Petra wohnen wollen, so haben wir mit Aristodikides verabredet, sie dort wohnen zu lassen. Lebe wohl. König Antiochos entbietet Meleagros seinen Gruß. Aristodikides kam zu uns und teilte mit, er habe den Ort Petra und den mitgenannten Boden, über dessen Schenkung an ihn wir früher schrieben, auch jetzt noch nicht erhalten, weil er Athenaios, dem Kommandanten von Naustathmos überlassen worden war. Er bat darum, ihm statt des Bodens in Petra die gleiche Anzahl von Plethren woanders zu überlassen, ihm außerdem weitere 2000 Plethren zuzuweisen, um sie nach seiner Entscheidung einer Stadt unserer Verbündeten zuzuschlagen, wie wir bereits früher schrieben. Da wir ihn nun als einen wohlwollenden und in unseren Angelegenheiten eifrigen Mann ansehen, wollen wir auch gut für den Mann sorgen und seiner Bitte entsprechen. Er teilt mit, im Gebiet von Petra stehen ihm 1500 Plethren zu. Gib nun den Befehl, für Aristodikides die 2500 Plethren urbaren Bodens abzumessen und zuzuweisen, außerdem anstelle des Landstrichs von Petra weitere 1500 Plethren urbaren Bodens von dem Königsland, das an das zu Anfang von uns geschenkte Land angrenzt. Man soll Aristodikides zugestehen, dieses Land dem Gebiet einer Stadt unserer Verbündeten nach seiner Entscheidung zuzuschlagen, wie wir im vorigen Brief schrieben. Lebe wohl.«
(Übersetzung Peter Frisch, a.a.O. Nr. 33)

der Inschrift von dem bei den Quellen des Kaïkos aufblühenden neuen Flecken Gergitha die Rede sein kann. Ich stimme jetzt ganz mit Frank Calvert (Archaeological Journal, XXI, 1864) und mit Konsul von Hahn (Die Ausgrabungen auf der homerischen Pergamos, S. 24) überein, daß Gergis durch die Ruinen der kleinen Stadt und Akropolis am äußersten Ende der Höhen hinter Bunarbaschi bezeichnet wird, in welchen höchst merkwürdiger Weise noch bis vor kurzem die meisten Archäologen das homerische Troja erblickten. Diese Baustelle von Gergis, in gerader Linie zwischen Ilium und Skepsis, dessen Ruinen man weiterhin auf den Höhen des Ida sieht, ist ganz im Einklang mit der Inschrift. Livius (XXXV, 43) erzählt von dem Besuch Antiochos' III., des Großen. Auch finde ich im »Corpus Inscriptionum Graecarum«, Nr. 3596, daß derselbe einen General Meleagros hatte, welcher später Satrap des Hellesponts geworden sein mag. Dagegen sagt Chishull in seinen »Antiquitates Asiaticae«, daß Antiochos I., Soter, auf einer Expedition gegen den König von Bithynien mit seiner Flotte bei der nahe bei Ilium gelegenen Stadt Sigeum anhielt und mit der Königin, die seine Frau und Schwester war, sowie mit den Großwürdenträgern und Suite nach Ilium hinaufstieg. Über den glänzenden Empfang, der ihm hier bereitet wurde, ist zwar nichts Genaueres bekannt, wohl aber der Empfang, der ihm in Sigeum zuteil wurde. Die Sigeer überhäuften ihn mit knechtischen Schmeicheleien; sie sandten ihm nicht nur Gesandte entgegen, um ihn zu beglückwünschen, sondern sie erließen auch ein Senatsdekret, worin sie des Königs Handlungsweise bis zum Himmel erhoben und anordneten, daß öffentliche Gebete für sein und seiner Gemahlin Heil an die ilische Minerva, an Apollo (welcher als sein Ahne galt), an die Siegesgöttin und an andere Götter gerichtet würden; daß die Priesterinnen und Priester, die Senatoren und alle Magistratspersonen der Stadt Kränze tragen und daß alle Bürger und alle sonst in Sigeum ansässigen oder nur zeitweilig dort wohnenden Fremden die Tugend und die Tapferkeit des großen Königs laut preisen sollten; ferner daß seine goldene Bildsäule zu Pferde im Tempel der Minerva in Sigeum auf einem Piedestal aus weißem Marmor aufgestellt werden sollte, mit der Inschrift: »Die Sigeer haben dem König Antiochos, dem Sohn des Seleucus, diese Bildsäule errichtet für seine dem Tempel bewiesene Frömmigkeit und weil er der Wohltäter und der Retter des Volkes ist; diese Ehrenbezeigung soll in den Volksversammlungen und in den öffentlichen Spielen ausgerufen werden.« Es ist mir aber in dieser Wildnis unmöglich zu ergründen, welchem alten Klassiker diese Episode entlehnt ist.

Wahrscheinlich wurde dem Antiochos I. ein ähnlicher Empfang in Ilium bereitet, so daß er die Stadt in gutem Andenken behielt. Daß er wohlwollende Gesinnungen für die Ilier hegte, beweist auch die Inschrift Nr. 3595 im »Corpus Inscriptionum Graecarum«. Ob aber er oder Antiochos der Große in der Inschrift gemeint ist, wage ich nicht zu bestimmen.

Der in der Inschrift so vielfach erwähnte Aristodikides, der Assier, ist ganz unbekannt; dieser Name kommt hier zum erstenmal vor. Auch der in der Inschrift mehrfach genannte Ort Petra ist durchaus unbekannt; derselbe muß hier in der Umgegend gelegen haben, aber alle meine Anstrengungen, denselben in den jetzigen türkischen Namen der Ortschaften oder anderswie zu entdecken, sind fehlgeschlagen.

Die andere Inschrift lautet wie folgt:

```
                                          ΩΝΙΟΥΤΟΥΕΥΔ
        ΟΣΜΕΝ                    ΟΥΚΑΜΕΝΑΧΟΣΓΛΑΥΚΟ
   ΕΠΕΓΡΑΨΑΜΕΝΕΙΣΣΤΗΛΗΝΚΑΤΑΤΟΝΝΟΜΟΝΕΡΓΟΦΙΛΟΝΠΑΤΡΟΣΟΥ
   ΧΡΗΜΑΤΙΣΖΗΕΖΗΜΙΩΜΕΝΟΝΥΠΟΤΩΝΠΡΟΤΑΝΕΩΝΤΩΝΠΕΡΙΔΙΟ
 5 ΦΑΝΗΝΗΓΗΣΙΔΗΜΟΥΟΦΙΛΟΝΤΑΤΟΥΣΚΑΤΑΤΟΝΝΟΜΟΝΣΤΑΤΗΡΑΣΔΥΟ
   ΚΑΙΜΗΝΟΓΕΝΗΝΜΝΗΣΑΡΧΟΥΚΑΙΑΡΤΕΜΙΔΩΡΟΝΦΑΝΙΑΚΑΙΔΙΟΜΗΔΗΝ
   ΑΠΟΛΛΩΝΙΟΥΕΖΗΜΙΩΜΕΝΟΥΣΥΠΟΤΩΝΠΡΥΤΑΝΕΩΝΤΩΝΠΕΡΙΔΙΟΦΑΝΗΝ
   ΗΓΗΣΙΔΗΜΟΥΥΠΟΗΜΕΡΑΣΤΡΕΙΣΟΦΙΛΟΝΤΑΣΕΚΑΣΤΟΝΑΥΤΩΝΣΤΑΤΗΡΑΣΔΥΟ
   ΜΗΝΟΔΟΤΟΝΜΗΝΟΔΟΤΟΥΚΑΙΗΡΑΚΛΕΙΔΗΝΚΑΙΜΗΝΟΔΟΤΟΝΤΟΥΣΗΡΑΚΛΕΙ
10 ΔΟΥΕΖΗΜΙΩΜΕΝΟΥΣΥΠΟΤΩΝΠΕΡΙΦΑΙΝΩΝΑΚΤΑΕΥΔΗΜΟΥΠΡΥΤΑ
   ΝΕΩΝΟΦΙΛΟΝΤΑΕΚΑΣΤΟΝΑΥΤΩΝΣΤΑΤΗΡΑΣΔΥΟ
   ΑΡΤΕΜΙΔΩΡΟΝΜΗΝΟΦΑΝΤΟΥΕΖΗΜΙΩΜΕΝΟΝΥΠΟΤΩΝΝΟ
   ΜΟΦΥΛΑΚΩΝΤΩΝΠΕΡΙΙΠΠΑΡΧΟΝΗΓΗΣΙΔΗΜΟΥΟΦΙΛΟΝ
   ΤΑΣΤΑΤΗΡΑΣΔΥΟ
```

. . . . . . . . . . . . . . .

. . . . . . . . . . . . . . . . . (Ἀπολλ)ωνίου τοῦ Εὐδ . . . .

. . . . . ὀσμεν . . . . . . . . . . οὐκαιεναχος Γλαυκο . .

ἐπεγράψαμεν εἰς στήλην κατὰ τὸν νόμον Ἐργόφιλον πατρὸς οὗ
χρηματισρζ ἐζημιωμένον ὑπὸ τῶν προτάνεων τῶν περὶ Διο-
5 φάνην Ἡγησιδήμου, ὀ(φ)ίλοντα τοὺς κατ(ὰ) τὸν νόμον στατῆρας δύο.
καὶ Μηνογένην Μνησ(άρχ;)ου καὶ Ἀρτεμίδωρον Φανία(δου;) καὶ Διομήδην
Ἀπολλωνίου, ἐζημιωμένους ὑπὸ τῶν πρυτάνεων τῶν περὶ Διοφά(νην)
Ἡγησιδήμου ὑπὸ ἡμέρας τρεῖς ὀφίλονταϑ ἔκαστον αὐτῶν στατῆρας δύο.
Μηνόδοτον Μηνοδότου καὶ Ἡρακλείδην καὶ Μηνόδοτον τοὺς Ἡρακλεί-
10 δου ἐζημιωμένους ὑπὸ τῶν περὶ Φαινώνακτα Εὐδήμου πρυτάνεων, ὀφίλοντα ἔκαστον αὐτῶν στατῆρας δύο.
Ἀρτεμίδωρον Μηνοφάντου ἐζημιωμένον ὑπὸ τῶν νο-
μοφυλάκων τῶν περὶ Ἵππαρχον Ἡγησιδήμου, ὀφίλοντα στατῆρας δύο.[49]

---

[49] »...... (Namen wohl verschiedener Beamter, fragmentiert) ........ Gemäß dem Gesetz haben wir auf der Stele verzeichnet: Ergophilos, der Name des Vaters liegt nicht vor,

In der im »Corpus Inscriptionum Graecarum« unter Nr. 3604 angeführten Inschrift, welche anerkannterweise aus der Zeit des Augustus Octavianus stammt, wird Hipparchos als Mitglied der beratenden Versammlung der Ilier erwähnt, und da Zeile 13 derselbe Name in gleicher Eigenschaft vorkommt, so zögere ich nicht zu behaupten, daß die vorstehende Inschrift aus derselben Zeit herrührt.

bestraft von dem Prytanenkollegium unter Diophanes, Sohn des Hegesidemos, zu den gesetzlichen 2 Stateren. Menogenes, den Sohn des Mnesiphilos, und Artemidor, den Sohn des Phaniades, und Diomedes, den Sohn des Apollonios, jeder von ihnen bestraft von dem Prytanenkollegium unter Diophanes, dem Sohn des Hegesidemos, wegen drei Tagen zu 6 Stateren. Menodotos, den Sohn des Menodotos, sowie Herakleides und Menodotos, die Söhne des Herakleides, jeder von ihnen bestraft von dem Prytanenkollegium unter Phainonax, dem Sohn des Eudemos, zu 2 Stateren. Artemidoros, den Sohn des Menophantos, bestraft von den Nomophylakes unter Hipparchos, dem Sohn des Hegesidemos, zu 2 Stateren.«
(Übersetzung Peter Frisch, a.a.O. Nr. 65)

# XVII.

Seit meinem Bericht vom 1. d. M. habe ich bei herrlichem Wetter und einem Überfluß an Arbeitern die Ausgrabungen mit großem Eifer fortgesetzt. Die Nächte sind kalt, und das Thermometer fällt noch häufig gegen Morgen auf den Gefrierpunkt, während die Sonne am Tag schon anfängt, lästig heiß zu werden und das Thermometer oft um Mittag 18 Grad Réaumur im Schatten zeigt. Die Blätter der Bäume fangen jetzt an hervorzubrechen, während die trojanische Ebene bereits mit Frühlingsblumen bedeckt ist. Schon seit 14 Tagen hört man das Quaken der Millionen von Fröschen in den umliegenden Sümpfen, und bereits seit acht Tagen sind die Störche zurückgekehrt. Zu den Unannehmlichkeiten des Lebens in dieser Wildnis gehört das entsetzliche Geschrei der in den Löchern der Wände meiner Ausgrabungen nistenden unzähligen Eulen; dieses Geschrei hat etwas Geheimnisvolles und Grauenhaftes und ist besonders in der Nacht unerträglich.

Auf der Baustelle des Minervatempels habe ich die Ausgrabung mit größter Energie fortgesetzt. Die Fundamente dieses Heiligtums erreichen nirgends mehr als 2 Meter und gewöhnlich nur 1 Meter Tiefe; der Fußboden desselben, der aus großen Sandsteinplatten besteht und auf doppelten Schichten großer behauener Blöcke derselben Steinart ruht, ist oft nur mit 30 Zentimeter und nie mit mehr als 1 Meter Humus bedeckt; daraus erklärt sich der gänzliche Mangel an Skulpturen. Denn was davon im und am Tempel war, konnte hier auf dem Berggipfel nicht in die Erde dringen, blieb viele Jahrhunderte lang auf der Oberfläche liegen und wurde durch religiösen Eifer oder Mutwillen zertrümmert. So, aber auch nur so erklärt sich die enorme Masse von Bruchstücken von Statuen, womit der ganze Berg bedeckt ist.

Von großen, schwer zerstörbaren, skulptierten Marmorblöcken, welche korinthischen Stil zeigen, finde ich dagegen eine große Menge, und deren Fortschaffung verursacht mir die allergrößte Mühe und vielen Zeitverlust. Da sich der im vorigen Jahr teilweise von mir bloßgelegte große Turm in großer Tiefe gerade unter dem Tempel hinzieht und ich denselben auf jeden Fall in seiner ganzen Ausdehnung bloßzulegen wünsche, so lasse ich nur die Reste der nördlichen und südlichen Tempelmauern stehen und sonst alles wegbrechen, bis auf ein im Heiligtum befindliches 8 Meter 43 Zentimeter langes, 8 Meter breites Reservoir, welches aus großen, schön behauenen, ohne Zement oder Kalk zusammengelegten Kalksteinen gebaut ist und dessen Wände eine Dicke von 2 Meter 46 Zentimeter haben. In dieses Reservoir münden die früher erwähnten vier Wasserleitungen. Ich lasse es stehen, um den Besuchern der Troade einen schwachen Begriff von der Mühe zu geben, welche ich habe, alle Steine eines 87 Meter 70 Zentimeter langen, 22 Meter breiten Tempels fortzuschaffen. Aber noch viel schwieriger als die Fortschaffung der Steine ist die Fortschaffung des Schuttes, der, da die Ausgrabung auf platter Erde geschieht, nur auf Seitenwegen zu bewerkstelligen ist, die desto steiler werden, je tiefer wir graben. Ich wünsche aber, fortan nur den Gipfel der Turmruine bloßzulegen, denn ihn auch fernerhin bis auf den Urboden ans Licht zu bringen, dazu fehlt mir die Geduld. Dieser neue große Einschnitt braucht daher nur eine Tiefe von 8 Meter, und ich habe ihm am Westende eine Breite von 24 Meter gegeben. Ich hoffe somit, daß ich dort an der Nordseite in zwei oder drei Tagen das alte hochwichtige Monument erreichen muß. Sobald dies der Fall ist, lasse ich zur leichteren Fortschaffung des Schuttes eine obere und eine untere Terrasse machen, und somit werde ich in weniger als einem Monat von heute an die ganze Ausgrabung des Turmes bis zu seinem östlichen Ende vollenden können, welches ich bereits gestern in meinem mehrfach erwähnten, an der Südostecke der Pergamos angelegten steil ablaufenden Einschnitt erreicht und wovon ich eine Fläche von 4 Meter bloßgelegt habe. Diese ans Licht gebrachte Ostseite des Turmes läuft ab unter einem Winkel von 60 Grad, sie hatte das Ansehen einer alten Stützmauer, welche ich an der Nordseite der Pergamos bloßgelegt habe. Da ich nicht sogleich glaubte, daß es der Turm sei, so ließ ich die erste Steinschicht wegbrechen, fand aber danach ein aus großen Steinen mit Erde zusammengesetztes Mauerwerk. Infolgedessen habe ich die Arbeit in diesem Einschnitt ganz eingestellt. Letzterer hatte bereits eine Länge von 34 Meter erreicht und war trotz seiner geringen Breite eine meiner schwierigsten Arbeiten in Troja, denn, wie bereits erwähnt, mußte zuerst eine aus großen Marmorblök-ken und besonders aus korinthischen Säulen mit Kalk zusammengesetzte, aus dem Mittelalter stammende Mauer von 3 Meter Dicke, und darauf die von Lysimachos errichtete 3 Meter dicke Ringmauer aus großen behauenen Steinen durchbrochen, die großen Säulenblöcke den steilen Pfad hinangewälzt und weggeschafft, die großen behauenen Steine mit Hämmern zerschlagen und so in Schiebkarren entfernt werden. Auch mußten, wie die Besucher der Pergamos in den Wänden dieses Einschnitts sehen, zwei trojanische Mauern durchschnitten werden, wovon die erste 1 Meter 60 Zentimeter, die zweite 3 Meter Dicke hat; beide bestehen aus mit Erde zusammengesetzten Steinen. Die erste dieser Wände ist gerade unterhalb eines Teils der westlichen Wand des relativ modernen Minervatempels, und da sie – nach meinem kleinen Taschenkompaß – genau nach Ostsüdost halb Ost zielt, so dachte ich zuerst, daß sie zu dem alten winzigen Tempel der ilischen Schutzgöttin gehören möchte, den Alexander der Große hier vorfand. Es ist mir aber weiter nichts vorgekommen, was dazu beitragen könnte, dies zu beweisen. Die zweite, 3 Meter dicke Mauer ist höchst interessant, denn sie besteht aus großen unbehauenen Muschelkalksteinen, während man auf ihr eine Wand aus kleinen mit Erde zusammengesetzten Steinen sieht, die offenbar einer viel späteren Zeit angehört, aber jedenfalls lange vor Ankunft der griechischen Kolonie in Ilium errichtet sein muß. Aber selbst die untere Mauer aus großen Steinen ist erst gebaut, als sich vor Iliums Turm schon eine Schuttaufhäufung von 6 Meter Höhe gebildet hatte; sie muß daher Jahrhunderte später gebaut sein als jener. Dieser Schutt besteht aus mit Knochen und kleinen Muscheln vermischter Asche, und wegen seiner Feuchtigkeit und Zähigkeit ist er ebenso schwer abzuhacken wie feuchter Kalkfels. Ich fand in demselben viele Scherben jener inwendig und auswendig glänzend roten und schwarzen trojanischen Gefäße, sonst aber durchaus nichts von Interesse. Oberhalb des Turmes, an der Ostseite der Pergamos ist nichts als gelbe Holzasche und sehr viele Steine. Überhaupt finde ich bis zu der jetzt erreichten Tiefe von 4½ Meter unterhalb der Oberfläche, somit 2½ bis 3 Meter unterhalb der Fundamente des Minervatempels, nichts als gelbe Holzasche, und in derselben eine kolossale Menge ungeheurer, 1 bis 2 Meter langer, unten spitz zulaufender irdener Behälter ($\pi i\vartheta oi$), die nicht nur als Wein- und Wasserbehälter, sondern auch als Keller zur Aufbewahrung von Speisen gedient haben müssen, da es keine gemauerten Keller gab.

Steinerne Werkzeuge, die ich mit Ausnahme von seltenen Silexmessern in meinen früheren Ausgrabungen erst von 4 Meter Tiefe abwärts fand, kommen hier in großen Massen schon in 2 Meter Tiefe, somit unmittelbar unter dem Minervatempel vor; am meisten finden sich klotzige Hämmer aus Diorit, jedoch hin und wieder auch sehr hübsch gearbeitete Hämmer aus demselben oder aus grünem Stein; einige derselben haben ein auf beiden Seiten weites und in der Mitte enges Loch, und ich begreife nicht, wie ein Stiel darin hat befestigt werden können. Das von allen am besten gearbeitete Werkzeug ist immer der Keil, welcher aus Diorit oder aus hartem grünem Stein, einige Male auch aus weißem Silex vorkommt und sich in allen Größen von 2 bis 13 Zentimeter Länge findet. Dieses Werkzeug ist immer so ausgezeichnet gemacht und so sauber poliert, daß man wirklich erstaunt, wie es mit den elenden Mitteln der damaligen Welt möglich war, so etwas Ausgezeichnetes zu liefern, denn unmöglich würde es der beste jetzige Künstler mit den besten Werkzeugen besser machen können. Silexmesser, die ich im vorigen Jahr in so großen Massen fand, kommen bis jetzt in dieser Ausgrabung nur selten vor. Da sonst überall steinerne Werkzeuge erst von 4 Meter Tiefe abwärts vorkommen, so ist es wahrscheinlich, daß die schon in 2 Meter Tiefe auf der Baustelle des Tempels in Massen vorkommenden steinernen Werkzeuge aus dem Schutt herrühren, welchen man beim Bau des großen Reservoirs aufgegraben hat, denn dasselbe scheint sehr tief zu gehen, und seine Fundamente mögen vielleicht bis zum Turm reichen.

Da ich im Tempel selbst ausschließlich jene runden Stücke Terrakotta ganz in der Form des Kegels und ohne Verzierung finde, dagegen unterhalb der Fundamente des Tempels große Massen davon in der Form des Vulkans und des Karussells mit den verschiedenartigsten arischen Symbolen antreffe, so bin ich jetzt doch der Meinung, *daß alle diejenigen, welche solche arischen Symbole tragen, von den Völkern herstammen müssen, welche hier der griechischen Ansiedelung vorausgegangen sind.*

Von Formsteinen aus Glimmerschiefer habe ich erst zwei gefunden, wovon der eine auf sechs Seiten zum Gießen von Waffen und Werkzeugen, der andere zum Gießen von Nägeln ohne Kopf bestimmt ist und, ich weiß nicht zu welchem Zweck, zwei runde, nicht durchgehende Löcher hat.

Da ich von Werkzeugen spreche, so muß ich einen in 3 Meter Tiefe gefundenen, sehr merkwürdigen Hammer aus Knochen erwähnen, welcher ganz mit eingeschnittenen Sternen bedeckt ist.

Von Idolen aus Marmor mit dem eingravierten Eulengesicht der ilischen Minerva und deren Gürtel mit Punkten kamen wiederum mehrere vor, auch ein sehr niedliches Marmoridol ohne Eulenkopf, aber mit zwei kleinen, horizontal ausgestreckten Armen. Von Terrakottas mit Eulenköpfen kamen seit meinem letzten Bericht nur zwei Becher vor.

Kupferne Münzen von Ilium und Alexandria-Troas, und römische von Augustus bis zu Konstantin dem Großen, besonders von letzterem, finde ich sehr viele unmittelbar unter der Oberfläche und höchstens bis zu 1 Meter Tiefe. Eisen kommt gar nicht, nicht einmal im Tempel vor, dagegen viele kupferne Nägel, von denen ich aber anfange zu glauben, daß sie gar nicht zum Einschlagen in Holz gebraucht sein können, denn dazu scheinen sie mir entschieden zu lang und dünn zu sein. Die gewöhnliche Länge der unterhalb 2 Meter Tiefe vorkommenden Nägel ist nämlich 10 bis 16 Zentimeter bei nur ½ Zentimeter Dicke, und ich glaube nicht einmal, daß es möglich sein würde, einen solchen Nagel in sehr weiches Holz zu treiben. Außerdem haben ja die meisten Nägel gar keine, manche zwei Köpfe, und viele haben zwei spitze Enden, wovon das eine nur umgebogen ist, um einen Kopf zu bilden. Dicke kupferne Nägel, die zum Einschlagen in Holz tauglich wären, sind hier eine sehr große Seltenheit; in zwei Jahren fand ich nur zwei davon. Ich finde mich daher veranlaßt zu glauben, daß alle Nägel, die ich in den Schuttschichten der der griechischen Nation vorangegangenen Völker finde, nur als Tuch- oder Haarnadeln gebraucht worden sind. Was mich in dieser Überzeugung bestärkt, ist ein 13 Zentimeter langer kupferner Nagel mit Kopf gewöhnlicher Form und das Bruchstück eines ähnlichen Nagels, welche nur 3 Zoll unter der Oberfläche in einer Rinne gefunden wurden, die meine Leute zum Abfließen des Regenwassers um ihre Rohrhütte gruben. An dem Kopf des Nagels sieht man ein kleines Goldkügelchen, und darauf folgt in herabsteigender Richtung eine Reihe von achtzehn solcher Goldkügelchen. Neben dem Ende dieser Reihe fängt eine zweite Reihe von neun Goldkügelchen gleicher Größe an. Die Reihen von Kügelchen sind in Form von Halsschnüren und bekleiden den dritten Teil des ganzen Nagels. Das Bruchstück des anderen Nagels ist noch merkwürdiger, denn es zeigt eine genau einen Bogen bildende Schnur von Kügelchen von jener bereits früher erwähnten, im Altertum ἤλεκτρον (Elektron) genannten Metallmischung von drei Teilen Gold und einem Teil Silber, und unter dem Bogen sieht man in horizontaler Richtung eine wahrscheinlich die Sehne vorstellen sollende Reihe von Goldkügelchen. An beiden Nägeln sind die Kügelchen fest angeschmiedet. Außerdem habe ich noch zu erwähnen, daß ja die häufig vorkommenden silbernen Nägel meistenteils von gleicher Form und Dicke wie die kupfernen sind und doch ganz bestimmt nie zum Einschlagen in Holz verwandt sein können.

Auf der Westseite des von mir im vorigen Jahr bloßgelegten Teils des großen Turmes mache ich ebenfalls eine 14 Meter 30 Zentimeter lange, 14 Meter 40 Zentimeter breite Ausgrabung, um denselben auch nach dieser Seite hin weiter ans Licht zu bringen und zu sehen, wie Iliums Mauern mit ihm in Verbindung stehen. Es ist eine Reise um die Welt wert, diesen Turm zu sehen, dessen Lage jedenfalls einst so hoch war, daß er nicht nur die Ebene, sondern auch das im Süden vor ihm gelegene Plateau beherrschte, während selbst sein Gipfel jetzt mehrere Meter tief unter dem Niveau des Plateau liegt. Es scheint hiernach, daß die Schuttaufhäufung auf der Baustelle der Stadt ebensogroß ist wie in der Pergamos.

In der erwähnten westlichen Ausgrabung fand ich bis zu 2 Meter Tiefe die Ruinen eines sehr großen Hauses aus griechischer Zeit, welches augenscheinlich einem reichen Mann gehört haben muß, denn die Fußböden der Zimmer bestehen aus großen roten, herrlich polierten Steinplatten. Ich fand darin zwei kleine, sehr hübsche Frauenköpfe aus Terrakotta sowie zwei höchst merkwürdige Stücke aus hartem, sprödem, glasähnlichem schwarzen Stein in der Form von Champignons, aber mit einer durch die Mitte gehenden Röhre. Der Kopf beider Stücke hat ähnliche Verzierungen, wie man auf den runden Terrakottas in Gestalt des Karussells und des Vulkans findet, und daher glaube ich, daß beide Stücke einer vorgriechischen Zeit angehören.

Unterhalb der Fundamente des griechischen Hauses fand ich in 3 und 4 Meter Tiefe viele jener kleinen Vulkane und Karussells mit den gewöhnlichen Verzierungen von vier, fünf oder sechs doppelten oder dreifachen aufgehenden Sonnen, von vier mit Flammen bedeckten Altären, von vier Rosae mysticae, von vier oder fünf 卍 im Kreise um die Zentralsonne; auch fand sich in 3 Meter Tiefe eines dieser Stücke, auf dem man ein sehr grob und kunstlos eingraviertes Bild der ilischen Schutzgöttin mit dem Eulenkopf und ausgestreckten Armen sieht. Neben dieser Darstellung sieht man zwei Kreuze und an den vier Enden eines jeden die Marke der Nägel, womit die beiden kreuzweise gelegten Hölzer unserer arischen Urväter zum Anzünden des heiligen Feuers befestigt wurden. Ferner sieht man in demselben Kreis mit dem Gottesbild zwei Symbole des Blitzes. Ein getreues Bild dieses Stücks findet man Tafel 132, Nr. 2613.

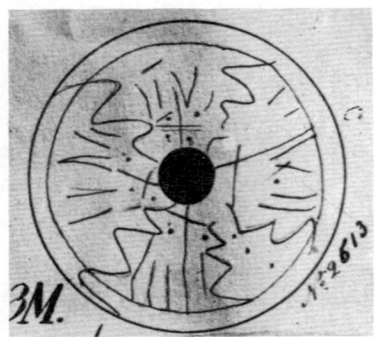

Tafel 132 Nr. 2613

Unter dem in dieser Ausgrabung gefundenen Töpfergeschirr, wovon ich die noch nicht vorgekommenen Formen in Abbildung gebe* [hier nicht abgebildet], verdient besondere Aufmerksamkeit eine Schüssel in Gestalt eines Helms mit einem runden Loch im Boden, die als eine Art von Trichter gedient haben mag.

Wie bereits früher erwähnt, muß der im Juli vorigen Jahres von mir entdeckte herrliche, den Phöbus Apollo mit den vier Pferden der Sonne darstellende Triglyphenblock [siehe Tafel 30], wie es die auf der linken Seite befindliche Triglyphe beweist, über dem Eingang des Tempels, wahrscheinlich auf den Propyläen desselben gestanden und einen anderen Triglyphenblock gleicher Größe an seiner rechten Seite gehabt haben. Es würde von höchstem Interesse für die Wissenschaft sein, wenn ich auch diesen zweiten Triglyphenblock fände, der, wie es mit dem anderen Block geschehen, wahrscheinlich auch vom Gipfel des Berges den steilen Abhang hinuntergeworfen ist. Ich sprach früher die Meinung aus, daß der von mir gerettete Triglyphenblock von den fanatischen Türken hinuntergeworfen sei, weil er lebende Geschöpfe darstellt, deren Abbildung im Koran streng verboten ist. Aber dieser Ort ist seit Ende des 9. Jahrhunderts gar nicht bewohnt gewesen, und die Feldarbeiter der entfernt liegenden türkischen Dörfer können sich unmöglich die Mühe gemacht haben, aus bloßem religiösen Eifer solche ungeheuren Lasten vom Berg zu wälzen. Außerdem beweist die gute Erhaltung der Skulptur, daß sie unmöglich bis zur Invasion der Türken auf des Berges Gipfel gestanden hat, und dies bringt mich zu der Vermutung, daß sie schon mehr als 1000 Jahre früher, wahrscheinlich schon im 4. Jahrhundert n. Chr. von den ersten Christen hinuntergeworfen ist, deren Fanatismus gar keine Grenzen kannte und die bekanntlich alle schwer zu zerstörenden Skulpturen von heidnischen Gottheiten einfach von den Bergen warfen. Daß es sich so und nicht anders damit verhält, dafür spricht auch der Humus von 1½ Meter Dicke, womit die Skulptur auf dem Abhang des Berges bedeckt war. Nach dem Maßstab der hiesigen Aufhäufung von Humus ist die Bildung einer solchen Humusdecke nicht in drei oder vier Jahrhunderten möglich, und dazu sind über 1000 Jahre erforderlich gewesen.

Es ist nun ganz bestimmt, daß der einst an der Nordseite befindliche dorische Tempel, in dessen Tiefen ich so lange beschäftigt gewesen bin, das Heiligtum des Apollo war und daß mein viel erwähnter dorischer Triglyphenblock diesem Apollotempel und keinem anderen angehört hat, denn Iliums großer Tempel, mit dem ich gegenwärtig beschäftigt bin, konnte, da er in der angeführten großen Inschrift nur einfach »τὸ ἱερόν« genannt wird, nur Iliums Schutzgöttin, der Minerva, geweiht sein.

Um nun zu versuchen, auch den zweiten Triglyphenblock zu finden, lasse ich vom Fuß des Berges ab, auf jener Stelle, wo der Phöbus Apollo gefunden wurde, auf eine Breite von 18 Meter seit gestern 25 Mann arbeiten, um den leider dort im vorigen Jahr von mir auf den Bergabhang geworfenen Schutt wegzuräumen, der eine Schuttdecke von 7 Meter Dicke bildet, und um darauf, von unten herauf, die ganze steile Bergwand 1½ Meter tief abzugraben.

Auch werde ich, sobald ich überflüssige Arbeiter habe, 30 Mann dazu anwenden, um im Theater, dessen Szene, wie früher gesagt, eine Breite von 60 Meter hat, einen 10 Meter breiten, 45 Meter langen tiefen Einschnitt zu machen, denn in einem kleinen Graben, den ich voriges Jahr dort machte, fand ich viele Bruchstücke von zerschlagenen Statuen, und es ist doch immer möglich, daß dem Fanatismus der ersten Christen das eine oder andere entgangen ist, was für die Wissenschaft von höchstem Interesse sein könnte.

Die vielen Tausende von Steinen, die ich aus den Tiefen Iliums wälze, haben den Bewohnern der umliegenden Dörfer zu Bauten Veranlassung gegeben, die für die Bewohner der Wildnis großartig zu nennen sind. So wird jetzt unter anderen mit meinen ilischen Steinen eine Moschee und ein Minarett im elenden türkischen Dorfe Tschiplak und ein Kirchturm im christlichen Dorfe Yenischahir gebaut. Eine Menge mit Ochsen bespannter zweiräderiger Karren steht immer bei meinen Ausgrabungen bereit, um die irgend brauchbaren Steine in Empfang zu nehmen, sobald ich sie auf die Bergfläche geschafft habe, aber die Frömmigkeit der guten Leute geht nicht so weit, mir bei dieser furchtbaren Arbeit zu helfen und mich somit zu verhindern, die großen, herrlich behauenen Blöcke zur bequemeren Fortschaffung zu zerschlagen.

Obgleich der Frühling nur eben erst anfängt, so herrscht hier doch infolge des milden Winters schon viel bösartiges Fieber, und mein Vorrat von Chinin wird täglich von den armen Leuten der Umgegend stark in Anspruch genommen.

Den Tagelohn habe ich mich genötigt gesehen, schon vor acht Tagen auf 10 Piaster oder 2 Frs. zu erhöhen.

# XVIII.

Wir hatten auch diese Woche wieder fortwährend herrliches Wetter, und ich habe mit durchschnittlich 150 Arbeitern tüchtig fortgearbeitet. Auf der Nordseite der Ausgrabung, auf der Baustelle des Minervatempels, habe ich bereits eine Tiefe von 8 Meter erreicht und an einigen Stellen den Turm bloßgelegt. Das abzugrabende Terrain ist jetzt in vier Terrassen abgeteilt, und ich lasse besonders auf der die Turmfläche bildenden untersten Terrasse mit großer Energie arbeiten. Da aber die Pfade immer steiler und länger werden, so müssen die Schiebkarren jetzt schon auf halbem Weg anhalten und etwas ausruhen, und daher geht die Arbeit täglich langsamer. Dennoch hoffe ich den Turm in östlicher Richtung in drei, auf der Westseite aber schon in anderthalb Wochen in seiner ganzen Breite ans Licht zu bringen. Von dem Innern des Minervatempels bleibt nur das von großen weißen Steinen ohne Zement gebaute Reservoir stehen, welches durch meine Abgrabung in wenigen Tagen 8 Meter über dem Turm erhaben sein und sich sehr hübsch ausnehmen wird. Auf der Westseite des im vorigen Jahr bloßgelegten Teils des großen Turmes werde ich erst nach Abgrabung der dort in Angriff genommenen Stelle beurteilen können, in welcher Richtung die Mauern von ihm ablaufen und wie ich weiterzuarbeiten habe. Der merkwürdigste der diese Woche gefundenen Gegenstände ist jedenfalls ein in 8 Meter Tiefe auf dem Turm entdeckter großer Stockknopf aus feinstem, reinstem Kristall, in Gestalt eines sehr schön gearbeiteten Löwenkopfes. Derselbe muß das σκῆπτρον eines Trojaners geziert haben, denn ich fand ihn zwischen jenen glänzend roten und schwarzen Topfscherben, die, außer auf der Turmfläche, nur in 11 bis 14 Meter Tiefe vorkommen. Nicht nur dieser Löwenkopf, sondern auch das fortwährende Vorkommen des Löwen in Gleichnissen der Ilias machen es höchstwahrscheinlich, daß es im hohen Altertum in hiesiger Gegend Löwen gab; ja, Homer hätte unmöglich die Eigenschaften dieses Tieres so vortrefflich beschreiben können, hätte er nicht öfter Gelegenheit gehabt, dieselben zu beobachten, und seine geographischen Kenntnisse der südlichen Länder sind zu gering, als daß zu vermuten wäre, daß er sie besucht und dort die Gewohnheiten des Löwen genau kennengelernt hätte. Unweit des Löwenkopfes fand ich ein herrlich geschliffenes Hexagon aus reinstem Kristall sowie eine kleine, nur 4 Zentimeter lange und breite, 2¼ Zentimeter hohe Pyramide aus sehr feinem, in hiesiger Gegend gar nicht vorkommendem, schwarz-, weiß- und blaugeringeltem Marmor; das durch die Mitte der Pyramide gehende Loch ist mit Blei gefüllt.

Weiter fand ich auf dem Turm ein sehr primitives, 19 Zentimeter langes, 8½ Zentimeter breites und 3 Zentimeter dickes marmornes Idol sowie eine sehr hübsche kupferne Lanze; ferner eine große Form aus Glimmerschiefer zum Gießen von zwölf verschiedenen Waffen und Werkzeugen sowie eine schöne Schleuder aus Magneteisenstein. In den höheren Schuttschichten, und zwar in 4 Meter Tiefe, war bestimmt der merkwürdigste Gegenstand ein bis dahin noch nie vorgekommenes Idol der trojanischen Schutzgöttin aus Schiefer; es zeigt das Eulengesicht, zwei Brüste und Bauchnabel, auf der Rückseite lang herunterhängendes Haupthaar; zwei horizontale, durch kleine Querlinien verbundene Striche am Hals scheinen die Rüstung anzudeuten. Marmorne Idole ohne Eulengesicht, aber sonst ganz in derselben Gestalt wie die mit demselben verzierten, kommen in allen Schuttschichten zwischen 3 und 8 Meter Tiefe in Menge vor; ebenso lange, dünne kupferne Nägel mit rundem Kopf am dicken Ende oder ohne Kopf und umgebogen, in denen ich jetzt nur Brust- oder Haarnadeln und keine wirklichen Nägel zum Einschlagen in Holz erkennen kann. Ich finde dieselben in dieser Ausgrabung auch in Menge in den Schuttschichten zwischen 4 und 7 Meter Tiefe und muß daher entschieden dem Volk, welchem diese Strata von Ruinen zugehören, den Gebrauch von Kupfer zusprechen.

Ein sonderbares kupfernes Gerät, beinahe in Gestalt eines Pferdegebisses, aber mit zwei spitzen Haken, kam in 3 Meter Tiefe vor. Außerdem fanden sich zwei etwas gekrümmte kupferne Messer in 4 bis 5 Meter Tiefe sowie ein kleines, sehr feines Messer von Muschelschale in Form einer Säge. Steinerne Werkzeuge kommen hier fortwährend in großer Zahl in allen Schuttschichten zwischen 2 und 8 Meter Tiefe vor, während ich sie in meinen Ausgrabungen von 1871 und 1872 nur erst von 4 Meter Tiefe abwärts fand. Zwei schöne steinerne Lanzen, die eine aus Diorit, die andere aus hartem grünen Stein, wurden die eine in 6 Meter, die andere in 3½ Meter Tiefe gefunden; ich gebe die Zeichnungen derselben* [hier nicht abgebildet], sowie ich auch die Bilder aller anderen Gegenstände gebe, die nur irgend Interesse für die Wissenschaft haben. Messer aus Silex in Form von Sägen oder scharfen ein- oder zweischneidigen Klingen kamen in dieser Woche sehr viel vor, auch ein sehr hübsch geschnittenes Stück Glimmerschiefer mit durchgehendem Loch und Rinne von oben, das zur Befestigung auf dem Feuerherd und als Stütze für die Drehung des Bratspießes gedient haben mag.

Ich habe bemerkt, daß die Terrakottas sich hier in großer Zahl gewöhnlich erst in und unterhalb jener mit ungeheuren Massen kleiner Muschelschalen gemischten Schuttschichten finden, welche meistenteils in 4, aber manchmal auch erst in 6 Meter Tiefe anfangen. Es kommen aber auch hin und wieder oberhalb jener Muschelschichten schöne Terrakottas zum Vorschein, und so wurden z. B. in dem großen Einschnitt unmittelbar vor meiner Tür, in 3 Meter Tiefe, mehrere große prachtvolle Gefäße gefunden, darunter eine höchst elegante schwarze Vase

in Gestalt einer Suppenterrine, und in 3½ Meter Tiefe zwei Mischkrüge, wovon
der kleinere zwei, der größere vier Henkel hat; letzterer Mischkrug ist 60 Zentimeter hoch, und seine Mündung hat ebensoviel im Durchmesser. In 5 Meter Tiefe
fand ich eine höchst sonderbare große Vase, welche oben zwei große und an den
Seiten zwei kleine Henkel hat. Verschiedene andere Vasen höchst merkwürdiger
Form, deren getreue Abbildung ich gebe* [hier nicht abgebildet], kamen in 4 bis 8
Meter Tiefe vor; unter denselben will ich nur eine in 8 Meter Tiefe auf dem Turm
gefundene große, glänzend schwarze Vase mit zwei Frauenbrüsten und zwei
Henkeln hervorheben, neben denen man die Stummel der abgebrochenen, aufrecht stehenden Arme sieht, womit dieses Gefäß verziert war. Der obere Teil
desselben, welcher, wie die Arme und Brüste beweisen, mit dem Eulenkopf der
ilischen Minerva verziert war, fehlt leider. Auffallend ist es, daß diese Vase keinen
Bauchnabel hat.

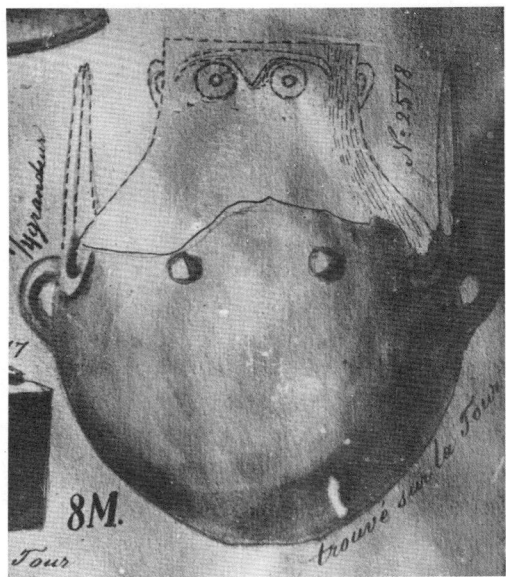

Tafel 130 Nr. 2578

Von jenen großen, glänzend roten Bechern in Gestalt von großen Champagnergläsern mit zwei ungeheuren Henkeln kamen in 6 bis 8 Meter Tiefe dieser Tage
viele mehr oder weniger zerbrochene vor; darunter ein gewaltiger Becher von
40 Zentimeter Länge, von dem ich alle Stücke sammeln konnte, so daß ich ihn
wieder zusammensetzen kann.

Irdene Teller, wovon einzelne glänzend rot, aber die meisten ohne Farbe sind, kamen in 7 bis 8 Meter Tiefe zahlreich vor. In 6 Meter Tiefe fand sich eine Topfscherbe mit einem Kreuz, an dessen vier Enden Punkte sind, welche nur die Nägel bezeichnen können, womit es festgeschlagen wurde. Von kleinen Terrakotta-Vulkanen und -Karussells mit arischen religiösen Symbolen kamen wiederum große Massen vor; von denen mit noch nicht dagewesenen Verzierungen gebe ich die Zeichnungen* [hier nicht abgebildet]. Von Terrakotta-Kugeln kamen dieser Tage drei vor, wovon zwei sehr merkwürdig sind; die Hemisphäre der einen enthält im Kreise herum neunzehn und in gerader Linie durch den Mittelpunkt zehn dem griechischen Buchstaben Rho ähnliche Zeichen und viele Sternchen; die andere Hemisphäre ist ganz mit Sternchen ausgefüllt. Die zweite Kugel hat auf der einen Hälfte Halbmonde, auf der anderen große Sterne.

Zu den merkwürdigen dieser Tage gefundenen Gegenständen gehört auch ein herrlich verziertes Stück Elfenbein aus 8 Meter Tiefe, welches fast die Gestalt einer Flöte hat und als eine solche gedient haben mag [s. Abb. S. 179]; ferner ein platter Knochen, der an einem Ende ein, am anderen drei Löcher hat und jedenfalls zu einem musikalischen Instrument gehört zu haben scheint.

Hausmauern aus mit bloßer Erde zusammengesetzten Steinen, die jedenfalls lange vor der griechischen Niederlassung gebaut sein müssen, sieht man hier bisweilen bis 1 Meter unter der Oberfläche emporragen; ja, in dem großen Einschnitt vor meinem Haus habe ich zwei solcher Wände von 2 Meter Dicke durchschnitten, welche hier eine Hausecke bildeten und bis nur 30 Zentimeter unter der Oberfläche reichen; sie scheinen sehr tief zu gehen, und ich werde in meinem nächsten Brief Genaues darüber berichten.

Obgleich die Pergamos, deren Tiefen ich aufwühle, unmittelbar an die vom Simoïs gebildeten Sümpfe stößt, in denen man immer Hunderte von Störchen sieht, so wollen sich diese doch hier nicht niederlassen. Ich hatte auf meinem hölzernen Hause eine und auf dem steinernen zwei bequeme Einrichtungen für Storchnester gemacht, aber während man in den umliegenden türkischen Dörfern manchmal zwölf Storchnester auf einem Dach sieht, will sich bei mir keiner anbauen; es muß den Störchen in der »Ἴλιος ἠνεμόεσσα«[50] zu kalt und stürmisch sein.

---

[50]  »in dem windreichen Ilion«

# XIX.

Seit meinem Bericht vom 22. d. M. habe ich leider wenig oder gar keinen Fortschritt gemacht, denn die meisten Dorfleute bestellen in dieser Woche ihre Weinberge, und außerdem wurden wir fortwährend von einem entsetzlichen eisigen Nordsturm geplagt, der gestern und heute das Arbeiten ganz unmöglich machte.

Dennoch wurde in dieser Woche in 8 Meter Tiefe auf dem großen Turm eine große Menge herrlicher Vasen von höchst merkwürdiger Form gefunden, die zwar fast alle mehr oder weniger zerbrochen, aber leicht wiederherzustellen sind, da ich alle Stücke davon habe. Unter denselben verdient besondere Erwähnung eine glänzend schwarze Vase mit zwei großen Frauenbrüsten, einem großen Bauchnabel und zwei mächtigen, aufrecht stehenden Armen; ferner eine Vase von 84 Zentimeter Höhe, welche gut erhalten ist; ein großer Mischkrug mit zwei Henkeln, sowie eine kleinere, unten runde Vase mit vier Henkeln von zwei

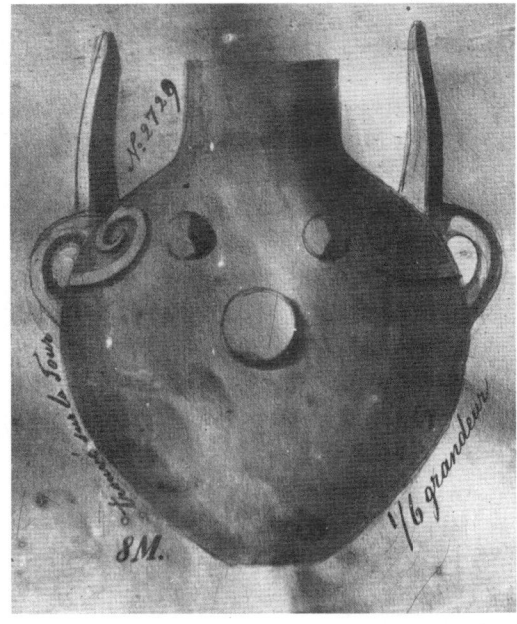

Tafel 136 Nr. 2729

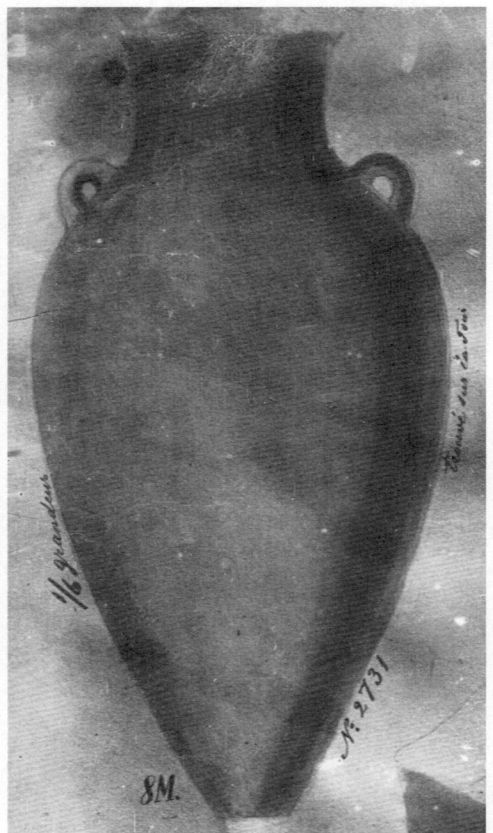

Tafel 137 Nr. 2731                    Tafel 136 Nr. 2723

verschiedenen Formen. Von diesen vier Vasen gebe ich die Photographien. Von den übrigen großen Gefäßen kann ich leider keine Abbildungen liefern, da sie zu sehr zerbrochen sind und ich sie erst in Athen wieder zusammenleimen lassen kann. Unter den kleineren Gefäßen, deren Bilder ich gebe, verdient besondere Aufmerksamkeit ein glänzend schwarzer Becher mit einem Griff in Form einer Krone sowie ein glänzend roter Becher mit einem sehr merkwürdigen Menschengesicht, in welchem aber die Züge der Eule nicht zu verkennen sind. Unter den übrigen Gegenständen, deren Zeichnungen ich gebe, kann ich noch eine kleine Goldplatte in Gestalt eines Pfeils hervorheben, mit einem kleinen Loch am unteren Ende, ferner eine Röhre aus Elfenbein mit sehr sonderbaren Verzierungen, und endlich einen wohlerhaltenen Schädel mit kleinen, niedlichen Zähnen, den ich nebst einigen Knochen und vieler Leichenasche in einer 70 Zentimeter

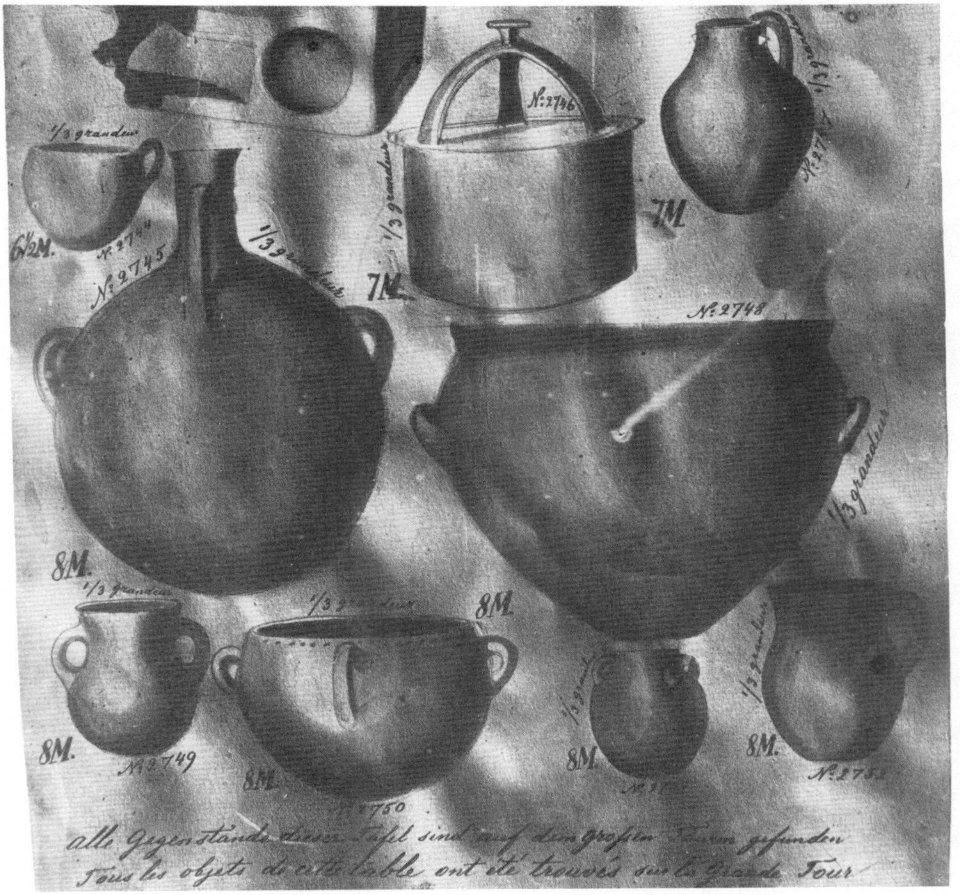

Tafel 138  Nr. 2746, 2748, 2750

Tafel 135  Nr. 2706, 2707

hohen und breiten, leider zertrümmerten Vase in 8 Meter Tiefe auf dem Turm fand. Dies ist das erstemal, daß ich so wohlerhaltene Menschenknochen und gar einen Schädel in einer Urne finde; Leichenurnen graben wir zwar täglich auf, aber die Körper sind immer vollends zu Asche verbrannt, und außer dem früher beschriebenen Skelett eines Embryo in einer Vase von 15½ Meter Tiefe auf dem Urfels hatte ich bis dahin noch nie einen heilen Knochen in einer Leichenurne gefunden. Obige Vase, in der ich den Schädel fand, ist von jener vorzüglichen trojanischen Terrakotta, die ich, außer auf der Turmfläche, nur in 11 bis 14 und 16 Meter Tiefe finde; der Schädel muß einer Trojanerin gehört haben, denn er ist zu zart, als daß er einem Mann gehört haben könnte. In der Urne fand sich auch eine kupferne Haar- oder Tuchnadel. Ferner wurden auf dem Turm zwei marmorne Idole ohne Eulengesichter gefunden, wovon das eine 15¼, das andere 16¼ Zentimeter lang ist. Kleinere Terrakotta-Vulkane und -Karussells mit symbolischen Verzierungen kamen in Massen vor, darunter aber zwölf noch nicht dagewesene Zeichnungen, deren Photographien ich gebe* [hier nicht abgebildet]. Unter denselben ist ein 3¼ Zentimeter hohes, 3 Zentimeter breites Stück in Form eines Hemdknopfes, mit dem nie fehlenden durchgehenden Loch und einer eingravierten Blume, deren vier Blätter ein Kreuz um den Mittelpunkt bilden; in drei der Blätter sieht man sehr große Punkte, welche Sonnen oder Monde bezeichnen mögen; auf einem andern, in Form des Karussells, sieht man im Kreise sechs abwechselnd mit der Spitze oder mit dem Fuß auf die im Mittelpunkt dargestellte Sonne zielende Bäume.

Ich habe bereits mehrfach die in der Mitte dicken, oft an einer Seite glatt abgeschnittenen und in dieser Gestalt der griechischen Lampe ähnlichen, 3 bis 5 Zentimeter im Durchmesser haltenden Terrakotta-Scheiben erwähnt, die stets an einer Seite mit zwei ganz kleinen durchgehenden Löchern und oft mit einem runden oder ovalen Töpferstempel versehen sind, in welchem man entweder einen Altar und eine Biene mit ausgebreiteten Flügeln oder einen Schwan, einen Stier, Pferde, einen Menschen u. dgl. sieht. Ich habe dabei bemerkt, daß diese Scheiben jedenfalls von der griechischen Kolonie herrühren müssen, denn ich finde sie gewöhnlich nur ganz nahe an der Oberfläche bis 1 Meter und in seltenen Fällen bis 2 Meter Tiefe, und außerdem zeigen die mit großer Feinheit gemachten, fast mikroskopischen Darstellungen im Stempel griechische Kunst. Die kleinen Löcher an der Seite lassen kaum einen Zweifel, daß diese Stücke als Opfergaben zum Aufhängen in den Tempeln oder neben den Idolen gedient haben. Während diese Scheiben bisher nur aus Terrakotta vorgekommen waren, fand sich diese Woche eine solche in 1 Meter Tiefe aus Diorit, mit zwei Löchern an einer Seite, die aber nicht durchgehen; wegen der Härte des Materials wird man es zu schwer gefunden haben, dasselbe zweimal zu durchbohren. Der Merkwürdigkeit halber gebe ich das Bild dieser Scheibe.

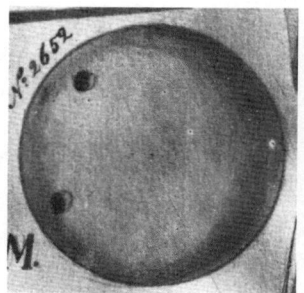

Tafel 133 Nr. 2652

Es wurde dieser Tage wiederum in 8 Meter Tiefe auf dem Turm ein 28 Zentimeter langer Formstein aus Glimmerschiefer gefunden, der auf fünf Seiten Formen zum Gießen von zwölf Lanzen, Messern und höchst sonderbaren Werkzeugen hat, deren Gebrauch mir ein Rätsel ist.

Die vielen hier vorkommenden Formsteine zum Gießen von Waffen, Messern und Werkzeugen beweisen zur Genüge, daß es in Troja viele kupferne Waffen, Messer und Werkzeuge gab. Es ist aber ganz natürlich, daß ich verhältnismäßig nur wenig davon finde, denn die schlecht gewordenen kupfernen Gerätschaften konnten ja mit Leichtigkeit umgeschmolzen und umgegossen werden, und daher ist nicht einmal anzunehmen, daß ich hier andere finde, als die, welche im Schlachtgetümmel verlorengingen oder bei der Zerstörung der Stadt erhalten blieben. Daß ich hier ungeheuer viel mehr Silexmesser als kupferne Messer und ungeheuer viel mehr steinerne Keile und Hämmer als solche aus Kupfer finde, beweist somit durchaus nicht, daß auch zur Zeit des trojanischen Kriegs mehr steinerne als kupferne Werkzeuge vorhanden waren. Steinerne Lanzen sind übrigens eine große Seltenheit; ich fand in diesem Jahr nur zwei, von denen ich gewiß weiß, daß es Lanzen sind, und wovon die eine in 3½, die andere in 6 Meter Tiefe vorkam.

Herr Frank Calvert in den Dardanellen, der mir durch den in 7 Meter Tiefe gefundenen Hippopotamos beweisen will, daß der Schutt in dieser Tiefe aus einer Zeit stammt, wo es in den Flüssen der Troade Hippopotamoi gab, hat in seinem Artikel vom 25. Januar d. J. im »Levant Herald« die Meinung ausgesprochen, daß Homer notwendigerweise steinerne Messer und Werkzeuge erwähnt haben würde, wenn es solche in Troja gegeben hätte, und daß, da er keine erwähnt, auch keine dagewesen sein können; folglich daß keine der von mir durchgrabenen Trümmerschichten, worin steinerne Werkzeuge vorkommen, vom homerischen Troja herrühren könne, und schon die Schuttschicht, welche unmittelbar auf die bis 2 Meter Tiefe reichenden griechischen Trümmer folgt, um mehr als 1000 Jahre älter sein müsse als der trojanische Krieg.

Wenn Herr Calvert sich aber die Mühe gemacht hätte, im Homer nachzusehen, dann würde er gefunden haben, daß das Wort Hammer (ῥαιστήρ) nur ein einziges Mal (Ilias, XVIII, 477) vorkommt, und zwar in der Hand des Hephaistos; es ist zwar nicht bemerkt, aus welchem Material dieser Hammer war, jedoch kann der Gott des Feuers wohl keinen anderen als einen kupfernen gehabt haben. Ferner scheint Herr Calvert noch nie Messer aus Silex gesehen zu haben, denn sonst würde er wissen, daß dieselben nur 1½ bis 2½, selten bis 3 Zoll lang sind und fast immer, ja mit seltener Ausnahme die Gestalt von Sägen haben; nur ein einziges Mal ist mir hier eine solche Säge von 5 Zoll Länge vorgekommen.

Man findet im Homer nie eine Gelegenheit, bei welcher solche kleinen Sägemesser hätten vorkommen können, deren Gebrauch mir übrigens bis jetzt nicht recht klar ist. Die homerischen Helden tragen ihre kupfernen Messer neben dem Schwert und gebrauchen sie gewöhnlich zum Schlachten der Opfertiere, wozu 1½ bis 3 Zoll lange Silexsägen natürlich nicht passen, wohl aber jene langen Schlachtmesser, deren Größe uns genau durch die Formsteine, in denen sie gegossen wurden, angegeben ist. Ilias, XVIII, 597 sieht man auch den Hephaistos, auf dem Schilde des Achilles, Jünglinge mit goldenen Messern schmieden.

Herr Calvert findet darin, daß Homer weder steinerne Hämmer noch die winzigen Silexsägen erwähnt, einen Beweisgrund gegen die Identität von Hissarlik mit der Baustelle Trojas. Ich aber, und mit mir bestimmt alle Gelehrten und Bewunderer Homers, würde es wunderbar finden, wenn die homerischen Helden mit 1½ bis 3 Zoll langen Silexsägen bewaffnet erschienen; denn ein Held kann, vorzüglich in epischen Gesängen, nur etwas Heldenmäßiges tragen und tun. Braucht der homerische Held eine steinerne Waffe, so sucht er nicht erst in der Tasche nach einer 1½ bis 3 Zoll langen Silexsäge, sondern er nimmt den ersten besten riesigen Stein auf, den die beiden stärksten Männer des Volks nicht leicht von der Erde mit Hebeln auf den Wagen gewälzt hätten, er, der Held, aber trägt ihn mit einer Hand und mit derselben Leichtigkeit, mit welcher der Hirt ein Widdervlies trägt, und wirft den Felsblock mit unendlicher Gewalt gegen das Tor der Feinde, zersplittert die Bohlen, zerschmettert die beiden Torangeln und die Riegel, krachend springt das Tor auf, und mit gewaltiger Wucht fällt der Stein ins feindliche Lager (Ilias, XII, 445–462). Ein andermal braucht ein anderer Held eine Steinwaffe, sucht ebenfalls nicht nach einer kleinen Silexsäge, sondern er nimmt einen ungeheuren Block auf, welchen zwei Männer des Volkes nicht würden haben tragen können, und schleudert ihn gegen seinen Gegner (Ilias, V, 302–310). Herrn Calverts Ausgrabungen in der Pergamos beschränkten sich auf zwei kleine Gräben, die auch jetzt noch vorhanden sind, und er bemerkt irrtümlich, daß ich seine Ausgrabungen fortgesetzt habe. Wie meine Pläne der Pergamos beweisen, geschahen meine Ausgrabungen 1870, 1871 und bis Mitte Juni 1872 ausschließlich auf der türkischen Hälfte der Pergamos, und dann erst fing ich an, auf Herrn Calverts Feld die Baustelle des Apollotempels auszugraben, weil mir eine 34 Meter lange und 23 Meter breite Vertiefung des Bodens dieselbe verriet; keineswegs gaben oder geben die zwei kleinen Gräben des genannten Freundes eine Ahnung vom Dasein eines solchen.

Nie habe ich, wie Herr Calvert berichtet, den Urfels in 67 Fuß Tiefe gefunden; ich fand denselben auf meiner großen Plattform 16 Meter oder $52^3/4$ Fuß tief sowie in meinem großen Durchstich, im römischen Brunnen und auf der Südseite des Turmes in 14 Meter oder $46^1/5$ Fuß Tiefe. Auf Herrn Calverts Feld aber habe ich den Urboden nur in jenem mehrfach beschriebenen, mit der uralten Stützmauer bedeckten Hügel entdeckt.

Weiter auf Herrn Calverts Artikel eingehend, beteuere ich, daß ich außer jener von mir beschriebenen Mauer, die aus alten dem Minervatempel entlehnten korinthischen Säulen zusammengesetzt ist, hier nie auf byzantinische Trümmer gestoßen bin, daß ich hier byzantinische Münzen nur immer einige Zoll unter der Bergfläche fand, und daß die Ruinen und der Schutt der griechischen Kolonie, wie sich ja jeder in den Erdwänden meiner Ausgrabungen überzeugen kann, nur selten bis 2 Meter Tiefe gehen. Herrn Calverts Angabe, daß ich gleich unter diesen Trümmern steinerne Werkzeuge, durchbohrte Zylinder, Zerreibungsmühlen und Massen von Muscheln finde, ist nicht richtig, denn in keiner meiner bisherigen Ausgrabungen fand ich diese Gegenstände in weniger als 4 Meter Tiefe, und wenn ich sie jetzt schon gleich unter den Fundamenten des Minervatempels finde, so erkläre ich dies dadurch, daß man bei Grabung der gewaltigen Grube für das Reservoir des Tempels den Schutt dazu benutzt hat, um die Baustelle des Heiligtums zu erhöhen. Irrig ist ferner Herrn Calverts Angabe, daß die größeren Knochen insgesamt zerbrochen sind, um das Mark herauszuholen; im Gegenteil, man findet hier selten zerbrochene Knochen. Weiter ist unrichtig die Angabe, daß ich hier kleine Bronzegegenstände sowie Zieraten aus Gold- und Silberfiligran finde. Noch nie habe ich hier Bronze, und immer nur Kupfer, noch nie habe ich hier Schmucksachen aus Gold- oder Silberfiligran gefunden; die von mir in Zeichnung und Photographie gegebenen Schmucksachen sind aus gediegenem Gold, Elektron, Silber oder Kupfer. Irrig ist auch die Angabe, daß ich hier auf den Gefäßen bisweilen eingravierte Darstellungen von Fischgräten finde; allerdings finde ich oft Gefäße, die mit herumgehenden Reihen von keilförmigen Einschnitten verziert sind; diese letzteren sind aber nie miteinander verbunden und haben daher auch durchaus keine Ähnlichkeit mit Fischgräten. Irrig ist ferner Herrn Calverts Angabe, daß es in den Tiefen dieses Berges Hausmauern aus roh übereinandergelegten unbehauenen Steinen gebe; der Architekt ist noch nicht geboren, der aus solchen Steinen, ohne Verbindungsmittel, Hausmauern aufzuführen imstande wäre. Die Wände aus Ton bestehen nicht, wie Herrn Calverts Angabe zu glauben veranlaßt, aus *einer* Masse von Ton, sondern sie bestehen aus an der Sonne getrockneten ungebrannten Ziegeln, und ich beteuere, auf solchen Wänden noch niemals, wie Herr Calvert irrtümlich angibt, die Eindrücke langen Schilfs, die auf Anwendung von Flechtwerk hindeuten, gesehen zu haben. Ebenso durchaus irrig ist des geehrten Freundes Angabe, daß der Fußboden einiger solcher Häuser glasiert worden sei und daß die Regelmäßigkeit des Nivellements und die Glätte dieser Fußböden darauf hinweisen, daß die Glasierung nicht das Ergebnis eines Zufalls gewesen sei; ferner, daß einer dieser glasierten Fußböden eine Länge von 20 Fuß hatte. Ich möchte viel darum geben, wenn dies wahr wäre, denn ein solches trojanisches Wunder würde Tausende von Wißbegierigen herbeiziehen. Leider aber bestehen solche glasierte Fußböden nur in der Phantasie des Herrn Calvert. Ganz ebenso durchaus irrig sind die Angaben, die dieser Freund vom großen Turm gibt, welchen er als aus zwei, unter einem spitzen Winkel zusammenlaufenden und 40 Fuß voneinander entfernten Mauern bestehend beschreibt, deren innerer Raum noch unerforscht sei. Nur die südliche Mauer dieses Gebäudes steigt unter einem Winkel von 75 Grad an; auf der Nordseite hat es, weil es durch den daran lehnenden 20 Meter breiten Wall hinlänglich befestigt war, nur oben eine kleine senkrechte Mauer von 1 Meter Höhe und Breite, während die unter einem Winkel von 15 Grad abfallende südliche Mauer 2 Meter Dicke hat; der ganze innere Raum zwischen den beiden Mauern besteht aus lose aufeinanderliegenden Steinen. Die senkrechte Höhe des Turmes über dem Urfels ist nicht 15 Fuß, wie Herr Calvert sagt, sondern genau 6 Meter oder 20 Fuß. Die Terrakotta-Scheiben mit zwei kleinen Löchern, welche ich nach Herrn Calverts Angabe hier in allen Tiefen finde, habe ich in der Wirklichkeit immer nur nahe an der Oberfläche bis 1 Meter und in seltenen Fällen bis 2 Meter Tiefe gefunden. Ich beteuere ferner, daß ich gar nichts weiß von großen durchbohrten Zylindern, die mich Herr Calvert in großen Massen und oft mit halbem Durchmesser ganz im Ton der Mauern finden läßt. Ich habe hier nur durchbohrte Terrakotta-Zylinder gefunden, wovon die größten nur 4 Zoll lang waren, und niemals habe ich einen dieser Zylinder in einer Hausmauer gesehen.

Schließlich muß ich mich durchaus gegen Herrn Calverts Behauptung auflehnen, als seien steinerne Werkzeuge, wenngleich sie in demselben Stratum mit Gegenständen aus verschiedenen Metallen und mit herrlicher Töpferware zusammen gefunden werden, ein Beweis für uralte vorhistorische Zeiten. Kleine Messer und Sägen aus Silex findet man z.B. viel in der Akropolis von Athen, und dieselben scheinen bis zu einer sehr späten Zeit in Anwendung gewesen zu sein. Ein rohes vorhistorisches Volk konnte keinesfalls die schönen Terrakottas anfertigen, die man hier sogleich unterhalb der Trümmer der griechischen Kolonie findet, und noch viel weniger die von hohem Kunstsinn zeugende prachtvolle Töpferware, der man hier in großer Tiefe begegnet.

Das Leben in dieser Wildnis ist nicht ohne Gefahr, und es hätte z.B. diese

Nacht sehr wenig daran gefehlt, so wären meine Frau und ich sowie der Aufseher Photidas, welcher im Nebenzimmer schläft, lebendig verbrannt. Wir hatten uns in der Schlafstube an der Nordseite des hölzernen Hauses, welches wir bewohnen, einen kleinen Kamin machen lassen und wegen der seit sechs Tagen wieder eingetretenen entsetzlichen Kälte täglich Feuer darin angezündet; aber die Steine des Kamins ruhten bloß auf den Brettern des Fußbodens, welcher, sei es durch einen Riß in dem die Steine zusammenhaltenden Lehm oder sonstwie, Feuer gefaßt hatte und auf einer Fläche von 2 Meter Länge und 1 Meter Breite brannte, als ich diesen Morgen um 3 Uhr zufällig aufwachte. Die Stube war mit dickem Qualm gefüllt, und schon fing die nördliche Bretterwand an zu brennen; wenige Sekunden hätten hingereicht, ein Loch hineinzubrennen, und dann wäre das ganze Haus in weniger als einer Minute aufgebrannt, denn ein furchtbarer Nordsturm blies von dieser Seite. Trotz meines Schreckens verlor ich nicht die Geistesgegenwart, goß den Badeeimer auf die brennende Nordwand und tat somit dem Feuer in dieser Richtung augenblicklichen Einhalt. Durch unser vereintes Geschrei wurde der in der Nebenstube schlafende Photidas geweckt, welcher die übrigen Aufseher aus dem steinernen Haus herbeirief; in aller Eile wurden Schwerhämmer, eiserne Hebel und Hacken herbeigeholt; hier wurde der Fußboden zerschlagen, dort aufgebrochen und Massen von nasser Erde daraufgeworfen, um das Feuer zu löschen, denn Wasser fehlte gänzlich. Da aber die unteren Balken an mehreren Stellen brannten, so dauerte es eine Viertelstunde, bis wir des Feuers Herr werden konnten und jede Gefahr vorbei war.

# XX.

Bei einem für die Arbeiter günstigen kalten, aber herrlichen Frühlingswetter habe ich diese Woche mit durchschnittlich 150 Arbeitern die Ausgrabungen mit größtem Eifer und gutem Erfolg fortgesetzt.

Der interessanteste seit drei Jahren hier von mir entdeckte Gegenstand ist jedenfalls ein in dieser Woche in 7 und 8 Meter Tiefe auf dem großen Turm, gerade unterhalb des griechischen Minervatempels, ans Licht gebrachtes Haus, von dem bis jetzt acht Zimmer freigelegt sind. Die Wände desselben bestehen aus kleinen, mit Erde zusammengesetzten Steinen und scheinen verschiedenen Zeitabschnitten anzugehören, denn während einige derselben unmittelbar auf den Steinen des Turmes ruhen, sind andere erst gebaut, als dieser schon mit 20 Zentimeter, und in mehreren Fällen sogar, als er schon mit 1 Meter Schutt bedeckt war. Auch zeigen diese Wände ganz verschiedene Dicke, denn die eine derselben ist 1 Meter 30 Zentimeter, andere sind nur 65 Zentimeter und noch andere gar nur 50 Zentimeter dick. Mehrere dieser Wände haben eine Höhe von 3 Meter, und man sieht auf einigen derselben große Reste der gelb oder weiß bemalten Lehmbekleidung. Nur in einem großen Zimmer, dessen Dimensionen aber nicht genau konstatiert werden können, fand ich bis jetzt einen wirklichen Fußboden von unbehauenen Kalksteinen, deren glatte Seite auswärts gekehrt ist. Schwarze Brandstreifen am unteren Ende der Wände in den übrigen, bis jetzt aufgegrabenen Zimmern lassen keinen Zweifel, daß der Fußboden derselben aus Holz war und durch Feuer zerstört wurde. In einem Zimmer sieht man eine einen Halbkreis bildende, kohlschwarz gebrannte Wand. Alle bis jetzt ans Licht gebrachten Stuben, die nicht unmittelbar auf dem Turm ruhen, habe ich bis zu demselben ausgegraben, und ich finde ohne Ausnahme, daß der unter denselben befindliche Schutt aus roter oder gelber Asche und verbrannten Trümmern besteht. Oberhalb desselben, also in den Stuben selbst, fand ich, wie es die an den Wänden hängengebliebenen vielen Überbleibsel beweisen, teils nur rote oder gelbe Holzasche, die mit an der Sonne getrocknet gewesenen und durch die Feuersbrunst gebrannten Ziegeln gemischt ist, teils nur schwarzen Schutt, der aus Resten von Haushaltungen entstanden und mit Massen kleiner Muscheln gemischt ist; in mehreren Stuben 7 bis 8 Fuß hohe rote Krüge (πίθοι), von denen ich einige *in situ* lasse; oberhalb des Hauses und bis zu den Fundamenten des Tempels nur rote und gelbe Holzasche. Auf der Ostseite des Hauses ist ein Opferaltar sehr primitiver Art, der nach Nordwest bei West gewandt ist und aus einer 1 Meter 63 Zentimeter langen,

1 Meter 65 Zentimeter breiten Platte aus Granitschiefer besteht, auf deren Ende
ein 55 Zentimeter hoher, 53 Zentimeter breiter Stein gleicher Art gestellt ist,
dessen oberer Teil in Gestalt eines Halbmondes ausgeschnitten ist, wahrscheinlich
um die Opfertiere darauf zu schlachten. 1 Meter 20 Zentimeter unterhalb des
Opferaltars sieht man einen aus grünen Schieferplatten gemachten Kanal, der
wahrscheinlich zum Abfluß des Blutes gedient hat. Merkwürdigerweise aber steht
dieser Altar nicht auf dem Turm selbst, sondern 1 Meter oberhalb desselben auf an
der Sonne getrockneten Ziegeln oder Erdklumpen, welche durch eine Feuersbrunst wirklich gebrannt worden sind, aber doch durchaus keine Solidität haben.
Von einer gewaltigen Schuttmasse gleicher Ziegel sowie roter und gelber Holzasche
war der Altar umgeben und bis zu einer Höhe von 3 Meter bedeckt. Ich lasse
den Altar natürlich *in situ*, damit sich die Besucher der Troade durch die
Beschaffenheit seines Piedestals und des Schuttes der Erdwand, neben welcher er
steht, von der Richtigkeit aller dieser Angaben überzeugen können, die sonst zu
fabelhaft klingen möchten. Die merkwürdige Unterlage dieses Opferaltars, der
sonderbare Schutt, in welchem er begraben war, die Erhaltung des augenscheinlich ausgebrannten großen Hauses, dessen in verschiedenen Zeitabschnitten
gebaute Wände, endlich die Füllung der Räume desselben mit so verschiedenartig-
em Schutt und mit kolossalen πίθοι – alles dieses sind für mich Rätsel; ich
beschränke mich daher nur darauf, die Tatsachen zu konstatieren und enthalte
mich, irgendeine Vermutung auszusprechen. Oberhalb dieses Hauses, in der
Südwestwand dieser Ausgrabung, sieht man die 1 Meter 65 Zentimeter hohen, aus
großen weißen Kalksteinen bestehenden Reste der südlichen Wand des Minervatempels, welche bei der Größe ihrer Ausdehnung ein höchst imposantes Ansehen
haben, und dies wird noch erhöht durch das große Reservoir des Tempels, dessen
1 Meter 30 Zentimeter hohe Wände man gleich östlich vom Altar sieht. Oberhalb
des uralten Hauses und unterhalb der südlichen Tempelwand sieht man den Rest
eines kleinen, runden, 1 Meter 13 Zentimeter im Durchmesser habenden und
80 Zentimeter hohen Kellers, welcher sich unterhalb der Fundamente befindet
und daher älter sein muß als der Tempel; er ist aus Kalk und Steinen gebaut, aber
die Innenseite ist mit einer Art Lack oder Firnis überzogen und hat ein glänzendes
Ansehen. Dieser kleine Keller war mit Scherben griechischer Terrakotta gefüllt,
unter welchen ich jedoch sechs kleine, fast unversehrte Vasen fand.

Wie das uralte Haus mit seinen kleinen Zimmern jetzt dasteht, hat es viel
Ähnlichkeit mit einem pompejanischen Haus; es ist zwar mit solchem hinsichtlich
Architektur und Ausschmückung gar nicht in Vergleich zu stellen, übertrifft es
aber an Merkwürdigkeit.

Neben dem Haus, auch in den größeren Räumen desselben, fand ich eine große
Masse von Menschenknochen, aber bis jetzt erst zwei ganze Gerippe, welche
Kriegern angehört haben müssen, denn sie wurden in 7 Meter Tiefe mit kupfernen

Tafel 135 Nr. 2721

Tafel 134 Nr. 2673, 2674, 2682, 2683

Helmen auf den Köpfen gefunden, und neben dem einen Gerippe fand sich eine große Lanze, die ich auf Tafel 135, Nr. 2721 abbilde. Der eine Schädel ist unbeschädigt, und ich werde die getreue Zeichnung desselben in den Tafeln geben; der andere ist etwas zerbrochen, ich hoffe ihn aber bald zusammenleimen und auch sein Bild geben zu können. Beide Schädel sind groß, aber auffallend schmal. Unglücklicherweise wurden beide Helme zertrümmert; ich hoffe jedoch, den einen derselben in Athen wieder zusammensetzen zu können. Der obere Teil beider Helme, der in der Ilias so oft (z. B. III, 62; IV, 459; VI, 9; XIII, 132; XVI, 216) angeführte φάλος oder Bügel, in den der Helmbusch, »λόφος ἵππουρις«, eingesenkt war, ist aber wohlerhalten. In beiden Fällen besteht der φάλος aus zwei Stücken. Ich setzte die beiden Stücke des zuerst gefundenen Helms so zusammen, wie sie mir zusammen zu gehören schienen, und bildete sie auf Tafel 134, Nr. 2682 ab; am Helm war, ich weiß nicht wie, auch der große kupferne Ring Nr. 2683 befestigt. Als ich aber zwei Tage später den zweiten Helm fand, sah ich ein, daß ich die unter Nr. 2682 abgebildeten beiden Stücke verkehrt zusammengesetzt hatte und daß der untere Teil umgedreht werden müsse, denn an diesem Teil war der zweite Helm befestigt, wie es die darangebliebenen Stücke zur Genüge beweisen. Ich bilde die auf diese Weise zusammengesetzten oberen Teile des zweiten Helms auf Tafel 142, Nr. 2791 ab. Durch die unteren Stücke beider

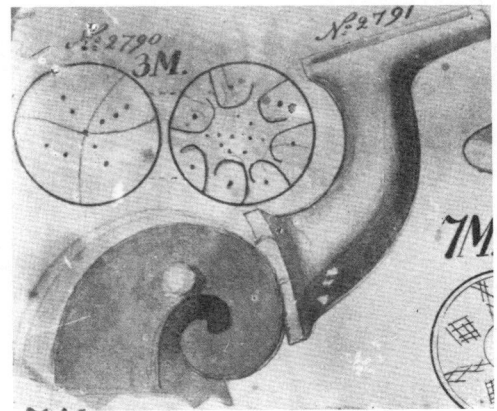

Tafel 142 Nr. 2791

Helme geht ein kupferner Nagel, der einen runden Kopf hat und dessen anderes Ende einfach umgebogen ist. Hinsichtlich der Stelle, wo der λόφος ἵππουρις, der Helmbusch, eingesenkt und befestigt war, kann kein Zweifel obwalten, denn die oben im Bügel befindliche Öffnung kann zu nichts anderem gedient haben. Auch beim zweiten Helm fand ich das Bruchstück eines ähnlichen kupfernen Ringes wie der am ersten Helm gefundene und unter Nr. 2683, Tafel 134 abgebildete. In einigen Zimmern fand ich gar nichts von Terrakottas, in anderen dagegen eine kolossale Masse von herrlichen schwarzen, roten und braunen Vasen, Töpfen und Kannen in allen Größen und von höchst phantastischer Form; leider aber wurden beim Abhacken des festen Schuttes die meisten derselben zerschlagen, und ich kann sie erst später in Athen wieder zusammensetzen. Somit kann ich auf den beifolgenden Tafeln nur die Zeichnungen derjenigen Terrakottas geben, die entweder heil oder so wenig beschädigt herauskamen, daß ich sie hier sogleich wieder zusammenleimen konnte. Aus Furcht, den Leser zu ermüden, unterlasse ich hier die Beschreibung der einzelnen Vasen, denn man sieht deren Bilder in den Tafeln [hier abgebildet auf Tafel 140 im Anhang], auch habe ich sie, so gut es in kurzen Worten gehen wollte, im Katalog beschrieben. Nur möchte ich hier die Schönheit der roten Kannen mit hintenüber gebogenem Hals, zwei Ohren und drei Brüsten sowie die mit eingeschnittenen Baumzweigen verzierten und mit drei Füßen und zwei kleinen und zwei großen als Arme emporgehobenen Griffen versehenen, schwarzen oder roten Vasen hervorheben, wie ebenfalls die Terra-kotta-Becher, die hin und wieder auch in Form von Rheinweingläsern, auch einmal in Gestalt einer Suppenterrine mit zwei Henkeln vorkommen.

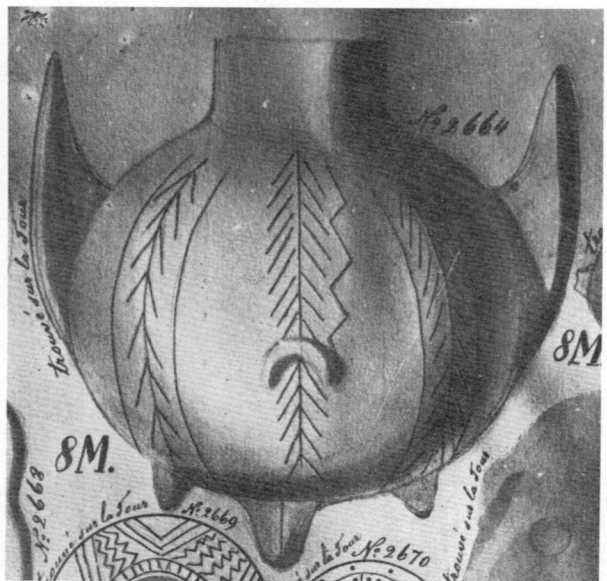

Tafel 134 Nr. 2664

Die interessantesten und für die Wissenschaft wichtigsten der in dieser Woche gefundenen Terrakottas sind jedenfalls ein auf Tafel 134, Nr. 2673 und 2674 abgebildeter, in einer großen roten Urne in 8 Meter 20 Zentimeter Tiefe gefunde-ner herrlicher roter Becher mit dem Eulengesicht und dem Helm der ilischen Minerva sowie zwei ebenfalls mit dem Eulenkopf der Schutzgöttin Trojas, aber außerdem mit zwei Brüsten, großem Bauchnabel und zwei emporgehobenen

Armen verzierte Vasen, wovon die eine auf dem Turm, die andere oberhalb desselben, in 4 Meter Tiefe gefunden wurde. [Abb. Seite 188]

Von sehr merkwürdigen Terrakottas wurde ferner in 7 Meter Tiefe in einer der Stuben des unterirdischen Hauses ein Schmelztiegel mit vier Füßen gefunden, in welchem man noch etwas Kupfer sieht; ferner ein kleiner, glänzend schwarzer Trichter. Auch fand ich in dem Haus, in 7 und 8 Meter Tiefe, mehrere Idole aus ordinärem Stein oder aus Marmor, auch eins aus Knochen, auf welchem man die beiden Arme der Göttin sieht; nur auf einem der marmornen Idole und auf einem aus ordinärem Stein sieht man zwei Augen; nur ein Idol aus ordinärem Stein mit grob eingeschnittenem Eulengesicht kam diese Woche in 4 Meter Tiefe vor. Zu bemerken ist, daß die Idole aus ordinärem Stein immer sehr roh gearbeitet sind.

Von den kleinen Terrakotta-Vulkanen und -Karussells, mit und ohne symbolische Verzierungen, kamen auch diese Woche wieder 251 Stück zum Vorschein, darunter aber nur 31 mit noch nicht dagewesenen symbolischen Figuren, von denen ich daher die Abbildungen gebe* [hier nicht abgebildet]. Mehrere der auf diesen Stücken eingravierten Verzierungen sind mit wirklich bewunderungswürdiger Feinheit ausgeführt, namentlich die, welche auf einem glänzend schwarzen, radähnlichen Stück eingeschnitten und so fein sind, daß ich sie nur durch eine Lupe erkennen konnte.

Von ordinären, vom Töpfer gedrehten Tellern kamen wiederum sehr viele in 6 und 8 Meter Tiefe vor; in letzterer Tiefe, in dem vielerwähnten Haus, eine merkwürdige Schale, ganz in der Form der Unterschale eines Blumentopfes, die mit vier Dreiecken und zwei großen Kreuzen verziert ist, wovon eines durch große Punkte, das andere durch Striche dargestellt ist. Mehrere merkwürdige Formsteine wurden diese Woche gefunden, darunter einer aus grober Terrakotta zum Gießen von acht kupfernen Stäben; die übrigen Formsteine waren aus Glimmerschiefer; der eine war zum Gießen eines Gegenstandes in Gestalt eines Pflanzenblattes mit drei langen Stacheln auf jeder Seite bestimmt; der andere Formstein zeigt drei einförmige Furchen zum Gießen von oblongen Ringen. Von anderen Formsteinen zum Gießen von Waffen und Werkzeugen kamen in dieser Woche nur Bruchstücke vor. Von kleinen Sägemessern aus Silex wurden in dieser Woche in 3 bis 8 Meter Tiefe 27 Stück gefunden, auch sechs sehr hübsche Messerklingen aus schwarzem vulkanischen Glas, die so scharf sind, daß man sich damit rasieren kann; kupferne Messer dagegen kamen diese Woche gar nicht vor, dagegen vier kupferne Tuch- oder Haarnadeln von 6 bis 13 Zentimeter Länge sowie dreizehn knöcherne Strick- oder Sticknadeln; auch sechzehn große Pfriemen aus Hirschhorn sowie viele zugespitzte Eberzähne. Unter den in dieser Woche gefundenen steinernen Werkzeugen waren zwei sehr hübsche Hämmer aus Diorit, eine sehr niedlich durchbohrte und oben mit einer Rille versehene Stütze aus Glimmerschiefer zum Wenden des Bratspießes und dergleichen mehr.

Auf die Terrakottas zurückkommend, muß ich hervorheben ein oben schmaler und dünner werdendes viereckiges Stück, welches oben auf der Vorderseite zwei ganz geringfügige Vertiefungen in Form von Augen hat und auf der einen Seite durchbohrt ist. Ich gebe die Abbildung dieses sonderbaren Gegenstandes, dessen

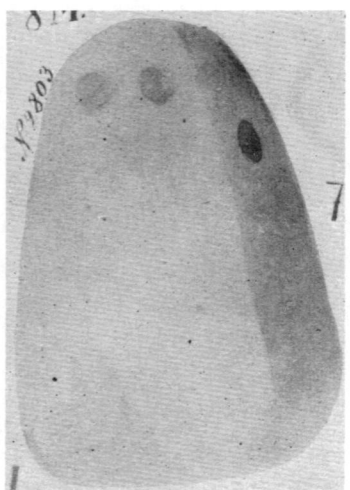

Tafel 142 Nr. 2803

Gebrauch mir unbekannt ist. Ich erwähne ferner einen in jenem Haus in 7 Meter Tiefe gefundenen sonderbaren Topf mit drei Füßen, zwei kleinen Ohren und einem Henkel sowie die in demselben mehrfach vorkommenden niedlichen Tassen mit einem Henkel und drei Füßen. In 3 Meter Tiefe wurde eine kleine feuerrote, glänzende Dose gefunden, deren untere Seite in zwei kleine, durchbohrte Griffe ausläuft und die Sonne mit ihren Strahlen darstellt. In der Mitte der Sonnenscheibe sieht man ein Kreuz, welches in vier kleine Kreise endet; diese sollen wohl die Köpfe der Nägel darstellen, womit die beiden kreuzweise gelegten Stäbe zur Erzeugung des heiligen Feuers befestigt wurden. In jedem der durch das Kreuz gebildeten vier Räume sieht man eine 卍, wovon eine mit Punkten dargestellt ist.

Auch fand sich eines jener kleinen, aus zwei zusammenhängenden Kugeln bestehenden, durchbohrten Stücke Terrakotta, die etwas Ähnlichkeit haben mit unseren Hemdknöpfen; der obere Teil des in Frage stehenden Stückes zeigt drei einfache aufgehende Sonnen und sechs Sterne, während der untere drei doppelte aufgehende Sonnen und drei Sterne im Kreis um den Mittelpunkt darstellt.

Von Terrakotta-Kugeln ist diese Woche nur eine vorgekommen, welche einen herumlaufenden, sägenförmigen Streif und fünf kleine Streifen zeigt, die Sonnen oder Monde bezeichnen mögen.

# XXI.

Seit meinem Bericht vom 5. d. M. habe ich durchschnittlich 160 Arbeiter gehabt und viele wunderbare Dinge ans Licht gebracht, unter welchen ich eine unmittelbar neben meinem Haus in 9 Meter 20 Zentimeter Tiefe im großen Turm entdeckte, 5 Meter 20 Zentimeter breite Straße der Pergamos besonders hervorheben kann, welche mit dicken, 1 Meter 18 Zentimeter bis 1 Meter 50 Zentimeter langen und 89 Zentimeter bis 1 Meter 34 Zentimeter breiten Steinplatten gepflastert ist [siehe hier Tafeln 211, 212, 216 im Anhang]. Dieselbe läuft genau in südwestlicher Richtung sehr steil nach der Ebene ab; ich habe aber bis jetzt nur erst eine Strecke von 10 Meter oder 33⅓ Fuß von ihr bloßlegen können. Sie führt ohne allen Zweifel zum Skäischen Tor, dessen Stelle durch ihre Richtung und durch die Bildung des Bodens genau an der Westseite am Fuße der Anhöhe bezeichnet zu sein scheint und nicht mehr als 150 Meter vom Turm entfernt sein kann. Rechts und links an der Straße ist eine 73 Zentimeter breite, 3 Meter 40 Zentimeter lange Einfassung. Die Senkung der Straße ist so stark, daß, während sie auf der Nordostseite, soweit sie dort aufgedeckt ist, nur 9 Meter 20 Zentimeter unter der Oberfläche des Berges ist, sie auf einen Abstand von 10 Meter schon in einer Tiefe von 11 Meter oder 37 Fuß liegt.

Diese herrlich gepflasterte Straße führt mich zur Vermutung, daß ein vornehmes Gebäude sich in geringer Entfernung oberhalb derselben, an der Nordostseite, befunden haben muß, und ich habe daher, als sie vor sieben Tagen entdeckt wurde, sofort 100 Mann angestellt, das nordöstlich vor derselben liegende Terrain in 24 Meter Länge, 24 Meter Breite und bis 10 Meter Tiefe abzugraben. Die Fortschaffung dieses 5760 Kubikmeter enthaltenden, ungeheuren Blocks aus hartem Schutt und Steinen wird dadurch sehr erleichtert, daß derselbe an meinen großen vorjährigen Einschnitt stößt, welcher vom nördlichen Bergabhang bis zum Turm ganz horizontal geht und sich daher ausgezeichnet zur Anwendung der »man-carts« eignet. Um aus dieser Ausgrabung den größtmöglichen Nutzen für die Wissenschaft ziehen zu können, lasse ich die Erdwände senkrecht machen, wie ich es übrigens auch in fast allen meinen übrigen Einschnitten getan habe. Da ich gleichzeitig von oben und von unten an der Fortschaffung dieses riesigen Erdklotzes arbeiten lasse, so hoffe ich bestimmt, in 20 Arbeitstagen damit fertig zu werden.

Es ist mir ungemein daran gelegen, daß die großen Steinplatten des Turmweges nicht von Christen oder Türken weggeschleppt werden, und um dies zu verhüten, habe ich das Gerücht verbreitet, Jesus Christus habe den König Priamos besucht und sei diesen Weg hinaufgestiegen; um diesem Umstand noch mehr Gewicht beizulegen, habe ich ein großes Christusbild an der Nordwestseite der Turmstraße in der Erdwand befestigt. Gegen die Angriffe der abergläubischen Christen dieser Ebene sind daher die Dallen vollkommen gesichert und, wie ich hoffe, auch gegen die Habgier der Türken, denn wenngleich diese die Heiligenbilder verabscheuen, so flößen ihnen dieselben dennoch eine gewisse Furcht ein.

Neben dem Christusbild sieht man in dieser Erdwand drei höchst merkwürdige, übereinandergebaute Mauern aus kleinen Steinen mit Erde verbunden, welche in sehr verschiedenen Zeitabschnitten gebaut sind, wovon aber selbst die oberste neueste, wie es das Material beweist, bedeutend älter sein muß als die Gründung der griechischen Kolonie im Jahre 700 v. Chr. Diese oberste Mauer ist 1 Meter 50 Zentimeter dick, in 3 ½ Meter Tiefe gebaut und reicht bis 50 Zentimeter unter der Oberfläche, was mir ganz unerklärlich ist; denn, da die Trümmer der griechischen Kolonie bis zu einer Tiefe von 2 Meter gehen, so muß sie lange Jahrhunderte hoch aus der Erde emporgestanden haben; immerhin mag sie aber von der griechischen Kolonie als Unterbau eines Gebäudes benutzt und auf diese Weise erhalten worden sein. Unter dieser Mauer findet man eine Erdschicht von 30 Zentimeter Dicke, und darauf folgt die zweite, um 30 Zentimeter hervorstehende, 2 Meter hohe Mauer, welche wiederum auf einer anderen, noch viel älteren Mauer ruht. Letztere läuft in schräger, mit dem Turmweg parallel laufender Linie nach Südwesten ab und liefert einen zweiten Beweis, daß die Bergfläche, welche hier jetzt ganz horizontal ist, an diesem Ort nicht sehr steil nach der Ebene abfiel.

Meine früher ausgesprochene Meinung, daß nur die ersten Bewohner dieses Berges, welche den großen Turm erbauten, Mauern und Festungswerke hatten, erweist sich somit als irrig, denn diese drei einst am Rand des Bergabhangs gebauten Mauern sowie drei der Mauern, welche ich an der Südostseite des Berges durchschnitten habe, können nur Festungsmauern sein, und offenbar gehören sie den verschiedenen Völkern an, die nach dem Untergang der ersten Nation diesen Ort bis zur Gründung der griechischen Kolonie bewohnt haben.

Wie meine weiteren Nachgrabungen gezeigt haben, geht vom großen Turm, gerade unterhalb des Minervatempels und in einem Abstand von 40 Meter von der erwähnten Straße, in einer Tiefe von 8 Meter eine große Mauer nach Süden; in dieser Richtung habe ich 2 Meter davon bloßgelegt. Wie weit aber die Mauer nach Süden fortgeht, das ist ohne neue, riesige Ausgrabungen nicht zu bestimmen. Ebenso kann ich, ohne das merkwürdige vorgriechische Haus wegzubrechen, unmöglich ihre Breite bestimmen. Es scheint mir auch, daß der Turm hier aufhört, denn in meinen Nachgrabungen am Fuße jenes alten Hauses fand ich keine Spur mehr von demselben, aber statt dessen uralte Häuser, deren noch hier und da mit einem Lehmüberzug und weißer Farbe bekleidete Wände sämtlich die Spuren einer furchtbaren Feuersbrunst tragen, welche so vollkommen alles, was in den Stuben war, zerstört hat, daß man nur dann und wann eine verkohlte Tonscherbe in der roten Holzasche findet, womit die Räume gefüllt sind. Merkwürdigerweise findet man unterhalb dieser uralten Häuser wiederum Hauswände, die jedenfalls noch älter sein müssen und auch das Gepräge furchtbarer Glut tragen. In der Tat, das Labyrinth von uralten, übereinandergebauten Hausmauern, welches man hier in den Tiefen des von Lysimachus gebauten Minervatempels findet, ist einzig in der Welt und bietet dem Archäologen den reichsten Stoff zu seinen Forschungen. Was mir aber in diesem Labyrinth von Mauern am rätselhaftesten ist, ist eine von Westnordwest nach Südsüdost dasselbe durchziehende, ebenfalls aus Steinen mit Erde gebaute, oben 1 Meter 85 Zentimeter, unten 3 Meter 70 Zentimeter breite und 3½ Meter hohe Festungsmauer, welche nicht unmittelbar auf dem Urfels steht und erst gebaut ist, als sich auf diesem bereits eine Humusschicht von ½ Meter Dicke gebildet hatte. Sie scheint daher etwas weniger alt zu sein als der große Turm, der unmittelbar auf dem Urboden ruht.

Parallel laufend mit dieser Festungsmauer und nur 68 Zentimeter davon entfernt sieht man in gleicher Tiefe eine nur 60 Zentimeter hohe Mauer, gleichfalls aus mit Erde vereinigten Steinen erbaut. Die in größter Tiefe bis jetzt von mir ausgegrabene Stube hat 3 Meter Höhe und 3 Meter 45 Zentimeter Breite; sie mag aber höher gewesen sein; ihre Länge ist mir noch nicht bekannt. In einem der Räume des obersten der unterhalb des Minervatempels befindlichen Häuser aus vorgriechischer Zeit scheint eine Weinhandlung oder ein Basar gewesen zu sein, denn man sieht in demselben neun gewaltige irdene Krüge ($\pi i \vartheta o i$) verschiedener Form von 1 Meter 75 Zentimeter Höhe und 1 Meter 48 Zentimeter Dicke, deren Mündung eine Breite hat von 75 bis 90 Zentimeter. Alle diese irdenen Behälter haben vier 10 Zentimeter breite Henkel, und der Ton derselben hat die enorme Dicke von 6 Zentimeter. Auf der Südseite dieser »$\pi i \vartheta o i$« fand ich eine 8 Meter breite, 3 Meter hohe Mauer von an der Sonne getrockneten Ziegeln, die durch eine Feuersbrunst zu wirklichen gebrannten Ziegeln geworden sind. Diese Mauer, welche mir auch ein Festungswerk und sehr dick zu sein scheint, habe ich bis zur perpendikulären Linie der Fundamente des Minervatempels abgehauen.

Um zu verhüten, daß die uralten Hausmauern von frevelhafter Hand ruiniert werden, habe ich im obersten Hause unterhalb des Minervatempels das Bild der Gottesmutter aufgehängt.

Wegen des großen Altarsteins, dessen oberer Teil einen Halbmond bildet [siehe hier Tafel 159 im Anhang], bin ich sehr besorgt, die Türken möchten ihn zum Bau des Minaretts im Dorfe Tschiplak benutzen, ich werde ihn daher, ohne ihn von der Stelle zu rücken, behutsam spalten, so daß er zum Bau unbrauchbar wird. Dieser Stein sowohl als sein Piedestal sind mit einer weißgefärbten Lehmkruste überzogen, welche auf letzterem 2½ Zentimeter dick ist.

An der Südostseite der Pergamos habe ich die Ausgrabung fortgesetzt und gefunden, daß die große Mauer, welche ich für eine Fortsetzung des Turmes hielt, zu einer großen uralten Ringmauer gehört.

Auf der ganzen östlichen Seite des Turmes wurde seit meinem letzten Bericht an irgendwie interessanten Antiquitäten so gut wie gar nichts gefunden. Dagegen aber wurde in der großen neuen Ausgrabung nordöstlich von der Turmstraße eine große Masse höchst merkwürdiger Gegenstände entdeckt. Die Trümmer der griechischen Kolonie reichen hier genau bis 2 Meter Tiefe, und ich fand in dieser Tiefe eine Topfscherbe mit gemalten ägyptischen Hieroglyphen, deren Abbildung ich gebe* [hier nicht abgebildet]. Ich gebe ferner die Zeichnungen von drei anderen, in 3 Meter Tiefe gefundenen merkwürdigen Topfscherben, wovon die eine ein Eulengesicht, eine 卍 und die Marken der vier Nägel zum Festschlagen desselben, die zweite eine 卐, bei der jedes der vier Enden noch wieder in ein Viereck ausläuft und die dritte ein in Bewegung befindliches Rad darstellt* [hier nicht abgebildet]. Ferner kam aus 2 Meter Tiefe ein Terrakotta-Idol zum Vorschein mit Eulengesicht und hervorstehenden Armen, die abgebrochen und länger gewesen zu sein scheinen. Wie alle übrigen Idole ist auch dies in Menschengestalt, und man sieht aus dem Kopf den Eulenschnabel und die Eulenaugen kunstvoll dargestellt hervortreten; auf der Stirn sind Haare angedeutet, und zwei Striche am Hals scheinen die Rüstung zu bezeichnen. In gleicher Tiefe fand ich den Boden einer Schüssel, welcher in Hautrelief zwei sich umarmende und küssende Jünglinge darstellt, die mit größter Meisterschaft gemacht sind; ferner in 1½ Meter Tiefe den oberen Teil einer Vase mit hübschem Eulenkopf; den Rand der Mündung bildet eine Art von Helm. In ½ Meter Tiefe fand sich ein hübscher Manneskopf aus Terrakotta; in 2 Meter Tiefe eine griechische Lampe mit einem 7 Zentimeter langen Fuß und in gleicher Tiefe sehr hübsche Vasen und Kannen sowie ein auf einer Seite abgeplattetes Stück Terrakotta mit zwei durchgehenden Löchern und einem Stempel, worin man das sehr hübsche Brustbild einer Frau sieht; in 3 und 4 Meter Tiefe zwölf marmorne Idole ohne Eulengesicht, auf deren einem man vier horizontale Striche am Hals sieht; in 3 Meter Tiefe auch das Bruchstück einer Schlange mit zwei Hörnern; in 5 Meter Tiefe ein schön poliertes und zweimal durchbohrtes Stück Diorit in Form einer Glocke; in 5 Meter Tiefe eine Masse von schönen Terrakotta-Vasen und Kannen, hübsch verzierte Stick- oder Stricknadeln aus Elfenbein und ein sehr niedlicher, durchbohrter, 4 Zentimeter langer und mit eingeschnittenen symbolischen Zeichen bedeckter Zylinder aus Terrakotta. Der merkwürdigste Gegenstand aus 5 Meter Tiefe ist aber ein vorn und hinten abgerundetes marmornes Idol der ilischen Minerva mit einem Eulenkopf; die Augen sind sehr groß und schön, der Schnabel dagegen ist klein und kunstlos gemacht; am Hals ist ein Querstrich und oberhalb desselben zehn emporstehende Striche, die wohl die Rüstung andeuten sollen; der ganze übrige

Körper ist mit Strichen bedeckt, in denen, namentlich auf dem Rücken, die Vogelfedern unverkennbar sind. Die sonderbare Verzierung am Unterleib dieses Idols scheint zu beweisen, daß die auf dem Bauch der Vasen mit Eulengesichtern hervorstehende kreisförmige Erhöhung nicht, wie ich früher glaubte, den Bauchnabel, sondern das Schamteil der Göttin bezeichnet. Dies Idol ist, wie immer, in Menschengestalt.

In 6 Meter Tiefe fand ich zwei herrliche, glänzend rote Vasen, auf denen die ilische Minerva mit dem Eulenkopf, einer Art von Helm, zwei emporgehobenen Armen, zwei Brüsten und der vorerwähnten großen, kreisförmigen, hervorstehenden Erhöhung am Bauch, worin ich jetzt nur das pudendum erkennen kann, dargestellt ist. In gleicher Tiefe ein Idol gewöhnlicher Form von Knochen, sowie auf einem Griff aus schwarzem Terrakotta, welcher vermutlich zu einem großen Becher gehört hat, ein mit großer Meisterschaft in Hautrelief dargestellter Ochsenkopf, der unwillkürlich an Homers »βοῶπις πότνια Ἥρη«[51] erinnert. Unter vielen anderen merkwürdigen Terrakotta-Vasen fand ich in dieser Tiefe auch eine kleine, wirklich prachtvoll verzierte Vase, deren Oberfläche in vierzehn abwechselnd aufeinanderfolgende größere und kleinere Fächer geteilt ist; in jedem der größeren Fächer sieht man drei Kreise von Sternchen und einen Stern im Mittelpunkt; in jedem der kleineren Fächer sind dreifache Zickzacklinien; diese Vase hat in den kleinen Griffen Röhrchen zum Aufhängen an einer Schnur. Weiter kam von merkwürdigen Gegenständen in dieser Tiefe eine 10½ Zentimeter lange, 5 Zentimeter breite Säge aus Silex vor sowie eines jener runden, an einer Seite abgeplatteten, zweimal durchbohrten Stücke Terrakotta mit einem großen Stempel, in welchem man einen Schwan und eine Antilope sieht. Ein ähnliches Stück, in dessen Stempel man den Kopf eines Kriegers mit Helm sieht, kam in 8 Meter Tiefe vor; dies sind die beiden ersten Stücke dieser Art, welche ich bis jetzt in mehr als 2 Meter Tiefe gefunden habe.

In 7 Meter Tiefe fand ich einen kleinen Dreifuß mit hervorstehendem Eulengesicht, ferner einen hübschen roten Terrakotta-Becher mit dem Eulenkopf der ilischen Minerva und ihrem Helm; ein Messer und ein langes Werkzeug aus Kupfer; einen 8½ Zentimeter langen, mit sehr kunstvoll eingeschnittenen symbolischen Zeichen verzierten Knochen, und unter anderen höchst sonderbaren Terrakottas den Griff eines Bechers mit einem Kreuz und den Marken der vier Nägel zum Anschlagen desselben; weiter das Bruchstück des oberen Teils einer großen Urne, welche mit drei herumgehenden Streifen verziert ist, der obere und untere Streif besteht aus sonderbar ineinanderverwebten krummen Linien; der mittlere enthält kleine Kreise, in deren jedem man ein Kreuz sieht.

---

[51] »die kuhäugige Hera«, wie z. B. Ilias I, 551

In 8 Meter Tiefe fand sich ein marmornes Idol mit dem Eulenkopf der ilischen Schutzgöttin sowie ein glänzend rotes Terrakotta-Idol derselben, welches merkwürdigerweise eine kleine, sehr niedliche Vase mit zwei Griffen auf dem Kopf trägt; das Eulengesicht dieses letzteren Idols hat gewaltige Augen und ist sehr eindrucksvoll. Von Terrakotta-Vasen und Schüsseln wurde in dieser Tiefe besonders viel gefunden, jedoch kann ich nur von wenigen derselben die Zeichnungen geben* [hier nicht abgebildet], da die meisten in zerbrochenem Zustand herauskommen und ich diese erst in Athen wieder zusammenleimen lassen kann. Unter den unversehrt herausgekommenen Terrakottas verdient nur besondere Bemerkung eine kleine Vase mit zwei Löchern im Munde zum Aufhängen an einer Schnur; im Kreise herum sieht man auf derselben herzförmige Figuren mit Kreuzen; ferner tassenförmige Töpfe mit großem Henkel; andere Töpfchen in Form von Salznäpfchen und mehrere unten abgerundete Vasen mit drei Füßen oder ohne Füße; Kellen aus Terrakotta in Form von Tassenköpfchen mit großen Henkeln; dann ein großer, sehr sonderbar gestalteter, 730 Gramm wiegender Topfdeckel aus Terrakotta mit Henkel. In gleicher Tiefe fand ich auch das Bruchstück einer glänzend roten Vase, welches den weiblichen Geschlechtsteil in Hautrelief darstellt; ferner mehrere Werkzeuge aus Kupfer.

In 9 Meter Tiefe wurde eine kupferne Lanze und ein Dutzend sehr großer brauner und schwarzer Vasen gefunden, welche letztere aber ebenfalls fast alle so zerbrochen sind, daß ich nur ein paar derselben abzubilden imstande bin. In derselben Tiefe fand sich ein hübscher, glänzend brauner Becher in Form eines Blumentopfes mit zwei großen Henkeln. In 8 und 9 Meter Tiefe fand ich seit dem 5. d. M. elf schöne Schleudern aus Magneteisenstein sowie zwei aus Porphyr. Von steinernen Werkzeugen wurde sehr wenig gefunden, nur zwei schöne Beile aus Diorit in 9 und 10 Meter Tiefe. In letzterer Tiefe fand ich wiederum eine jener mehrfach beschriebenen Büsten aus Terrakotta sowie einige Vasen mit drei Füßen und Röhren an den Seiten zum Aufhängen.

Von den kleinen Karussells und Vulkanen aus Terrakotta sammelte ich in diesen elf Tagen 991 Stück, davon 581 mit symbolischen Zeichen, darunter aber nur 79 Stück mit noch nicht dagewesenen Bildern, deren Zeichnungen ich daher gebe* [hier nicht abgebildet]. Lange, dünne, kupferne Nägel mit abgerundeten Köpfen, die als Tuch- oder Haarnadeln gebraucht sein müssen, fanden sich in allen Tiefen. Von ausgezeichnet polierten Beilen aus Diorit fand ich in diesen elf Tagen 20 Stück.

In 1 Meter Tiefe wurde gestern im Minervatempel neben ihrem 1 Meter 14 Zentimeter langen und 53 Zentimeter breiten, mit Inschrift versehenen Piedestal aus schwarzem Schiefer eine 1 Meter 20 Zentimeter hohe männliche Statue aus feinem weißen Marmor gefunden, welche, wie aus der Inschrift hervorgeht, von Pytheas aus Argos gemacht und von den Iliern dem Metrodoros, dem Sohn des Themista-

Tafel 151 Nr. 3006, 3012, 3014

goras, zu Ehren errichtet ist und diesen darstellt. Der Geehrte hatte, wie es auch die Fußmarken des Piedestals beweisen, die Stellung eines Redners. Der Kopf und die Füße fehlen leider.

Die Inschrift lautet wie folgt:

ΟΔΗΜΟΣΟΙΛΙΕΙΩΝ
ΜΗΤΡΟΔΩΡΟΝΘΕΜΙΣΤΑΓΟΡΟΥ

und unten, auf derselben Seite des Piedestals, liest man:

ΠΥΘΕΑΣΑΡΓΕΙΟΣΕΠΟΙΗΣΕ

Ὁ δῆμος ὁ Ἰλιείων

Μητρόδωρον Θεμισταγόρου

Πυθέας Ἀργεῖος ἐποίησε[52]

Es gab im Altertum viele Männer mit Namen Metrodoros, aber nur zwei derselben waren besonders berühmt, und beide waren in Kleinasien gebürtig. Der eine, aus Lampsakos stammende, war Schüler des Epikuros (Strabo, XIII, 589), der andere, aus Skepsis gebürtige, war Philosoph, Redner und Staatsmann und stand in hohem Ansehen bei Mithridates VII., Eupator (Strabo, XIII, 609), der ihn später auf schauderhafte Weise hinrichten ließ (Plutarch, Leben des Lukullus). Der Name des Vaters dieses Metrodoros aus Skepsis ist nicht bekannt, und ob er Themistagoras oder anders geheißen hat, ist ungewiß; höchstwahrscheinlich aber ist der durch die Inschrift und die Bildsäule geehrte Metrodoros jener skepsische Redner, Philosoph und Staatsmann. Über den Bildhauer Pytheas aus Argos finde ich gar nichts. Nur ein Pytheas, ein Drechsler, wird ohne Angabe seiner Herkunft von Plinius, »Hist. Nat.« 33, 12 als ungefähr gleichzeitig mit Pompejus dem Großen erwähnt; ein anderer Pytheas war Wandmaler und aus Achaia; es kann daher keiner von beiden der argivische Bildhauer sein, welcher die Statue anfertigte und seinen Namen auf deren Piedestal setzte. Es ist übrigens, wie mein gelehrter, hochgeehrter Freund Herr Professor Stephanos Kumanudes in Athen bemerkt, kein Wunder, daß der Name eines kleinen Bildhauers vergessen wird, wenn die Namen so vieler großer Könige verlorengehen.

Auf derselben Stelle des Minervatempels wurde auch das Bruchstück einer augenscheinlich sehr lang gewesenen Marmorplatte mit nachstehender Inschrift gefunden:

ΕΠΕΙΤΟΥΑΝΘΥΠΑΤΟΥΓΑΙΟΥΚΛΑΥΔΙΟΥΠΟΠΛΙΟΥΥΙΟΥΝΕΡΩΝΟΣΕΠΙΤΑΞΑΝΤΟΣ
ΤΟΙΣΠΟΙΜΑΝΗΝΩΝΑΡΧΟΥΣΙΝΕΞΑΠΟΣΤΕΙΛΑΙΠΡΟΣΗΜΑΣΕΙΣΠΑΡΑΦΥΛΑΚΗΝ
ΤΗΣΠΟΛΕΩΣΣΤΡΑΤΙΩΤΑΣΚΑΙΕΠΑΥΤΩΝΗΓΕΜΟΝΑΣΠΟΙΜΑΝΗΝΩΝ
ΟΝΤΕΣΗΜΩΝΦΙΛΟΙΚΑΙΕΥΝΟΩΣΔΙΑΚΕΙΜΕΝΟΙΠΡΟΣΤΟΝΔΗΜΟΝΗΜΩΝ
5 ΕΞΑΠΕΣΤΕΙΛΑΝΤΟΥΣΤΕΣΤΡΑΤΙΩΤΑΣΚΑΙΕΠΑΥΤΩΝΗΓΕΜΟΝΑΝΙΚ

---

[52] »Das Volk der Ilier [ehrt] Metrodoros,
Sohn des Themistagoras.
Pytheas aus Argos hat es gemacht.«
(Übersetzung von F. W. Hamdorf; s. P. Fritsch, a.a.O. Nr. 61)

ΔΡΟΝ Μ Η Ν Ο Φ Ι Λ Ο Υ Υ Ι Ο Σ  Κ Α Ι Π Α Ρ Α Γ Ε Ν Ο Μ Ε Ν Ο Σ  Ε Ι Σ Τ Η Ν Π Ο Λ Ι Ν Η Μ Ω Ν
Τ Ε Ε Ν Δ Η Μ Ι Α Ν Π Ο Ι Ε Ι Τ Α Ι Κ Α Λ Η Ν Κ Α Ι Ε Υ Σ Χ Η Μ Ο Ν Α Κ Α Ι Α Ξ Ι Ω Σ
Ρ Ο Υ Δ Η Μ Ο Υ Κ Α Ι Τ Η Σ Ε Α Υ Τ Ο Υ Π Α Τ Ρ Ι Δ Ο Σ Τ Η Ν Τ Ε Τ Ω Ν
Ε Α Υ Τ Ω Ι Ν Ε Α Ν Ι Σ Κ Ω Ν Ε Ν Δ Η Μ Ι Α Ν Ε Υ Τ . . . Ο Ν Π
10  Τ Ο Ν Κ Α Θ Α Π Ε Ρ Ε Π Ι Β Α Λ Λ Ε Ι Α Ν Δ Ρ
Χ Ε Ι Ρ Ι Σ Μ Ε Ν Η Ν Ε Α Τ Ω Ι Π Ι
Τ Η Ν Υ Π Ε Ρ Τ Η Σ Φ Υ Λ Α Κ
Ε Ι Σ Φ Ε Ρ Ε Τ Α Ι Σ Π Ο Υ Δ
Ε Κ Κ Α Ι Ν Ω Ν Ο Υ Δ Ε Ι
15  Μ Ο Ν Κ Α Ι

ἐπεὶ τοῦ ἀνθυπάτου Γαΐου Κλαυδίου Ποπλίου υἱοῦ Νέρωνος ἐπιτάξαντος
τοῖς Ποιμανηνῶν ἄρχουσιν ἐξαποστεῖλαι πρὸς ἡμᾶς εἰς παραφυλακὴν
τῆς πόλεως στρατιώτας καὶ ἐπ αὐτῶν ἡγεμόνας Ποιμανηνῶνοί;
ὄντες ἡμῶν φίλοι καὶ εὐνόως διακείμενοι πρὸς τὸν δῆμον ἡμῶν
5 ἐξαπέστειλαν τούς τε στρατιώτας καὶ ἐπ᾽ αἰτῶν ἡγεμόνα Νίκ(αν-)
δρον Μηνοφίλου (υἱ)ός καὶ παραγενόμενος εἰς τὴν πόλιν ἡμῶν(τήν)
τε ἐνδημίαν ποιεῖται καλὴν καὶ εὐσχήμονα καὶ ἀξί(ος τοῦ τε ἡμετέ-)
ρου δήμου καὶ τῆς ἑαυτοῦ πατρίδος, τήν τε τῶν (ὑφ᾽;)
ἑαυτῶι νεανίσκων ἐνδημίαν εὔτ(ακτ)ον π(αρέχεται καὶ ἑαυ-)
10 τόν καθάπερ ἐπιβάλλει ἀνδρ(ὶ . . . . . . καὶ τὴν ἐξουσίαν τὴν ἐγκε-)
χειρισμένην ἑατῶι πι(στῶς καὶ . . . . . . . . . . . . .
τὴν ὑπὲρ τῆς φυλακ(ῆς . . . . . . . . . . . . . .
εἰσφέρεται σπουδ(ὴν
ἐκ καινῶν οὐδει
15 μον καὶ 53

Der in dieser Inschrift gepriesene Prokonsul Cajus Claudius Nero, der Sohn des
Publius, verwaltete die Provinz Asien 674 bis 675 nach der Erbauung Roms, lebte
daher zur Zeit des Redners Cicero und wird von diesem in den Reden gegen Ver-

---

53 »Weil auf den Befehl des Prokonsuls C. Claudius Nero, Sohn des Publius, an die Herrscher
der Poimanener, uns als Besatzung der Stadt Soldaten samt ihrem Kommandanten zu
schicken, diese als unsere Freunde und in wohlwollender Gesinnung gegen unser Volk uns
Soldaten sandten, zusammen mit ihrem Kommandanten Nikandros, Sohn des Menophilos,
und dieser dann, in unserer Stadt angekommen, seinen Aufenthalt gut, anständig und
würdig unseres Volkes und seiner eigenen Vaterstadt einrichtete und für eine ordnungsge-
mäße und tadellose Aufführung der ihm unterstellten jungen Leute eintrat, wie es sich für
einen trefflichen Mann gehört, und so das ihm geschenkte Vertrauen betreffend der
Sicherheit der Stadt aufs schönste und sorgfältigste rechtfertigte (ehrt ihn die Stadt)...«
(Übersetzung von F. W. Hamdorf; s. P. Fritsch, a.a.O. Nr. 33)

res I, 19, 50 erwähnt (Waddington, Fastes de provinces asiatiques de l'Empire Romain. Paris 1872, S. 43 f.).

Die Poemanener (Ποιμανηνοί) sind die Bewohner der Festung Poemanenon südlich von Kyzikos (s. Pape-Benseler, Lexikon der Eigennamen).

Nach der Form und Dicke des Steins zu urteilen, muß diese Inschrift sehr lang gewesen sein und über 70 Zeilen enthalten haben. Aber selbst das vorliegende Bruchstück derselben ist von geschichtlichem Wert, und von um so größerem Interesse, als wir ganz bestimmt wissen, daß sie aus dem Jahre 80 v. Chr. stammt.

# XXII.

Seit meinem letzten Bericht vom 16. v. M. habe ich viele Unterbrechungen gehabt, denn die griechischen Ostern dauerten sechs Tage, auch nahm mir der Feiertag des heiligen Georg und die Nachfeier desselben mehrere Tage weg, so daß ich in dieser ganzen Zeit nur vierzehn eigentliche Arbeitstage hatte, an welchen ich aber mit durchschnittlich 150 Mann mit großer Energie gearbeitet habe.

Bei dem anhaltend schönen Wetter schlafen meine Arbeiter schon seit Anfang April nicht mehr, wie früher, in den umliegenden Dörfern, sondern unter freiem Himmel in den Ausgrabungen selbst, was mir sehr zustatten kommt, da ich sie jetzt immer gleich zur Hand habe. Außerdem kommen mir jetzt die langen Tage sehr zu Hilfe, und ich kann von 4¾ Uhr morgens bis 7¼ Uhr abends arbeiten lassen.

In dem nur eine halbe Stunde von der Pergamos entfernten, nach der Ilias (II, 811–815) von den Menschen das Grab der Batieia, von den Göttern das Grab der Myrine genannten Tumulus ließ ich von oben einen 3 Meter 30 Zentimeter breiten, 5 Meter 60 Zentimeter langen Schacht graben und fand, daß die Humus-schicht desselben kaum mehr als 2½ Zentimeter dick ist und daß darauf steinharte braune Erde folgt, die von Zeit zu Zeit mit kleinen Schichten Kalkerde abwech-selt. In der braunen Erde fand ich eine Masse Bruchstücke von glänzend schwar-zen, grünen und braunen Vasen derselben Art, die ich hier in der Pergamos in 8 bis 10 Meter Tiefe finde, sowie viele Fragmente von irdenen Krügen, πίϑοι; weiter entdeckte ich aber auch gar nichts und legte in 4½ Meter Tiefe den weißen Kalkfelsen bloß. Was mir am auffallendsten war, ist, daß ich nicht einmal Holzkohlen fand und viel weniger noch die Knochen des verbrannten Leichnams. Daß ich die Spuren des Scheiterhaufens, wenn solche wirklich vorhanden, sollte haben verfehlen können, ist bei der Größe meines Einschnitts und dessen senk-rechten Wänden nicht denkbar.

Wenngleich nun der eigentliche Zweck dieser Ausgrabung verfehlt ist, so hat dieselbe doch das für die Wissenschaft wichtige Resultat gehabt, durch sämtliche darin gefundene Topfscherben mit einiger Gewißheit zu bestimmen, daß die Errichtung dieses Grabes aus jener Zeit datiert, wo die Oberfläche der Pergamos noch um 8 bis 10 Meter niedriger war als sie jetzt ist, und aus dieser Zeit stammt auch die bereits beschriebene, mit großen Steinplatten gepflasterte Turmstraße [siehe hier die Tafeln 211, 212, 216 im Anhang], oberhalb welcher ich die

Ausgrabungen mit größtem Eifer betrieben und heute beendigt habe. Dieselben haben zwei große Gebäude verschiedenen Alters ans Licht gefördert, wovon das neuere auf den Ruinen des älteren gebaut ist. Beide sind durch furchtbare Feuersbrünste zerstört, wovon die Wände deutliche Spuren tragen; auch sind alle Räume beider Häuser mit schwarzer, roter und gelber Holzasche sowie mit verkohlten Trümmern gefüllt. Das neuere Haus ist errichtet worden, als die Ruinen des älteren Hauses vollkommen mit Asche und verbranntem Schutt bedeckt waren; man sieht dies daraus, daß die neueren Wände stets kreuz und quer über die älteren hinweggehen und nicht immer unmittelbar auf ihnen ruhen, sondern oft durch eine 2 und 3-Meter hohe kalzinierte Trümmerschicht von ihnen getrennt sind. Sowohl das untere als das obere Haus ist aus mit Erde verbundenen Steinen errichtet, aber die Wände des unteren sind viel dicker, auch solider gebaut als die des oberen. Die Turmstraße konnte nur benutzt worden sein, als das ältere Haus noch bewohnt war, denn sie führt gerade in dasselbe hinein, und das neuere Gebäude wurde erst gebaut, als die Straße schon 3 Meter hoch mit den Trümmern des älteren bedeckt war.

Ich war fest überzeugt, daß diese herrliche, mit großen Steinplatten gepflasterte Straße von dem Hauptgebäude der Pergamos ausgehen mußte, und grub daher entschlossen weiter, um dies ans Licht zu bringen, bin jedoch zu meinem allergrößten Leidwesen gezwungen worden, zu diesem Zweck drei große Wände des neueren Hauses wegzubrechen. Meine Hoffnungen sind aber durch das Resultat weit übertroffen worden, denn ich fand nicht nur zwei große Tore, die 6 Meter 13 Zentimeter voneinander abstehen, sondern auch die beiden großen kupfernen Bolzen derselben, deren Abbildungen ich gebe [siehe hier Tafel 165 Nr. 3219 und Nr. 3228 und Tafel 193 Nr. 3495 und Nr. 3495 a im Anhang]. Das erste Tor ist 3 Meter 76 Zentimeter breit und wird durch zwei Mauervorsprünge gebildet, wovon der eine 74, der andere 78 Zentimeter hervorsteht; beide sind 1 Meter hoch und 1 Meter 14 Zentimeter breit. An diesem ersten Tor hört die mit großen Steinplatten gepflasterte Straße auf, und der Weg hat von dort bis zum zweiten Tor, welches 6 Meter 13 Zentimeter weiter nordöstlich liegt, ein sehr unebenes Pflaster von großen unbehauenen Steinen. Vermutlich ist das Pflaster durch die eingestürzten Mauern des älteren Hauses so ungleich geworden.

Das zweite Tor wird ebenfalls durch zwei Mauervorsprünge gebildet, die 60 Zentimeter hoch, 96 Zentimeter breit sind und um 75 Zentimeter hervorstehen.

Ich habe die Straße bis 1 Meter 33 Zentimeter nordöstlich vom zweiten Tor gereinigt, wage aber nicht, es noch weiter zu tun, da dies nicht ohne fernere Abbrechung von Mauern des zweiten Hauses geschehen könnte, deren Erhaltung von höchstem Interesse für die Wissenschaft ist; denn wenngleich dasselbe viel neuer sein muß als das untere, auf dessen Trümmern es ruht, so ist es doch, wie die darin gefundenen Terrakottas und Idole mit Eulenköpfen sowie seine Tiefe von 6 bis 7 Meter unter der Oberfläche beweisen, Jahrhunderte vor der griechischen Niederlassung gebaut, deren Überbleibsel nur eine Tiefe von 2 Meter erreichen, und es ist jedenfalls älter als die homerischen Gesänge.

In meinem letzten Bericht sprach ich die gewisse Vermutung aus, daß die im Südwesten schroff nach der Ebene ablaufende Turmstraße zum Skäischen Tor führen müsse, welches nur höchstens 150 Meter entfernt sein könnte; ich wage aber jetzt die bestimmte Behauptung, daß das von mir ans Licht gebrachte große doppelte Tor notwendigerweise das Skäische Tor sein muß, denn in der in südwestlicher Richtung und in gerader Linie mit der Turmstraße von dem Fuß der Pergamos weit fortlaufenden Anhöhe, in welcher ich Iliums große Ringmauer und das Skäische Tor vermutet hatte, habe ich, nahe am Berge, einen 1 Meter 80 Zentimeter breiten, 3 Meter 30 Zentimeter langen Brunnen gegraben. Ich fand in demselben ausschließlich griechische Topfscherben, stieß schon in 2 Meter 35 Zentimeter Tiefe auf den Fels und überzeugte mich somit, daß das alte Troja sich nie so weit nach der Ebene zu erstreckt haben kann. Eine zweite, 3 Meter 50 Zentimeter lange, 2 Meter breite Ausgrabung, die ich um genau 135 Meter weiter in östlicher Richtung das Plateau hinauf machte, hatte ein ähnliches Resultat, denn ich stieß in 5 Meter Tiefe auf den Felsen und fand auch hier ausschließlich hellenische Topfscherben, die ich in der Pergamos nur bis 2 Meter Tiefe antreffe, dagegen keine Spur von trojanischer Töpferware.

Dies beweist zur Genüge, daß sich die alte Stadt selbst bis zu diesem Punkt nie erstreckt haben kann und seine Baustelle sich noch weiter östlich an die Pergamos angeschlossen haben muß. Ich bin jetzt damit beschäftigt, in dieser Richtung fünfzehn weitere Brunnen zu graben, und hoffe, trotz der großen Tiefe, bis zu welcher ich dieselben zu graben habe, daß es mir gelingen wird, die Topographie Trojas wenigstens einigermaßen festzustellen. Alle Brunnen lasse ich offen, damit sich jeder der Wahrheit meiner Angaben überzeugen kann.

Inzwischen ist durch die beiden oben beschriebenen Brunnen bereits so viel für die Wissenschaft gewonnen, daß die von dem doppelten Tor und dem großen Turm schroff, unter einem Winkel von 65 Grad, in südwestlicher Richtung nach der Ebene ablaufende Straße unmöglich zu einem zweiten Tor geführt haben kann, und daß daher das von mir bloßgelegte doppelte Tor notwendigerweise das Skäische Tor gewesen sein muß; dasselbe ist ausgezeichnet erhalten, und daran fehlt kein Stein.

Also neben diesem doppelten Tor, auf Iliums großem Turm, am Rand des sehr schroffen westlichen Bergabhangs der Pergamos saßen Priamos, die sieben Stadtältesten, und Helena, und hier fällt die herrlichste Szene der Ilias (III, 146–244) vor; von hier aus überschaute die Gesellschaft die ganze Ebene und sah am Fuß der Pergamos die Heere der Trojaner und der Achäer nebeneinander, um den Vertrag abzuschließen, den Krieg durch einen Zweikampf zwischen Paris und Menelaos entscheiden zu lassen.

Wenn Homer (Ilias, VI, 390–393) den Hektor von der Pergamos hinabsteigen und die Stadt durchstürmen läßt, um zum Skäischen Tor zu gelangen, so kann dies einzig und allein daher kommen, daß letzteres sowie die Straße, die von demselben nach der Ebene hinunterführte, durch die Zerstörung Trojas mit 3 Meter hohen Schuttmassen bedeckt und nur durch die Tradition bekannt, die eigentliche Lage desselben aber unbekannt war.

Um den Leser nicht durch die ausführliche Beschreibung des Skäischen Tors zu ermüden, gebe ich auf einer besonderen Tafel einen genauen Plan desselben, aus welchem alle Details ersichtlich sind. Dieses Tor sowie das große uralte Gebäude stehen auf jenem bereits früher erwähnten, sich an die Nordseite des Turmes anlehnenden Wall, der hier mehr als 24 Meter Dicke zu haben scheint und aus dem Schutt gemacht ist, den man bei der Erbauung des Turmes vom Urboden abgehackt hat. Die Lage des Gebäudes unmittelbar oberhalb des Tores auf einer künstlichen Anhöhe sowie die solide Bauart desselben lassen keinen Zweifel, daß es das vornehmste Gebäude Trojas, ja daß es das Haus des Priamos gewesen sein muß. Von dem bloßgelegten Teil desselben lasse ich, so gut es gehen will, einen genauen Plan aufnehmen; ganz kann ich es jedoch nicht ans Licht bringen, denn dazu würde es nötig sein, mein steinernes und mein hölzernes Haus abzubrechen, unter welche es sich hin erstreckt, und selbst wenn ich dies täte, würde ich nicht imstande sein, einen vollständigen Plan des Hauses aufzunehmen, solange ich nicht das auf demselben stehende Gebäude fortschaffe, wozu ich mich vorläufig nicht entschließen kann.

Daß nun wirklich die Anhöhe, worauf das Haus des Priamos oberhalb des Skäischen Tores steht, künstlich gemacht ist, davon kann sich jeder in meinem vorjährigen großen Einschnitt überzeugen, welcher einen Teil dieser Anhöhe durchschneidet; man sieht in den Wänden dieses Einschnitts, vom Brunnen bis zum Tor, daß es reiner, aufgeschütteter, mit seltenen Topfscherben und Muscheln vermischter Urboden ist.

Was nun die in diesen Häusern gefundenen Gegenstände betrifft, so erwähne ich vor allem eine in 8 Meter Tiefe im Hause des Priamos von mir entdeckte, 62 Zentimeter hohe, herrliche, glänzend braune Vase mit dem Bild der Schutzgöttin Trojas, das heißt mit ihrem Eulenkopf, zwei Brüsten, einem durch Einschnitte dargestellten herrlichen Halsband, sehr breitem, prachtvoll graviertem Gürtel und anderen sehr kunstvoll eingeschnittenen Verzierungen; Arme sind weder vorhanden noch angedeutet. Leider hatte diese wunderschöne Vase durch die Last der über ihr liegenden Steine gelitten, und obgleich ich selbst sie mit der größten Sorgfalt mit einem Messer aus dem steinfesten Schutt unter den Steinen herausschnitt, so gelang dies doch nicht, ohne sie in Stücke zu zerbrechen. Ich habe aber alle Fragmente sorgsam gesammelt und nach Athen gesandt, um sie dort wieder zusammensetzen zu lassen, und sobald solches geschehen ist, werde ich ihre Abbildung in halber Größe geben. Tafel 191.

Von sehr merkwürdigen, in demselben Haus gefundenen Vasen erwähne ich sonst noch eine 30 Zentimeter hohe Vase mit zwei Henkeln und einem herumgehenden Streifen von Keileinschnitten, über welchem man auf beiden Seiten eine sehr hoch hervorstehende, brillenförmige Verzierung sieht, die durch einen eingeschnittenen Baum mit einer Art von Halsband in Verbindung steht. Diese Vase hat auf jeder Seite einen gewaltigen, gerade emporstehenden Flügel. Ferner mache ich noch besonders aufmerksam auf die in demselben Haus gefundene höchst merkwürdige Vase Nr. 3273 auf Tafel 168, auf welcher man wirkliche Schriftzüge im Kreise herum sieht [siehe Abb. S. 10]; ein Stück der Vase und mit demselben ein Teil der Inschrift fehlt; um aber dem Leser alles, was davon übriggeblieben ist, genau vorlegen zu können, was auf dem Bild unmöglich ist, gebe ich die Inschrift auch noch separat, und es sollte mich ungemein freuen, wenn jemand imstande wäre, diese trojanische Schrift zu entziffern und somit einiges Licht zu werfen auf das große Volk, von dem sie stammt, und die Epoche, welcher sie angehört. Ich mache ferner besonders aufmerksam auf Vase Nr. 3092, Tafel 161 [siehe Abb. S. 29], auf der man auch auf den ersten Blick eine Reihe von Schriftzügen zu sehen glaubt; bei näherer Betrachtung aber scheint es doch keine Schrift, sondern nur symbolische Zeichen zu sein, da fast aus jeder Figur das Kreuz hervorleuchtet.

Weiter fand ich in demselben Haus drei glänzend rote Vasen mit zwei Henkeln, einer hervorstehenden brillenförmigen Verzierung auf jeder Seite und zwei neben dem Hals emporstehenden, mächtigen Flügeln; ein halbes Dutzend Vasen verschiedener Größe mit ungewöhnlich langen Röhren an den Seiten und mit Löchern im Munde zum Aufhängen mit einer Schnur; eine sehr große glänzend schwarze Vase mit zwei Henkeln und zwei Verzierungen in Form von großen Ohren; auch eine kleinere Vase mit großen durchbohrten Ohren für die Schnur zum Aufhängen; eine Vase mit drei Füßen, Röhren zum Aufhängen und herrlichen eingeschnittenen Verzierungen, nämlich zwei herumlaufenden Streifen mit Zickzacklinie und fünf am Hals herumgehenden Linien. Ferner fand sich eine unten abgerundete, mit durchbohrten Griffen versehene und ganz mit Punkten bedeckte Vase; auch zwei große Becher mit hübschen Eulenköpfen, wovon der eine besonders große Augen hat; weiter das vordere Bruchstück eines Gefäßes mit einem Schafskopf; eine merkwürdige kleine, aber sehr breite Vase mit drei Füßen und langen Röhren zum Aufhängen an Schnüren sowie eine sonderbare Terrakotta-Lampe mit durchbohrtem Griff in Form eines Halbmondes und zwei anderen hervorstehenden, mit Röhren zum Aufhängen versehenen Griffen; eine rote Kanne mit einem Henkel, ganz hintenüber gebogenem Hals, schnabelartigem

Mund und zwei Augen; eine kleine mit Punkten bedeckte und mit zwei Henkeln und zwei ungeheuren aufrecht stehenden Ohren versehene Vase; eine Kanne mit zwei Frauenbrüsten; eine Vase mit dem Eulengesicht der ilischen Minerva, zwei Frauenbrüsten, großem Pudendum und zwei aufrecht stehenden Armen sowie der obere Teil einer anderen Vase, auf welchem man unter dem Schnabel der trojanischen Schutzgöttin einen Mund sieht; auch eine große Vase mit zwei kleinen Frauenbrüsten und großem Schamteil; der obere Teil dieser Vase mit dem Eulenkopf ist aber abgebrochen und fehlt; eine Vase mit großem, hohlem Fuß, sehr langen Röhren an den Seiten zum Aufhängen und zwei hervorstehenden brillenförmigen Verzierungen. Unter den im Hause des Priamos gefundenen kleineren Terrakottas hebe ich ganz besonders hervor ein nur 7 Zentimeter langes Gefäß in Menschengestalt mit dem Eulenkopf der ilischen Minerva und ungewöhnlich großen Augen; zwei Striche an den Schläfen scheinen den Helm, drei horizontale Linien am Hals die Rüstung anzugeben; der Leib ist bedeckt mit einem 4 Zentimeter langen, gewölbten Schild, auf dem man zehn Reihen von Punkten sieht, welche wahrscheinlich die Köpfe der kleinen Nägel bezeichnen sollen, womit die πτύχες oder Schichten, deren im Schild des Ajas z. B. sieben aus Rindshaut und eine aus Kupfer war (Ilias, VII, 245–247), zusammengenietet waren. Die trojanische Schutzgöttin hält auf jeder Seite einen großen Schlauch in Form einer Flasche, der mit horizontalen Linien verziert ist; das auf der Rückseite in einen langen Zopf vereinigte, beinahe bis an die Fersen herunterhängende Haupthaar der Göttin ist sehr hervortretend, mit Meisterschaft gemacht und erinnert ungemein an die diesem vollkommen ähnlichen Zöpfe der Karyatiden im Erechtheion der Akropolis von Athen. Nicht nur das Idol selbst, sondern auch die Schläuche, die es trägt, sind hohl; letztere müssen durchaus eine symbolische Bedeutung haben. Ich fand ferner im Hause des Priamos vier marmorne und drei knöcherne Idole mit dem Eulenkopf der Schutzgöttin Trojas; von den letzteren ist

Tafel 158 Nr. 3064

eines mit weißer Farbe bemalt. Auch zehn Idole aus Marmor ohne Eulenkopf fand ich dort, ferner das Bruchstück eines Schwertes sowie das einer Lanze, ein Messer und einige Werkzeuge aus Kupfer, auch ein Dutzend langer dünner kupferner Nägel, die als Haar- oder Tuchnadeln gebraucht sein müssen; außerdem ein Paket von fünf in der Feuersbrunst zusammengeschmolzenen kupfernen Tuchnadeln, von denen die eine zwei Köpfe, den einen über dem anderen, hat, der untere Kopf ist ganz kugelrund. Auch einen durchbohrten, nur 4½ Zentimeter langen Zylinder aus blauem Feldspat fand ich dort, der auf Tafel 162, Nr. 3131 abgebildet und mit höchst merkwürdigen eingravierten symbolischen Zeichen ringsum verziert ist. Ferner entdeckte ich ebendaselbst den auf Tafel 158, Nr. 3064 abgebildeten marmornen Priapus; den höchst sonderbaren elfenbeinernen Gegenstand Nr. 3258 auf Tafel 166, welcher ein musikalisches Instrument sein muß; sechs Schleudern aus Magneteisenstein sowie die Pfeilspitze Tafel 166, Nr. 3244; auch 210 Stück kleine, mit arischen religiösen Symbolen geschmückte Vulkane und Karussells aus Terrakotta, unter denen ich 60 bis jetzt noch nicht vorgekommene Bilder sehe, die ich auf den Tafeln 162, 163, 165 und 166 darstelle; drei Terrakotta-Kugeln mit symbolischen Zeichen, besonders merkwürdig ist darunter die auf Tafel 164, Nr. 3193 dargestellte Kugel mit zehn roh eingravierten Eulengesichtern. Diese sind in der Tat so grob gezeichnet, daß ich gar nicht einmal Eulengesichter darin erkennen würde, wenn ich nicht ebenso plump gemachte Darstellungen des Eulenkopfes dann und wann auf den Idolen fände. Ich fand dort auch sechs schön polierte Beile aus Diorit in der Art wie Nr. 3129 auf Tafel 162 sowie eines jener runden, auf beiden Seiten gewölbten, auf einer Seite am Rande abgeplatteten und zweimal durchbohrten Stücke Terrakotta, dessen ganze platte Stelle von einem Stempel ausgefüllt ist, in welchem man einen Adler und einen Hirsch oder eine Antilope sieht; ferner vier jener vielbesprochenen und abgebildeten großen roten, unten abgerundeten Becher mit zwei gewaltigen Henkeln, die nur auf den Mund gestellt werden können. Diese vier Becher sind leider alle zerbrochen, und ich kann sie erst in Athen wieder zusammenleimen lassen. Ich wage jetzt entschieden die Behauptung, daß diese Becher, welche, wie aus meinen früheren Aufsätzen und Abbildungen bekannt, 13 bis 40 Zentimeter Höhe haben, notwendigerweise die homerischen »δέπα ἀμφικύπελλα« sein müssen, und daß die bisherige Erklärung dieser Worte durch »*Doppelbecher mit einem gemeinschaftlichen Boden in der Mitte*« durchaus irrtümlich ist. Es scheint wirklich, daß diese falsche Übersetzung einzig und allein von Aristoteles herrührt, denn wie aus seiner »Hist. anim.« 9, 40 hervorgeht, gab es zu seiner Zeit solche Doppelbecher mit einem gemeinschaftlichen Boden in der Mitte, und in der Tat soll vor einer Reihe von Jahren ein solcher in Attika entdeckt und an das Museum in Kopenhagen verkauft worden sein. Aber im homerischen Troja gab es keine solchen Becher, denn sonst würde ich sie gefunden haben. Wie bereits früher bemerkt, fand ich auf dem Urboden, in 14 bis 15½ Meter Tiefe, mehrere Mittelstücke von glänzend schwarzen Bechern, die ich damals für Bruchstücke von Doppelbechern hielt, weil sie auf beiden Seiten des Bodens eine Wölbung zeigten, aber die eine Wölbung war immer zu geringfügig im Vergleich zur anderen und muß daher die des Becherfußes gewesen sein. Wenn *δέπας ἀμφικύπελλον* Doppelbecher bedeutete, dann müßte *ἀμφιφορεύς* Doppelurne heißen, was weder Ilias, XIII, 92, Odyssee, XXIV, 74, noch sonstwo im Homer möglich ist; auch ist noch nie jemand auf den Gedanken gekommen, es anders zu übersetzen als »Urne mit zwei Henkeln«. Somit kann auch »*δέπας ἀμφικύπελλον*« nicht anders übersetzt werden als »Becher mit zwei Henkeln«. Da ein wirklicher Doppelbecher doch nur von einer Seite zur Zeit gefüllt sein kann, so würde es Homer keinesfalls fortwährend hervorgehoben haben, daß der gefüllt hingereichte Becher ein Doppelbecher war, denn es würde kein Sinn in dem Wort sein. Er wollte aber mit *ἀμφικύπελλον* hervorheben, daß der mit einem Henkel hingereichte, gefüllte Becher mit dem anderen Henkel entgegengenommen wurde; auf diese Weise erklärt, liegt viel Sinn in dem Wort.

Ich fand ferner im Haus des Priamos zwei große Bruchstücke einer großen, durch eingravierte Verzierungen aufs herrlichste geschmückten, glänzend gelben Urne; dieselbe hat unter anderem mehrere herumlaufende Reihen von Kreisen, in deren jedem man ein dreifaches Kreuz sieht; die Eleganz des Gefäßes wird noch erhöht durch die auch auf den breiten Henkeln befindlichen Kreise mit dreifachen Kreuzen. Es versteht sich von selbst, daß ich sowohl von diesen Bruchstücken* [hier nicht abgebildet] als auch von jedem anderen Gegenstand, der nur irgendwie Interesse für die Wissenschaft haben könnte, eine genaue Zeichnung gebe.

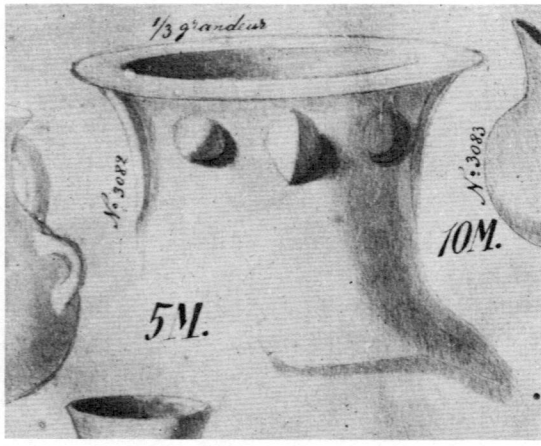
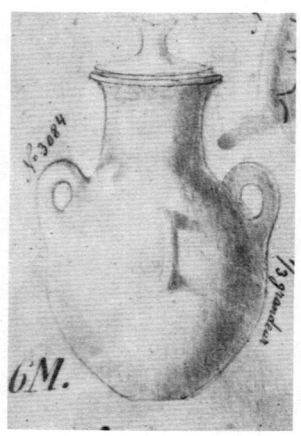

Tafel 160 Nr. 3082                                  3084

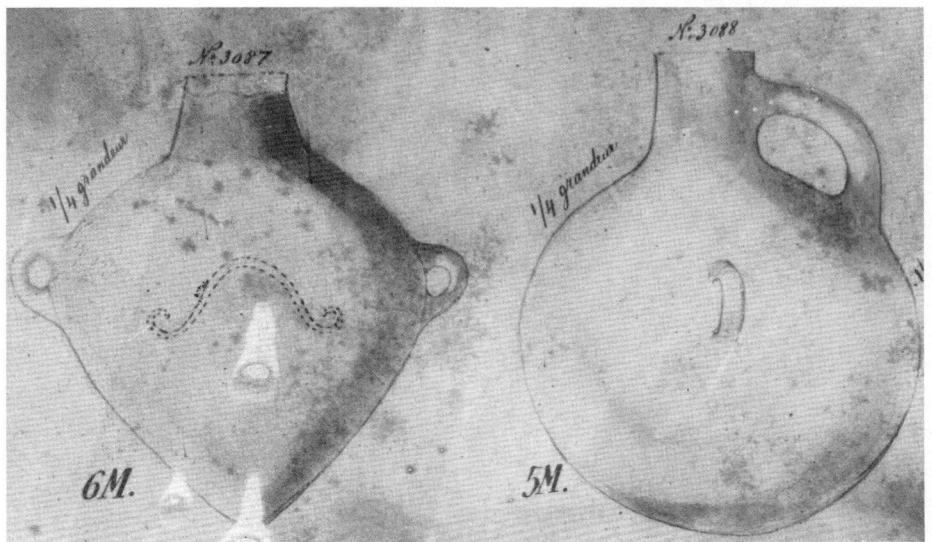

Tafel 161 Nr. 3087, 3088

Noch fand ich in dem Königshaus einen 11½ Zentimeter langen, von einem Gefäß abgebrochenen Griff in Gestalt einer Schlange.

In dem oberen, neueren Haus oberhalb des Skäischen Tors fand ich die unten spitz zulaufende, mit zwei Henkeln und brillenförmiger Verzierung versehene Vase Nr. 3087 auf Tafel 161, den hübschen Eulenkopf Nr. 3082 und die herrliche, mit vier Henkeln und Deckel versehene Vase Nr. 3084 auf Tafel 160, die Eulen- kopfvase Nr. 3269, Tafel 167, die große Kanne Nr. 3088 auf Tafel 161, die einen

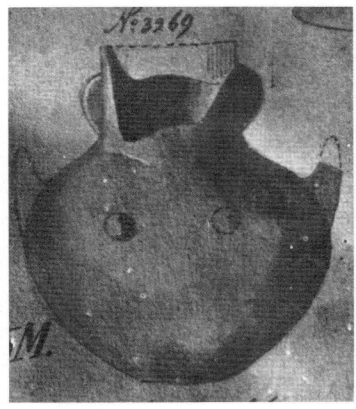

Tafel 167 Nr. 3269

großen und zwei kleine Henkel hat, und viele andere Vasen und Kannen, deren Beschreibung ich unterlasse, da sie schon oft vorgekommen sind. Von Idolen mit Eulengesicht fand ich dort nur das auf Tafel 166, Nr. 3255 abgebildete. Es fanden sich dort auch viele Bruchstücke jener großen roten Becher mit zwei Henkeln, in denen ich jetzt das homerische »δέπας ἀμφικύπελλον« erkenne.

Auf der großen Plattform an der Nordseite, wo ich in letzter Zeit nur arbeiten ließ, wenn ich überflüssige Arbeiter hatte, lasse ich jetzt, da die Arbeit oberhalb des Skäischen Tors vollendet ist, wiederum stark arbeiten; es kommen dort jetzt in 10 bis 6 Meter Tiefe mehrere Häuser, auch in den unteren Schuttschichten, wie es scheint, eine große Festungsmauer zum Vorschein.

Da es höchst wichtig ist, auch zu wissen, was für Festungswerke die Pergamos zur Zeit des trojanischen Krieges an der West- und Nordwestseite hatte, und ich vom Skäischen Tor zwar noch eine 3 Meter 40 Zentimeter dicke Mauer in westnordwestlicher Richtung fortgehen sehe, aber in der Unmöglichkeit bin, ihr von dieser Seite zu folgen, so habe ich schon vor acht Tagen an der Nordwestseite der Burg an der Stelle, wo ich im April 1870 den ersten Einschnitt machte und die darum auch von meinen Leuten ἡ μάμμη τῶν ἀνασκαφῶν (die Großmutter der Ausgrabungen) genannt wird, einen 10 Meter breiten, 43 Meter langen Graben angelegt, und da ich gleichzeitig den Schutt auf einer am Bergabhang in 10½ Meter Tiefe angelegten kleinen »Plattform« und auf drei Galerien fortschaffe, der Abstand nicht groß ist, die Schiebkarren auf ebener Fläche gehen, außerdem der Schutt hier sehr leicht ist und nur vom Abhang des Berges geworfen zu werden braucht, so geht die Arbeit sehr schnell vorwärts. Auf der unteren »Plattform« stieß ich auf die aus großen behauenen und ohne Verbindungsmittel zusammenge-legten Kalksteinen erbaute Ringmauer des Lysimachos, die 4 Meter hoch, 3 Meter dick ist und mit deren Durchbrechung ich gerade fertig bin. Unmittelbar hinter derselben stoße ich auf eine ältere, aus großen behauenen Steinen mit Erde zusammengesetzte Mauer von 2 Meter 70 Zentimeter Höhe und 1 Meter 80 Zenti-meter Dicke, die ich natürlich auch durchbreche. Sofort nach dieser zweiten Mauer folgt jene Mauer aus großen behauenen Steinen, die ich hier vor drei Jahren bloßlegte und bisher für eine Bastion hielt; es ist aber wahrscheinlich, daß es sich als etwas anderes herausstellt, und ich werde demnächst ausführlich darüber berichten. Augenscheinlich ist diese Stelle der Pergamos im hohen Altertum viel niedriger gewesen, dies scheint nicht nur die Ringmauer, die notwendigerweise einst bedeutend über die Oberfläche des Berges hervorgeragt hat, während sie jetzt mit 5 Meter Schutt bedeckt ist, sondern auch die hier sehr tief gehenden Überbleibsel aus hellenischer Zeit zu beweisen. Es scheint in der Tat, daß man den Kehricht und Abfall von Wirtschaften jahrhundertelang hierher geworfen hat, um diese Stelle zu erhöhen. So ist es auch erklärlich, daß ich hier eine Masse kleiner interessanter Gegenstände aus griechischer Zeit finde, unter anderen 24 Köpfe von Terrakotta-Figuren, darunter 17 von großer Schönheit, die ich in Abbildung gebe [siehe hier die Tafeln 164, 165 im Anhang]; auch sehr viele andere Bruchstücke solcher Statuetten, die von großer Meisterschaft zeugen. Ich gebe ferner das Bild einer Terrakotta-Platte von 14 Zentimeter Länge, auf welcher eine Frau dargestellt ist [siehe Tafel 165, Nr. 3214], sowie die Zeichnungen von acht kleinen, nur 5 Zentimeter langen Terrakotta-Platten, auf denen ich sehr sonderbare und mir ganz unbekannte Gegenstände in Hautrelief sehe [siehe Tafel 164, Nr. 3171–3177, Nr. 3179]. Ich bilde auch die hier gefundenen Bruchstücke einiger Gefäße von wunderbarer Arbeit sowie zwei herrlich verzierte Lampen ab [siehe Tafel 163, Nr. 3157 und Tafel 165, Nr. 3211]; weiter eine 7 Zentimeter lange und breite bleierne Platte mit einem Schweinskopf in Basrelief [siehe Tafel 164, Nr. 3178], und ich vermute, daß dies eine Münze gewesen sein mag. Auch ein 72 Zentimeter langes Gefäß höchst phantastischer Form mit langem, ganz dünnem Fuß, langem, dünnem Hals und zwei ungeheuren Henkeln wurde hier gefunden.

Auf der großen Plattform, in 4 Meter Tiefe, wurde der höchst merkwürdige Becher Nr. 3063 auf Tafel 158 gefunden, der einen Henkel und im hohlen Fuß vier einander gegenüberstehende ovale Löcher hat. Füße von dieser Art Becher fand

Tafel 158 Nr. 3063

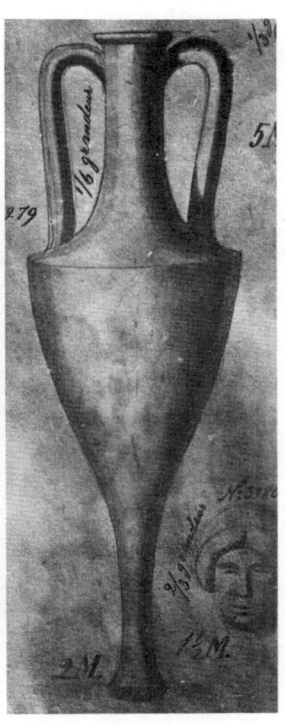

Tafel 168 Nr. 3279

213

ich im vorigen Jahr mehrfach in 14 bis 15½ Meter Tiefe, aber bis jetzt noch nie einen ganzen Pokal dieser Gestalt.

Da ich die Turmfläche nicht mehr zur Fortschaffung des Schuttes nötig habe, so habe ich sie jetzt ganz reinigen lassen und finde in der Mitte derselben eine 13 Meter 80 Zentimeter lange, 2½ bis 4¼ Meter breite und 90 Zentimeter tiefe Senkung, die für die Bogenschützen gebraucht sein mag. Es stellt sich jetzt heraus, daß das, was ich im vorigen Jahr als Trümmer einer zweiten Etage des großen Turmes angesehen hatte, nur Bänke von mit Erde vereinigten Steinen sind, deren man drei in Stufenform hintereinander sieht. Ich erkenne hieraus, sowie aus den Mauern des Turmes und jenen des Skäischen Tores, daß der Turm nie höher gewesen sein kann, als er jetzt ist.

Die Ausgrabungen auf der Nordseite von Herrn Frank Calverts Feld zur Auffindung von ferneren Skulpturen habe ich schon vor längerer Zeit eingestellt, da ich mich nicht mehr mit ihm einigen kann.

Ich habe jetzt nur noch zwei Aufseher, denn den Georgios Photidas habe ich dringender Gründe wegen vor drei Wochen entlassen müssen.

Schließlich bemerke ich noch, daß ich während des griechischen Osterfestes in Gesellschaft meines geehrten Freundes, des Gerichtsrates Schells aus Regensburg, und meiner Frau Bunarbaschi und dessen Höhen besucht, dort in deren Gegenwart kleine Ausgrabungen angestellt und bewiesen habe, daß im Dorf selbst die Schuttaufhäufung nur in den Höfen der Gebäude hier und da ½ Meter beträgt, dagegen auf und neben der Straße ganz reiner Urboden ist; ferner daß auf der kleinen Baustelle von Gergis, am Ende der Höhen, die früher mit derjenigen Trojas für identisch angesehen wurde, überall der nackte Fels herausguckt und in der Schuttaufhäufung, die in der Stadt selbst nirgends ½ Meter und nur hier und da in der Akropolis etwas mehr beträgt, *nur* Topfscherben aus hellenischer Zeit, nämlich aus dem 3. und 5. Jahrhundert v. Chr. zu finden sind.

Noch habe ich hinzuzufügen, daß ich jetzt meine früher ausgesprochene Meinung, als sei Ilium bis zum 9. Jahrhundert n. Chr. bewohnt gewesen, durchaus widerrufen und entschieden behaupten muß, daß seine Baustelle schon seit dem Ende des 4. Jahrhunderts ganz verlassen und unbewohnt geblieben ist. Ich hatte mich irreführen lassen durch die Angaben meines geehrten Freundes, des Herrn Frank Calvert in den Dardanellen, welcher behauptete, es lägen Urkunden vor, daß der Ort bis ins 13. oder 14. Jahrhundert n. Chr. bewohnt gewesen sei. Solche Urkunden, falls sie wirklich existieren sollten, müssen sich notwendigerweise auf Alexandria Troas beziehen, welches immer nur, und so auch im Neuen Testament, schlechthin Troas genannt wird, denn dort findet man sogar an der Oberfläche riesige Massen byzantinischer Altertümer, welche zu beweisen scheinen, daß die Stadt bis ins 14. Jahrhundert oder noch länger bewohnt war. Hier in Ilium dagegen fehlt jegliche Spur byzantinischer Architektur, byzantinischer

Skulptur oder byzantinischer Töpferware und byzantinischer Münzen. Ich fand im ganzen nur zwei kupferne Medaillen von byzantinischen Klöstern, die von Schäfern verloren sein mögen. Münzen von Konstantin dem Großen und Konstans II. kommen zu Hunderten vor, dagegen fehlen die Medaillen der späteren Kaiser gänzlich.

Als ich bisher nur in der Pergamos grabend keine Spur aus byzantinischer Zeit fand, glaubte ich, bloß die Burg sei in byzantinischer Zeit unbewohnt, das Stadtgebiet aber bewohnt gewesen. Jedoch meine fünfzehn Brunnen, die ich an den verschiedensten Stellen der Baustelle Iliums grabe, sowie die beiden bereits bis auf den Urboden gegrabenen Brunnen beweisen, wie sich ja jeder überzeugen kann, daß an und unter der Oberfläche keine Spur aus byzantinischer Zeit ist, ja daß, eine ganz dünne Humusschicht abgerechnet, die übrigens nur an wenigen Stellen besteht, die Trümmer aus griechischer Zeit bis an die Oberfläche reichen, und daß ich in mehreren Brunnen unmittelbar an der Oberfläche schon auf die Mauern der griechischen Häuser stoße.

Es ist unmöglich, daß eine byzantinische Stadt oder ein byzantinisches Dorf, ja auch nur ein einziges byzantinisches Haus auf diesem die Ruinen einer uralten Stadt bergenden steinharten Boden gestanden haben kann, ohne die deutlichsten Spuren seiner Existenz zurückzulassen, denn hier, wo es neun und zehn Monate im Jahr nur bei den seltenen Gewittern regnet, verwittern und vergehen die Erzeugnisse menschlichen Kunstfleißes nicht wie in Ländern, wo es häufig regnet; ja, die Bruchstücke von Skulpturen und Inschriften, die ich hier in der Pergamos und auf dem übrigen Stadtgebiet an der Oberfläche finde und die wenigstens 1500 Jahre lang unter freiem Himmel gelegen haben, sind noch fast ebenso frisch, als wenn sie gestern gemacht wären.

Als ich, mich auf die Angaben des Herrn Frank Calvert verlassend, dachte, daß Ilium noch lange unter byzantinischer Herrschaft bewohnt gewesen sei, da schrieb ich auch der byzantinischen Architektur jene aus korinthischen Säulen und Zement errichtete, 3 Meter dicke Mauer zu, deren Durchbrechung an der Südostecke der Pergamos mich sehr viel Mühe gekostet hat. Jetzt aber muß ich glauben, daß der Minervatempel, von dem diese Säulen stammen, durch den frommen Eifer der ersten Christen schon unter Konstantin dem Großen oder spätestens unter Konstantin II. zerstört und gleichzeitig aus seinen Trümmern diese Mauer errichtet ist.

# XXIII.

Seit meinem letzten Bericht vom 10. v. M. bin ich besonders bemüht gewesen, die große Ausgrabung an der Nordwestseite des Berges zu beschleunigen, und habe zu diesem Zweck auch von der Westseite einen tiefen Einschnitt angelegt, in welchem ich leider in schräger Richtung auf die 4 Meter hohe, 3 Meter dicke Ringmauer des Lysimachos stieß. Ich war somit gezwungen, von dieser eine doppelte Masse Steine herauszubrechen, um mir Eingang zu verschaffen, stieß aber darauf auf die Trümmer riesiger Bauten aus hellenischer und vorhellenischer Zeit, so daß diese Ausgrabung nur langsam fortschreiten konnte. In einer Entfernung von 21 Meter vom Bergabhang stieß ich hier, in 6 Meter Tiefe, auf eine 1 Meter 50 Zentimeter hohe, mit hervorstehender Zinne gebaute alte Ringmauer, die nicht mit der vom Skäischen Tor in westnordwestlicher Richtung fortlaufenden Mauer in Verbindung steht, auch wegen ihrer ganz verschiedenen Bauart und geringen Höhe aus nachtrojanischer Zeit stammen muß; jedenfalls aber ist sie viel älter als die griechische Kolonie, weil sie aus Steinen und Erde gebaut ist und ich neben ihr mehrere marmorne Idole der ilischen Schutzgöttin fand. Ich bin leider gezwungen worden, ein 5¾ Meter langes Stück dieser Ringmauer wegzubrechen, um weiter arbeiten zu können, habe aber noch ein 2¼ Meter langes Stück vom aufgegrabenen Teil derselben stehen lassen, so daß man diese Mauer untersuchen kann. Hinter derselben fand ich eine teils mit großen Steinplatten, teils mit mehr oder weniger behauenen Steinen gepflasterte Fläche und darauf eine 6 Meter hohe, 1 Meter 80 Zentimeter dicke Festungsmauer aus großen Steinen und Erde, die unterhalb meines hölzernen Hauses, aber 2 Meter oberhalb der vom Skäischen Tor weitergehenden trojanischen Ringmauer hinweggeht.

In der mit diesem Einschnitt in Verbindung stehenden neuen, großen Exkavation an der Nordwestseite habe ich mich überzeugt, daß die im April 1870 von mir bloßgelegte herrliche Mauer von großen behauenen Steinen zu einem Turm gehört, dessen unterer hervortretender Teil aus der ersten Zeit der griechischen Kolonie stammen muß, während der obere Teil desselben aus der Zeit des Lysimachos zu sein scheint. Zu diesem Turm gehört sowohl die bereits in meinem letzten Bericht erwähnte, unmittelbar auf die Ringmauer des Lysimachos folgende, 2 Meter 70 Zentimeter hohe, 1 Meter 80 Zentimeter breite Mauer als auch die 15 Meter davon entfernte Mauer von gleichen Dimensionen, die ich ebenfalls durchbrochen habe. Hinter der letzteren legte ich in 8 bis 9 Meter Tiefe die vom

Skäischen Tor weitergehende trojanische Ringmauer bloß und stieß beim Weiter-
graben auf dieser Mauer und unmittelbar neben dem Haus des Priamos auf einen
großen kupfernen Gegenstand höchst merkwürdiger Form, der um so mehr
meine Aufmerksamkeit auf sich zog, als ich hinter demselben Gold zu bemerken
glaubte. Auf dem kupfernen Gegenstand ruhte eine 1½ bis 1¾ Meter dicke
steinfeste Schicht von roter Asche und kalzinierten Trümmern, auf welcher die
vorerwähnte 1 Meter 80 Zentimeter dicke, 6 Meter hohe Festungsmauer lastete,
die aus großen Steinen und Erde bestand und aus der ersten Zeit nach der
Zerstörung Trojas stammen muß. Um den Schatz der Habsucht meiner Arbeiter
zu entziehen und ihn für die Wissenschaft zu retten, war die allergrößte Eile nötig,
und, obgleich es noch nicht Frühstückszeit war, so ließ ich doch sogleich »païdos«
(ein ins Türkische übergegangenes Wort ungewisser Abkunft, welches hier anstatt
ἀνάπαυσις oder Ruhezeit gebraucht wird) ausrufen, und während meine Arbeiter
aßen und ausruhten, schnitt ich den Schatz mit einem großen Messer heraus, was
nicht ohne die allergrößte Kraftanstrengung und die furchtbarste Lebensgefahr
möglich war, denn die große Festungsmauer, welche ich zu untergraben hatte,
drohte jeden Augenblick auf mich einzustürzen. Aber der Anblick so vieler
Gegenstände, von denen jeder einzelne einen unermeßlichen Wert für die Wissenschaft hat, machte mich tollkühn, und ich dachte an keine Gefahr. Die Fortschaffung des Schatzes wäre mir aber unmöglich geworden ohne die Hilfe meiner lieben
Frau, die immer bereit stand, die von mir herausgeschnittenen Gegenstände in
ihren Shawl zu packen und fortzutragen. Der zuerst gefundene Gegenstand war
ein großes kupfernes Schild, ἀσπὶς ὀμφαλοειδής, in Form eines ovalen Präsentier-
tellers, in dessen Mitte sich ein von einer Rinne (αὖλαξ) umgebener Nabel
befindet; dieses Schild hat 50½ Zentimeter Länge, ist ganz flach und von einem
4 Zentimeter hohen Rand umgeben; der Nabel (ὀμφαλός) ist 6 Zentimeter hoch
und hat 11 Zentimeter im Durchmesser; die um denselben befindliche Rinne hat
18 Zentimeter im Durchmesser und ist 1 Zentimeter tief. Der zweite Gegenstand,
den ich herauszog, war ein kupferner Kessel mit zwei horizontalen Henkeln,
welcher uns jedenfalls das Bild des homerischen λέβης gibt; derselbe hat 42 Zentimeter im Durchmesser und 14 Zentimeter Höhe; der Boden ist flach und hat
20 Zentimeter im Durchmesser. Der dritte Gegenstand war eine 1 Zentimeter
dicke, 16 Zentimeter breite, 44 Zentimeter lange kupferne Platte, welche einen
2 Millimeter hohen Rand hat; an einem Ende derselben sieht man zwei unbewegliche Räder mit Achse. Diese Platte ist an zwei Stellen stark gebogen; jedoch glaube
ich, daß diese Biegungen durch die Glut geschehen sind, welcher der Gegenstand
in der Feuersbrunst ausgesetzt gewesen ist; auf demselben ist eine silberne Vase
von 12 Zentimeter Höhe und Breite festgeschmiedet, jedoch vermute ich, daß dies
ebenfalls nur durch Zufall in der Feuersbrunst geschehen ist. Der vierte hervorge-
kommene Gegenstand war eine kupferne Vase von 14 Zentimeter Höhe und

11 Zentimeter im Durchmesser. Darauf folgte eine 15 Zentimeter hohe, 14 Zentimeter im Durchmesser haltende und 403 Gramm wiegende kugelrunde Flasche
von reinstem Gold mit einer angefangenen, aber nicht vollendeten Zickzackverzierung am Hals; ein 9 Zentimeter hoher, 7¾ Zentimeter breiter, 226 Gramm
schwerer Becher ebenfalls von reinstem Gold sowie ein 9 Zentimeter hoher,
18¾ Zentimeter langer, 18¼ Zentimeter breiter, genau 600 Gramm wiegender
Becher von reinstem Gold in Form eines Schiffes mit zwei großen Henkeln; auf
der einen Seite ist ein 7 Zentimeter, auf der anderen ein 3 Zentimeter breiter Mund
zum Trinken; wie mein geehrter Freund, der Professor Stephanos Kumanudes aus
Athen bemerkt, mag derjenige, welcher den gefüllten Becher hinreichte, aus dem
kleinen Mund vorgetrunken haben, um als Ehrenbezeugung den Gast aus dem
großen Mund trinken zu lassen. Dieses Gefäß hat einen nur um 2 Millimeter
hervorstehenden, 3½ Zentimeter langen, 2 Zentimeter breiten Fuß und ist auf
jeden Fall das homerische δέπας ἀμφικύπελλον. Ich bleibe aber fest bei meiner
Behauptung, daß auch alle jene hohen, glänzend roten Becher in Form von
Champagnergläsern mit zwei gewaltigen Henkeln δέπα ἀμφικύπελλα sind, und es
wird auch diese Form von Gold dagewesen sein. Noch muß ich die für die
Geschichte der Kunst sehr wichtige Bemerkung machen, daß vorgesagtes goldenes δέπας ἀμφικύπελλον gegossen ist und die großen, nicht massiven Henkel
darangeschmiedet sind. Dagegen ist der vorerwähnte einfache goldene Becher
sowie die goldene Flasche mit dem Hammer getrieben. Der Schatz enthält ferner
einen kleinen, 70 Gramm wiegenden, 8 Zentimeter hohen, 6½ Zentimeter breiten
Becher aus mit 20% Silber versetztem Gold, dessen Fuß nur 2 Zentimeter hoch
und 2½ Zentimeter breit, außerdem nicht ganz gerade ist, so daß der Becher nur
zum Hinstellen auf den Mund bestimmt zu sein scheint [Tafeln 192–209].

Ich fand dort ferner sechs mit dem Hammer getriebene Stücke allerreinsten
Silbers in Form von großen Klingen, deren eines Ende abgerundet, das andere in
Gestalt eines Halbmondes ausgeschnitten ist. Die beiden größeren sind 21½ Zentimeter lang und 5 Zentimeter breit, und eines davon wiegt 190, das andere
183 Gramm. Die darauffolgenden zwei Stücke sind 18½ Zentimeter lang und
4 Zentimeter breit, und eins davon wiegt 174, das andere 173 Gramm; die beiden
übrigen Stücke sind 17¼ Zentimeter lang und 3 Zentimeter breit; eines davon
wiegt 173, das andere 171 Gramm. Höchstwahrscheinlich sind dies die homerischen Talente (τάλαντα), welche nur klein sein konnten, da z. B. Achilles (Ilias,
XXIII, 269) als ersten Kampfpreis eine Frau, als zweiten ein Pferd, als dritten
einen Kessel und als vierten zwei goldene Talente aufstellt. Ich fand dort ferner
drei große silberne Vasen, wovon die größte 21 Zentimeter hoch ist, 20 Zentimeter im Durchmesser und einen Henkel von 14 Zentimeter Länge und 9 Zentimeter
Breite hat. Die zweite Vase ist 17½ Zentimeter hoch und hat 15 Zentimeter im
Durchmesser; man sieht auf derselben den oberen Teil einer anderen silbernen

Vase festgeschmolzen, von der nur Bruchstücke übriggeblieben sind. Die dritte Vase ist 18 Zentimeter hoch und hat 15½ Zentimeter im Durchmesser; am Fuß der Vase ist viel Kupfer festgeschmolzen, welches in der Feuersbrunst von den kupfernen Sachen des Schatzes abgeträufelt sein muß. Alle drei Vasen sind unten kugelrund und können daher nicht hingestellt werden, ohne angelehnt zu werden. Auch fand ich dort einen 8½ Zentimeter hohen silbernen Becher, dessen Mund 10 Zentimeter im Durchmesser hat; ferner eine silberne Schale ($\varphi\iota\acute{\alpha}\lambda\eta$) von 14 Zentimeter Durchmesser sowie zwei kleine, ganz vorzüglich gearbeitete, prachtvolle silberne Vasen; die größere derselben hat an jeder Seite zwei Röhrchen zum Aufhängen an Schnüren, ist, mit ihrem hutartigen Deckel, 20 Zentimeter hoch und hat 9 Zentimeter im Durchmesser im Bauch. Die kleinere, nur mit einem Röhrchen an jeder Seite zum Aufhängen an einer Schnur versehene silberne Vase, ist, mit ihrem Hut, 17 Zentimeter hoch und 8 Zentimeter breit. Teils auf, teils neben den goldenen und silbernen Sachen fand ich dreizehn kupferne Lanzen von 17½, 21, 21½, 23 und 32 Zentimeter Länge und 4 bis 6 Zentimeter Breite an der breitesten Stelle; in dem unteren Ende derselben sieht man ein Loch, worin bei den meisten noch der Nagel oder Stift steckt, womit die Lanze in der hölzernen Stange befestigt war. Die trojanischen Lanzen waren somit ganz verschieden von den griechischen und römischen, denn bei diesen wurde der Lanzenschaft in die Lanze, bei jenen die Lanze in den Schaft gesteckt. Ich fand dort ferner vierzehn jener hier häufig vorkommenden, anderswo aber noch niemals gefundenen kupfernen Waffen, die nach einem Ende hin zwar beinahe spitz, aber stumpf, nach dem anderen in eine breite Schneide auslaufen; ich hielt dieselben früher für eine besondere Art von Lanzen, bin aber jetzt nach reiflicher Überlegung zur Überzeugung gekommen, daß sie nur als Streitäxte gebraucht sein können; dieselben sind 16 bis 31 Zentimeter lang, 1¼ bis 2 Zentimeter dick und 3 bis 7½ Zentimeter breit, und die größten derselben wiegen 1365 Gramm. Weiter fand ich dort sieben große zweischneidige kupferne Dolchmesser, die einen 5 bis 7 Zentimeter langen und am Ende unter rechtem Winkel umgebogenen Griff haben, der einst mit Holz eingefaßt gewesen sein muß, denn wäre die Einfassung von Knochen gewesen, so würde sie noch jetzt ganz oder teilweise vorhanden sein. Der spitze Griff wurde in ein Stück Holz gesteckt, so daß das Ende 1½ Zentimeter lang hervorragte, und dies wurde einfach umgebogen. Das größte dieser Messer ist 27 Zentimeter lang und an der breitesten Stelle 5½ Zentimeter breit; von einem zweiten, welches 4½ Zentimeter breit ist, ist die Spitze abgebrochen, es ist jetzt noch 22½ Zentimeter lang, scheint aber 28 Zentimeter lang gewesen zu sein. Ein dritter Dolch ist 22 Zentimeter lang und mißt an der breitesten Stelle 3¾ Zentimeter; ein vierter ist in der Feuersbrunst ganz zusammengerollt, scheint aber 28 Zentimeter lang zu sein. Von dem fünften, sechsten und siebenten Dolchmesser sind nur 10 bis 13½ Zentimeter lange Bruchstücke vorhanden. Ich glaube außerdem in einem Packen von vier in der Feuersbrunst zusammengeschmolzenen Lanzen und Streitäxten noch ein Dolchmesser zu bemerken.

Von gewöhnlichen einschneidigen Messern fand sich im Schatz nur eines von 15½ Zentimeter Länge. Auch fand ich dort das 22 Zentimeter lange, 5 Zentimeter breite Bruchstück eines Schwertes sowie eine in eine Schneide auslaufende, 38 Zentimeter lange, viereckige kupferne Stange, die jedenfalls auch als Waffe gedient zu haben scheint.

Da ich alle vorgenannten Gegenstände, einen viereckigen Haufen bildend, zusammen oder ineinanderverpackt auf der Ringmauer fand, so scheint es gewiß, daß sie in einer hölzernen Kiste (φωριαμός) lagen, wie solche in der Ilias (XXIV, 228) im Palast des Priamos erwähnt werden; dies scheint um so gewisser, als ich unmittelbar neben den Gegenständen einen 10½ Zentimeter langen kupfernen Schlüssel fand, dessen 5 Zentimeter langer und breiter Bart die größte Ähnlichkeit hat mit dem der großen Kassenschlüssel in den Banken. Merkwürdigerweise hat dieser Schlüssel einen hölzernen Griff gehabt; das wie bei den Dolchmessern unter rechtem Winkel umgebogene Ende des Schlüsselstiels läßt keinen Zweifel darüber.

Vermutlich hat jemand aus der Familie des Priamos den Schatz in aller Eile in die Kiste gepackt, diese fortgetragen, ohne Zeit zu haben, den Schlüssel herauszuziehen, ist aber auf der Mauer von Feindes Hand oder vom Feuer erreicht und hat die Kiste im Stich lassen müssen, die sogleich 1 Meter 50 oder 1 Meter 80 Zentimeter hoch mit der roten Asche und den Steinen des daneben stehenden königlichen Hauses überschüttet wurde. Vielleicht gehörten dem Unglücklichen, welcher den Schatz zu retten versucht hat, die einige Tage früher in einem Raum des königlichen Hauses und unmittelbar neben dem Fundort des Schatzes entdeckten Gegenstände, nämlich ein Helm und eine 18 Zentimeter hohe, 14 Zentimeter breite dicke silberne Vase, in welcher ein eleganter, 11 Zentimeter hoher, 9 Zentimeter breiter Becher aus Elektron steckte. Der Helm wurde zertrümmert, kann jedoch vielleicht wieder zusammengeleimt werden, da ich alle Stücke davon habe. Die beiden oberen Teile (der φάλος) desselben sind unversehrt. Neben dem Helm fand ich, wie früher, eine 15 Zentimeter lange gebogene kupferne Stange, die auf irgendeine Weise daran befestigt gewesen sein und zu irgendeinem Zweck gedient haben muß. 1 Meter 50 und 1 Meter 80 Zentimeter über dem Schatz bauten die Nachfolger der Trojaner eine 6 Meter hohe, 1 Meter 80 Zentimeter dicke Festungsmauer aus großen behauenen und unbehauenen Steinen und Erde, die bis 1 Meter unter der Oberfläche des Berges reicht. Daß man den Schatz bei furchtbarer Lebensgefahr, in zitternder Angst zusammengepackt hat, davon zeugt unter anderem auch der Inhalt der größten silbernen Vase, in welcher ich ganz unten zwei prachtvolle goldene Diademe (κρήδεμνα), ein Stirnband und vier herrliche, höchst kunstvoll gefertigte Ohrgehänge aus Gold fand; darauf lagen 56 goldene

Ohrringe höchst merkwürdiger Form und 8750 kleine goldene Ringe, durchbohrte Prismen und Würfel, goldene Knöpfe usw., die offenbar von anderen Schmucksachen herrühren; darauf folgten sechs goldene Armbänder, und ganz oben lagen die beiden kleineren goldenen Becher.

Das eine Diadem ist 51 Zentimeter lang und besteht aus einer goldenen Kette, von welcher auf jeder Seite acht 39 Zentimeter lange, ganz und gar mit kleinen goldenen Baumblättern belegte Ketten zur Bedeckung der Schläfe heruntergehen, und am Ende einer jeden dieser sechzehn Ketten hängt ein 3¼ Zentimeter langes goldenes Idol mit dem Eulenkopf der *ilischen* Schutzgöttin. Zwischen dieser Schläfenbedeckung sieht man die 74 ebenfalls mit goldenen Baumblättern belegten, 10 Zentimeter langen Kettchen der Stirnbedeckung, an deren jeder unten ein doppeltes, 2 Zentimeter langes Baumblatt hängt.

Das zweite Diadem besteht aus einem 55 Zentimeter langen, 12 Millimeter breiten goldenen Stirnband, von dem zur Bedeckung der Schläfen an jeder Seite sieben, mit je elf viereckigen, mit einer Rille versehenen Blättern geschmückte Kettchen hängen, die durch vier Querkettchen miteinander verbunden sind und an deren jeder unten ein 25 Millimeter langes goldenes Idol der Schutzgöttin Trojas prangt. Die ganze Länge einer jeden Kette mit dem Idol beträgt 26 Zentimeter; diese Idole haben fast Menschengestalt, in welcher aber der Eulenkopf mit den beiden großen Augen nicht zu verkennen ist; ihre Breite an den Füßen ist 21 Millimeter. Zwischen diesem Schläfenschmuck hängen 47 mit viereckigen Blättchen verzierte Kettchen herab, an deren jedem ein 18 Millimeter hohes Idol der ilischen Schutzgöttin hängt; die Länge dieser Kettchen mit den Idolen ist nur 10 Zentimeter.

Das Stirnband ist 46 Zentimeter lang und 1 Zentimeter breit und hat an jedem Ende drei Durchbohrungen; es ist durch acht vierfache Reihen von Punkten in neun Fächer geteilt, in deren jedem man zwei große Punkte sieht, und eine ununterbrochene Reihe von Punkten ziert den ganzen Rand. Von den vier Ohrgehängen sind nur zwei einander vollkommen gleich; von dem oberen Teil derselben, der fast in Korbform und mit zwei Reihen Verzierungen in Form von Perlen geschmückt ist, hängen sechs mit drei kleinen viereckigen Zylindern versehene Kettchen herunter, an deren Enden man kleine Idole der Schutzgöttin Trojas sieht. Die Länge dieser beiden Ohrgehänge beträgt 9 Zentimeter. Der obere Teil der beiden anderen Ohrgehänge ist größer und dicker, aber ebenfalls fast in Korbform, und von demselben hängen fünf ganz mit kleinen runden Blättchen bedeckte Kettchen herunter, an denen ebenfalls kleine, aber imposantere Idole der ilischen Schutzgöttin befestigt sind; die Länge des einen dieser Gehänge ist 9 Zentimeter, die des anderen 8 Zentimeter.

Von den sechs goldenen Armbändern sind zwei ganz einfach, geschlossen und von 4 Millimeter Dicke; ein drittes ist ebenfalls geschlossen, besteht aber aus einem verzierten Band von 1 Millimeter Dicke und 7 Millimeter Breite; die drei übrigen sind doppelt und haben umgebogene, mit einem Kopf versehene Enden. Die Prinzessinnen, die diese Armbänder getragen haben, müssen eine ungemein kleine Hand gehabt haben, denn sie sind so klein, daß ein Mädchen von zehn Jahren Mühe haben würde, sie aufzustecken.

Die 56 übrigen goldenen Ohrringe sind von verschiedener Größe; drei derselben scheinen von den Prinzessinnen des königlichen Hauses auch als Fingerringe gebraucht worden zu sein. Die Form keiner dieser Ohrringe hat irgendwie Ähnlichkeit mit den hellenischen, römischen, ägyptischen oder assyrischen Ohrringen; 20 derselben laufen in vier, zehn laufen in drei nebeneinanderliegende und zusammengeschmiedete Blätter aus und haben daher die größte Ähnlichkeit mit den hier im vorigen Jahr von mir in 9 und 13 Meter Tiefe gefundenen Ohrringen aus Gold oder Elektron. Achtzehn andere Ohrringe laufen in sechs Blätter aus, und man sieht im Anfang derselben zwei Knöpfchen, in der Mitte zwei Reihen von je fünf Knöpfchen und am Ende drei Knöpfchen. Zwei der größten Ringe, die wegen der Dicke des Endes keinesfalls als Ohr- und nur als Fingerringe gebraucht zu sein scheinen, laufen in vier Blätter aus, und im Anfang derselben sieht man zwei, in der Mitte drei und am Ende wiederum zwei Knöpfchen. Von den übrigen Ohrringen haben zwei die Gestalt von drei, und vier die Gestalt von zwei nebeneinanderliegenden, herrlich geschmückten Schlangen.

Auf die Ohrringe hatte man eine Menge anderer auf Fäden gezogener oder an Leder befestigter Schmucksachen in die große silberne Vase gelegt, denn auf und unter denselben fand ich, wie bereits erwähnt, 8750 kleine Gegenstände, nämlich Goldringe von nur 3 Millimeter im Durchmesser; glatte oder in Form von Sternchen ausgeschnittene, 4 Millimeter im Durchmesser habende, durchbohrte Würfel; 2½ Millimeter hohe, 3 Millimeter breite, der Länge nach mit acht oder sechzehn Einschnitten verzierte, goldene durchbohrte Prismen; 5 Millimeter lange, 4 Millimeter breite, der Länge nach mit einer Röhre zum Aufziehen versehene Baumblättchen; kleine, 9 Millimeter lange, auf einer Seite mit einem Knopf, auf der anderen mit einem durchgehenden Loch versehene Goldstangen; 5 Millimeter lange, 2½ Millimeter breite durchbohrte Prismen; nur 7 Millimeter im Durchmesser habende, zusammengeschmiedete, doppelte oder dreifache goldene Ringe mit durchgehendem Loch an zwei Seiten zum Aufziehen; 5 Millimeter hohe goldene Knöpfe, in deren Höhlung ein 3 Millimeter breiter Ring oder Öse zum Annähen ist; 7½ Millimeter lange goldene Doppelknöpfe, ganz in Gestalt unserer Hemdknöpfe, die aber nicht zusammengeschmiedet, sondern zusammengesteckt sind, denn aus der Höhlung des einen Knopfes tritt eine 6 Millimeter lange Röhre (αὐλίσκος), aus der anderen eine ebenso lange Stange (ἔμβολον) hervor, und man steckt einfach die Stange in die Röhre, um den Doppelknopf zu bilden. Diese Doppelknöpfe können wohl nur als Zierat von ledernen Sachen, so

z. B. an Schwert-, Schild- oder Messergehenken (τελαμῶνες) gebraucht worden sein. Ich fand dort auch zwei goldene Zylinder von 3 Millimeter Dicke und 19 Millimeter Länge sowie ein goldenes Stäbchen von 21 Millimeter Länge und 1½ bis 2 Millimeter Dicke; es hat an einem Ende ein durchgehendes Loch zum Aufhängen, an der anderen Seite sechs herumgehende Einschnitte, welche dem Gegenstand das Ansehen einer Schraube geben; nur mittels einer Lupe erkennt man, daß es keine wirkliche Schraube ist.

Noch fand ich dort zwei Stücke Gold, wovon das eine 4¾, das andere 5¼ Zentimeter lang ist; jedes derselben hat 21 Durchbohrungen.

Derjenige, welcher versucht hat, den Schatz zu retten, hat glücklicherweise die Geistesgegenwart gehabt, die große silberne Vase mit den beschriebenen Kostbarkeiten aufrecht in die Kiste zu stellen, so daß nicht eine Perle herausgefallen und alles unversehrt geblieben ist.

Mein geehrter Freund, der durch seine Entdeckungen und Schriften bekannte Chemiker Landerer in Athen, welcher alle im Schatz enthaltenen kupfernen Gegenstände aufs genaueste untersucht und Bruchstücke davon analysiert hat, findet, daß alle, ohne jegliche Beimischung von Zinn oder Zink, aus reinem Kupfer bestehen, welches, um es haltbarer zu machen, geschmiedet worden (σφυρήλατον) ist.

Da ich hoffte, hier weitere Schätze zu finden, auch wünschte, die trojanische Ringmauer, deren Bau Homer (Ilias, VII, 452–453) dem Neptun und dem Apollo zuschreibt, bis ans Skäische Tor ans Licht zu bringen, so habe ich die teilweise auf derselben lastende obere Mauer auf eine Strecke von 17½ Meter ganz weggebrochen. Die Besucher der Troade erkennen dieselbe aber noch, dem Skäischen Tor gegenüber, in der nordwestlichen Erdwand. Auch habe ich noch den ungeheuren Erdklotz weggebrochen, welcher meinen westlichen und nordwestlichen Einschnitt vom großen Turm trennte, mußte aber zu diesem Zweck mein größeres hölzernes Haus wegbrechen, auch zur leichteren Fortschaffung des Schuttes das Skäische Tor überbrücken. Das Resultat dieser neuen Ausgrabung ist für die Wissenschaft sehr lohnend gewesen, denn ich habe mehrere Wände, auch ein 6 Meter langes und breites Zimmer des königlichen Hauses aufdecken können, auf welchem keine Bauten aus späterer Zeit lasten. Unter den dort gefundenen Gegenständen hebe ich nur eine auf einem viereckigen, oben mit zwei nicht durchgehenden Löchern und einem herumgehenden Einschnitt versehenen Stück roten Schiefers befindliche, ausgezeichnet eingravierte Inschrift hervor, von der aber weder mein gelehrter Freund, Herr Emile Burnouf, noch ich selbst zu sagen vermag, welcher Sprache sie angehört; ferner einige interessante Terrakottas, darunter ein Gefäß ganz in Form eines modernen Fasses und mit einer Röhre in der Mitte zum Eingießen und Ablaufen der Flüssigkeit. Auch fanden sich auf der trojanischen Ringmauer, ½ Meter unterhalb der Stelle, wo der Schatz entdeckt war, drei silberne Schalen ($\varphi\iota\acute{\alpha}\lambda\alpha\iota$), wovon zwei beim Abgraben des Schuttes zerschlagen wurden; dieselben können jedoch wieder zusammengesetzt werden, da ich alle Stücke davon habe. Diese Schalen scheinen jedenfalls zum Schatz gehört zu haben, und wenn derselbe sonst ganz von unseren Hackeisen verschont geblieben ist, so habe ich dies den erwähnten großen kupfernen Geräten zu verdanken, welche hervorstanden, so daß ich alles mit dem Messer aus dem harten Schutt herausschneiden konnte.

Wie ich jetzt sehe, war mein erwähnter, im April 1870 angelegter Einschnitt ganz an der richtigen Stelle gemacht, denn wenn ich ihn nur fortgesetzt hätte, so würde ich schon damals in einigen Wochen die merkwürdigsten Bauten Trojas, nämlich das Haus des Priamos, das Skäische Tor, die große Ringmauer und Iliums großen Turm ans Licht gebracht haben, während ich, weil ich später diesen Einschnitt vernachlässigte, riesige Einschnitte von Osten nach Westen und von Norden nach Süden durch den ganzen Berg zu machen hatte, um sie zu finden.

In den oberen Schichten der neuen nordwestlichen und westlichen Ausgrabungen wurde noch eine große Menge Köpfe von herrlichen Terrakotta-Figuren aus bester hellenischer Zeit gefunden, und in 7 Meter Tiefe einige Idole sowie der obere Teil einer Vase mit Eulengesicht und einem Deckel in Form eines Helmes. Solche Deckel, auf deren Rand man durch Einschnitte das Frauenhaar angedeutet sieht, kommen hier in allen Schuttschichten zwischen 4 und 10 Meter Tiefe sehr häufig vor, und da sie zu Vasen mit Eulengesichtern gehören, so kann man sich nach der Zahl solcher Deckel einen Begriff machen von der Menge der hier in Troja vorhanden gewesenen Vasen mit dem Bilde der eulenköpfigen Minerva.

Aber Troja war nicht groß; ich habe im ganzen 20 Brunnen im Westen, Südwesten, Süden, Südosten und Osten der Pergamos, unmittelbar am Fuß derselben oder in einiger Entfernung davon, auf dem Plateau des Ilion der griechischen Kolonie bis zum Fels gegraben, und da ich in keinem derselben eine Spur weder von trojanischen Topfscherben oder trojanischen Hausmauern und nur hellenische Topfscherben und hellenische Hausmauern finde, da ferner der Berg der Pergamos auf der dem Hellespont zugewandten Nordwest-, Nord- und Nordostseite sehr steil nach der Ebene abfällt, so daß in keiner dieser Richtungen die Ausdehnung der Stadt möglich war, so erkläre ich jetzt aufs entschiedenste, daß sich unmöglich die Stadt des Priamos nach irgendeiner Seite hin über die uralte Bergfläche dieser Festung hinaus ausgedehnt haben kann, deren Umfang uns nach Süden und Südwesten durch den großen Turm und das Skäische Tor, nach Nordwesten, Nordosten und Osten durch die trojanische Ringmauer angedeutet ist. An der Nordseite bestand dieselbe, da die Stadt von dieser Seite so stark von der Natur befestigt war, nur aus jenen einen großen Wall bildenden, lose aufeinandergelegten großen Steinblöcken, deren Fortschaffung mir im vorigen Jahr so ungeheure Schwierigkeiten gemacht hat. Man erkennt diese Mauer aber auf den ersten Blick gleich rechts im nördlichen Eingang meines großen, durch den ganzen Berg führenden Einschnitts.

Es tut mir ungemein leid, einen so kleinen Plan von Troja geben zu müssen, ja, ich hätte gewünscht, ihn tausendmal größer machen zu können; aber die Wahrheit geht mir über alles, und ich freue mich, durch meine dreijährigen Ausgrabungen, wenn auch nur in verkleinertem Maßstab, das homerische Troja aufgedeckt und bewiesen zu haben, daß die Ilias auf wirkliche Tatsachen basiert ist.

Homer ist ein epischer Dichter und kein Historiker, und es ist ganz natürlich, daß er alles mit dichterischer Freiheit übertreibt; überdies sind die Ereignisse, die er schildert, so wunderbar, daß gar viele Gelehrte seit langer Zeit die Existenz Trojas in Zweifel gezogen und diese Stadt als ein bloßes Phantasiebild des Poeten angesehen haben. Ich wage daher zu hoffen, daß die zivilisierte Welt nicht nur nicht darüber entrüstet sein wird, daß die Stadt des Priamos sich kaum ein Zwanzigstel so groß herausstellt, als nach den Angaben der Ilias zu erwarten wäre, sondern im Gegenteil, daß sie mit Wonnegefühl und Begeisterung die Gewißheit entgegennehmen wird, daß Ilium wirklich da war, daß es jetzt einem großen Teil nach ans Licht gebracht ist und daß Homer, wenn er auch vergrößerte, doch wirklich stattgefundene Ereignisse besingt. Überdies sollte man auch bedenken, daß die sich jetzt auf diesen kleinen Berg reduzierende Baustelle von Troja doch noch ebenso groß oder größer ist als die der Königsstadt Athen, welche auf die Akropolis beschränkt war, erst durch die von Theseus hinzugefügten zwölf Dörfer sich außerhalb derselben ausdehnte und daher im Plural ’Αϑῆναι genannt wurde. Ebenso ist es wahrscheinlich auch mit der von Homer als goldreich beschriebenen Stadt Μυκῆναι geschehen, die (Ilias, IV, 52) auch im Singular vorkommt. Aber das kleine Troja war für damalige Verhältnisse unermeßlich reich, denn ich finde hier einen Schatz von goldenen und silbernen Sachen, wie man ihn jetzt kaum in einem kaiserlichen Palast finden kann; und da die Stadt reich war, so war sie auch mächtig und herrschte über ein großes Gebiet.

Trojas Häuser waren, wie aus der Dicke der Mauern und der kolossalen Schuttaufhäufung hervorgeht, alle sehr hoch und hatten mehrere Etagen; aber nehmen wir selbst dreistöckige und dicht nebeneinanderstehende Häuser an, so kann die Stadt doch nicht mehr als 5000 Einwohner gehabt und nicht über 500 Soldaten gestellt haben, aber sie mochte immerhin aus ihren Untertanen ein ansehnliches Heer zusammenbringen, und da sie reich und mächtig war, so bekam sie Hilfstruppen von allen Seiten.

Eine besondere Akropolis hatte Troja also nicht, dieselbe war aber für die großen Taten der Ilias nötig, wurde daher von Homer hinzugedichtet und von ihm Pergamos genannt, ein Wort ganz unbekannter Abstammung.

Da ich in keinem meiner Brunnen Spuren der Töpferware der Nachfolger der Trojaner bis zur Ankunft der griechischen Kolonie finde, so ist auch mit Bestimmtheit anzunehmen, daß sich Troja zu Homers Zeit nur um das wenige vergrößert hatte, was durch die Schuttaufhäufung bei der Zerstörung der Stadt hinzugekommen war. Homer kann *nie* Iliums großen Turm, die Ringmauer des Neptun und Apollo, das Skäische Tor oder Priamos Palast gesehen haben, denn alle diese Monumente waren tief im Schutt begraben, und er stellte keine Ausgrabungen an, um sie ans Licht zu bringen. Er kannte diese Denkmäler unsterblichen Ruhmes nur vom Hörensagen, denn des alten Troja tragisches Ende war noch in frischem Andenken und bereits seit Jahrhunderten im Munde aller Sänger.

Tempel sind bei Homer noch sehr selten, und wenngleich er hier einen Tempel der Minerva erwähnt, so ist in Betracht der Kleinheit der Stadt doch sehr zu bezweifeln, ob wirklich einer vorhanden war. Vermutlich hatte die Schutzgöttin damals nur noch erst jenen von mir aufgedeckten Opferaltar, dessen Halbmondgestalt große Ähnlichkeit hat mit dem oberen Teil des elfenbeinernen Idols Nr. 665 auf Tafel 25 [siehe Abb. S. 95] sowie mit dem einen Ende der sechs Talanta des Schatzes.

Die Lage, Größe und Tiefe aller meiner 20 Brunnen findet man auf meinem Plan des Ilion der griechischen Kolonie aufs genaueste angegeben [siehe hier Tafel 213 im Anhang]; ich unterlasse daher, diese Angaben hier zu wiederholen, um den Leser nicht zu ermüden. Ich füge ferner einen genauen Plan meiner Ausgrabungen, einen Plan der Stadt Troja zur Zeit der großen Zerstörung [siehe Tafel 215] und einen Plan des Skäischen Tors und des großen Turmes von Ilium bei [siehe Tafel 216].

Das Skäische Tor gibt uns das Alter des königlichen Gebäudes, vor dem es liegt, und der Töpferware, welche man im letzteren findet. Diese Töpferware ist zwar besser als die hier im allgemeinen in 7 bis 10 Meter Tiefe vorkommende, aber sie ist dieser durchaus ähnlich, und daher gehören alle Trümmerschichten dieser Tiefen dem trojanischen Volke an; diese Trümmerschichten bestehen aus roter, gelber, hin und wieder schwarzer Holzasche, und jeder darin vorkommende Stein trägt das Gepräge der furchtbaren Glut, welcher er ausgesetzt gewesen ist. In diesen Schuttschichten kommen jene in 13 bis 16 Meter Tiefe sich findenden, glänzend schwarzen Teller und Schüsseln mit einer langen horizontalen Röhre an jeder Seite und Vasen mit zwei langen Röhren an jeder Seite gar nicht vor; auch ist die Qualität und Form der Gefäße in den untersten Schuttschichten so ganz und gar von jenen der Gefäße in 7 bis 10 Meter Tiefe verschieden, daß sie keinesfalls von demselben Volk herstammen können; sie sind aber jedenfalls von einer verwandten Nation arischer Rasse, da sie die kleinen, mit arischen religiösen Symbolen verzierten Vulkane und Karussells, auch die Idole der ilischen Minerva mit den trojanischen Schuttschichten gemein haben. Ich glaubte früher in jenem urältesten Volk die Trojaner zu erkennen, weil ich bei ihm Bruchstücke des δέπας ἀμφικύπελλον gefunden zu haben meinte, erkenne aber jetzt das Volk des Priamos in der darauffolgenden Nation, weil ich bei dieser das wirkliche δέπας αμφικύπελλον von Gold und Terrakotta sowie das Skäische Tor aufgefunden habe.

Wie mehrere Geologen, die mich hier besuchten, behaupten und wie auch der Ingenieur Adolphe Laurent bestätigt, der jetzt zu mir zurückgekehrt ist, um mir bei den letzten Arbeiten zu helfen, auch um neue Pläne aufzunehmen, rührt die sich in durchschnittlich 9 Meter Tiefe durch den größten Teil des Berges ziehende Schlackenschicht von geschmolzenem Blei- und Kupfererz her, welches hier zur Zeit von Trojas Zerstörung in großen Massen vorhanden gewesen sein muß.

Strabo sagt (XIII, § 599, Ausgabe Forbiger): »Von der alten Stadt (Troja) hat sich keine Spur erhalten. Sehr natürlich, denn da die Städte ringsum zwar verwüstet, jedoch nicht ganz zerstört waren, sie aber von Grund aus geschleift war, so wurden alle Steine zur Wiederherstellung jener weggeführt. So soll wenigstens Archäanax aus Mitylene mit den Steinen von dort her Sigeum ummauert haben.« Diese Angaben Strabos sind aber durchaus falsch, und die Sage des Altertums, als sei Troja von Grund aus geschleift, ist nur dadurch zu erklären, daß es tief in kolossalen Massen von Holzasche und Steinen begraben von einer neuen Stadt überbaut, und diese, wiederum zerstört, abermals von Gebäuden überbaut wurde, die ein gleiches Schicksal hatten, bis endlich die auf Troja lastende Schuttmasse 6 bis 8 Meter Dicke erreichte und auf dieser die Akropolis des Ilion der griechischen Kolonie gegründet wurde.

Infolge meiner früheren irrigen Idee, daß Troja nur auf dem Urboden und ganz nahe darüber zu suchen sei, ist leider 1871 und 1872 ein großer Teil der Stadt von mir zerstört worden, denn ich habe damals alle mir in den höheren Schuttschichten in den Weg kommenden Hauswände niedergebrochen. Sobald ich aber in diesem Jahr durch klare Beweise zur bestimmten Überzeugung gelangt war, daß Troja nicht auf dem Urboden, sondern in 7 bis 10 Meter Tiefe zu suchen ist, habe ich in diesen Schuttschichten keine Hauswand mehr niedergebrochen; auf diese Weise sind in meinen diesjährigen Ausgrabungen eine Menge von trojanischen Häusern ans Licht gekommen, die noch jahrhundertelang stehen und die Besucher der Troade überzeugen können, daß die Steine der trojanischen Bauten nie zum Bau anderer Städte benutzt sein können, denn sie sind meistenteils noch *in situ*, überdies sind sie klein, solche Steine findet man zu Millionen auf allen Feldern der hiesigen Gegend. Wertvolle Steine, wie die großen Platten des vom Skäischen Tor zur Ebene führenden Weges, sowie die großen Steine der Ringmauer und des großen Turmes sind nicht angerührt; am Skäischen Tor fehlt nicht ein einziger Stein. Ja, mit Ausnahme der von mir zerstörten Häuser würde man, wie in Pompeji, die Gerippe aller Häuser aufdecken können. Letztere müssen, wie bereits erwähnt, sehr hoch gewesen und in denselben sehr viel Holz verwandt sein, denn sonst könnte durch die Feuersbrunst nicht eine so gewaltige Masse Asche und Schutt erzeugt sein.

In meinen Ausgrabungen 1871 und 1872 fand ich, in 7 bis 10 Meter Tiefe, nur Hauswände von an der Sonne getrockneten Ziegeln; wie man sich in den von mir aufgedeckten und erhaltenen Häusern überzeugen kann, kam diese Bauart auch in diesem Jahr fast ausschließlich vor, nur die Bauten neben dem Skäischen Tor sowie einige Häuser in den Tiefen des Minervatempels sind aus Steinen und Erde gemacht.

Wie aus meinem Plan der Baustelle Trojas ersichtlich ist, habe ich zwei Drittel der ganzen Stadt aufgegraben, und da ich den großen Turm, das Skäische Tor, die trojanische Ringmauer, das königliche Haus, den Opferaltar der ilischen Minerva usw. ans Licht gebracht, die vornehmsten Häuser und überhaupt den bestgelegenen Teil der Stadt aufgedeckt und von allen Gegenständen des häuslichen Lebens und der Gottesverehrung der Trojaner eine überaus reiche Sammlung zusammengebracht habe, so ist es nicht denkbar, daß die Wissenschaft durch fernere Ausgrabungen noch etwas sollte gewinnen können. Sollten aber dennoch meine Ausgrabungen noch einmal fortgesetzt werden, dann bitte ich die Grabenden dringend, so wie ich es gemacht habe, den abzugrabenden Schutt vom Abhang des Berges werfen und *nicht* mit demselben meine mit so ungeheurer Mühe und großen Kosten gemachten riesigen Einschnitte ausfüllen zu lassen, denn diese sind von hohem Wert für die Wissenschaft, da man in denselben alle Schuttschichten vom Urboden bis zur Oberfläche des Berges mit leichter Mühe untersuchen kann.

Ich habe jetzt auch an der Nordseite des Berges in 13 Meter Tiefe verschiedene Hauswände aufgedeckt, auch den Anfang jener bereits früher erwähnten merkwürdigen Festungsmauer, deren Fortsetzung man in dem Labyrinth von Hauswänden in den Tiefen des Minervatempels sieht. Auch habe ich an der Nordseite, oberhalb des Urbodens, einen Teil des früher erwähnten Pflasters von kleinen, runden, weißen Meersteinen ans Licht gebracht, und man sieht unterhalb desselben die verbrannten Trümmer eines dort früher befindlichen Gebäudes.

Von sehr merkwürdigen, seit meinem letzten Bericht gefundenen Terrakottas erwähne ich noch zwei an der Nordseite in 7 bis 8 Meter Tiefe entdeckte Kannen, wovon jede zwei aufrecht nebeneinanderstehende Hälse hat, deren Henkel sich aber vereinigen; die eine derselben hat auch neben den Münden oder Öffnungen zwei kleine Erhöhungen, die wohl Augen andeuten sollen. Von einer dritten Kanne dieser Art habe ich nur den oberen Teil. Ich erwähne weiter einen in 4 Meter Tiefe gefundenen, höchst sonderbaren Becher, der aus einer auf drei Füße gestützten und in zwei kleine und einen großen Pokal auslaufenden Röhre besteht; der größere Pokal ist durch einen Henkel mit der entgegengesetzten Seite der Röhre verbunden; ferner aus gleicher Tiefe eine große, mit drei Füßen und zwei sehr hübschen Henkeln und Röhren zum Aufhängen versehene und mit Einschnitten verzierte Vase, auf deren einer Seite man eine kleine separate Vase hervorstehen sieht. Ebenfalls in 4 Meter Tiefe fand ich eine Vase mit zwei

Frauenbrüsten, zwei großen Henkeln und Buchstaben ähnlichen Einschnitten. Von höchst sonderbaren Terrakottas erwähne ich ferner drei mit drei Reihen von Durchbohrungen versehene Töpfe mit gewöhnlichem Henkel an einer Seite und an der anderen Seite mit drei Füßen, sowie drei auf allen Seiten ringsherum von unten bis oben mit Durchbohrungen versehene große Vasen, wovon ich zwei auf Tafel 210 abbilde* [hier nicht abgebildet]; der Gebrauch derselben ist mir ein Rätsel; sollten sie als Bienenkörbe gedient haben? Auch ein Gefäß in Gestalt eines Schweines mit vier Füßen, die aber kürzer sind als der Bauch, so daß es nicht darauf hingestellt werden kann; der auf dem Rücken des Schweines angebrachte Hals des Gefäßes ist durch einen Henkel mit dem Hinterteil verbunden. Ferner fand sich ein Topf in Gestalt eines Korbes mit einem über die Öffnung gehenden Henkel und einer Röhre im Bauch zum Ablaufen der Flüssigkeit. Auch zwei Trichter aus Terrakotta aus 3 Meter Tiefe, mit einem Schriftzug, der bereits mehrfach auf den von mir abgebildeten Terrakottas vorgekommen ist und daher wahrscheinlich zu entziffern sein wird; in 1½ Meter Tiefe eines jener runden, zweimal durchbohrten Stücke Terrakotta mit einem Stempel, in welchem man ägyptische Hieroglyphen sieht, sowie ein Dutzend gleicher Stücke, in deren Stempeln man ein gekröntes Haupt, einen Vogel, einen Hundskopf, einen fliegenden Menschen oder einen Adler und einen Hirsch sieht; in 5 Meter Tiefe der Griff eines Bechers mit herrlich modelliertem Ochsenkopf, es stellt derselbe vermutlich die $\beta o\tilde{\omega}\pi\iota\varsigma$ $\pi\acute{o}\tau\nu\iota\alpha$ $\H{H}\varrho\eta$ vor, jedoch läßt sich dies nicht beweisen, da ich bis dahin noch kein Idol mit Ochsenkopf fand. Ebenso kann ich nicht beweisen, daß die hier häufig vorkommenden Stücke Terrakotta in Form von Pferdeköpfen die Mutter der Juno, die Kybele oder Rhea darstellen sollen, wahrscheinlich ist es aber, denn diese wurde in Phrygien mit Pferdekopf abgebildet. Terrakotta-Idole der ilischen Minerva sind selten; marmorne Bilder dieser Göttin kommen aber täglich vor; die meisten sind beinahe in Menschengestalt; es kommen aber auch häufig unbearbeitete, oblonge, platte Stücke Marmor vor, auf denen ihr Eulenkopf mehr oder weniger tief eingeschnitten ist, und oft ist er so fein eingeritzt, daß man eine Lupe zu Hilfe nehmen muß, um sich zu überzeugen, daß er auch wirklich vorhanden ist; mehrmals sind mir auch solche Stücke mit einem mit schwarzer Farbe darauf gemalten Eulenkopf vorgekommen. Seitdem ich zu der Einsicht gekommen bin, daß diese Idole die trojanische Schutzgöttin darstellen, habe ich sie sorgfältig gesammelt, 1871 und 1872 müssen mir aber sieben Achtel aller marmornen Idole verlorengegangen sein, da ich damals noch keine Idee von ihrer Bedeutung hatte.

Bei Abgrabung der Stelle, wo mein hölzernes Haus gestanden hat, wurden in ¼ bis ½ Meter Tiefe achtzehn kupferne und zwei silberne Medaillen gefunden; die eine der letzteren ist von Marcus Aurelius, die andere ist ein $\tau\epsilon\tau\varrho\acute{\alpha}\delta\varrho\alpha\chi\mu o\nu$[54] und

---

[54] Tetradrachmon (»Vierdrachmenstück«)

stammt von der Insel Tenedos; auf der Vorderseite derselben sieht man rechts den Kopf des Jupiter, links den der Juno; beide haben einen gemeinschaftlichen Hals wie die Köpfe des Janus. Der Kopf des Jupiter ist mit Lorbeerzweigen bekränzt, derjenige der Juno hat einen Kranz oder eine Krone. Auf der Rückseite zeigt die Münze am Rande herum einen Lorbeerkranz und in der Mitte ein großes Doppelbeil, über welchem man das Wort ΤΕΝΕΔΙΩΝ[55] sieht; unten rechts vom Stiele des Doppelbeils sieht man einen geflügelten Eros, welcher einen schwer zu erkennenden Gegenstand emporhält, links eine Weintraube und ein Monogramm, welches einem A ähnlich sieht.

Von den kupfernen Münzen sind fünf von Alexandria Troas, zwei von Ophrynium, eine von Tenedos, zwei von Abydos, eine von Dardania; zwei haben auf einer Seite das Brustbild der Julia Domna mit der Aufschrift ΙΟΥΛΙΑ ΣΕΒΑΣΤΗ[56]; die eine davon hat auf der anderen Seite die ganze Gestalt dieser Kaiserin mit der Aufschrift ΙΛΙΕΩΝ[57] und die andere das Bild des Hektor mit der Aufschrift ΙΛΙΕΩΝ ΕΚΤΩΡ[58]. Die übrigen Medaillen sind aus Ilion von älterer Zeit und haben auf der einen Seite das Brustbild der Minerva, auf der anderen die Aufschrift ΙΛΙΕΩΝ

Als ich Anfang April dieses Jahres den vom Skäischen Tor nach der Ebene führenden, mit großen Steinplatten gepflasterten Weg bloßlegte, sahen letztere noch so neu aus, als wenn sie erst eben gehauen wären. Seitdem aber bröckeln, unter dem Einfluß der glühenden Sonne, die Steinplatten des oberen Teils des Weges, welche besonders von der Feuersbrunst gelitten haben, die Troja zerstörte, rasch weg, und dieselben werden vermutlich in wenigen Jahren ganz verschwunden sein. Dagegen können die Platten der nordwestlichen Hälfte dieses Weges, welche weniger der Glut ausgesetzt gewesen sind, noch viele Jahrhunderte erhalten bleiben.

Unter meinem hölzernen Haus wurden, in ½ bis 1 Meter Tiefe, nachstehende Inschriften gefunden, nämlich:

```
 . . . . . . . . . . . . . . . . . . . . . . . . . . . . . . . . . . . . . . . . . .
 . . . . . . . . . . . . . . . . . . . . . . . . . . . . . . . . . . . . . . . . . .
 . . . . . . Σ Α . . . . . . . . . . . . . . . . . . . . . . . . . . . . . .
 . .  . Ε Σ Α Ι . . . . . . . . . . . . Ν Ο Υ . . . . . . . . . . . . . . .
5 . . . . . . Α Β Ο Υ Κ Ο Λ . . . . . . Ε Τ Ρ Α Ν Φ . . . . . . . . . . .
 . . . . Σ Κ Α Τ Α Π Λ Η Θ Ο Ο Σ Ε Ι Σ Ο Ι Ν Ι Σ Τ Ρ Α . . . . .
 . . Τ Ω Ν Ε Ψ Η Φ Ι Σ Θ Α Ι Σ Κ Α Δ Ρ Ε Ι Σ Ο . . . . .
```

---

[55] »der Tenedier«
[56] »Julia Sebaste«
[57] »Ilïeōn«
[58] »Ilïeōn, Hektor«

```
  ..ΣΑΝΔΡΑΣΤΟΥΣΣΥΝΘΗΣΟΜΕΝ.....
  ....ΕΡΟΝΥΠΗΡΧΕΝΚΑΙΣΤΗΛΩ.....
10 ....ΙΕΝΤΩΤΩΝΣΑΜΟΘΡΑΚ........
  ....ΙΣΑΠΟΚΑΘΙΣΤΑΜΕΝΟ.........
  ....ΕΝΟΥΣΤΗΝΣΥΝΘΕΣΙΝ.........
  ......ΜΟΛΟΓΙΑΣΤΟΑΝΤΙΓΡΑ.........
  ......ΟΙΚΗΣΟΝΤΕΣΗΡΕΘΗΣ...........
15 ......ΟΠΕΙΘΟΥΜΙΛΗΣΙΟΣ.............
  ......ΘΟΥΔΙΟΠΕΙΔΗΣΒ.................
  .....ΤΙΦΑΝΗΣΑΠ...................
```

```
. . . . . . . . . . . . . . . . . . . .
. . . . . . σα . . . . . . . . . . . . .
. . . . εσαι . . . . . . . . . . νου(ς . . .
. . . . . . αβουκολ . . . . . . ετραν φ . . .
. . . . ς κατὰ πλῆθος εἰς οἴνιστρα . . . .
. . των ἐψηφίσθαι Σκαδρεῖς ο . . . . . . .
. . ς ἄνδρας τοὺς συνθησομέν(ους . . . .
. . . . ιερον ὑπῆρκεν καὶ στηλω . . . . .
. . . . ι ἐν τῷ τῶν Σαμοθράκ(ων, . . .
. . . . ις ἀποκαθισταμέν(ο . . . . . .
. . . . ενους τὴν σύνθεσιν . . . . . .
. . . . . . ὁ)μολογίας τὸ ἀντίγρα(φον . . .
. . . . . . οἰκήσοντες ᾑρέθησ(αν . . . . . .
. . . . . . Δι)οπείθου Μιλήσιος . . . . .
. . . . . . θου Διοπείδης Β . . . . . . . . .
. . . . . . Αν)τιφάνης Ἀπ . . . . . . . . . 59
```

59 »(Fragment eines Vertrags der Ilier und Skamandrier über den politischen Zusammenschluß
ihrer Städte)
– – – wurde abgestimmt, den Skamandriern – – –
– – – die zusammengestellten Männer – – –
– – – wie es vorher schon war. Den Vertrag auf eine Stele zu schreiben – – –
– – – und im Heiligtum der Götter von Samothrake – – –
– – – – – – – – – – –
– – – Abschrift des Vertrages – – –
– – – – – – – – – – –
(Namen von Beamten)«
(Übersetzung von F. W. Hamdorf; s. P. Fritsch a.a.O. Nr. 63)

Diese Inschrift enthält einen Kontrakt für eine Ansiedlung und gibt die Namen der zur Begründung derselben auserwählten Männer; Σκαδρεῖς ist ein bis jetzt noch nie vorgekommenes, unbekanntes Wort.[60]

```
            ΙΧΝ
         ϹΙΣΧΙΛΙΑΣ
       ΩΣΤΗΣΔΟϹΕΙΣΗΣ
     ΕΙΠΕΝΤΕΚΑΙΟΥΕΛΑΒΟ
   5 ΒΑΛΛΟΝΤΩΙΕΝΙΑΥΤΩ
     ΤΗΝΣΥΝΕΔΡΕΙΑΝΟΥΚΑ
     ΤΗΣΒΟΟΣΤΗΝΤΙΜΗΝΥ
     ΤΩΓΚΡΕΩΝΤΑΣΛΟΙΠΑ
     ΤΡΩΒΟΛΟΝΤΗΝΠΟΛΙΝΤΗΜ
  10 ΚΑΣΑΝΤΟΥΣΤΟΚΟΥΣΤΟΥΣ
     ΚΟΣΙΑΣΤΕΣΣΑΡΑΚΟΝΤΑΠΕ
     ΘΕΤΟΣΔΙΑΚΟΣΙΑΣΤΕΣΣΑ
     ΚΑΙΟΤΙΤΗΝΣΥΝΕΔΡΕΙΑΙ
     ΤΕΙΛΑΝΠΕΝΤΑΚΟΣΙΑΣΚΑΙΤΗ
  15 ΡΗΜΕΝΗΣΤΗΣΤΙΜΗΣΤΩΓΚΡΕ
     ΤΑΔΥΟ
```

```
. . . . . . . . ὡς χιλίας . . . . . . . . . . .
. . . . . ε)ως τῆς δοθείσης . . . . . . . .
. . . . ει πέντε καὶ οὗ ἐλαβο . . . . . . .
. . . το ἐπι)βάλλον τῶι ἐνιαυτῶ(ι . . . .
. . . τὴν συνέδρειαν οὐ κα . . . . . . .
. . . τῆς βοὸς τὴν τιμὴν ὑ . . . . . . .
. . . τῶγ κρεῶν τάς λοιπὰ(ς . . . . . .
. . . τε) τρώβολον τὴν πόλιν τὴμ . . . .
. . . ἠνάγ;) κασαν τοὺς τόκους τοὺς . .
. . . α)κοσίας τεσσαράκοντα πέ (ντε . .
. . . θετος διακοσίας τεσσα(ρα . . . . . .
. . . καὶ ὅτι τὴν συνέδρεια(ν . . . . . .
. . . ἀπέσ) τειλαν πεντακοσίας καὶ τη . .
. . . ρημένης τῆς τιμῆς τῶγ κρε(ῶν . .
. . . τάλαν;)τα δύο . . . . . . . . . .  [61]
```

---

[60] Σκαδρεις wohl verschrieben aus Σκαμανδρεῖς, »die Skamandrier«, Skamandria ist eine Stadt in der Troas.

Indem ich heute die Ausgrabungen in Ilium auf immer einstelle, kann ich nicht umhin, Gott inbrünstig für den großen Segen zu danken, daß trotz der furchtbaren Gefahr, der wir hier in den dreijährigen riesigen Exkavationen, bei dem immerwährenden Sturm ausgesetzt gewesen sind, kein Unglück vorgefallen, niemand getötet, ja sogar keiner gefährlich verletzt worden ist.

Schließlich kann ich nicht umhin, allen denjenigen, welche früher oder später in der Ebene von Troja oder in der Umgegend Ausgrabungen zu machen wünschen, den Nikolaos Saphyros Jannakis aus dem benachbarten Dorf Renkoï aufs angelegentlichste zu empfehlen; derselbe ist hier seit April 1870, während aller meiner Ausgrabungen, mein Bedienter, Koch und Kassierer gewesen und ist besonders in letzterer Eigenschaft wegen seiner erprobten Treue, auch weil er den Namen und die Arbeitsfähigkeit eines jeden Arbeiters in der Troade kennt, ganz unübertrefflich; dazu ist er wegen seiner Größe, seiner herkulischen Stärke, seiner Gewandtheit und seiner gründlichen Kenntnis der türkischen Sprache ganz ausgezeichnet befähigt zur Beseitigung der hier bei den Ausgrabungen fortwährend auftauchenden Schwierigkeiten mit den türkischen Behörden. Ebenso kann ich meinen Aufseher Spiridion Demetrios aus Athen und den Kapitän Georgios Tsirogiannis aus Limne in Euböa ganz besonders empfehlen, denn dieselben haben hier durch lange Erfahrung gelernt, wie riesige Schuttmassen am leichtesten fortzuschaffen sind, und sie haben außerdem die Gabe des Kommandos. Auch meinen talentvollen Maler Polychronios Lempesis aus Salamis, der alle Zeichnungen meines Werkes von Tafel 119 bis 190 gemacht hat, kann ich als ganz vorzüglich empfehlen. Endlich kann ich als ganz ausgezeichnet hervorheben meinen Ingenieur Adolphe Laurent, welcher mir die ersten und letzten Pläne angefertigt hat.

---

[61] »Fragment einer Liste mit Strafen, die die mit der Organisation von Wettkämpfen beauftragten Beamten gegen säumige Bundesstädte verhängt hatten, mit Nennung der Städtenamen und zu zahlenden Summen)
– – – tausend – – – der Übergebenden – – – fünf und wovon erhalten – – – die alljährliche Abgabe – – – die Versammlung nicht – – – Preis eines Rindes – – des Fleischs, restliche – – – drei Obolen die Stadt – – – zwangen die Zinsen die – – – hundertfünfundvierzig – – – zweihundertvier – – – und weil sie die Versammlung – – – schickten fünfhundert – – – abgezogen den Preis des Fleisches – – – zwei Talente.«
(Übersetzung von F. W. Hamdorf; s. P. Fritsch a.a.O. Nr. 6)

Da der jetzige Name des Simoïs, Dumbrek kein türkisches Wort ist, so will man darin eine Korruption des Namens Thymbrius erkennen und somit beweisen, daß der am Fuß der Trümmer von Ophrynium vorbeifließende, das nordöstliche Tal der Ebene von Troja durchströmende und sich vor Ilium in den Kalifatli-Asmak, das uralte Bett des Skamander, werfende Fluß der Thymbrius ist und unmöglich der Simoïs sein kann.

Ich erwidere darauf, daß kein Beispiel vorhanden ist, daß ein griechischer auf os endigender Name auf türkisch durch ein mit einem k endigendes Wort wiedergegeben wäre; ferner daß Dumbrek jedenfalls eine Korruption der beiden türkischen Wörter طولك برق, Don barek, sein muß. Don heißt Eis und barek drückt den Besitz oder die Wohnung aus; die beiden Wörter würden daher soviel heißen, als Eis innehabend, und der Name dürfte sich dadurch erklären, daß die durch den Simoïs verursachten Überschwemmungen öfter bei der Winterkälte gefrieren und die ganze Nordost-Ebene eine Eisdecke bildet. Im ganzen Altertum aber wurde dieser Fluß Simoïs genannt, denn nach Strabo (XIII, 1, S. 103) war auf einem Hügel zu Ophrynium das dem Hektor geweihte Wäldchen; nach Lykophron (Kassandra) war der Held in Ophrynium begraben, und nach Vergil (Aeneis, III, 302–305), welcher der gewissenhafteste Überlieferer der Traditionen ist, war das Grab Hektors im Wäldchen nahe am Ufer des Simoïs.

Verzeichnis des spezifischen Gewichts in Gramm der in den verschiedenen Tiefen in der Pergamos von Troja gefundenen Stücke Terrakotta in Form von Zylindern, Kegeln, Pyramiden usw., die dem Anschein nach als Gewichte gebraucht sind.

| Tiefe 1 Meter | Tiefe 2 Meter | Tiefe 3 Meter | Tiefe 4 Meter | Tiefe 5 Meter | Tiefe 6 Meter | Tiefe 7 Meter | Tiefe 8 Meter | Tiefe 9 Meter | Tiefe 10 Meter | Tiefe 11 Meter | Tiefe 12 Meter | Tiefe 13 Meter | Tiefe 14 Meter | Tiefe 15 Meter |
|---|---|---|---|---|---|---|---|---|---|---|---|---|---|---|
| 67 | 98 | 73 | 58 | 107 | 177 | 95 | 70 | 38 | 26 | | 210 | | | |
| 125 | 149 | 202 | 298 | 110 | 221 | 198 | 74 | 75 | 42 | | | | | |
| 134 | 162 | 205 | | 120 | 259 | 215 | 90 | 83 | 144 | | | | | |
| 430 | 197 | 328 | | | 400 | 334 | 91 | 154 | 148 | | | | | |
| 545 | 220 | | | | 400 | | 109 | 73 | 167 | | | | | |
| 1005 | 228 | | | | 442 | | 112 | | 176 | | | | | |
| | 306 | | | | 443 | | 133 | | 224 | | | | | |
| | 495 | | | | 448 | | 141 | | 248 | | | | | |
| | 509 | | | | 455 | | 177 | | 279 | | | | | |
| | | | | | 456 | | 403 | | 300 | | | | | |
| | | | | | 458 | | 458 | | 300 | | | | | |
| | | | | | 458 | | 472 | | 308 | | | | | |
| | | | | | 464 | | 748 | | 315 | | | | | |
| | | | | | 465 | | | | 320 | | | | | |
| | | | | | 470 | | | | 322 | | | | | |
| | | | | | 475 | | | | 336 | | | | | |
| | | | | | 475 | | | | 338 | | | | | |
| | | | | | 555 | | | | 350 | | | | | |
| | | | | | | | | | 355 | | | | | |
| | | | | | | | | | 365 | | | | | |
| | | | | | | | | | 366 | | | | | |
| | | | | | | | | | 368 | | | | | |
| | | | | | | | | | 374 | | | | | |
| | | | | | | | | | 384 | | | | | |
| | | | | | | | | | 430 | | | | | |
| | | | | | | | | | 435 | | | | | |
| | | | | | | | | | 450 | | | | | |
| | | | | | | | | | 458 | | | | | |
| | | | | | | | | | 500 | | | | | |
| | | | | | | | | | 520 | | | | | |
| | | | | | | | | | 575 | | | | | |

Verzeichnis des spezifischen Gewichts in Gramm der in den verschiedenen Tiefen der Pergamos von Troja gefundenen runden Steine, welche dem Anschein nach als Gewichte gebraucht sind.

| Tiefe 1 Meter | Tiefe 2 Meter | Tiefe 3 Meter | Tiefe 4 Meter | Tiefe 5 Meter | Tiefe 6 Meter | Tiefe 7 Meter | Tiefe 8 Meter | Tiefe 9 Meter | Tiefe 10 Meter | Tiefe 11 Meter | Tiefe 12 Meter | Tiefe 13 Meter | Tiefe 14 Meter | Tiefe 15 Meter |
|---|---|---|---|---|---|---|---|---|---|---|---|---|---|---|
| 418 | 183 | 79 | 69 | 100 | 100 | 169 | 102 | 223 | 145 | 555 | 485 | 190 | 135 | 332 |
| 576 | 275 | 109 | 71 | 112 | 185 | 186 | 150 | 224 | 146 | | 1710 | 468 | 413 | 363 |
| 757 | 442 | 135 | 100 | 140 | 300 | 186 | 207 | 227 | 182 | | | 1475 | 450 | 447 |
| | 472 | 414 | 136 | 215 | 330 | 189 | 244 | 372 | 190 | | | | 485 | 475 |
| | | 448 | 195 | 230 | 412 | 219 | 254 | 390 | 214 | | | | 505 | 557 |
| | | 584 | 388 | 262 | 420 | 229 | 257 | 420 | 225 | | | | 1250 | 585 |
| | | 726 | 400 | 268 | 427 | 245 | 288 | 500 | 280 | | | | 1852 | 680 |
| | | | 513 | 293 | 446 | 266 | 295 | 852 | 310 | | | | | 3148 |
| | | | 583 | 318 | 460 | 290 | 381 | | 334 | | | | | |
| | | | 608 | 335 | 462 | 291 | 385 | | 341 | | | | | |
| | | | 624 | 335 | 515 | 346 | 402 | | 372 | | | | | |
| | | | 635 | 368 | 528 | 369 | 402 | | 450 | | | | | |
| | | | 662 | 478 | 546 | 380 | 408 | | 545 | | | | | |
| | | | 688 | 490 | 572 | 384 | 429 | | 605 | | | | | |
| | | | 893 | 498 | 602 | 400 | 440 | | 627 | | | | | |
| | | | | 537 | 628 | 435 | 472 | | 755 | | | | | |
| | | | | 637 | 640 | 437 | 536 | | | | | | | |
| | | | | 688 | 670 | 468 | 551 | | | | | | | |
| | | | | 728 | 738 | 483 | 568 | | | | | | | |
| | | | | 757 | 770 | 491 | 620 | | | | | | | |
| | | | | 790 | 1288 | 515 | 638 | | | | | | | |
| | | | | 4260 | 3000 | 534 | 658 | | | | | | | |
| | | | | | | 560 | 660 | | | | | | | |
| | | | | | | 569 | 712 | | | | | | | |
| | | | | | | 606 | 764 | | | | | | | |
| | | | | | | 632 | 825 | | | | | | | |
| | | | | | | 825 | 1145 | | | | | | | |
| | | | | | | 895 | 1160 | | | | | | | |
| | | | | | | 904 | 1232 | | | | | | | |
| | | | | | | 1005 | 1710 | | | | | | | |
| | | | | | | 1082 | 1950 | | | | | | | |
| | | | | | | 1193 | | | | | | | | |
| | | | | | | 1877 | | | | | | | | |

Herr Ernest Chantre, Unterdirektor des Museums in Lyon, sendet mir soeben das Resultat der von dem berühmten Chemiker Herrn Damour in Lyon gemachten Analyse der trojanischen Waffen, wovon ich drei angebohrt und den Bohrstaub zur Untersuchung eingesandt hatte:

Nr. 1. Bohrstaub aus einer Streitaxt des Schatzes.

*Analyse*

|  |  | *grammes* |  |
|---|---|---|---|
|  |  | 0,3020 |  |
| abzüglich darin enthaltener Sand |  | 0,0160 |  |
| untersuchtes Metall . . . . . . . |  | 0,2860 |  |
|  |  |  | in 10,000tel |
| Diese bestehen aus: Kupfer . . . |  | 0,2740 | = 0,9580 |
| " " " Zinn . . . . |  | 0,0110 | = 0,0384 |
|  |  | 0,2850 | = 0,9964. |

Nr. 2. Bohrstaub aus einer anderen Streitaxt des Schatzes.

*Analyse*

|  |  | *grammes* |  |
|---|---|---|---|
|  |  | 0,2970 |  |
| abzüglich darin enthaltener Sand |  | 0,0020 |  |
| untersuchtes Metall . . . . . . . |  | 0,2950 |  |
|  |  |  | in 10,000tel |
| Diese bestehen aus: Kupfer . . . |  | 0,2675 | = 0,9067 |
| " " " Zinn . . . . |  | 0,0255 | = 0,0864 |
|  |  | 0,2930 | = 0,9931. |

Nr. 3. Bohrstaub aus einer gewöhnlichen zweischneidigen, in 1 Meter Tiefe und somit in den Trümmerschichten der griechischen Kolonie gefundenen Axt.

*Analyse*

|  | grammes |  |  |
|---|---|---|---|
|  | 0,5280 |  |  |
| abzüglich darin enthaltener Sand | 0,0070 |  |  |
| untersuchtes Metall . . . . . . . | 0,5210 |  |  |
|  |  | in 10,000tel |  |
| Diese bestehen aus: Kupfer . . . . | 0,4810 | = | 0,9232 |
| "          "          " Zinn . . . . . | 0,0385 | = | 0,0739 |
|  | 0,5195 | = | 0,9971. |

Nr. 4. Bohrstaub aus einer äußerlich mit Grünspan bedeckten und inwendig eisenfarbigen trojanischen Schleuder.

*Analyse*

|  | grammes |  |  |
|---|---|---|---|
| Quantität des untersuchten Metalls | 0,2410 |  |  |
|  |  | in 10,000tel |  |
| Bestehend aus Schwefel . . . . . . | 0,0470 | = | 0,1950 |
| "          " Kupfer . . . . . . . | 0,1920 | = | 0,7966 |
| "          " Eisen . . . . . . . . | 0,0002 | = | 0,0008 |
| "          " Quarzsand . . . . . | 0,0005 | = | 0,0020 |
|  | 0,2397 | = | 0,9944. |

Athen, 1. Januar 1874                                      H. SCHLIEMANN

DIE TAFELN

*Sämtliche Tafeln wurden auf eine Größe von 80% (= 4/5) der Schliemannschen Original-*
*tafeln verkleinert. Bei Schliemanns Maßangaben auf den Tafeln muß der Verkleinerungs-*
*maßstab der Reproduktionen zusätzlich berücksichtigt werden, desgleichen bei den »Bild-*
*legenden zu den reproduzierten Tafeln« (S. 289 ff.).*

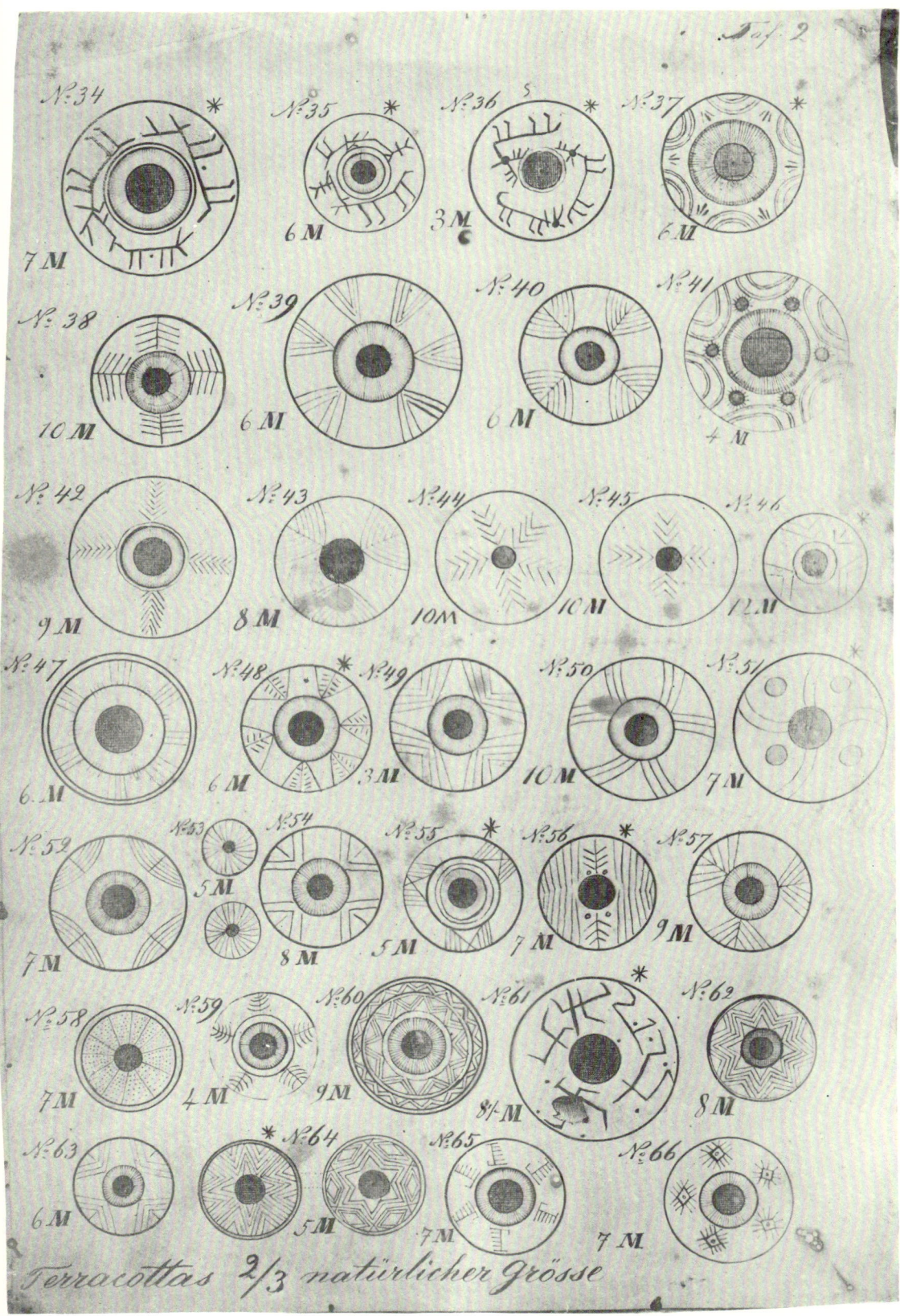

Terracottas 2/3 natürlicher Grösse

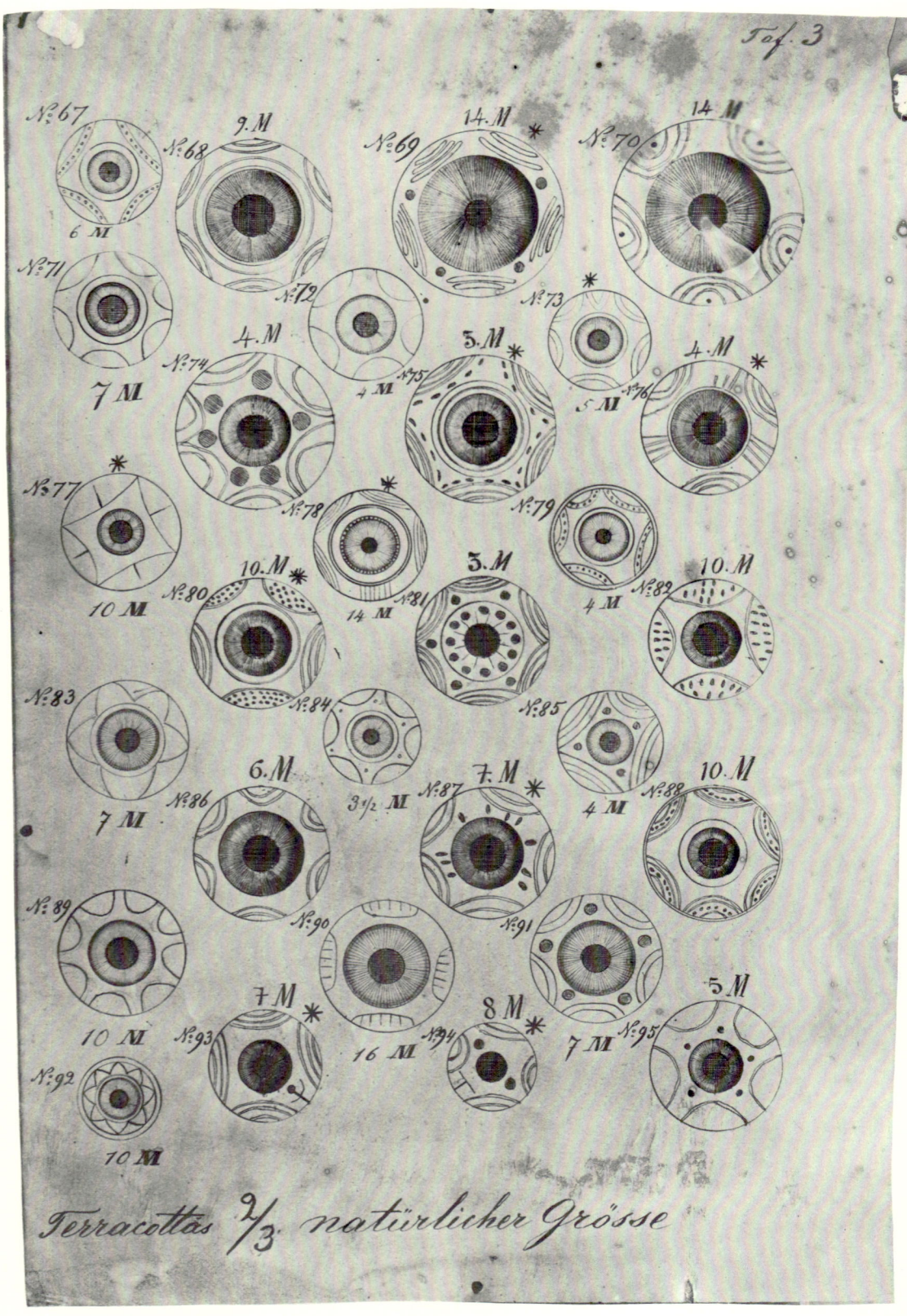

Taf. 3

Terracottas ⅔ natürlicher Grösse

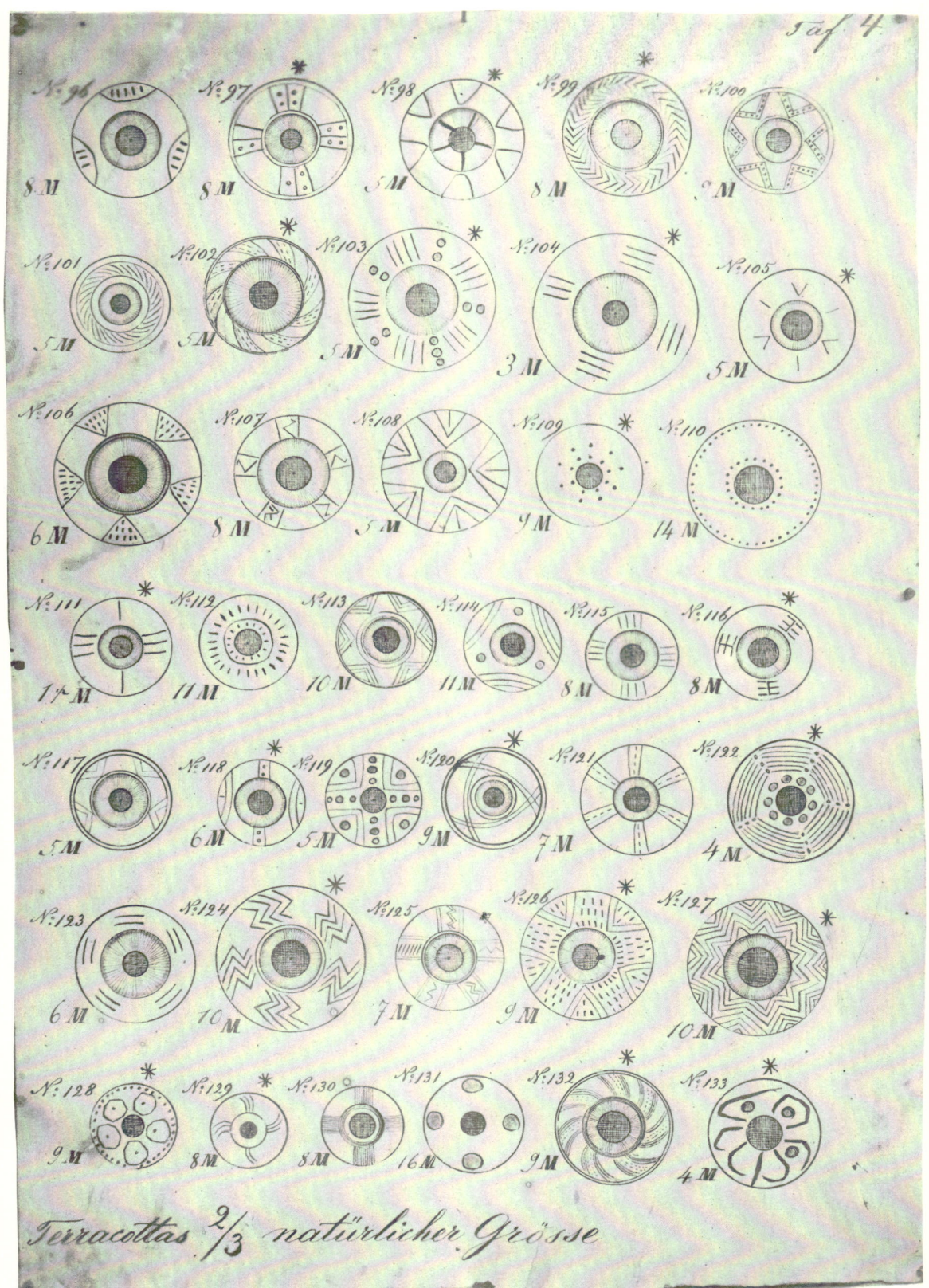

Terracottas 2/3 natürlicher Grösse

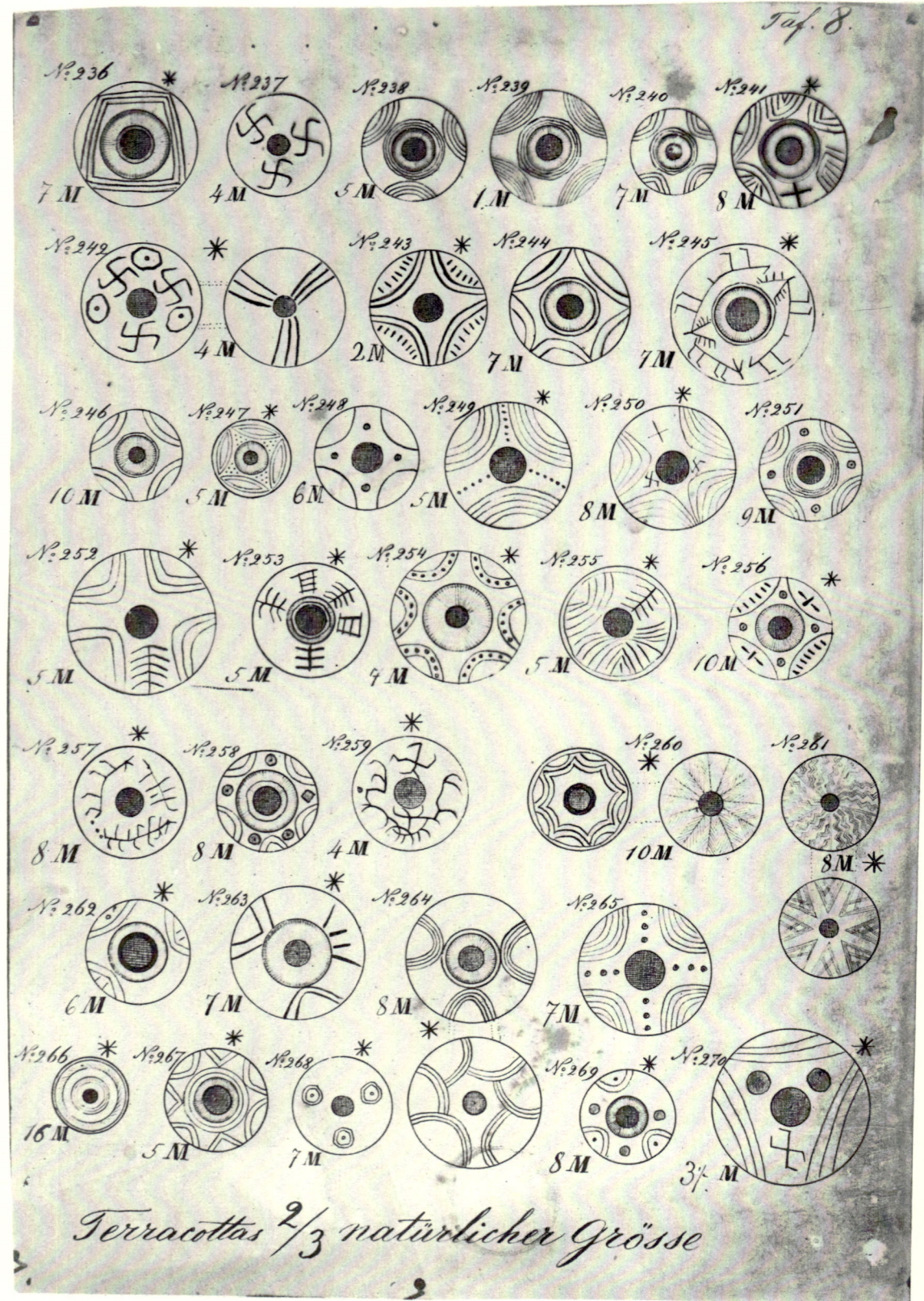

Terracottas 2/3 natürlicher Grösse

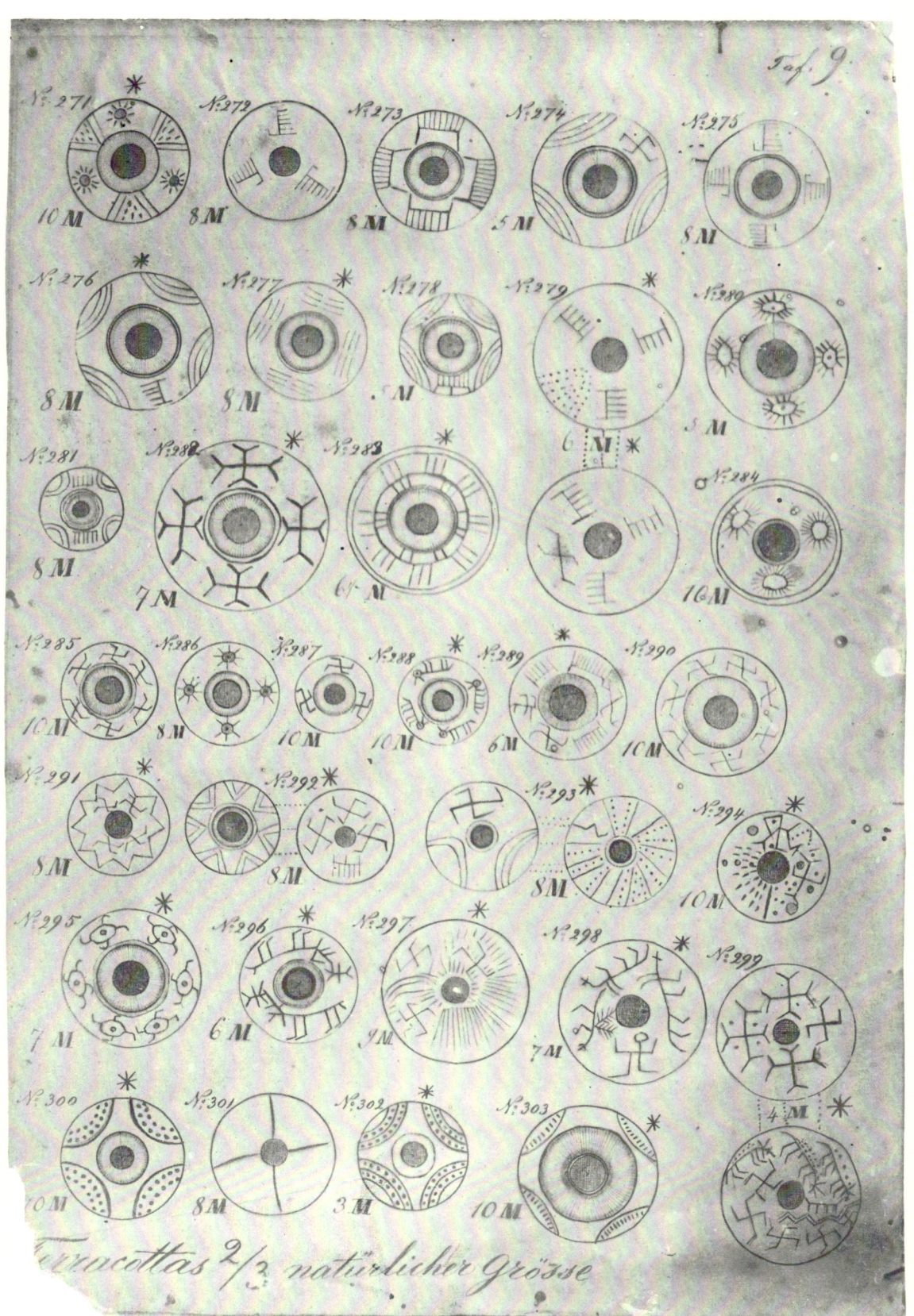

Terracottas 2/3 natürlicher Grösse

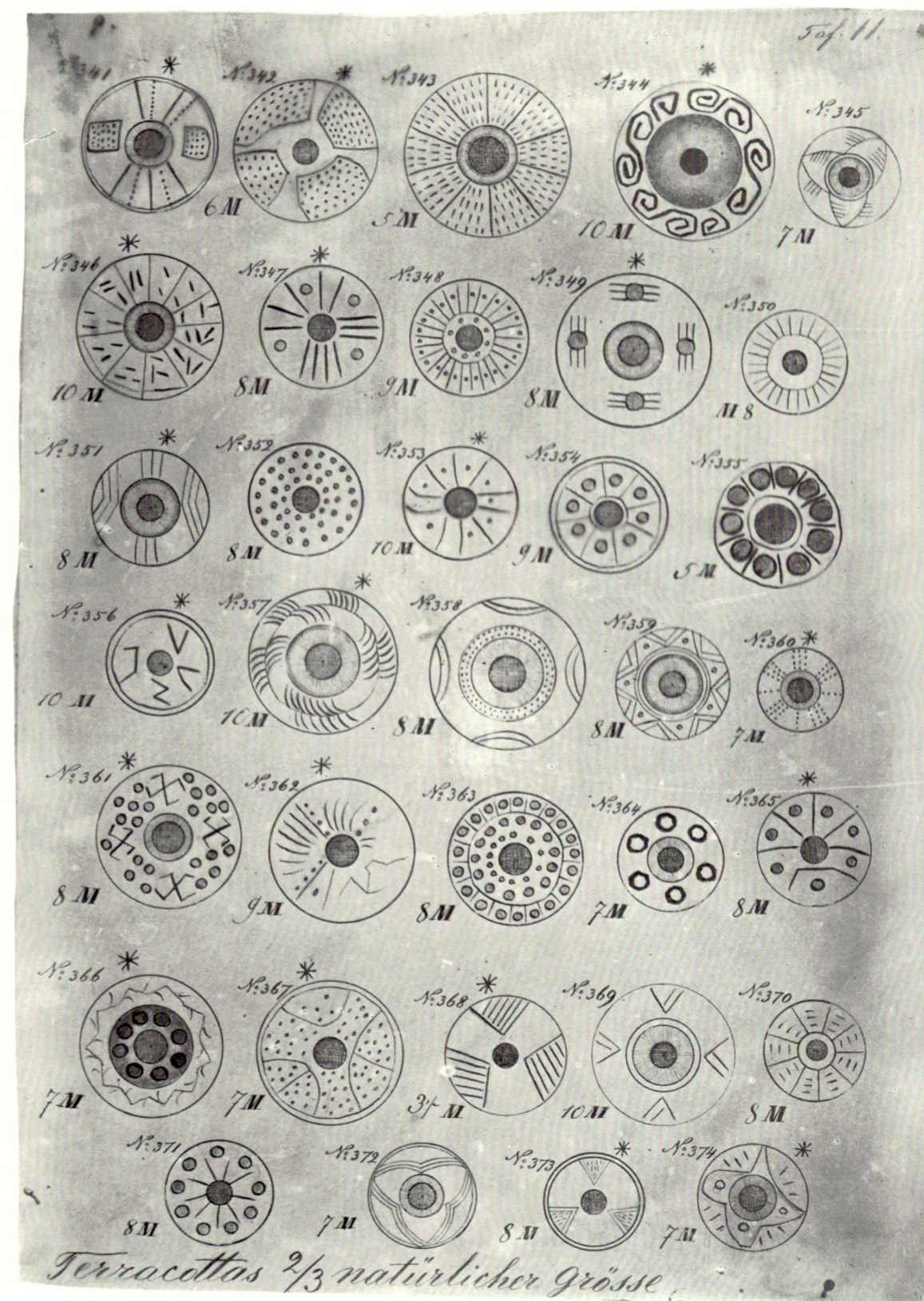

*Terracottas ⅔ natürlicher Grösse*

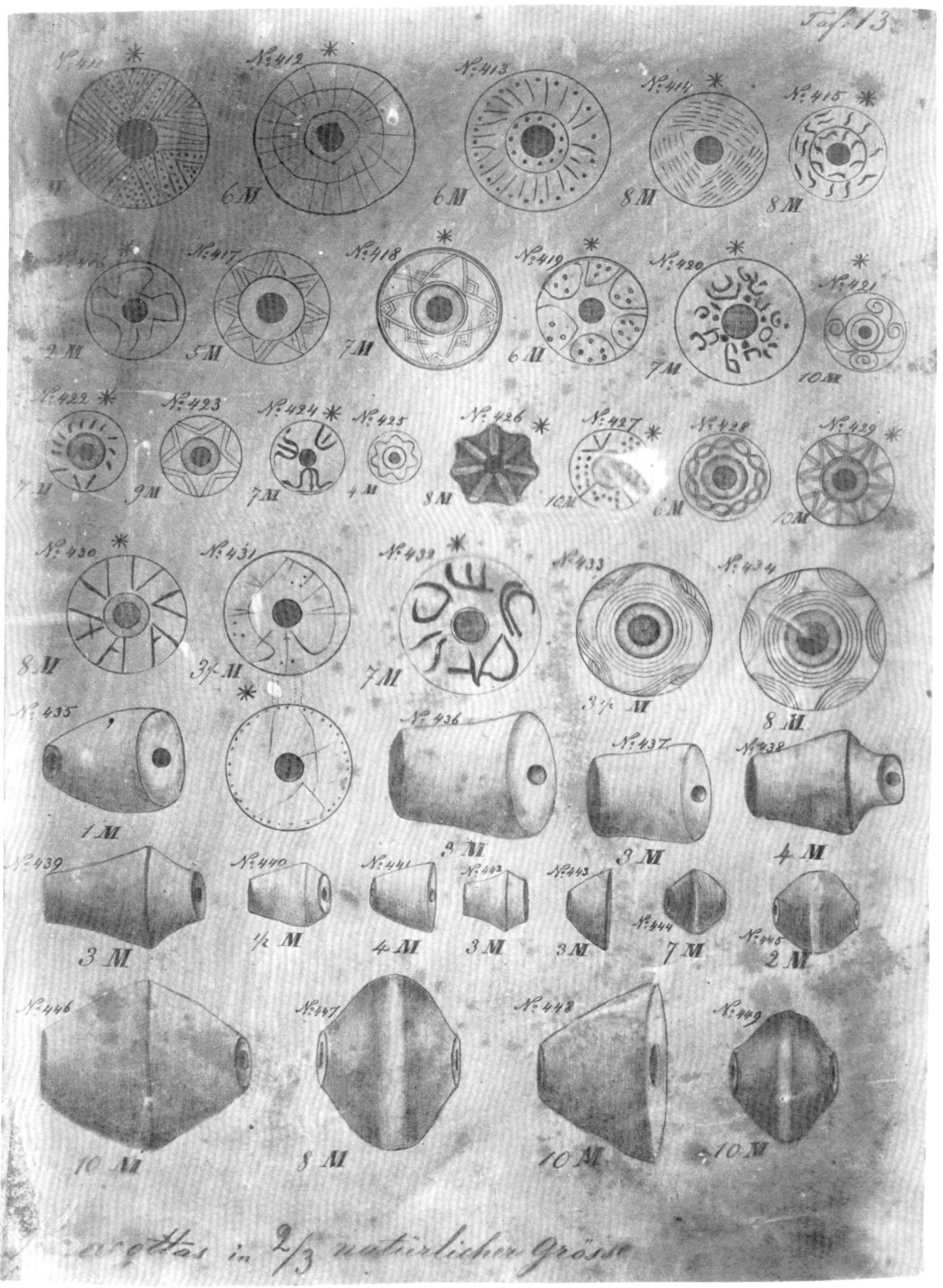

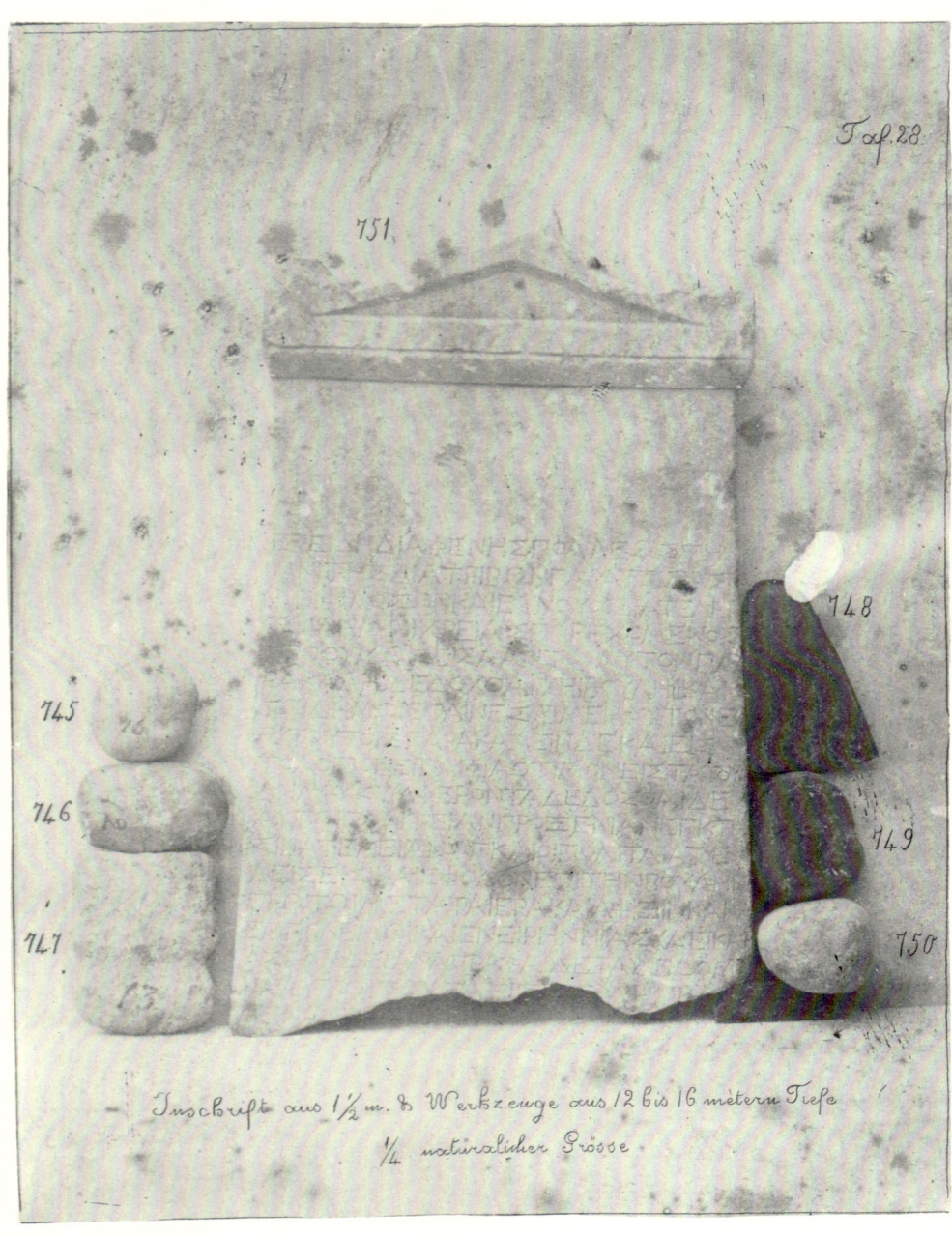

grosse Canal von der Südseite mit steinern Thurm im Vordergrund
Taf. 109.

Taf. 112.

Ausgrabung auf der Baustelle des Tempels

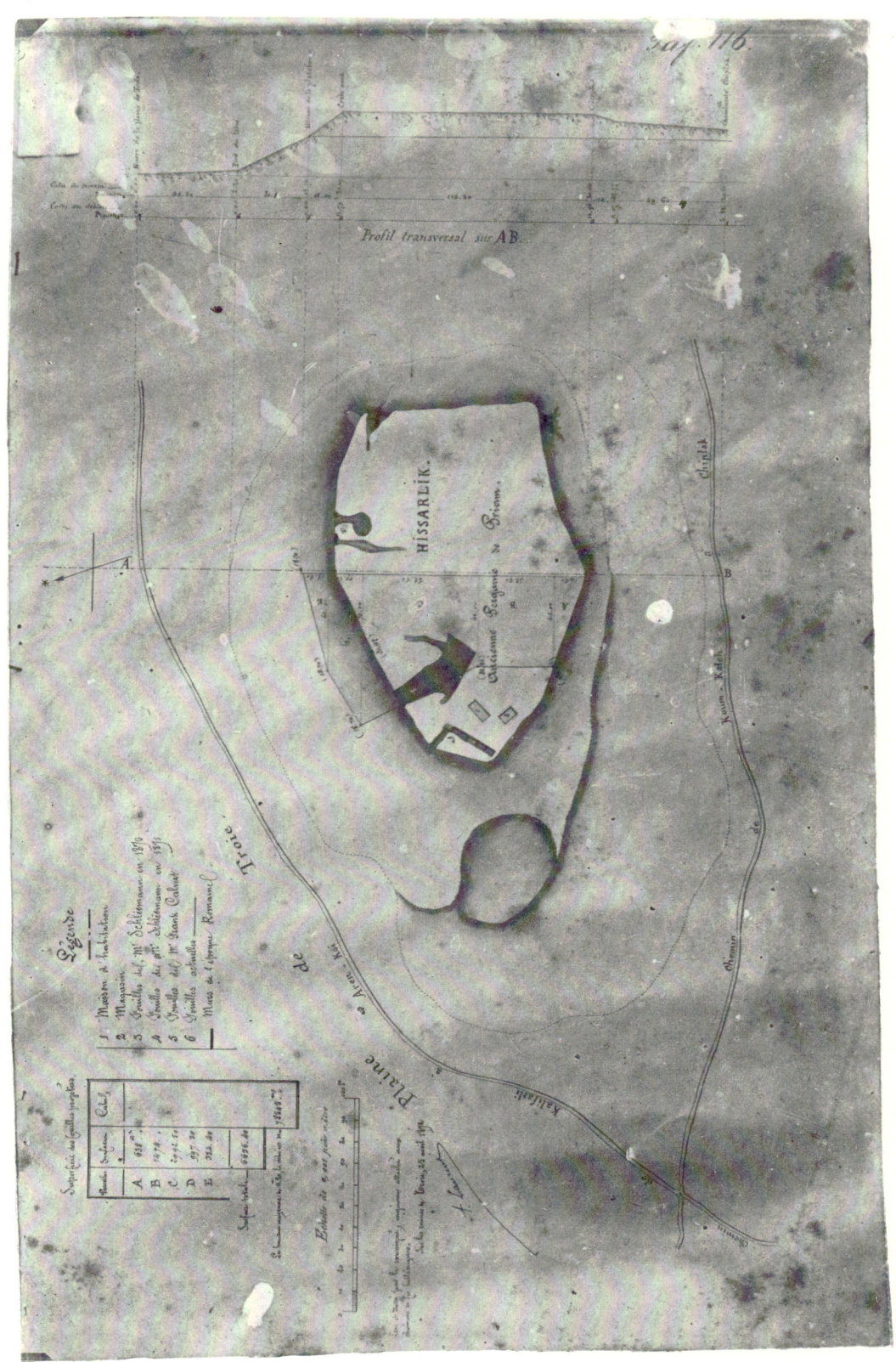

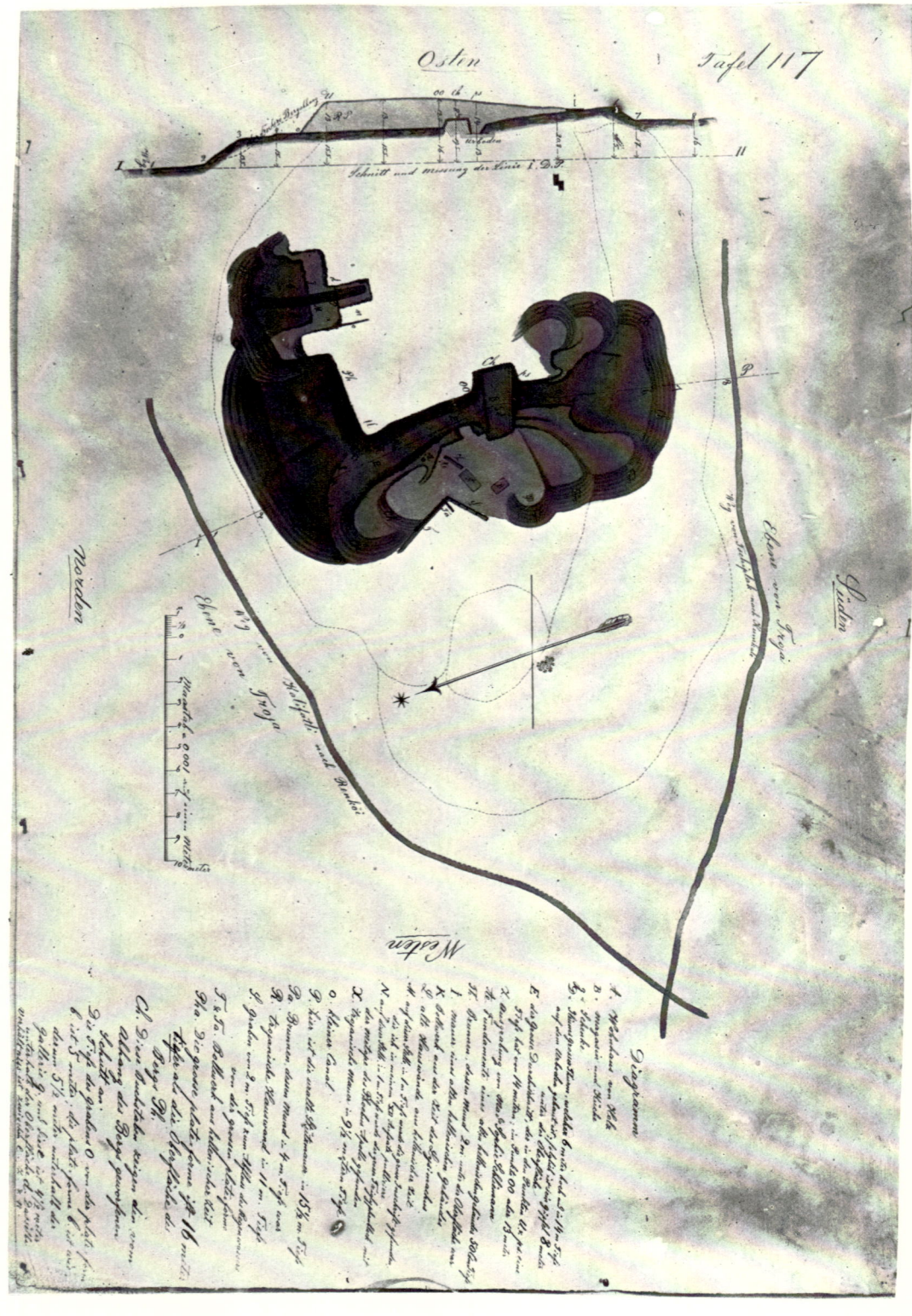

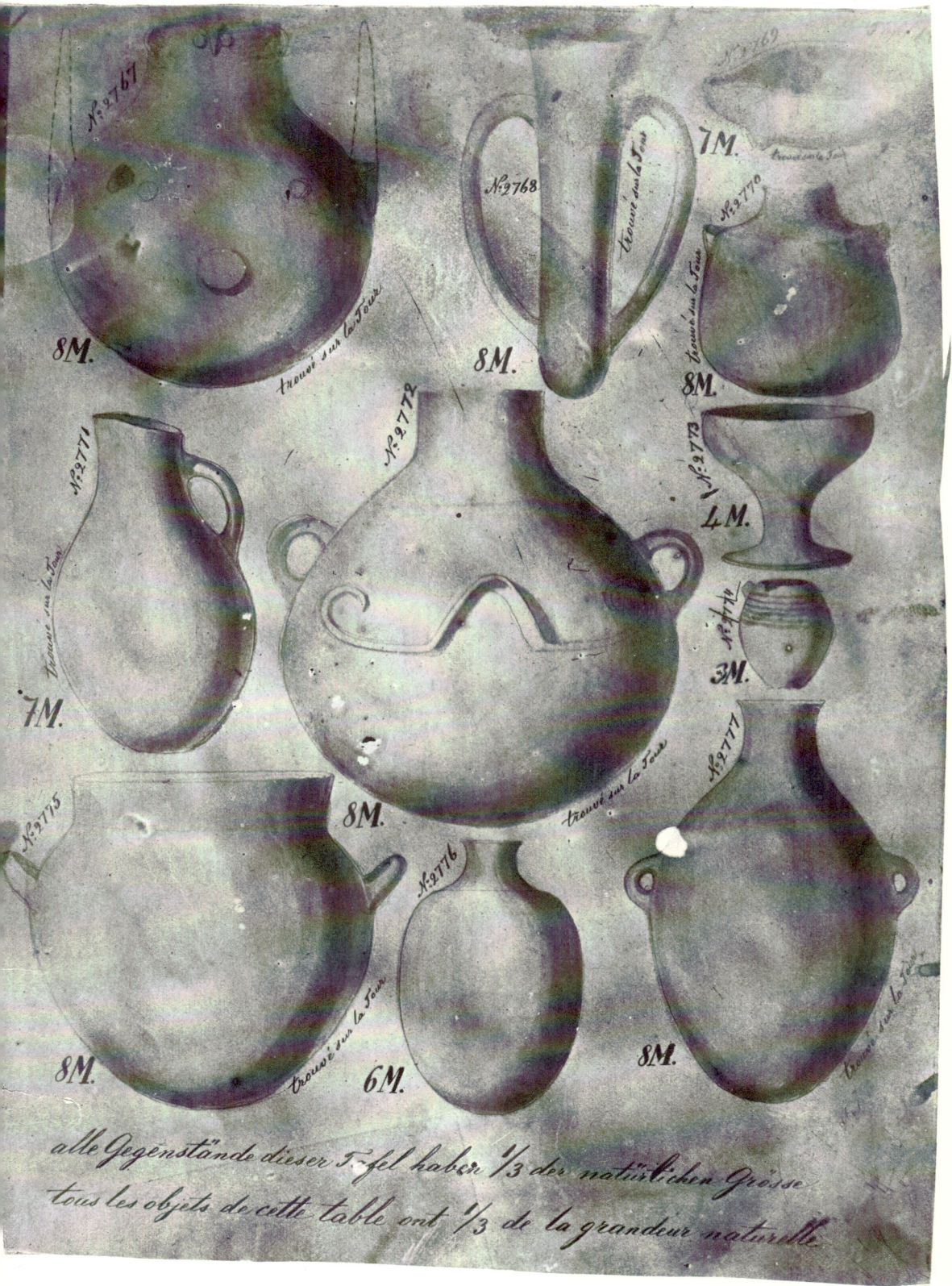

alle Gegenstände dieser Tafel haben ⅓ der natürlichen Grösse

tous les objets de cette table ont ⅓ de la grandeur naturelle

*Tafel 159*

ein in den Tiefen des Minervatempels entdeckter Opferaltar

un autel de sacrifices découvert dans les profondeurs du Temple de Minerve

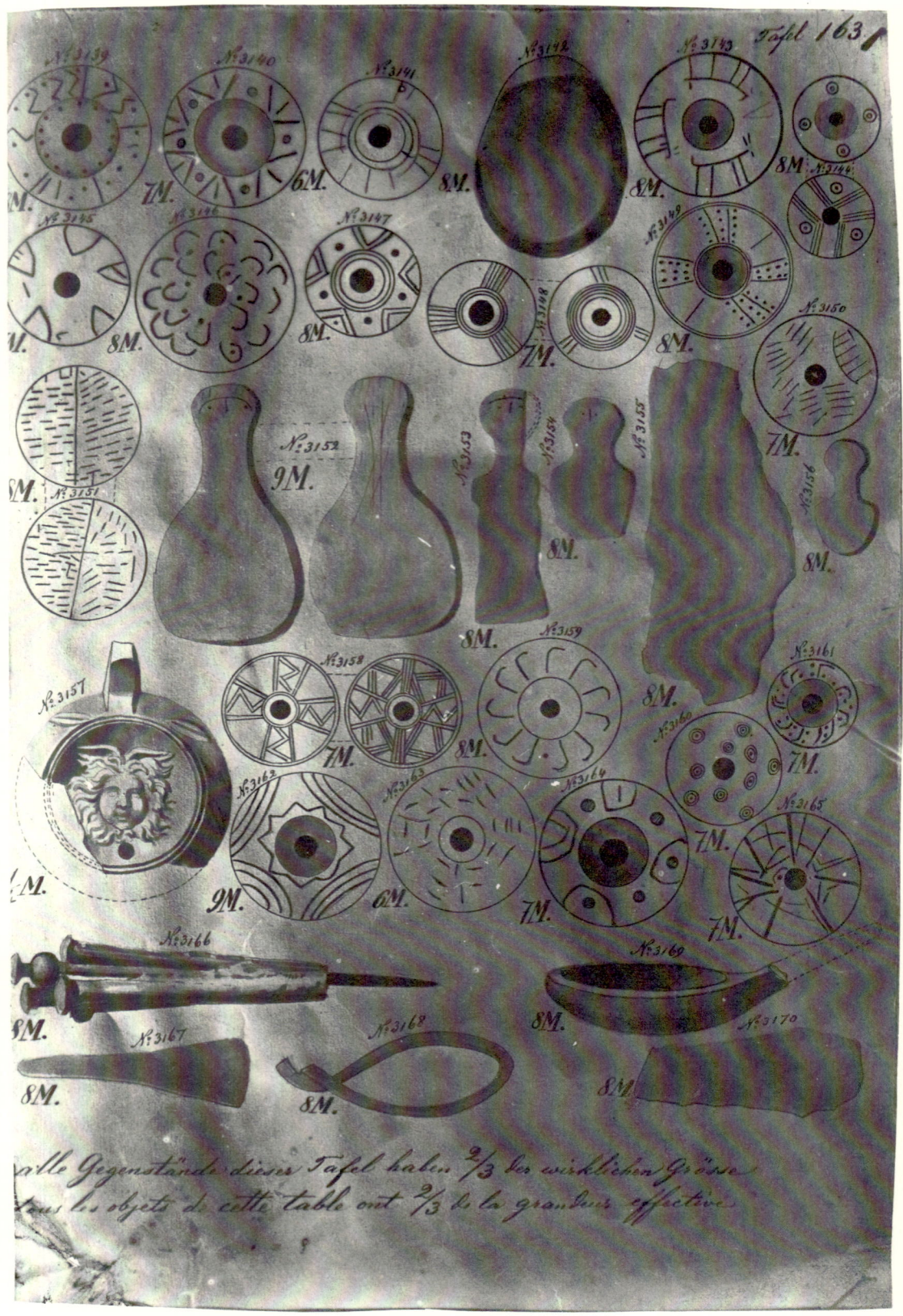

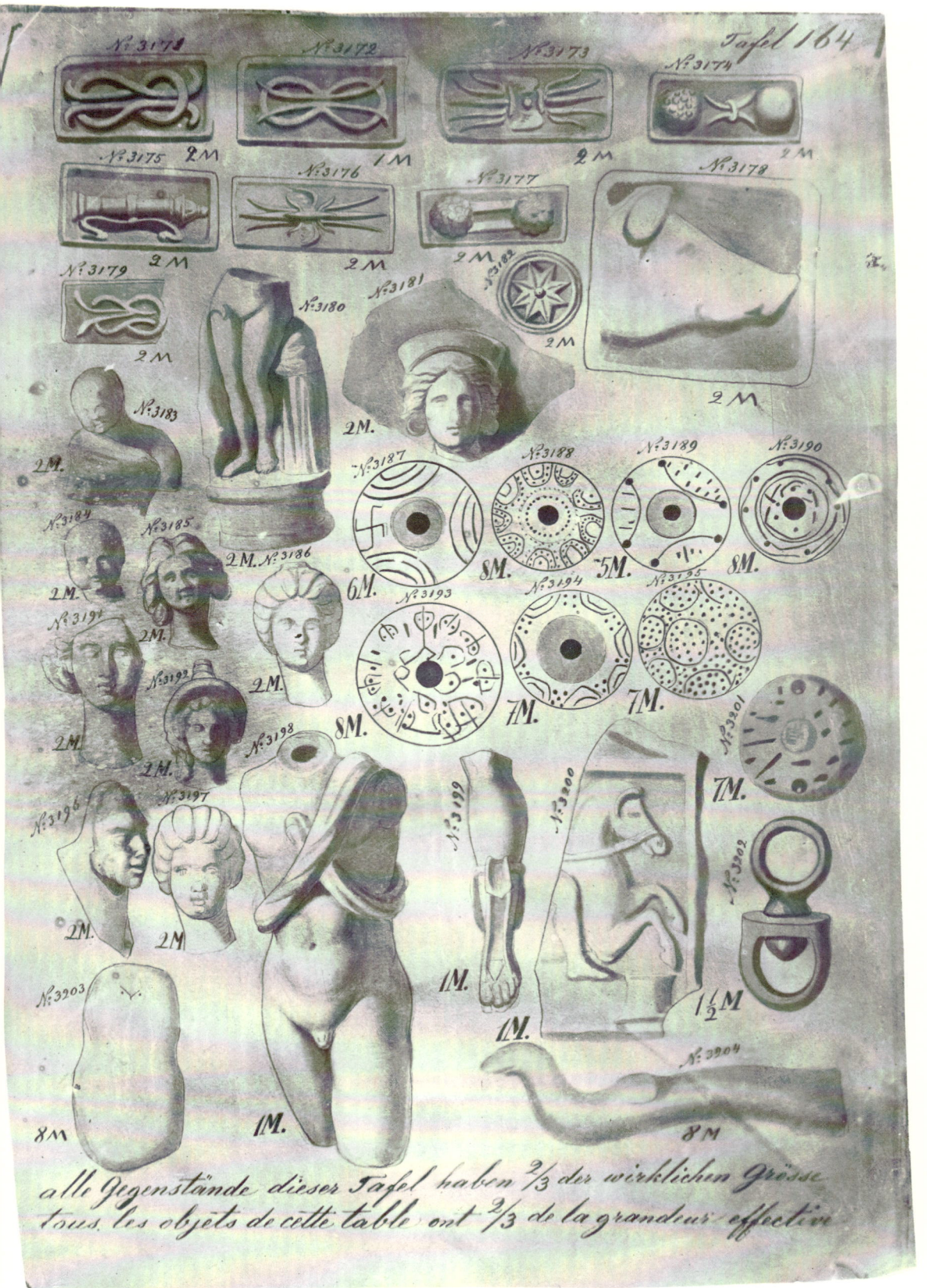

Tafel 164

alle Gegenstände dieser Tafel haben ⅔ der wirklichen Grösse
tous les objets de cette table ont ⅔ de la grandeur effective

alle Gegenstände dieser Tafel haben ⅔ der wirklichen Grösse

tous les objets de cette table ont ⅔ de la grandeur effective

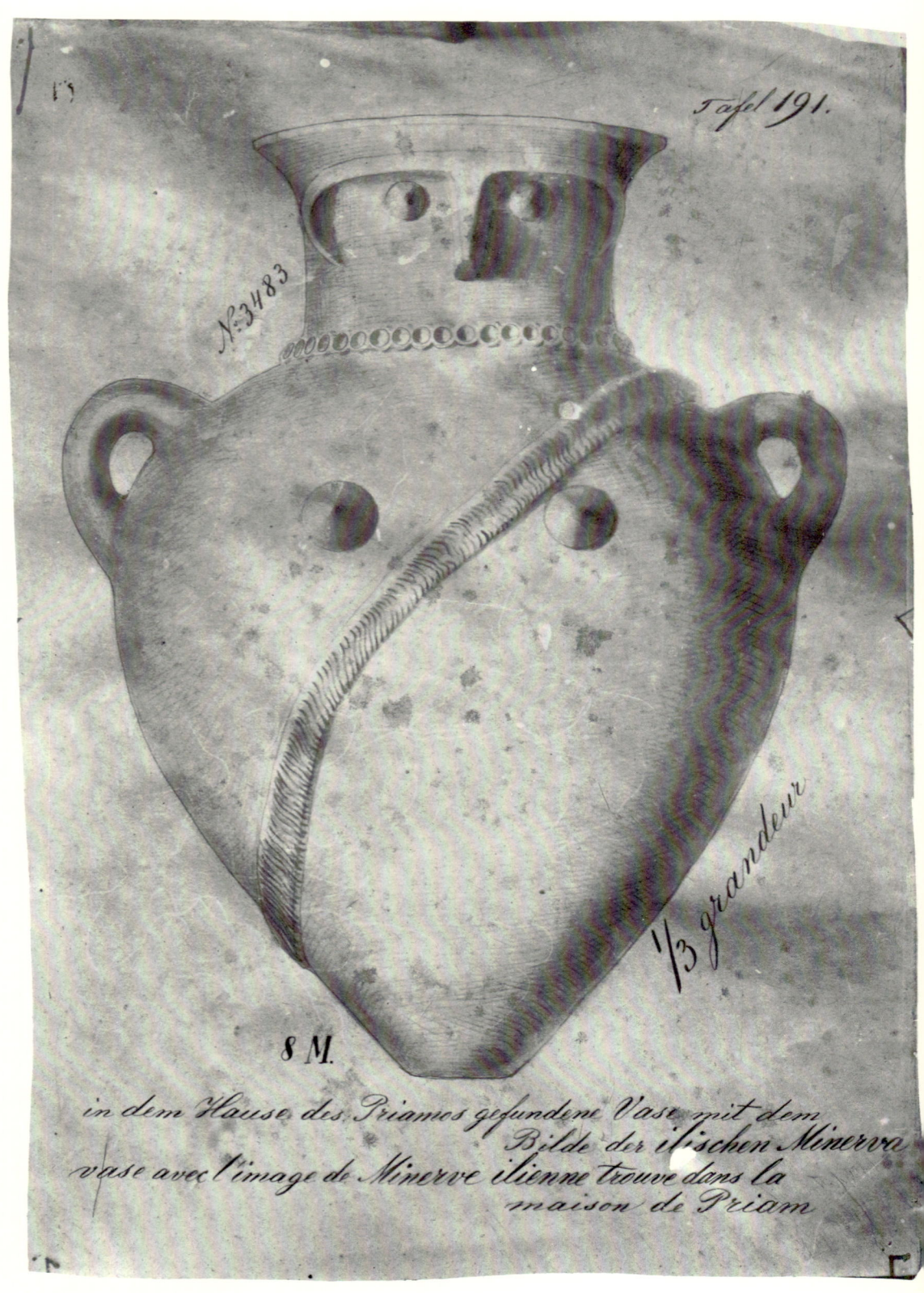

Tafel 191.

N:o 3483

¹/₃ grandeur

8 M.

in dem Hause des Priamos gefundene Vase mit dem
Bilde der ilischen Minerva
vase avec l'image de Minerve ilienne trouvé dans la
maison de Priam

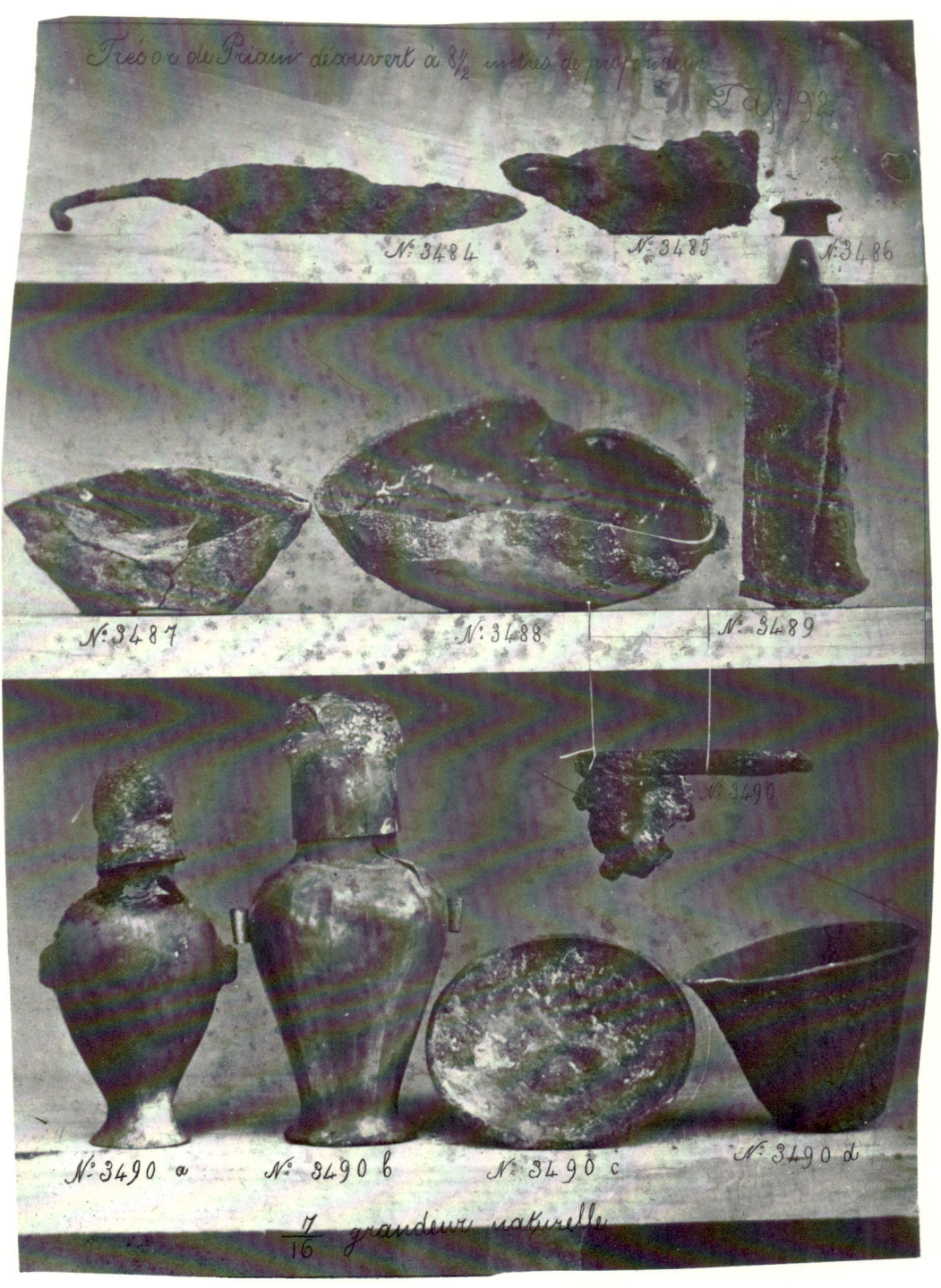

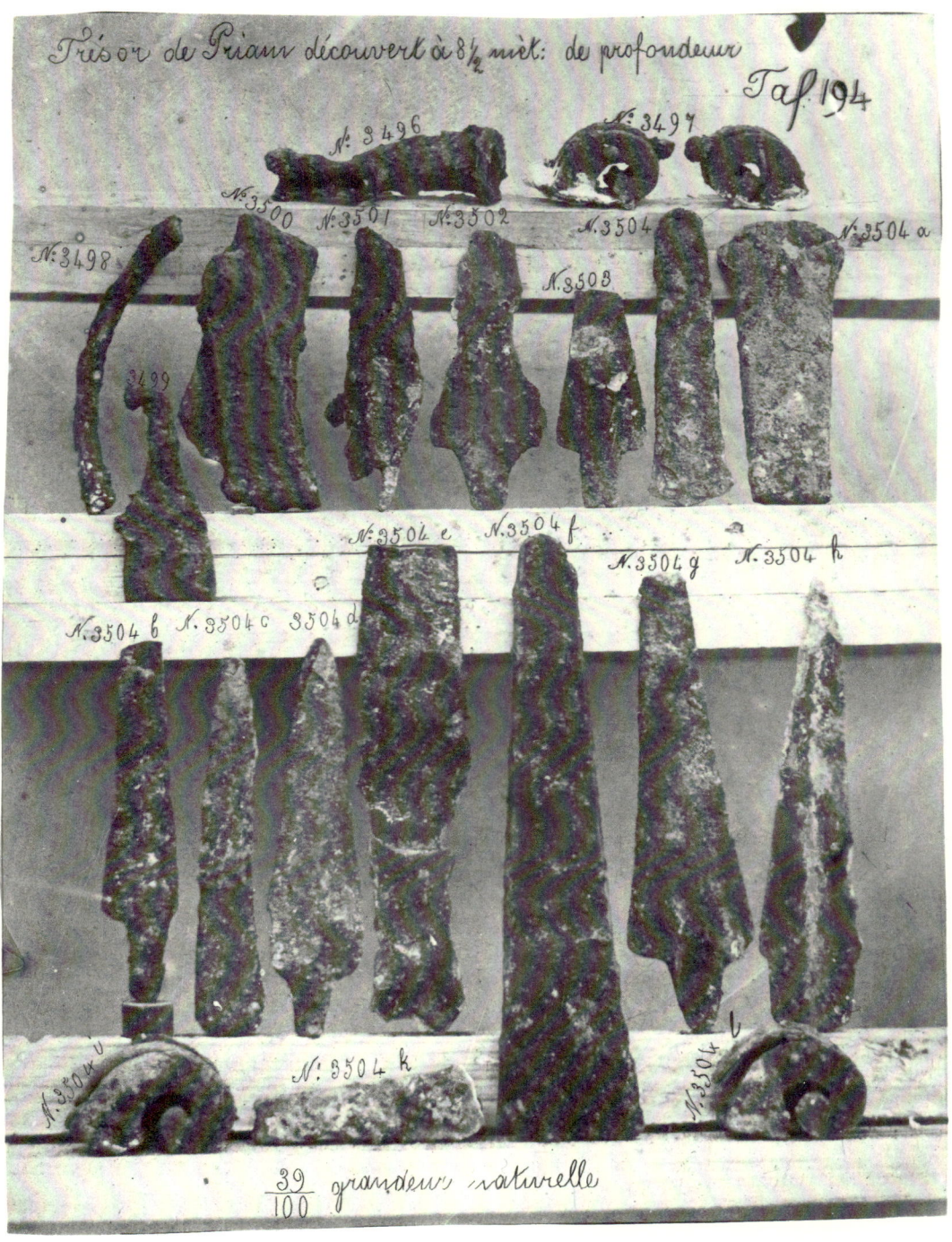

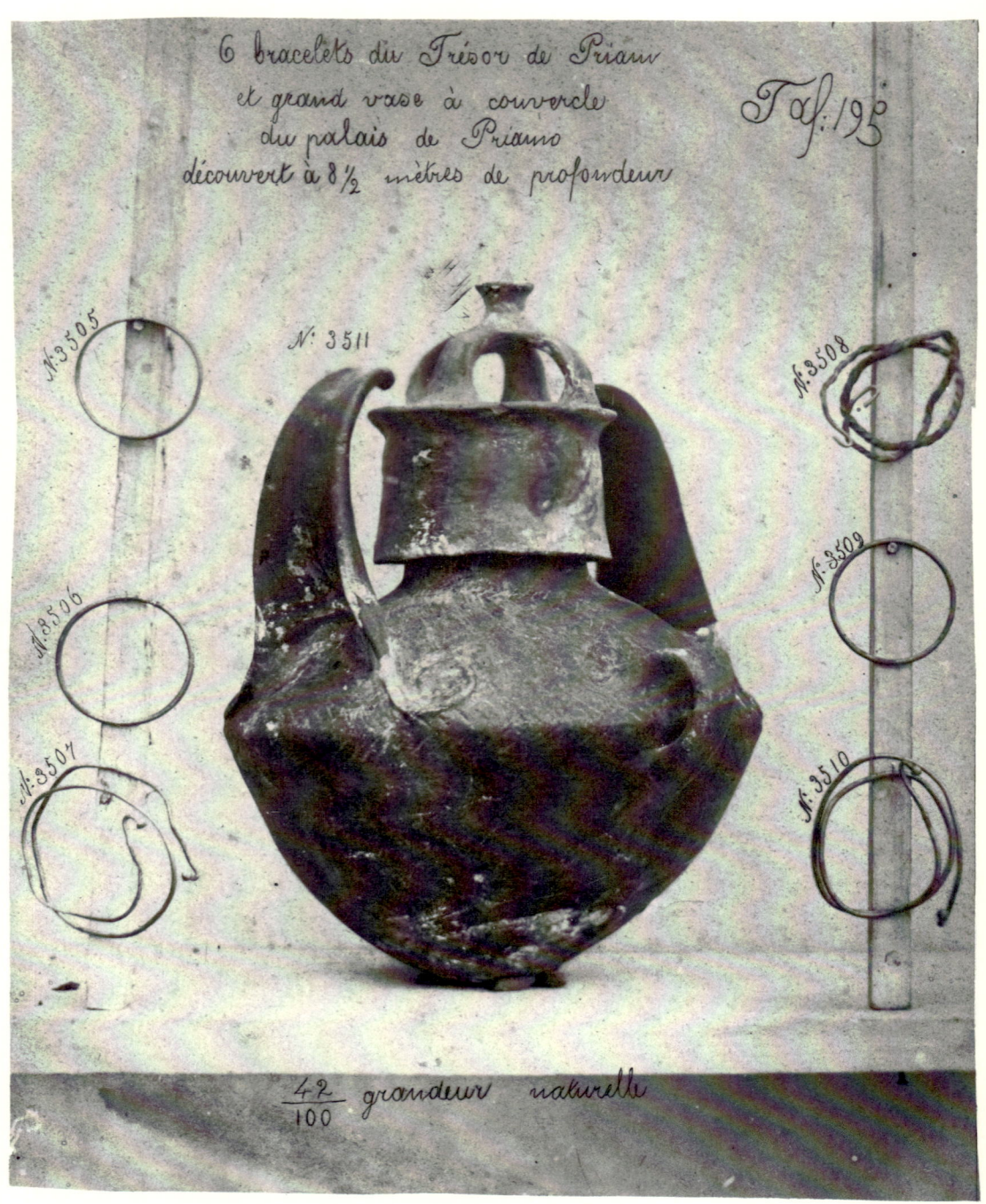

6 bracelets du Trésor de Priam
et grand vase à couvercle
du palais de Priam
découvert à 8½ mètres de profondeur

Taf: 195

N: 3505

N: 3511

N: 3508

N: 3506

N: 3509

N: 3507

N: 3510

$\frac{42}{100}$ grandeur naturelle

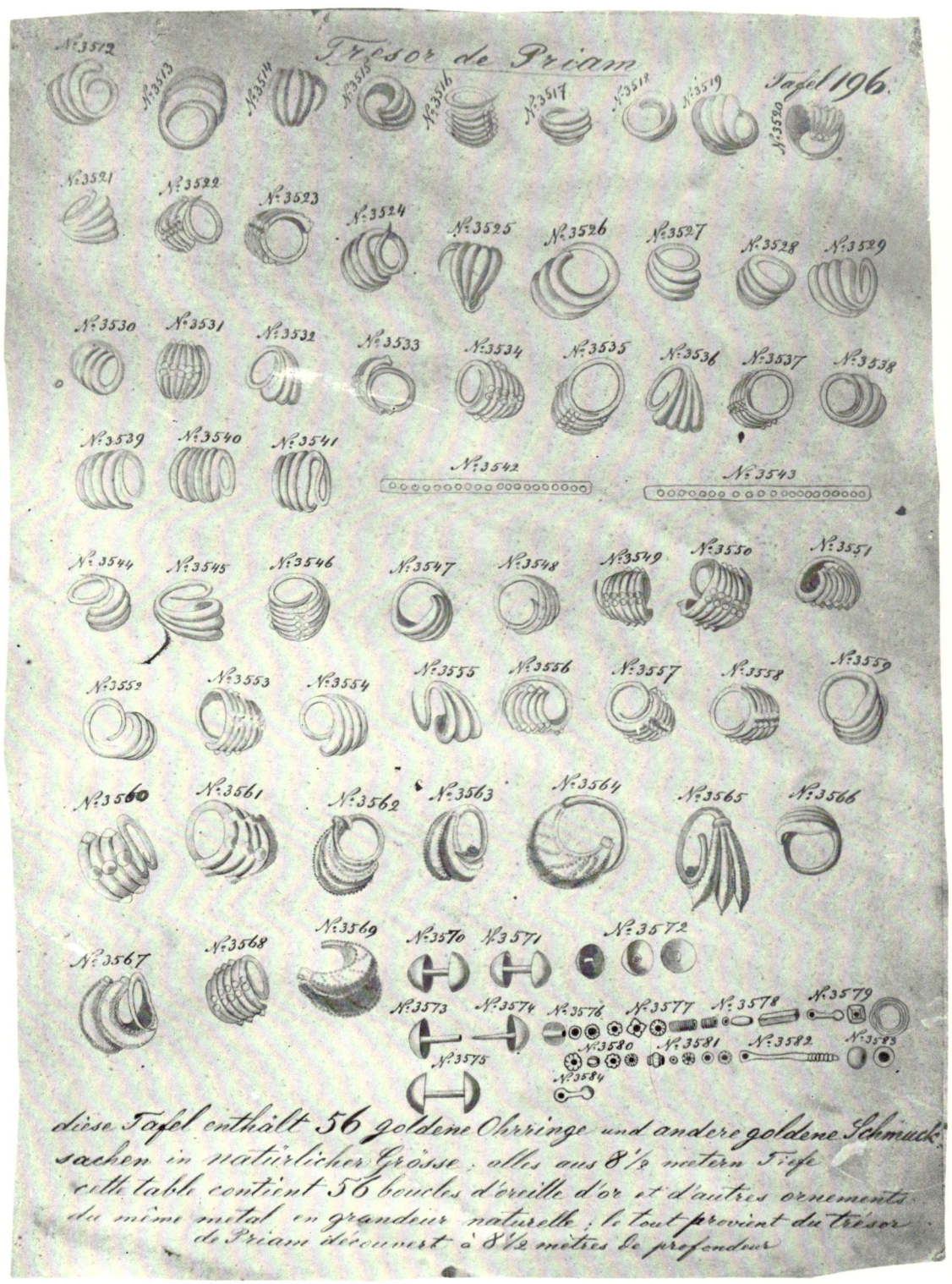

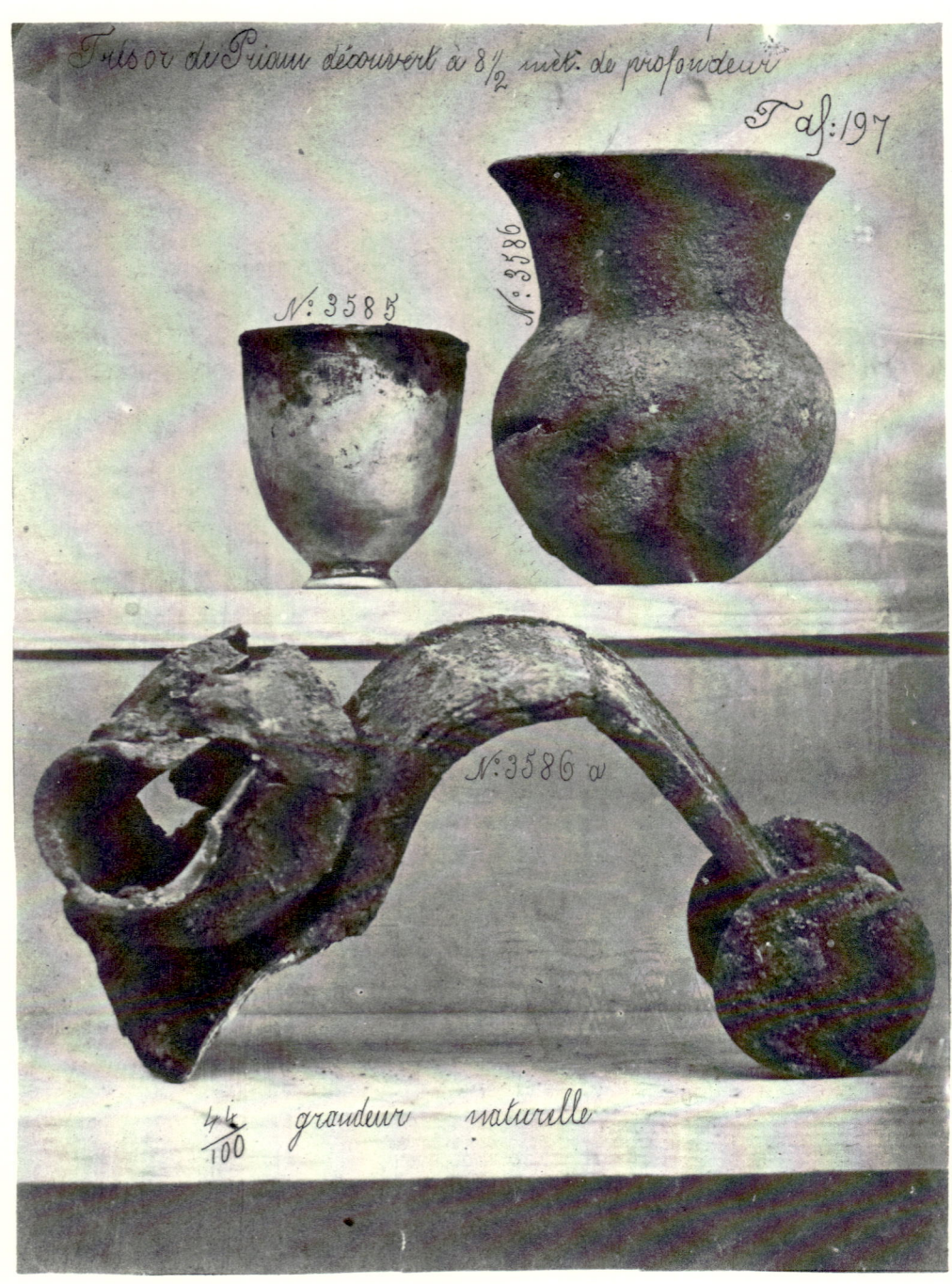

Taf. 198

Tresor de Piata

decouvert à 8 ½ mètres de profondeur ⅓ grandeur
naturelle

*Taf: 199*

*Trésor de Priam*

*decouvert à 8½ mètres de profondeur*

*N.º 3588*

*42/100 grandeur naturelle*

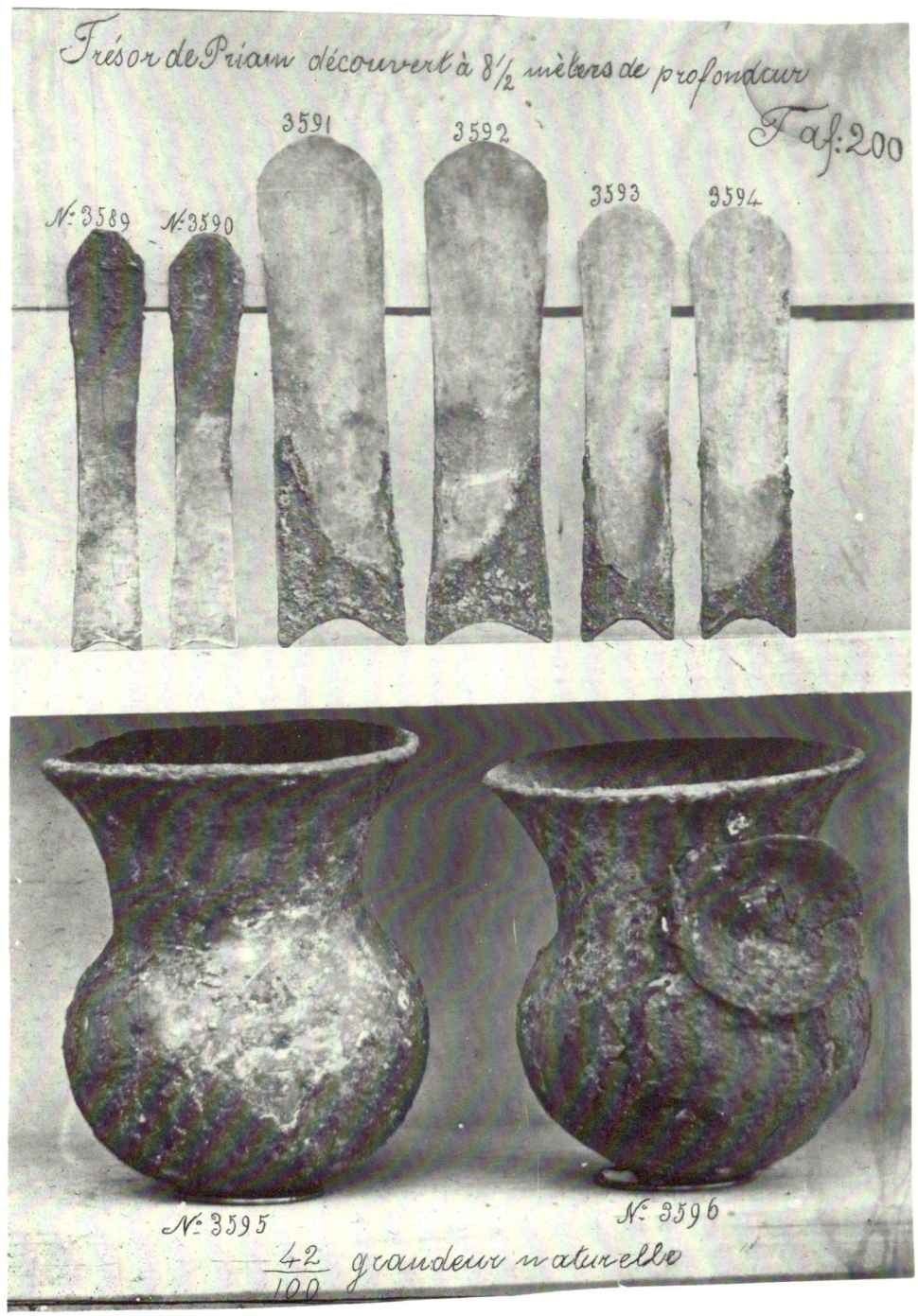

Trésor de Priam découvert à 8½ mètres de profondeur

Taf: 200

N: 3589   N: 3590   3591   3592   3593   3594

N: 3595   N: 3596

$\frac{42}{100}$ grandeur naturelle

Trésor de Priam
découvert à 8½ mètres de profondeur
Taf. 202

N° 3601

N° 3602

N° 3603

N° 3603 a

N° 3603 b

$\frac{59}{100}$ grandeur naturelle

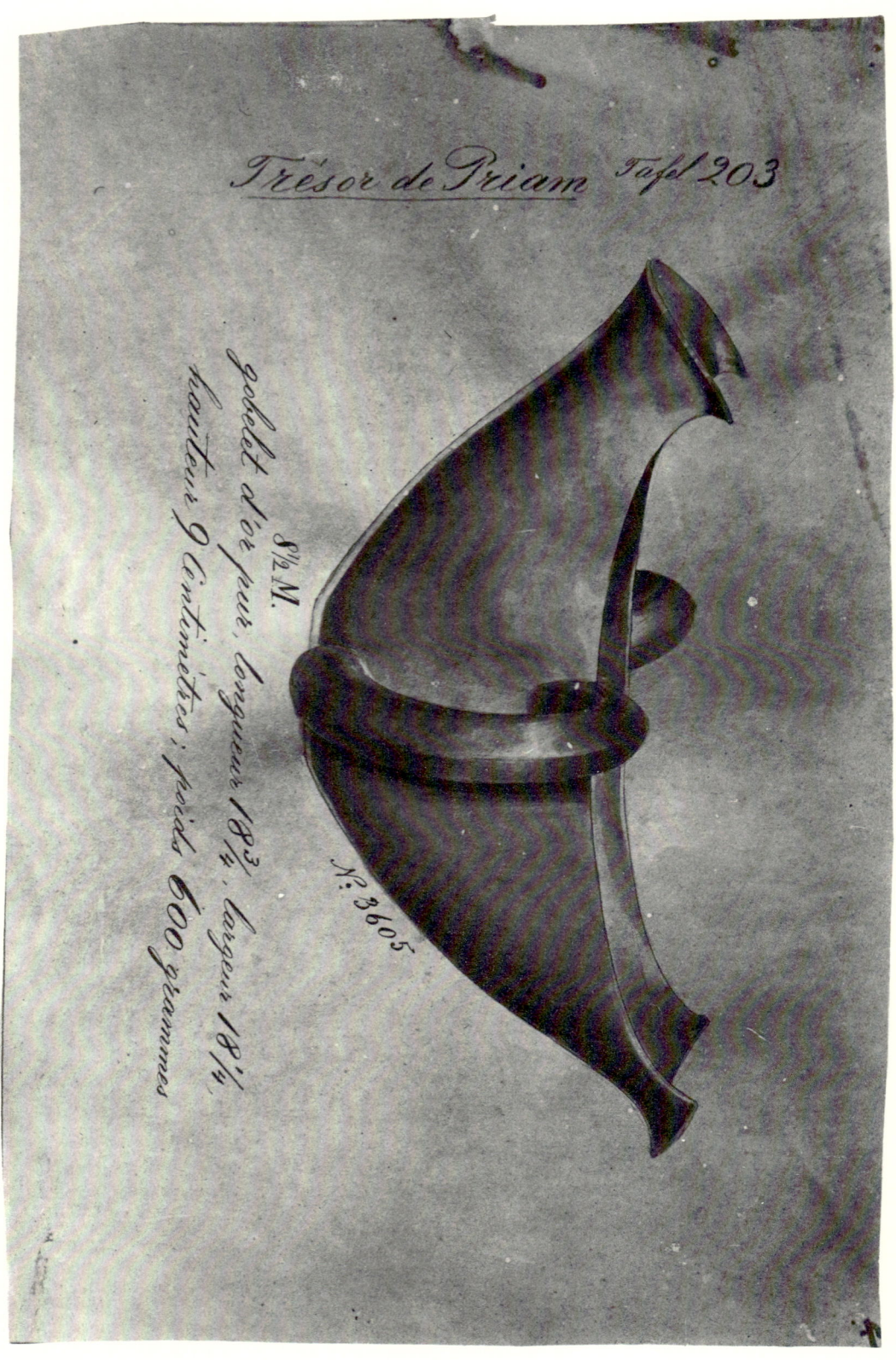

*Trésor de Priam découvert à 8½ mètres de profondeur*

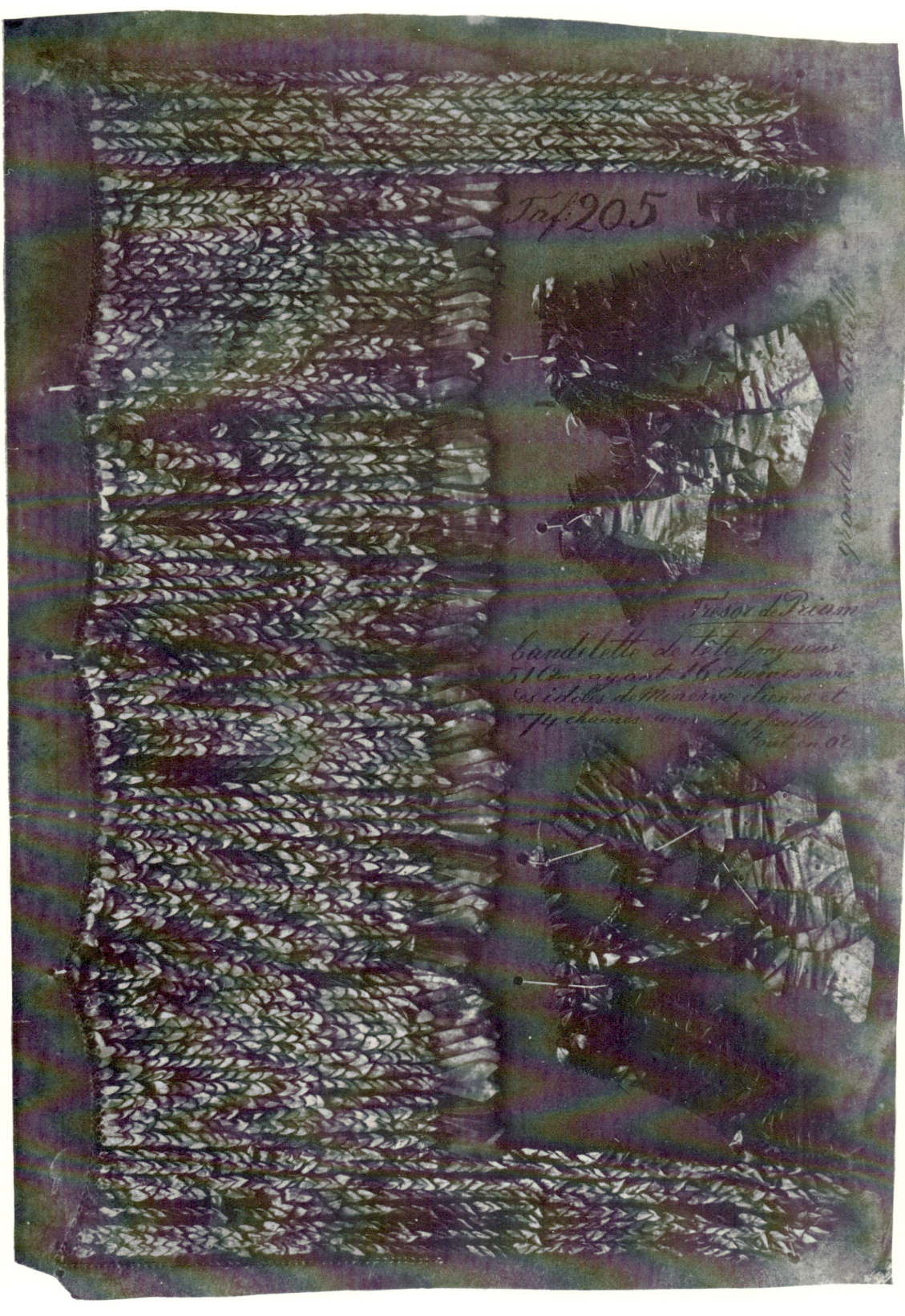

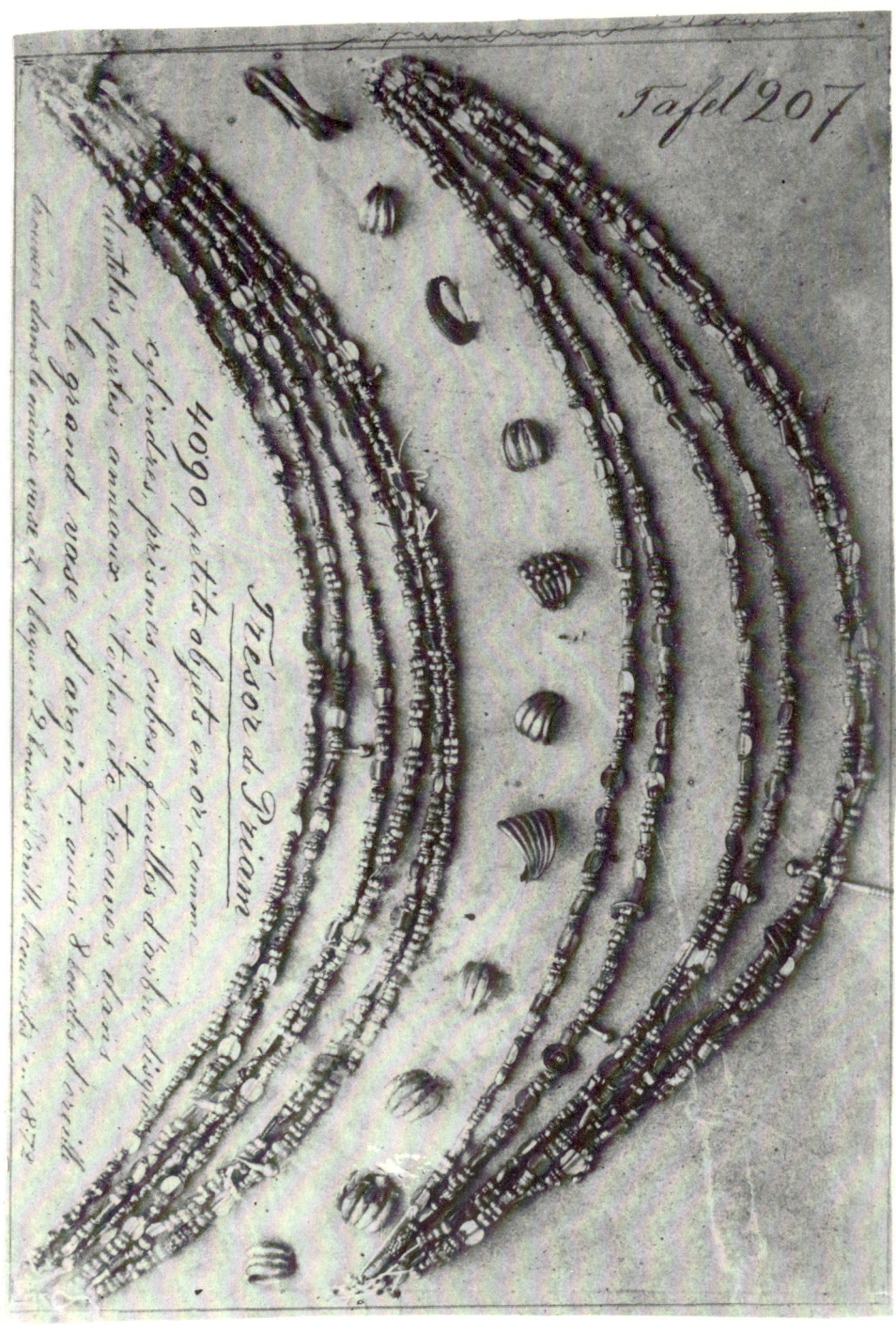

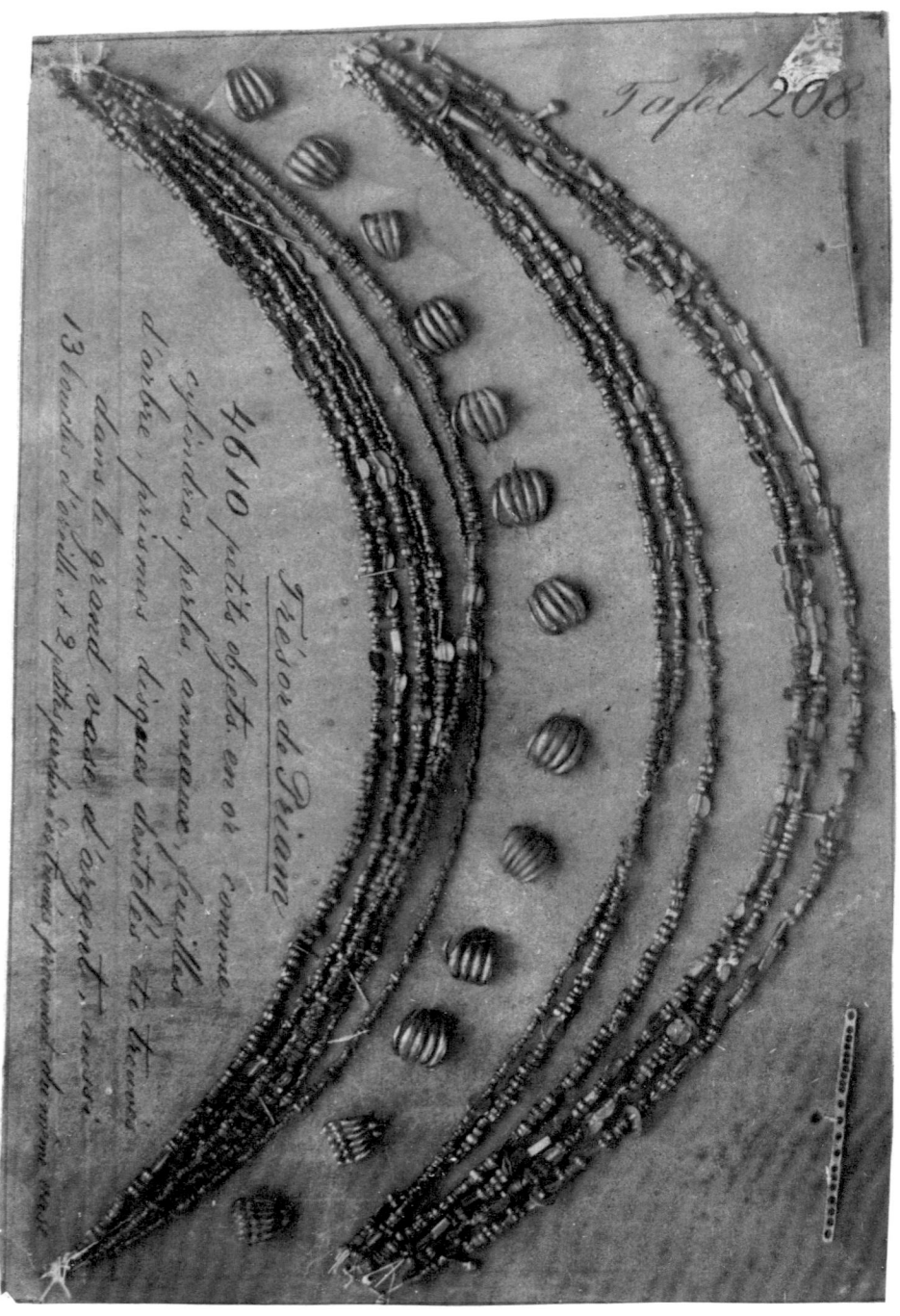

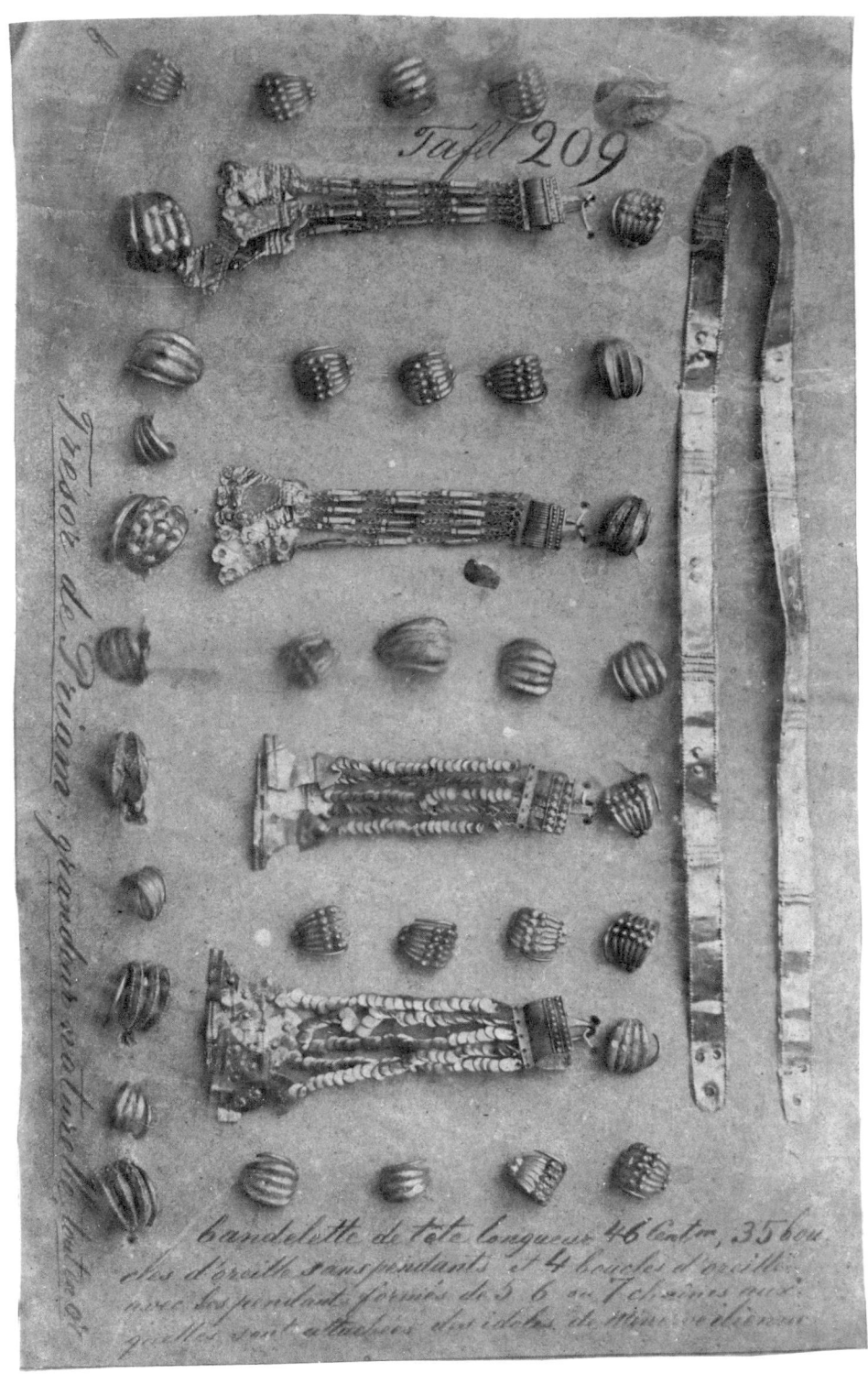

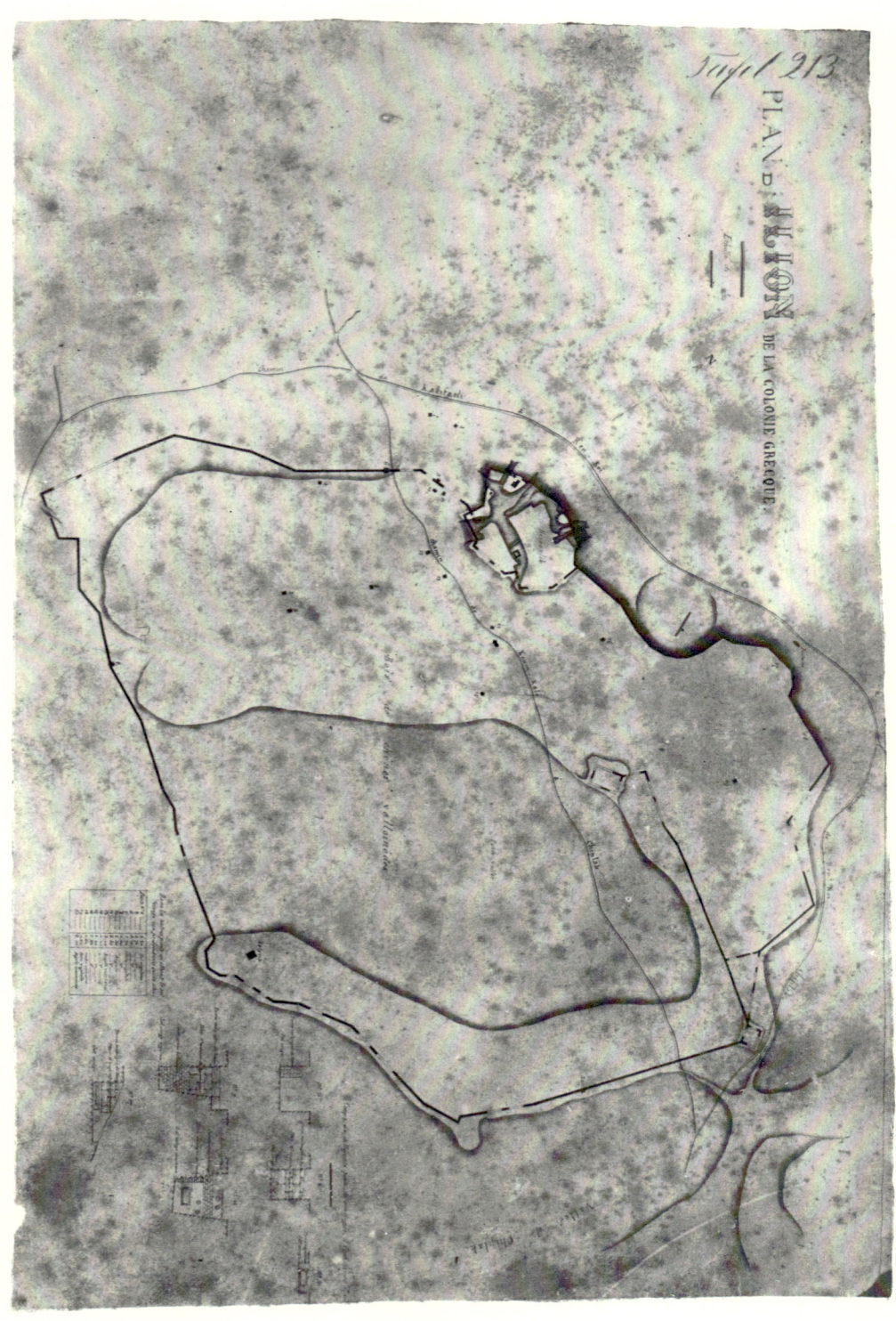

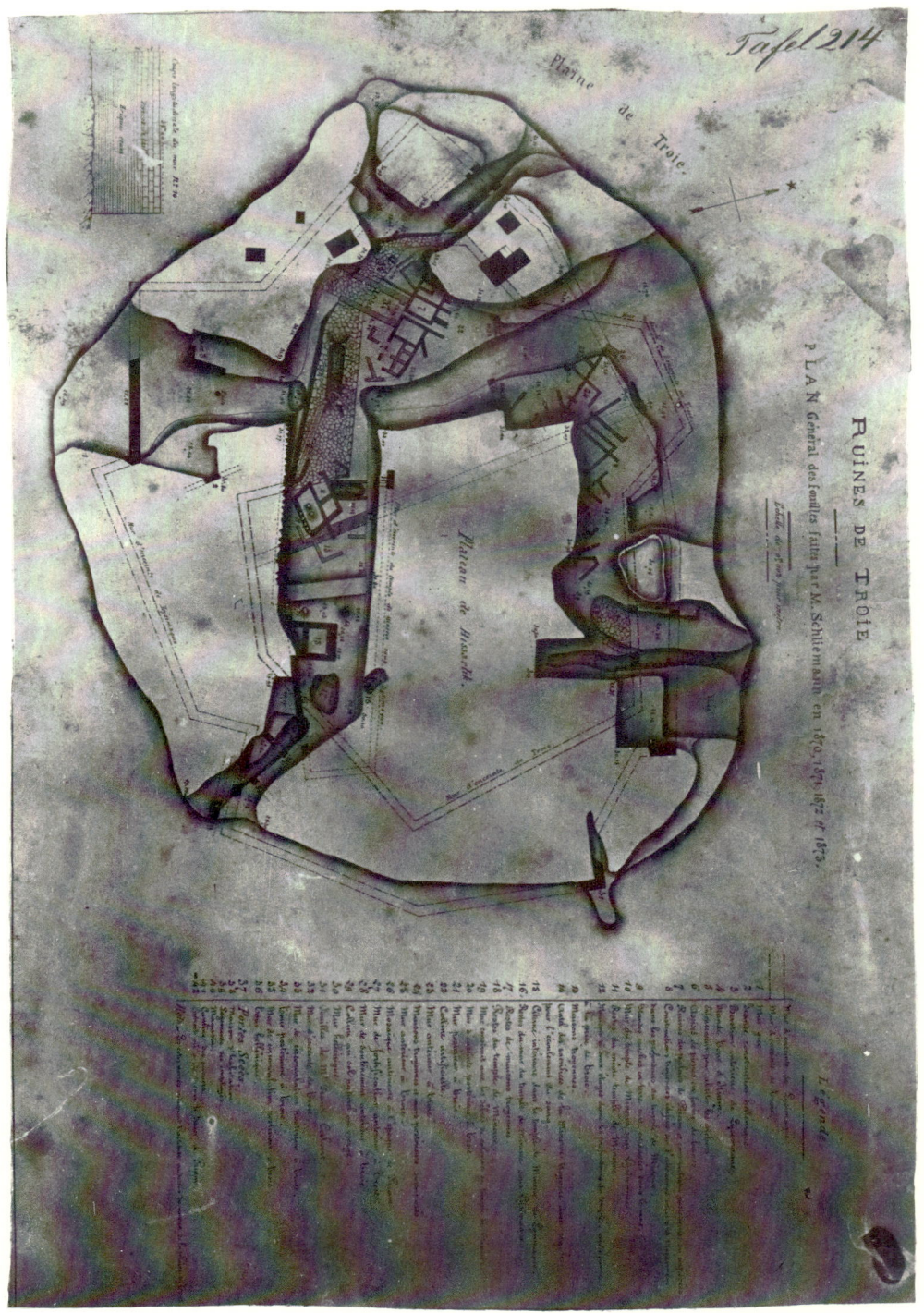

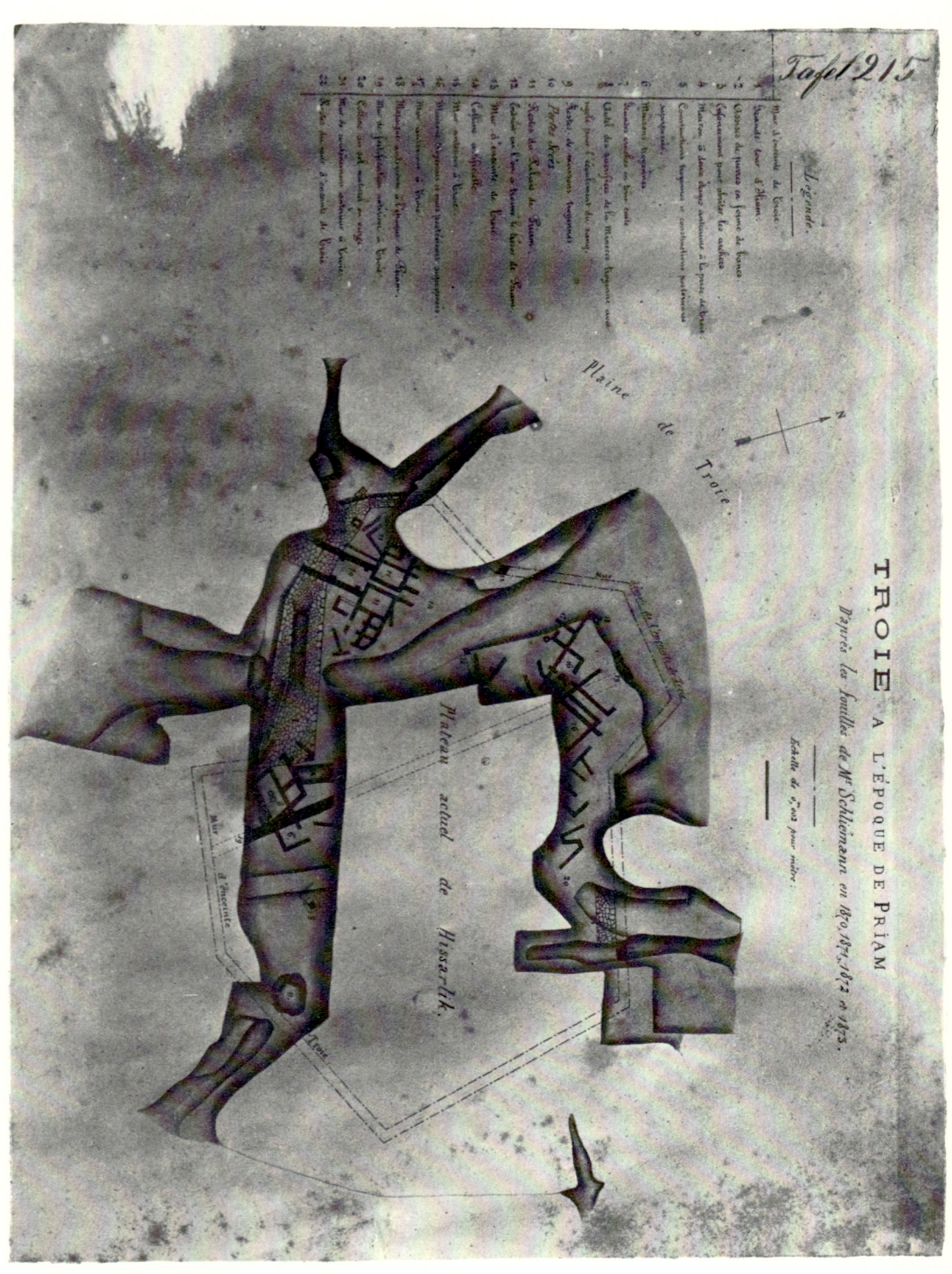

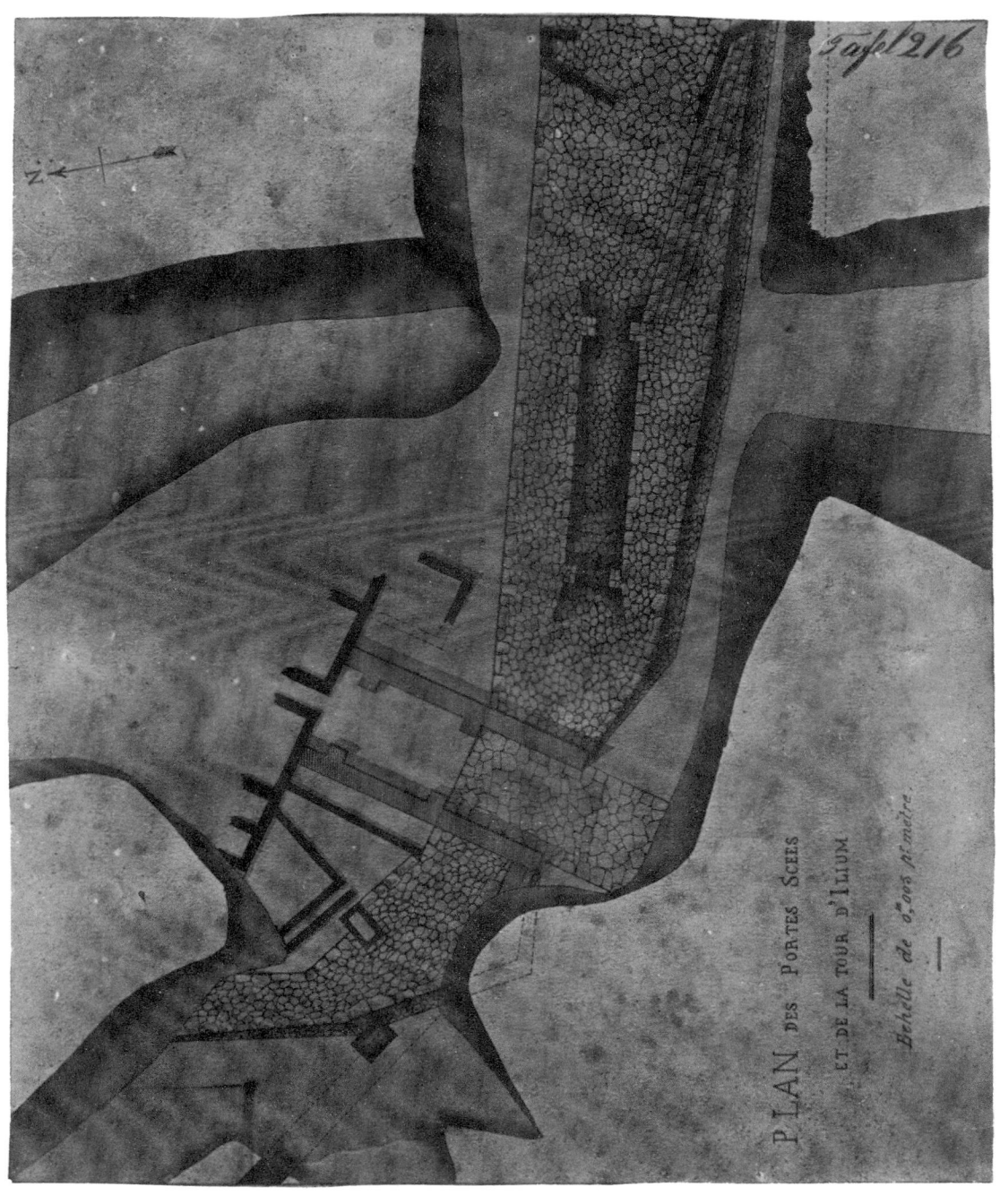

PLAN des Portes Scées
et de la Tour d'Ilium

*Echelle de 0,005 p:metre.*

höchst merkwürdige Vase aus dem Hause des
Priamos.
Vase très remarquable trouvé dans la maison de
Priam

# BILDLEGENDEN ZU DEN REPRODUZIERTEN TAFELN

### TAFEL 2

Auf dieser Tafel finden sich die nur einmal vorkommenden Verzierungen mit einem Stern bezeichnet; die übrigen sind sehr häufig, und in großer Zahl kommen solche wie Nr. 38, 39, 40, 42, 43, 44, 45, 47, 49, 50, 52, 57, 58, 59 und 65 vor. Die Stücke Nr. 38, 40, 42, 43, 44, 45, 48, 56 und 59 stellen ohne Zweifel den Lebensbaum, den Sôma, vor, denn in Figur 450 sieht man ihn mehrfach zwischen Sonnen und in Figur 460 am gestirnten Himmel neben einer 卍 , welches Zeichen, wie in meinem sechsten Aufsatz auseinandergesetzt ist, die beiden Hölzer zur Erzeugung des heiligen Feuers vorstellt. Nr. 34, 35 und 36 stellen ohne Zweifel sehr primitive Zeichnungen von Antilopen vor, welche oft auf den ältesten griechischen Vasen vorkommen und im Rigvêda das Gespann des Wagens der Winde sind. Nr. 51 scheint ein Rad vorzustellen, welches sich dreht. Die obere Figur in Nr. 61 sieht der in Nr. 298 befindlichen so ähnlich, daß ich überzeugt bin, sie stellt einen Menschen mit aufgehobenen Armen und in betender Stellung dar. Rechts davon scheint das Zeichen des Blitzes zu sein, und links sieht man im Kreise herum drei nicht zu verkennende Swastikas. Nr. 65 stellt sechs mit Flammen bedeckte Altäre dar; die Verbindung dieses Zeichens auf Nr. 289 und 292 mit drei Feuermaschinen, auf Nr. 276 mit aufgehenden Sonnen und auf Nr. 299 mit drei Antilopen, einem Blitz und drei Feuermaschinen läßt keinen Zweifel darüber.

### TAFEL 3

Auch hier sind die nur einmal vorkommenden Verzierungen mit einem Stern bezeichnet; die übrigen sind häufig; diejenigen wie Nr. 68, 70, 71, 72, 86, 89 und 91 ungemein zahlreich.

### TAFEL 4

Wie immer, so sind auch hier die nur einmal vorkommenden Zeichnungen mit einem Stern bemerkt; die übrigen sind mehr oder weniger häufig, besonders zahlreich aber nur Nr. 96, 101, 112, 113, 114, 115, 123 und 130. Räder, die sich fortbewegen, scheinen in Nr. 101, 102, 132 und vielleicht auch in Nr. 124 dargestellt zu sein. Die Zickzackzeichen in Nr. 107, 124 und 125 scheinen den Blitz darzustellen. Nr. 133 soll wohl eine Blume, vielleicht eine Rose sein.

## TAFEL 8

Von den auf dieser Tafel gegebenen Zeichnungen der runden Stücke Terrakotta kommen die der Nr. 238, 239, 240, 244 und 246 zu Hunderten vor. Die übrigen, nicht mit einem Stern bezeichneten Stücke kommen häufig vor, am häufigsten von denselben aber Nr. 237, welches drei Feuermaschinen (Swastikas) unserer arischen Urväter zeigt. Die »Swastikas« sind nicht immer ganz gleicher Form, denn bald haben sie die Enden nach rechts, bald nach links gedreht. Nr. 242 scheint drei Sonnen neben den drei »Swastikas« darzustellen. Nr. 245 und 257 haben rohe Darstellungen von Antilopen und Hirschen; so auch Nr. 259, welches außerdem ein »Swastika« hat. Nr. 252, 253, 255 und 260 stellen Bäume, vielleicht »Sôma-Bäume«, vor. Doppelte Verzierungen haben Nr. 242, 260, 261 und 264.

## TAFEL 9

Wie immer, so auch auf dieser Tafel, kommen die mit einem Stern bezeichneten Stücke nur einmal vor; alle übrigen Zeichnungen kommen mehrfach, jedoch keine derselben kommt besonders häufig vor. Die kammförmigen Zeichen in Nr. 272, 273, 275, 276, 278, 279, 281, 289 und 292 stellen ohne jeglichen Zweifel Altäre mit lodernden Flammen dar. Die Kreuzzeichen in Nr. 282, 294 und 299 sind alle wenig verschiedene Formen der »Swastika« oder der Feuermaschine des uralten arischen Stammes. Nr. 288 stellt vier Hasen dar, welches Tier das Symbol des Mondes ist; vielleicht stellen diese vier ein Kreuz um die Sonne bildenden Hasen die vier Jahreszeiten dar. Das dem phönizischen Buchstaben Noun so ähnliche Zeichen in Nr. 293 ist höchstwahrscheinlich der Blitz. In Nr. 295 sieht man sechs durch Sonnen steckende »Swastikas« im Kreis um die Sonne. Nr. 296 stellt zwei Antilopen oder Hirsche und zwei mir noch unerklärliche Zeichen, vielleicht zwei »Swastikas« ungewöhnlicher Form dar. In Nr. 298 sieht man zwei Antilopen; ein zweifüßiges Tier mit zwei Bäumen auf dem Rücken, in welchem die Indologen wahrscheinlich den in Falkengestalt den Sôma-Baum stehlenden Sonnengott erkennen, und einen Menschen in betender Stellung mit aufgehobenen Armen. In Nr. 299 sieht man auf der einen Seite des kleinen Karussells vier »Swastikas«, die ein Kreuz um die Sonne bilden, und auf der anderen drei Antilopen, vier »Swastikas«, einen Altar und einen Blitz. Vier solcher doppelt verzierter Stücke kommen auf dieser Tafel vor.

## TAFEL 11

Auch hier habe ich die nur einmal vorkommenden runden Terrakottas mit einem Stern bezeichnet. Von den übrigen kommen die Verzierungen ganz wie Nr. 343, 345, 348, 350, 352, 354, 355, 358, 359, 363, 364 und 372 sehr häufig vor. Nr. 345 und 372 stellen wohl die »Rosa mystica« vor. Die Zeichen in Nr. 356 stellen wohl Blitze und Donnerkeile vor. In Nr. 357 sehe ich das fortlaufende Rad. Nr. 361 mag den gestirnten Himmel mit vier Feuermaschinen vorstellen, die wiederum durch ihre Stellung ein Kreuz um die Sonne bilden. Nr. 374 scheint eine grob gemachte Rose mit Stengel darzustellen.

### TAFEL 13

Von den verzierten Terrakottas dieser Tafel kommen 413, 423, 433 und 434 vielfach vor; die übrigen, nicht mit einem Stern bezeichneten, kommen mehrfach vor, sind aber nicht gerade häufig. Die Form der runden Stücke Terrakotta, welche die Verzierungen der soeben durchgegangenen Tabellen haben, ist meistenteils sehr schwer zu zeichnen, da sie zu platt sind. Auf der Tafel 13, mit der wir jetzt beschäftigt sind, gebe ich inzwischen die Zeichnungen von fünfzehn *unverzierten* Stücken. Die Form des Nr. 435 kommt nur ausschließlich in 1 bis 2 Meter Tiefe vor. Die Formen der Nr. 436, 437, 439 und 442 kommen *nur* in 3 Meter Tiefe vor, und äußerst selten finde ich eine davon bis 4 Meter Tiefe. Die Form Nr. 438 kommt sowohl in 3 als in 4 Meter, aber nie in größerer Tiefe vor. Die Form Nr. 440 findet man von der Oberfläche bis zu 3 Meter Tiefe. Nr. 441 kommt unterhalb 4 Meter Tiefe nie vor. Auch Nr. 445 kommt nur bis 3 Meter Tiefe vor. Die Form Nr. 446 kommt in dieser Größe von 4 Meter Tiefe abwärts bis zum Urboden in allen Tiefen vor; sie ist jedoch nicht häufig. Dagegen kommen die Formen Nr. 443, 444, 447, 448 und 449 von 3 Meter Tiefe abwärts bis zum Urboden in allen Schuttschichten vor; ich habe zu Tausenden davon gesammelt. Dies sind die so vielfältig besprochenen Karussells und Vulkane, die aber, wenn sie Verzierungen tragen, namentlich was die Karussells betrifft, immer an beiden Enden viel mehr eingedrückt sind und in den untersten Schuttschichten, in 12 bis 14 Meter Tiefe, entweder ganz die Form eines Rades haben oder derselben sehr nahekommen, und in den höheren Trümmerlagen meistenteils nur ausgeartete Radformen zu sein scheinen.

### TAFEL 28

Nr. 751 ist eine in 1½ Meter Tiefe gefundene Inschrift, welche ich bereits in meinem zweiten Aufsatz bekannt gemacht habe. Nr. 745 und 750 sind zwei in 16 Meter Tiefe gefundene Steine, wovon der erste genau 680 Gramm, der letztere 1250 Gramm wiegt, und ich zweifle daher nicht, daß dieselben als Gewichte benutzt wurden. Die Steine Nr. 746 und 749, ersterer aus 12, letzterer aus 16 Meter Tiefe, sind aus Diorit und scheinen als Hämmer gedient zu haben. Nr. 747 ist ein aus 13 Meter Tiefe stammendes Werkzeug, dessen Gebrauch mir unbekannt ist; es wiegt 1475 Gramm. Nr. 748 ist eine Axt aus Diorit aus 14 Meter Tiefe.

### TAFEL 29

Nr. 752 und 753 sind zwei in 1½ Meter Tiefe gefundene und bereits in meinem zweiten Aufsatz herausgegebene Inschriften. Nr. 754 ist das Bruchstück einer Vase aus 8 Meter Tiefe mit Zickzackverzierungen, und Nr. 755 und 756 sind einige von jenen bis 2 Meter Tiefe vorkommenden runden Stücke Terrakotta mit zwei Löchern.

## TAFEL 30

stellt jenen bereits in meinem fünften Bericht beschriebenen herrlichen Triglyphenblock von parischem Marmor dar, den ich auf der Baustelle des Tempels in 1 Meter Tiefe fand.

## TAFEL 109

zeigt meinen großen durch den ganzen Berg gegrabenen Kanal von der Südseite; im Vordergrund ist Iliums großer Turm, dessen Oberfläche genau 8 Meter unter der Oberfläche des Berges ist und der in 14 Meter Tiefe auf dem Felsen gebaut ist; wegen der tiefen Höhlung ist nur ein kleiner Teil davon sichtbar.

## TAFEL 112

zeigt einen Teil der Ausgrabung auf der Baustelle des Tempels mit den von Lysimachos gebauten Mauern im Vordergrund.

## TAFEL 116

gibt den vom Ingenieur A. Laurent vor Anfang meiner großen Ausgrabungen von 1872 aufgemachten Plan des Berges.

## TAFEL 117

ist der vom Landmesser G. Sisilas nach Beendigung meiner Ausgrabungen von 1872 gemachte Plan desselben Berges.

## TAFEL 118 (FRONTISPIZ)

ist eine Karte der Ebene von Troja, und ich mache ganz besonders darauf aufmerksam, daß die kleine Stadt am Ende der Höhen von Bunarbaschi nicht Skamandria, wie ich irrtümlich geschrieben, sondern Gergis ist.

## TAFEL 140

Nr. 2767 ist eine auf dem großen Turm in 8 Meter Tiefe gefundene große schwarze Vase mit dem Eulengesicht der ilischen Minerva, zwei Brüsten und ungeheurem Schamteil; die beiden aufrecht stehenden Arme waren abgebrochen; nur von dem einen war ein Stummel geblieben. Ich habe daher beide durch Striche ergänzt. Nr. 2768 ist einer jener glänzend roten Becher mit rundem Fuß, die nur auf den Mund hingestellt werden können. Nr. 2769 ein Schmelztiegel mit vier Füßen, in welchem noch etwas Kupfer nachgeblieben ist; Nr. 2770 eine Vase mit Röhren an den Seiten zum Aufhängen mit Schnüren; Nr. 2771 eine große Kanne; Nr. 2772 eine große rote Vase mit zwei Henkeln und auf beiden Seiten mit hoch emporstehenden Verzierungen; Nr. 2773 ein Becher; Nr. 2774 eine kleine Vase, deren oberer Teil fehlt; Nr. 2775 und 2777 sind große Vasen mit zwei Henkeln; beide sind unten ganz kugelrund und daher nicht zum Hinstellen. Auch die kleine Vase Nr. 2776 ist unten kugelrund und hat gar keinen Henkel.

# BILDLEGENDEN ZU DEN REPRODUZIERTEN TAFELN

## TAFEL 159

stellt den in den Tiefen des Minervatempels von mir entdeckten und bereits genau beschriebenen Opferaltar in ¹/₁₀ Größe dar.

## TAFEL 162

Nr. 3101 ist ein rundes plattes Stück Terrakotta mit einem Eulengesicht; Nr. 3102 ein Werkzeug von Glimmerschiefer ungewissen Gebrauchs; Nr. 3103 ein langes Beil aus Diorit; Nr. 3104 ein eiförmiges, schön poliertes Stück Diorit; Nr. 3105, 3106, 3108 bis 3128, 3130, 3132, 3134, 3137 und 3138 sind 28 jener kleinen Terrakotta-Vulkane und Karussells mit symbolischen Zeichen. In Nr. 3105 glaube ich ein Tier mit zwei Beinen, eine ⊞ und einen Opferaltar mit lodernden Flammen zu erkennen; Nr. 3107 ist eine kleine Schleuder aus Magneteisenstein; Nr. 3129 ist eines jener hübschen Beile aus Diorit, die hier zu Hunderten vorkommen; Nr. 3131 ist ein sehr hübscher Zylinder aus blauem Feldspat mit höchst merkwürdigen eingravierten Zeichen; derselbe wurde, ebenso wie der größte Teil der übrigen Gegenstände dieser Tafel, in dem alten königlichen Haus oberhalb des Skäischen Tors gefunden. Nr. 3133 ist ein kleiner Napf sonderbarer Form; Nr. 3134 ist ein Terrakotta-Karussell mit höchst sonderbaren Zeichen; Nr. 3135 ein kupfernes Messer; Nr. 3136 eine Schleuder aus Magneteisenstein.

## TAFEL 163

Auch die meisten Gegenstände dieser Tafel und namentlich die vier Idole und die kupfernen Sachen wurden in dem alten königlichen Haus oberhalb des Skäischen Tors gefunden. Nr. 3139 bis 3141, 3143 bis 3150, 3158 bis 3165 sind wiederum 19 jener kleinen Karussells und Vulkane mit symbolischen Zeichen; in dem Stück Nr. 3143 sind drei Antilopen im Kreis um die Sonne dargestellt; ich erinnere daran, daß dieses Tier im Rigvêda das Symbol des Gespanns des Wagens der Winde ist. Nr. 3151 ist eine mit Einschnitten verzierte Kugel aus Terrakotta; Nr. 3152 ist ein marmornes Idol mit dem eingravierten Eulenkopf der Schutzgöttin Trojas, deren Haupthaar auf der Stirn und auf dem Rücken angedeutet ist; Nr. 3153 ist ein knöchernes Idol derselben Göttin, und an demselben sind die Arme angedeutet. Nr. 3154 ist ebenfalls ein knöchernes Idol der ilischen Minerva; Nr. 3155 ist das Bruchstück eines kupfernen Schwertes; Nr. 3156 ein Idol ohne eingravierten Eulenkopf; Nr. 3157 ist eine griechische Lampe; Nr. 3166 sind fünf in dem königlichen Haus oberhalb des Skäischen Tors gefundene, jedenfalls in einer Feuersbrunst zusammengeschmolzene große kupferne Tuchnadeln, von denen die eine mit dem kugelförmigen Kopf unterhalb des gewöhnlichen Kopfes besonders merkwürdig ist. Nr. 3167 ist ein kupfernes Werkzeug; Nr. 3168 ein Gegenstand aus Kupfer unbekannten Gebrauchs; Nr. 3169 eine Kelle aus Terrakotta; Nr. 3170 das Bruchstück eines Messers aus Kupfer.

## TAFEL 164

Nr. 3171 bis 3177 und 3179 sind acht kleine Platten aus Terrakotta mit höchst sonderbaren Figuren in Basrelief; Nr. 3178 ist eine dicke Bleiplatte mit einem Schweinskopf und

mag als Münze gedient haben; Nr. 3180 und 3181 sind Bruchstücke von Terrakotta-
Figuren; Nr. 3182 ist ein rundes Plättchen mit einem Stern; Nr. 3183 bis 3186, 3191 und
3192, 3196 und 3197 sind Köpfe von Terrakotta-Statuetten ganz ausgezeichneten Fabrikats; Nr. 3198 ist der Torso einer ebenfalls mit großer Meisterschaft gemachten Statuette
aus Terrakotta; Nr. 3199 ist der Fuß einer Statuette; Nr. 3200 das Bruchstück einer
Terrakotta-Platte mit Reiterfigur in Relief; Nr. 3201 ein Vasendeckel mit zwei durchgehenden Löchern; Nr. 3202 ein Gegenstand aus Kupfer; Nr. 3203 ein Idol mit Eulengesicht;
Nr. 3204 das Bruchstück eines Griffs aus Terrakotta in Form einer Schlange.

TAFEL 165

Nr. 3205 und 3207 sind Bruchstücke von Gefäßen aus Terrakotta; Nr. 3206, 3213, 3217,
3218, 3224 bis 3226 sind sieben jener kleinen Vulkane oder Karussells mit symbolischen
Zeichnungen; Nr. 3208 ist eine Figur aus Terrakotta; Nr. 3209 und 3210 sind marmorne
Idole mit dem Eulengesicht der ilischen Minerva; auf dem ersten sieht man auf der
Rückseite des Kopfes das Haupthaar der Göttin; Nr. 3211 ist eine Lampe; Nr. 3212 der
Flügel eines Vogels, wahrscheinlich eines Adlers, aus Terrakotta; Nr. 3214 eine Terrakotta-Platte mit dem Basrelief einer Frau; Nr. 3215, 3216, 3220 bis 3223, sowie 3227 sind
wiederum sieben mit großer Meisterschaft gemachte Köpfe von Statuetten. Nr. 3219 ist
der große kupferne Bolzen des ersten Tors, und Nr. 3228 ist der etwas kleinere kupferne
Bolzen des zweiten Tors im Skäischen Tor; wie man sieht, ist von diesem letzteren Bolzen
ein Stück vom dicken Ende beim Abhacken des Schutts abgehauen.

TAFEL 166

Die Terrakotta-Kugel Nr. 3229 sowie alle anderen aus 7 bis 9 Meter Tiefe stammenden
Gegenstände dieser Tafel sind aus dem unteren und somit älteren königlichen Haus
oberhalb des Skäischen Tors; in jenem Haus wird man wegen der von mir auseinanderge-
setzten Ursachen ohne Zweifel das Haus des Priamos erkennen. Auf der erwähnten Kugel
sieht man zuerst oben ein Eulengesicht, dann unten ein Rad, wahrscheinlich das Symbol
des Sonnenwagens; auf der anderen Seite sieht man oben eine mir unerklärliche Figur und
unten eine Sonne; Nr. 3230 bis 3233, 3239 bis 3243, 3245 bis 3247, 3251 und 3252 sowie
3254a und 3254b sind wiederum 19 jener Terrakotta-Vulkane oder Karussells mit
symbolischen Zeichen; Nr. 3235 ein rundes, an einer Seite abgeplattetes und zweimal
durchbohrtes Stück Terrakotta mit einem Stempel, in welchem man einen Adler und einen
Hirsch oder Antilope sieht. Nr. 3234, 3236 und 3238 sind Idole ohne, Nr. 3237 ist ein Idol
mit dem Eulengesicht der Schutzgöttin Trojas; Nr. 3234 ist von Knochen, die übrigen sind
von Marmor; Nr. 3248 ist wiederum ein Idol mit dem Eulenkopf, den Haaren und dem
Gürtel der ilischen Minerva; Nr. 3249 ist eine Terrakotta-Vase, muß aber jedenfalls auch
ein Idol derselben Göttin sein, denn man sieht ihren Eulenkopf mit ungeheuren Augen und
auf der Rückseite ihr Haar, nach Art der Karyatiden im Erechtheion in der Akropolis zu
Athen, in einem Zopf beinahe bis zur Erde herunterhängen; am Halse der Göttin sieht man
drei horizontale Linien, die vermutlich die Rüstung andeuten, und darauf folgt der große
gewölbte, beinahe den ganzen Körper bedeckende Schild, der mit zehn Reihen Punkten
verziert ist; diese sollen wohl die Nägel andeuten; an jeder Seite hält die Figur ein Gefäß in

Form eines Schlauchs; diese Gefäße sind wahrscheinlich auch Symbole; an den beiden Schläfen der Göttin sieht man einen Strich, der vielleicht den Helm andeuten soll. Dieses höchst merkwürdige Idol ist um so interessanter, als es im unteren königlichen Hause oberhalb des Skäischen Tors gefunden ist. Nr. 3250 ist ein ebendaher stammender kleiner Dreifuß; Nr. 3253 ist ein Becher mit dem Bild von Trojas Schutzgöttin; Nr. 3255 und 3256 sind marmorne Idole und haben ebenfalls Eulengesichter; Nr. 3257 ist ein langes kupfernes Messer; Nr. 3258 ist aus Elfenbein, schön mit Einschnitten verziert und ist ein musikalisches Instrument, wahrscheinlich eine Flöte.

## TAFEL 191

Nr. 3483 stellt eine im Palast des Priamos in 8 Meter Tiefe gefundene 62 Zentimeter hohe glänzend dunkelrote Vase mit dem Eulengesicht der Schutzgöttin Trojas, ihren beiden Frauenbrüsten, Halsband und einer um den ganzen Leib herumgehenden königlichen Schärpe dar. Merkwürdigerweise hat diese Vase nicht die beiden sonst nie fehlenden emporstehenden Arme der Göttin und nur zwei Henkel.

## TAFEL 192

Alle Gegenstände dieser Tafel sind aus dem unmittelbar neben dem königlichen Haus in 8½ Meter Tiefe auf der trojanischen Ringmauer gefundenen Schatz des Priamos; Nr. 3484 ist ein großer zweischneidiger kupferner Dolch, dessen Griff, wie es das unter rechtem Winkel umgebogene Ende desselben beweist, jedenfalls einst mit Holz eingefaßt war. Nr. 3485 ist ebenfalls ein zweischneidiger kupferner Dolch mit langem, einst in Holz eingefaßt gewesenen Griff. Dieser Dolch ist aber in der Feuersbrunst ganz zusammengerollt. Nr. 3486 ist ein kleiner silberner Vasendeckel; Nr. 3487 und 3488 sind zwei silberne Schalen (φιάλαι); Nr. 3489 stellt eine kupferne Lanze und eine kupferne Streitaxt dar, die in der Feuersbrunst zusammengeschmolzen sind. Im unteren Ende der Lanze, welches hier mit der Spitze nach unten gewendet steht, sieht man das Loch des sie im Schaft befestigenden Nagels. Nr. 3490a und 3490b sind ein paar prachtvolle silberne Vasen mit Deckeln in Form von phrygischen Hüten; beide sind zum Aufhängen resp. zum Tragen mit Schnüren eingerichtet, denn die erste hat an jeder Seite eine Röhre und ebenfalls eine Röhre an jeder Seite des Hutes, die zweite hat an jeder Seite zwei Röhren, aber keine Röhren im Hut. Nr. 3490c ist eine herrliche silberne Schale (φιάλη) mit einem großen Nabel (ὀμφαλός) in der Mitte; Nr. 3490d ist ein hübscher silberner Becher. Über diesen beiden letzten Gegenständen sieht man den bloß mit Nr. 3490 bezeichneten großen kupfernen Schlüssel, der, wie das unter rechtem Winkel umgebogene Ende des Stiels beweist, einst einen mit Holz eingefaßten Griff gehabt hat. Da dieser Schlüssel neben dem Schatz gefunden wurde, dessen viele, auf Tafel 192 bis 209 inklusive dargestellten Gegenstände eng zusammengepackt lagen und ein Parallelepipedum bildeten, so unterliegt es keinem Zweifel, daß derselbe zu der hölzernen Kiste gehörte, in welche der Schatz gepackt war. Diese Kiste war natürlich in der Feuersbrunst verbrannt, von der jeder Gegenstand, ja selbst die kleinsten goldenen Würfel und Zylinder, die deutlichsten Spuren zeigen, aber von dem sehr primitiven Schloß derselben besitze ich mehrere Bruchstücke. Daß es in

Troja wirklich kupferne Schlüssel mit hölzernen oder knöchernen Griffen gab, davon überzeugt uns das vorliegende Exemplar ebenso wie jener kupferne Schlüssel mit einem Griff aus Elfenbein, womit, nach Odyssee, XXI, 6–7, Penelope die Waffenkammer öffnete. Homer beschreibt diesen Schlüssel als »κληῖδ᾽ εὐκαμπέα, wohlgebogenen Schlüssel«; derselbe hatte daher einen Bart; dieser mußte wegen der natürlichen Weiche des reinen Kupfers, welches sich bekanntlich mit dem Messer schneiden läßt, notwendigerweise – gleich dem des uns vorliegenden Schatzschlüssels – sehr dick und plump sein.

## TAFEL 193

stellt unter Nr. 3491 bis 3494 und Nr. 3495 b bis 3495 f neun große kupferne Streitäxte dar, die mit den übrigen Gegenständen des königlichen Schatzes zusammengepackt lagen. Auf allen sieht man die deutlichsten Merkmale der furchtbaren Glut, welcher sie ausgesetzt gewesen sind; ja auf Nr. 3493 und Nr. 3495 e sieht man festgeschmolzene Bruchstücke anderer Streitäxte. Auch die scharf zulaufende Waffe Nr. 3495 g stammt aus dem Schatz. Ich hatte schon auf einer der vorhergehenden Tafeln in photographischer Zeichnung das Bild der Schlüssel des doppelten Skäischen Tors gegeben; der Leser wird es hoffentlich nicht übelnehmen, wenn ich dieselben, obgleich sie natürlich mit dem Schatz des Priamos nichts gemein haben, hier noch einmal in Photographie darstelle. Nr. 3495 gibt das Bild des großen kupfernen Bolzens oder Schlüssels, den ich gerade in der Mitte des ersten Skäischen Tors fand, und Nr. 3495 a stellt den kupfernen Bolzen oder Schlüssel dar, den ich gerade in der Mitte des zweiten Skäischen Tors entdeckte.

## TAFEL 194

stellt weitere Gegenstände aus reinem Kupfer aus dem Schatze des Priamos dar. Nr. 3496 und die beiden mit Nr. 3497 bezeichneten Stücke wurden schon acht Tage vor der Entdeckung des Schatzes unmittelbar neben dem Fundort desselben entdeckt und sind daher, ihrer großen Merkwürdigkeit wegen, hier mit photographiert worden, obschon sie auf einer der vorhergehenden Tafeln in photographierter Zeichnung gegeben sind; Nr. 3496 und eines der beiden Stücke von Nr. 3497 bilden den oberen Teil, den Bügel (φάλος) eines Helms, der leider so zersplittert ist, daß er nicht wieder zusammengesetzt werden kann. Das andere Stück von Nr. 3497 ist der untere Teil des Bügels eines anderen Helms. Neben dem Helm wurde die krumme kupferne Stange Nr. 3498 gefunden. Nr. 3499 ist das Bruchstück eines zweischneidigen kupfernen Dolchs, welches, gleich wie alle folgenden Gegenstände, aus dem Schatz selbst stammt. Unter Nr. 3500 sieht man zwei in der Feuersbrunst zusammengeschmiedete Bruchstücke von kupfernen Streitäxten. Nr. 3501 bezeichnet wiederum einen kupfernen zweischneidigen Dolch, an welchem ebenfalls in der Glut das Bruchstück einer anderen Waffe festgelötet ist. Nr. 3502 und 3503 sind Bruchstücke von kupfernen Lanzen; in ersterem sieht man noch den Nagel, mit welchem die Lanze im Schaft befestigt war. Nr. 3504 und 3504 a sind kupferne Streitäxte; Nr. 3504 b ist ein kupfernes Messer; Nr. 3504 c und 3504 d sind kupferne Lanzen; Nr. 3504 e ist das Bruchstück eines kupfernen Schwertes; Nr. 3504 f ist wiederum eine Streitaxt; Nr. 3504 g und 3504 h sind zwei kupferne Lanzen; Nr. 3504 i und 3504 l sind die beiden unteren Teile von Helmbügeln; Nr. 3504 k ist eine Streitaxt.

## TAFEL 195

stellt die aus dem Schatz stammenden sechs goldenen Armbänder dar. Das schönste derselben ist unstreitig Nr. 3505, das ringsherum mit höchst kunstvollen eingeschnittenen Zeichnungen verziert ist; leider aber ist hier nur die scharfe Kante dieses Armbandes und daher nichts von dessen Verzierungen sichtbar. Um den Raum dieser Tafel auszufüllen, habe ich in der Mitte derselben die Zeichnung einer zwar weit vom Schatz entfernt, aber doch im Palast des Priamos gefundenen wunderbaren, mit vielen Keileinschnitten verzierten Terrakotta-Vase gegeben. Ich habe derselben einen ebenfalls im Königshaus gefundenen Deckel aufgesetzt, da derselbe jedenfalls zu dieser Art von Vasen gehört hat. Wie ich bereits mehrfach auseinandergesetzt habe, müssen aber diese Art Deckel auch als Trinkbecher benutzt worden sein.

## TAFEL 196

stellt 56 goldene Ohrringe aus dem Schatz des Priamos dar. Nr. 3563, 3564 und 3565 mögen, wegen ihrer Größe, von den Prinzessinnen des königlichen Hauses auch als Fingerringe getragen worden sein. Nr. 3542 und 3543 sind zwei Stücke Gold, jedes mit 21 Durchbohrungen, und haben jedenfalls als Schmucksachen gedient; Nr. 3570, 3571, 3573 und 3575 sind goldene Doppelknöpfe, die nicht zusammengeschmiedet sind, sondern zusammengesteckt werden, wenn sie gebraucht werden sollen, denn wie es Nr. 3573 und 3574 zeigen, geht aus der Höhlung des einen Knopfes eine lange Röhre ($\alpha\nu\lambda\ell\sigma\varkappa\sigma\varsigma$), aus der des andern eine ebenso lange Stange ($\check{\varepsilon}\mu\beta\sigma\lambda\sigma\nu$) hervor, und man steckt einfach das »$\check{\varepsilon}\mu\beta\sigma\lambda\sigma\nu$« in den »$\alpha\nu\lambda\ell\sigma\varkappa\sigma\varsigma$«, um den Doppelknopf herzustellen. Es fanden sich im Schatz auch sehr viele 5 Millimeter hohe goldene Knöpfe, wie Nr. 3572 der vorliegenden Tafel, in deren Höhlung ein 3 Millimeter breiter Ring oder Öse zum Annähen ist. Ferner große Massen von der Länge nach mit einer Röhre zum Aufziehen versehenen goldenen Baumblättern, durchbohrten Goldperlen, goldenen Sternchen in Rad- oder Blumenform, breiten oder schmalen goldenen Rädern und Kügelchen, die mit 16 herumgehenden Einschnitten geziert sind, kleinen glatten oder mit 8 oder 16 Einschnitten verzierten goldenen Ringen, durchbohrten goldenen Zylindern, in der Länge durchbohrten Prismen und Parallelepipeden, mit Einschnitten verzierten durchbohrten goldenen Würfeln, kleinen Goldstangen in Form von Glockenzungen, doppelten oder dreifachen goldenen Ringen mit durchgehendem Loch an zwei Seiten zum Aufziehen und mit Einschnitten verzierten Zylindern in Form von Wagenachsen. Von allen diesen kleinen goldenen Sachen, welche unter Nr. 3570 bis 3583 dieser Tafel einzeln dargestellt sind, fanden sich im Schatz des Priamos 8750 Stück. Ich habe dieselben auf Schnüre gezogen auf Tafel 207 und 208 sämtlich dargestellt.

## TAFEL 197

Nr. 3585 ist ein herrlicher Becher aus Elektron, einem Gemisch von Gold und Silber, der acht Tage vor der Entdeckung des großen Schatzes unmittelbar neben dessen Fundort in einem Gemach des königlichen Hauses, in der schönen silbernen Vase Nr. 3586 steckend, entdeckt wurde. Nr. 3586a stellt eine gebogene, sehr breite und dicke kupferne Platte dar, die wahrscheinlich früher ganz gerade gewesen und erst in der Feuersbrunst krumm gebogen worden ist. Auf der rechten Seite hat sie zwei unbewegliche Räder, während auf der linken in der Feuersbrunst eine große silberne Vase auf ihr festgeschmolzen ist. Auf beiden Seiten hat die Platte einen kleinen erhöhten Rand. Dieser höchst merkwürdige Gegenstand lag obenauf im Schatz des Priamos, und es ist mir vollends ein Rätsel, wozu er gedient haben könnte. Ich glaube, er ist in der hölzernen Kiste des Schatzes irgendwie benutzt worden, und wahrscheinlich als Unterlage des hölzernen Deckels, dem die beiden unbeweglichen Räder und ihre Achse als Haspen dienten.

## TAFEL 198

stellt einen ebenfalls aus dem Schatz des Priamos stammenden kupfernen homerischen Nabelschild ($\dot{\alpha}\sigma\pi\dot{\iota}\varsigma$ $\dot{o}\mu\varphi\alpha\lambda\dot{o}\varepsilon\sigma\sigma\alpha$) dar, welcher eine ovale Form hat, dessen eine Seite aber sehr stark in der Feuersbrunst eingedrückt worden ist. An der entgegengesetzten Seite sieht man noch das Bruchstück des Griffs, an welchem der Tragriemen oder das Wehrgehenk ($\tau\varepsilon\lambda\alpha\mu\dot{\omega}\nu$) befestigt gewesen sein muß. Der Rand des Schildes steht um 4 Zentimeter hervor, und der in der Mitte befindliche Nabel ($\dot{o}\mu\varphi\alpha\lambda\dot{o}\varsigma$) ist 6 Zentimeter hoch und hat 11 Zentimeter im Durchmesser; die um denselben herumgehende Rinne ist 1 Zentimeter tief und hat 18 Zentimeter im Durchmesser. Wahrscheinlich war diese vordere Seite des Schildes bis zum Rand ausgefüllt mit Schichten ($\pi\tau\dot{\upsilon}\chi\varepsilon\varsigma$) Rindshaut, deren das Schild des Ajax z. B. sieben hatte (Ilias, VII, 245–248). Auf der Rückseite hat der Schild keinen Rand.

## TAFEL 199

stellt ferner aus dem Schatz des Priamos einen kupfernen homerischen »$\lambda\dot{\varepsilon}\beta\eta\varsigma$« dar, der in der Ilias fast nur als Kasserol und oft als Kampfpreis, in der Odyssee fast nur als Waschbecken zum Waschen der Hände oder Füße vorkommt. Auch auf diesem Gegenstand sieht man überall die Merkmale der furchtbaren Feuersbrunst und erkennt neben dem linken Henkel zwei festgeschmolzene Bruchstücke von kupfernen Waffen, nämlich das einer Lanze und das einer Streitaxt.

## TAFEL 200

Man sieht auf dieser Tafel wiederum höchst merkwürdige Gegenstände aus dem Schatz des Priamos; nämlich unter Nr. 3589 bis 3594 sechs oben abgerundete, unten in Form eines Halbmondes ausgeschnittene lange Platten aus reinem Silber in Gestalt von Messerklingen, im Gewicht von 171, 173, 174, 183 und 190 Gramm, und mir scheinen dieselben unmöglich etwas anderes sein zu können als die so oft im Homer angeführten Talente. Diese mußten klein sein, indem z. B. (Ilias, XXIII, 262–271) Achilles in den von ihm beim Leichenbegängnis des Patroklos veranstalteten Wettspielen als ersten Preis eine Frau und einen Dreifuß, als zweiten ein Pferd, als dritten einen »$\lambda\dot{\varepsilon}\beta\eta\varsigma$«, als vierten zwei Talente von Gold und als fünften eine Schale mit zwei Henkeln einsetzte. Nr. 3595 und 3596 sind zwei große im Schatz gefundene silberne Vasen mit kugelrunder Basis. Auf jener unter Nr. 3596 sieht man das Bruchstück einer anderen silbernen Vase festgeschmolzen.

## TAFEL 201

stellt weiter aus dem Schatz des Priamos vor: unter Nr. 3597 und 3599 zwei kupferne Streitäxte, unter Nr. 3598 eine große kupferne Vase mit Henkel; Nr. 3600 ein ganzer Packen von in der Feuersbrunst zusammengeschmolzenen kupfernen Waffen, unter welchen man von dieser Seite zuerst das Bruchstück einer Streitaxt, dann einen langen, in eine Schneide auslaufenden Bolzen, darauf einen langen zweischneidigen Dolch, dessen Griff einst mit Holz eingefaßt gewesen ist, und ganz unten eine große breite Lanze erkennt, in welcher noch der Nagel oder Stift steckt, womit sie im Schaft befestigt war. Auf der anderen Seite dieser großen Lanze ist noch eine kleinere festgeschmolzen. Nr. 3600a ist wiederum ein zweischneidiger Dolch mit sehr langem, am Ende umgebogenem und einst mit Holz eingefaßt gewesenem Griff. Nr. 3600b ist eine Waffe, deren Gebrauch uns unverständlich ist; sie besteht in einer langen viereckigen, in eine Schneide auslaufenden Stange. Nr. 3600c ist eine große silberne Vase mit Henkel und kugelrunder Basis; in dieser Vase befanden sich sämtliche kleinen goldenen Schmucksachen des Schatzes sowie die beiden kleinen goldenen Becher.

## TAFEL 202

ist die Fortsetzung des Schatzes des Priamos. Unter Nr. 3601 sieht man noch einmal alle bereits auf Tafel 195 abgebildeten sechs goldenen Armbänder und erkennt unter denselben, wenigstens einigermaßen, die Verzierungen des breiten Armbandes, welche unter Nr. 3505 auf Tafel 195 gar nicht zu erkennen sind. Nr. 3602 ist ein mit dem Hammer getriebener ($\sigma\varphi\upsilon\varrho\dot\eta\lambda\alpha\tau o\nu$) herrlicher Becher aus reinstem Gold im Gewicht von 226 Gramm; nr. 3603 ein kleiner Becher aus Elektron, der aber nach der Untersuchung des Professors Landerer 80 Proz. Gold und 20 Proz. Silber enthält; derselbe ist ebenfalls mit dem Hammer getrieben und wiegt 70 Gramm. Nr. 3603a ist eine herrliche kugelrunde Flasche aus reinstem Gold im Gewicht von 403 Gramm; ich glaubte früher, dieselbe sei mit dem Hammer getrieben, und schrieb so im Text, bin jetzt aber doch im Zweifel darüber, ob sie nicht gegossen ist; von einer Zusammenschmiedung sieht man nichts; am Halse ist der Anfang einer Zickzackverzierung, die aber sehr fein graviert und in Photographie nicht zu erkennen ist. Nr. 3603b ist die innere Seite des großen, 600 Gramm wiegenden Bechers aus reinstem Gold, welcher zwei sehr große Henkel sowie einen großen und einen kleinen Mund zum Trinken hat; es scheint, daß derselbe gegossen ist und daß die nicht ganz massiven Henkel darangeschmiedet sind. Dies ist jedenfalls der von Homer »$\delta\acute\epsilon\pi\alpha\varsigma$ $\dot\alpha\mu\varphi\iota\varkappa\acute\upsilon\pi\epsilon\lambda\lambda o\nu$« genannte Becher, jedoch bleibe ich fest bei meiner Behauptung, daß auch sämtliche irdene Becher in Form von gewaltigen Champagnergläsern mit zwei ungeheuren Henkeln und kugelrunder oder spitzer Basis, so daß sie nur auf den Mund hingesetzt werden können, homerische $\delta\acute\epsilon\pi\alpha$ $\dot\alpha\mu\varphi\iota\varkappa\acute\upsilon\pi\epsilon\lambda\lambda\alpha$ sind.

## TAFEL 203

stellt denselben goldenen Becher von der Seite gesehen in natürlicher Größe dar.

## TAFEL 203a

gibt eine zweite Seitenansicht desselben Bechers in $^{59}/_{100}$ Größe.

## TAFEL 204

gibt in kleinem Maßstab einen Überblick über den ganzen Schatz des Priamos. Ganz oben in der Mitte hängt der große kupferne Schlüssel der hölzernen Kiste. Am Ende des zweiten Querbretts sieht man den großen goldenen Becher noch einmal in umgedrehter Stellung. Von den großen Dolchen hängen zwei am dritten Querbrett und sind schwer zu erkennen; drei andere Dolche sieht man auf dem vierten Querbrett; die Bruchstücke der übrigen Dolche liegen in der Quere, und ich selbst kann sie nicht herauserkennen.

## TAFEL 205

gibt die Photographie eines herrlichen Diadems ($\varkappa\varrho\acute{\eta}\delta\varepsilon\mu\nu o\nu$); sie besteht aus einer 51 Zentimeter langen goldenen Kette, von welcher auf jeder Seite acht 39 Zentimeter lange, ganz und gar mit kleinen goldenen Baumblättern belegte Ketten zur Bedeckung der Schläfen heruntergehen, und am Ende einer jeden dieser 16 Ketten hängt ein 3¼ Zentimeter langes goldenes Idol mit dem Eulenkopf der ilischen Schutzgöttin, der »$\vartheta\varepsilon\grave{\alpha}\ \gamma\lambda\alpha\upsilon\varkappa\tilde{\omega}\pi\iota\varsigma$ $\text{'}A\vartheta\acute{\eta}\nu\eta$« Homers. Zwischen dieser Schläfenbedeckung sieht man die 74 ebenfalls mit goldenen Baumblättern belegten 10 Zentimeter langen Kettchen der Stirnbedeckung, an deren jedem unten ein doppeltes, 2 Zentimeter langes Baumblatt hängt.

## TAFEL 206

zeigt ein zweites goldenes Diadem ($\varkappa\varrho\acute{\eta}\delta\varepsilon\mu\nu o\nu$); es besteht aus einem 55 Zentimeter langen, 12 Millimeter breiten Stirnband, von dem zur Bedeckung der Schläfen an jeder Seite sieben mit je elf viereckigen, mit einer Rille versehenen Blättern geschmückte Kettchen hängen, die durch vier Querkettchen miteinander verbunden sind und an deren jeder unten ein 25 Millimeter langes goldenes Idol der eulenköpfigen trojanischen Minerva prangt. Die ganze Länge einer jeden Kette mit dem Idol beträgt 26 Zentimeter. Zwischen diesem Schläfenschmuck hängen 47 mit vier viereckigen Blättchen verzierte Kettchen herab, an deren jedem ein 18 Millimeter hohes Idol der ilischen Schutzgöttin hängt; die Länge dieser Kettchen mit den Idolen ist nur 10 Zentimeter. Unterhalb dieser Kopfbinde sieht man vier herrliche goldene Ohrgehänge, wovon nur zwei einander vollkommen gleich sind; von dem oberen Teil derselben, der fast in Korbform und mit zwei Reihen Verzierungen in Form von Perlen geschmückt ist, hängen sechs mit drei kleinen Prismen versehene Kettchen herunter, an deren Enden man kleine goldene Idole der Schutzgöttin Trojas sieht. Die Länge dieser beiden Ohrgehänge beträgt 9 Zentimeter. Der obere Teil der beiden anderen Ohrgehänge ist größer und dicker, aber ebenfalls fast in Korbform, und von demselben hängen fünf ganz mit kleinen runden Blättchen bedeckte Kettchen herunter, an deren jeder ebenfalls ein kleines imposantes Idol der trojanischen Minerva befestigt ist; die Länge des einen dieser Gehänge ist 9, die des andern 8 Zentimeter.

## TAFEL 207 UND TAFEL 208

stellen 25 Schnüre mit 8700 der kleinen goldenen Gegenstände dar, die ich lose in der großen silbernen Vase im Schatz fand; dieselben bestehen aus kleinen Goldringen von nur

3 Millimeter im Durchmesser, glatten oder in Form von Sternchen ausgeschnittenen, 4 Millimeter im Durchmesser haltenden, runden oder viereckigen Goldperlchen; 2½ Millimeter hohen, 3 Millimeter breiten, der Länge nach mit acht Einschnitten verzierten durchbohrten goldenen Würfeln; 5 Millimeter langen, 4 Millimeter breiten, der Länge nach mit einer Röhre zum Aufziehen versehenen Baumblättchen; kleinen 9 Millimeter langen, auf einer Seite mit einem Knopf, auf der anderen mit einem durchgehenden Loch versehenen Goldstangen; 5 Millimeter langen, 2½ Millimeter breiten durchbohrten goldenen Zylindern und Prismen; nur 7 Millimeter im Durchmesser haltenden zusammengeschmiedeten doppelten oder dreifachen goldenen Ringen mit durchgehendem Loch an zwei Seiten zum Aufziehen; man sieht dort ferner zwei goldene durchbohrte Prismen von 3 Millimeter Dicke und 19 Millimeter Länge sowie ein goldenes Stäbchen von 21 Millimeter Länge und 1½ bis 2 Millimeter Dicke; es hat an einem Ende ein durchgehendes Loch zum Aufziehen, an dem anderen sechs herumgehende Einschnitte, welche dem Gegenstand das Ansehen einer Schraube geben, und nur mittels einer Lupe erkennt man, daß es keine wirkliche Schraube ist.

Von diesen 25 Schnüren kleiner goldener Gegenstände würde man 14 lange Halsketten machen können.

Diese beiden Tafeln geben ferner nochmals die photographischen Bilder von 21 Stück der bereits auf Tafel 196 durch photographierte Zeichnung dargestellten 56 goldenen Ohrringe des Schatzes, indem diese letztere Tafel nicht recht gelungen ist. Auch sieht man auf Tafel 208 nochmals die bereits auf Tafel 196 dargestellten beiden goldenen Stangen, wovon jede 21 Durchbohrungen hat.

## TAFEL 209

stellt aus dem Schatz des Priamos 35 goldene Ohrringe ohne Gehänge dar, deren Zeichnungen auf Tafel 196 nicht recht gelungen waren; ferner vier herrliche fast korbförmige Ohrringe, wovon zwei je fünf herunterhängende, mit goldenen Blättchen bedeckte Kettchen haben, an denen Idole der Schutzgöttin Trojas befestigt sind. Von den beiden übrigen Ohrringen hat einer sechs, der andere sieben herunterhängende, mit Zylindern geschmückte goldene Kettchen, an deren jeder ein ähnliches Idol derselben Göttin prangt. Oberhalb der Ohrringe sieht man ein 46 Zentimeter langes, 1 Zentimeter breites goldenes Stirnband mit drei Durchbohrungen an jedem Ende; es ist durch acht vierfache Reihen von Punkten in neun Fächer geteilt, in deren jedem man zwei große Punkte sieht, und eine ununterbrochene Reihe von Punkten ziert den ganzen Rand.

## TAFEL 211

gibt ein Bild des doppelten Skäischen Tors nach Beendigung der Ausgrabungen, von der Nordwestseite gesehen; man sieht auch den von demselben zur Ebene hinunterführenden, mit großen Steinplatten gepflasterten Weg. Hinter dem Skäischen Tor sieht man den großen Turm Iliums und links von letzterem die von späteren, aber vorgriechischen Bauten belasteten Ruinen des Palastes des Priamos. Im Vordergrund rechts, wo der Türke liegt, ist eine stehengebliebene Schuttwand, und am Fuß derselben, da wo der Grieche steht, ist die vom Skäischen Tor in westnordwestlicher Richtung ablaufende große trojanische Ringmauer, deren Bau von Homer dem Neptun und dem Apollo zugeschrieben wird. Die Mauern links, auf deren einer der Mann mit dem Strohhut sitzt, gehören zum königlichen Palast; auf denselben ruhen keine Bauten aus posttrojanischer Zeit.

## TAFEL 212

gibt eine Ansicht des doppelten Skäischen Tors, von der Südostseite aus gesehen, und man sieht wiederum den von demselben zur Ebene hinabführenden, mit großen Steinplatten gepflasterten Weg. Vor dem Tor und der Straße sieht man einen Teil von Iliums großem Turm, und zur rechten Hand vor, neben und hinter dem Tor die teils von späteren, aber vorgriechischen Mauern belasteten, teils freistehenden Trümmer des Palastes des Priamos. Hinter dem Skäischen Tor sieht man wiederum die von demselben in westnordwestlicher Richtung weitergehende große Göttermauer; so gut als ich es auf diesem Bild bezeichnen kann, auf der Stelle, wo ich ein »a« gesetzt habe, wurde der Schatz des Priamos gefunden. Im Hintergrund, da wo der Mann steht, sieht man eine von gewaltigen behauenen Steinen erbaute Mauer, die, wie sich jetzt herausgestellt hat, zu einem Turm aus hellenischer Zeit gehört; der hervorstehende untere Teil derselben ist bedeutend älter als der obere; erstere mag aus der Zeit der Gründung der griechischen Kolonie und letzterer aus der Zeit des Lysimachos stammen. Ich legte diese Mauer bereits Anfang April 1870 bloß, und mein damaliger Einschnitt war ganz auf der richtigen Stelle angelegt. In der Tat würde mich derselbe, wenn ich ihn damals fortgesetzt hätte, in einigen Wochen zur großen trojanischen Ringmauer, zum Schatz des Priamos, zu dessen Palast, zum Skäischen Tor und zu Iliums großem Turm geführt haben, während ich, diesen ersten Graben später vernachlässigend, riesenhafte Durchstiche kreuz und quer durch die ganze Baustelle von Troja zu machen hatte, um diese Monumente unsterblichen Ruhmes zu finden.

Hinter jener Turmmauer sieht man die Ebene von Troja, den Hellespont, die Insel Imbros und über dieselbe hin das Gebirge von Samothrake. Am rechten Ende des Bildes sieht man, über die Ruinen des königlichen Hauses hinaus, durch den großen Einschnitt ebenfalls einen Teil der Ebene von Troja.

## TAFEL 213

ist der von dem Ingenieur Herrn Adolphe Laurent für mich aufgemachte Plan des Iliums der griechischen Kolonie; auf demselben sieht man alle 20 Brunnen genau bezeichnet, die ich gegraben habe, um genau zu erforschen, wie weit des alten Troja Baustelle sich erstreckt hat; auch findet man auf diesem Plan die Tiefe eines jeden Brunnens sowie die Natur des Bodens, in welchem er gegraben ist, genau angegeben; die Schrift ist aber so klein, daß man eine Lupe zur Hilfe nehmen muß. Der Maßstab dieses Plans ist $^{278}/_{10000}$ Millimeter per Meter, worauf ich ganz besonders aufmerksam mache [hier 1:4484].

## TAFEL 214

gibt den von demselben Ingenieur aufgemachten Plan meiner Ausgrabungen in Troja in den Jahren 1870, 1871, 1872 und 1873. Der Maßstab dieses Plans ist $^8/_{10}$ Millimeter per Meter, worauf ich besonders aufmerksam mache [hier 1:1563].

## TAFEL 215

ist der von ebendemselben aufgemachte Plan des alten Troja zur Zeit des Trojanischen Kriegs, wie sich derselbe durch meine Ausgrabungen herausstellt. Der Maßstab dieses Plans ist 9/10 Millimeter per Meter [hier 1 : 1389].

## TAFEL 216

ist ein ebenfalls von Herrn A. Laurent aufgemachter besonderer Plan des doppelten Skäischen Tors und des großen Turms von Ilium. Der Maßstab dieses Plans ist 34/10 Millimeter per Meter [hier 1 : 3125].

## TAFEL 217

stellt die größte der hier vielfältig vorkommenden Vasen dar, die einen glatten Hals und auf jeder Seite zwei ohrenförmige Verzierungen haben, zwischen denen zwei gewaltige Flügel angebracht sind, welche, da sie eine Höhlung haben, auch scharf auslaufen, nie als Griffe gedient haben können, um so mehr, als zwischen den ohrenartigen Verzierungen auf jeder Seite ein kleiner Henkel ist. Da nun letzterer einem Eulenschnabel ähnlich ist, um so mehr, als man ihn zwischen den Ornamenten in Form von Ohren sieht, so hat man ohne Zweifel beabsichtigt, somit auf jeder Seite der Vasen das Bild der Eule mit emporgehobenen Flügeln darzustellen, welchem der herrliche, mit einer Krone versehene Deckel ein erhabenes Ansehen gibt. Diese Art Deckel, die jedenfalls auch als Becher gedient haben und die ich im Text nur als solche beschrieb, da ich auf ihren Gebrauch als Deckel erst ganz kürzlich aufmerksam wurde, kommen in allen Schuttschichten zwischen 3 und 10 Metern Tiefe, und besonders viel in den trojanischen Schuttschichten in 7 bis 10 Meter Tiefe vor.

# ZEITTAFEL

1822     am 6. Januar in Neubukow (Mecklenburg) geboren.

1823     Übersiedlung nach Ankershagen.

1832–33     Vorbereitung auf den Besuch des Gymnasiums in Kalkhorst.

1833–36     Schulbesuch in Neustrelitz.

1836–41     Aufnahme einer Kaufmannslehre, Handlungsgehilfe in Fürstenberg. Zwischenaufenthalt in Rostock und Hamburg. Versuchte Auswanderung nach Südamerika.

1842–46     Anstellung als Bürodiener und Handelskaufmann in Amsterdam. Lernt Englisch, Französisch, Holländisch, Spanisch, Portugiesisch, Italienisch und Russisch.

1846–64     Gründung und Leitung einer Handelsniederlassung in Petersburg und Moskau.

1850–52     Aufenthalt in Kalifornien.

1852–68     Erste Ehe mit Katharina Lyshina. Drei Kinder, Sergius, Natalia und Nadeshda. Annahme der russischen Staatsbürgerschaft.

1854     Lernt Schwedisch, Polnisch, Dänisch und Slowenisch.

1856–57     Lernt Neugriechisch, Altgriechisch und Lateinisch.

1858–59     Reise durch Europa und nach Ägypten, Palästina, Syrien und Athen. Lernt Arabisch.

1864–66     Liquidierung der Firma. Weltreise nach Ägypten, Indien, China, Japan, Amerika. Lernt Hindostanisch.

1866–70     Studium der Altertumswissenschaften in Paris. Unterbrechung des Studiums durch Reisen. Lernt Persisch und Sanskrit.

1868     Reise nach Griechenland und Kleinasien.

1869     Promotion an der Universität Rostock. Reise nach Amerika und Annahme der amerikanischen Staatsbürgerschaft. Zweite Ehe mit Sophia Engastromenos. Zwei Kinder, Andromache und Agamemnon.

1870     Versuchsgrabung auf Hissarlik (Troja). Lernt Türkisch.

1871–73     Grabungen in Troja. Fund des »Schatzes des Priamos«.

1874     Versuchsgrabungen in Mykene.

1875     Reise nach Europa. Grabungen in Italien und auf Sizilien.

1876     Grabung in Mykene. Entdeckung von fünf Schachtgräbern.

1878–79     Grabungen in Troja mit Rudolf Virchow.

1880     Grabungen in Orchomenos (Böotien).

1881     Schenkung der Trojanischen Altertümer an das Deutsche Volk. Ehrenbürgerschaft von Berlin.

1882     Grabungen in Troja mit Wilhelm Dörpfeld.

1884–85     Grabungen in Tiryns mit Wilhelm Dörpfeld.

1886     Reise nach Mittelamerika und Kreta. Grabung in Orchomenos mit W. Dörpfeld.

1886–87     Reise nach Ägypten. Lernt Hebräisch.

1888     Grabung in Alexandria. Reise durch Ägypten mit Rudolf Virchow.

1889     Kreta-Aufenthalt. Erste Konferenz in Troja, Bötticher-Streit.

1890     Zweite internationale Konferenz in Troja. Letzte Ausgrabungen mit W. Dörpfeld. Ohrenoperation in Halle. Tod in Neapel am 26. Dezember. Begraben in Athen.

# VERZEICHNIS DER HAUPTWERKE SCHLIEMANNS

## DEUTSCHE AUSGABEN

*Reise durch China und Japan im Jahre 1865*, Rosgarten Verlag, Konstanz 1984 (Das Original erschien in französischer Sprache unter dem Titel *La Chine et le Japon au temps présent*. Librairie Centrale, Paris 1867)

*Ithaka, der Peloponnes und Troja. Archäologische Forschungen*. Giesecke & Devrient, Leipzig 1869

*Trojanische Alterthümer. Bericht über die Ausgrabungen in Troja*. Ein Textband und ein Atlasband. F. A. Brockhaus, Leipzig 1874

*Troja und seine Ruinen* (Vortrag Universität Rostock 17. 8. 1875), C. Quandt, Waren 1875

*Mykenae. Bericht über meine Forschungen und Entdeckungen in Mykenae und Tiryns*. F. A. Brockhaus, Leipzig 1878

*Ilios, Stadt und Land der Trojaner. Forschungen und Entdeckungen in der Troas und besonders auf der Baustelle von Troja*. Mit einer Selbstbiographie des Verfassers. F. A. Brockhaus, Leipzig 1881

*Orchomenos. Bericht über meine Ausgrabungen im Böotischen Orchomenos*. F. A. Brockhaus, Leipzig 1881

*Reise in der Troas im Mai 1881*. F. A. Brockhaus, Leipzig 1881

*Troja. Ergebnisse meiner neuesten Ausgrabungen auf der Baustelle von Troja, in den Heldengräbern, Bunarbaschi und andern Orten der Troas im Jahre 1882*. F. A. Brockhaus, Leipzig 1884

*Tiryns. Der prähistorische Palast der Könige von Tiryns, Ergebnisse der neuesten Ausgrabungen*. F. A. Brockhaus, Leipzig 1886

*Bericht über die Ausgrabungen in Troja im Jahre 1890*. Posthum erschienen mit einem Vorwort von Sophie Schliemann. F. A. Brockhaus, Leipzig 1891

*Heinrich Schliemann's Selbstbiographie. Bis zu seinem Tode vervollständigt* (durch Alfred Brückner). 1. Aufl. herausgegeben von Sophie Schliemann, F. A. Brockhaus, Leipzig 1892; ab 3. Aufl. herausgegeben von Ernst Meyer. Ab 1955 F. A. Brockhaus, Wiesbaden; 12. Aufl. 1979

*Briefe von Heinrich Schliemann*, herausgegeben von Ernst Meyer. Walter de Gruyter & Co., Berlin, Leipzig 1936

*Heinrich Schliemann, Briefwechsel*, herausgegeben von Ernst Meyer. Verlag Gebr. Mann, Berlin; Bd. I (1953) von 1842–1875; Bd. II (1958) von 1876–1890

kedonien und Kleinasien bis zum Taurus 16ff., 35, 81, 80, 93f., 116f., 124, 126f., 139, 141, 143, 145, 149, 156, 212, 216, 292

MacVeagh, Wyne: amerikanischer Gesandter 31

Mâjâ (Maria): laut Rigveda (s. da) die Mutter des heiligen Feuers (Agni), stellt die zeugende Kraft in weiblicher Form dar 64, 66, 121

Makrys, Theodoros: Arbeiter Schliemanns (aus Mitylene) 61

Marcus Aurelius Antoninus (Marc Aurel): 121–180 n. Chr., auf Empfehlung Kaiser Hadrians von seinem Onkel Antoninus Pius adoptiert und 161 dessen Nachfolger als römischer Kaiser 40, 111, 151

Mars: griech. Ares, der Gott des Kampfes, Sohn Jupiters und der Juno 154

Meleager: Sohn des Oineus, des Königs von Kalydon, und der Althaia. Er soll an der Argonautenfahrt teilgenommen haben, während der sich sein Onkel oder Halbbruder Laokoon um ihn kümmerte 160f.

Menelaos: Bruder des Agamemnon, König in Sparta, Gatte der von Paris entführten schönen Helena 42, 206

Metrodoros von Lampsakos: Freund des Epikuros (um 331/30–278/77 v. Chr.) 200

Metrodoros aus Skepsis: geboren um 160 v. Chr., gefördert von seinem Landsmann Demetrios, Schüler des Akademikers Karneades. Später trat er in Athen und Rhodos als Lehrer der Beredsamkeit auf, vermutlich Sohn des Themistagoras 188ff.

Minerva, ilische: (gr. Athene, Beiname: Pallas Athene), Tochter Jupiters, aus dessen Haupt geboren, jungfräuliche Göttin des Kriegs, der Wissenschaften und der Künste, Beschützerin Athens, das sie im Wettstreit mit Neptun gewann, und mehrerer Helden; Stadtgöttin von Ilium (Troja) 1, 16, 19ff., 37, 40, 49, 70, 72f., 83, 93, 96, 102, 105ff., 120, 130f., 137, 142f., 147f., 153, 156, 168f., 174f., 190, 206, 208, 226, 292ff.

Mortillet, G. de 22

Müller, Max: Sprachforscher, Indologe (1823 bis 1900), Begründer der vergleichenden Sprachwissenschaft, Professor in Oxford 32, 75ff., 116

Mykene: Stadt in der Argolis, vom 16. bis 12. Jh. v. Chr. ein bedeutendes Kulturzentrum 25, 71f., 127

Myrine: Amazone 112, 123, 203

Neptun: s. Poseidon

Nike: griechische Siegesgöttin, meist geflügelt dargestellt. Die »Nike apteros« hat keine Flügel 92

Nikolaïdes, M. G.: 24, 109, 112ff., 123

Numa: der zweite König von Rom, der dem jungen Volk Recht und Ordnung gab, den Frieden liebte und nach Weisheit strebte 22

Odyssee (s. auch Homer): Epos des Homer 43, 82, 111, 134, 296, 298

Pallas Athene: s. Minerva

Paris: Sohn des Priamos und der Hekabe, entführte Helena, nachdem er im Schönheitswettbewerb der Göttinnen Hera, Athene, Aphrodite der letzteren den Preis zugesprochen hatte 206

Parthenon: Tempel der Athene Parthenos auf der Akropolis von Athen, 448–442 v. Chr. von Phidias erbaut 18

Patroklos: Freund des Achilles, legt, als dieser, von Agamemnon gekränkt, sich nicht am Kampf beteiligte, dessen Rüstung an und wird von Hektor getötet. Darauf rächt ihn Achilles 43, 298

Paulus: Apostel 65

Pausanias: griechischer Schriftsteller aus Kleinasien (gest. 469/468 v. Chr.), verfaßte nach ausgedehnten Reisen um 180 eine Reisebeschreibung Griechenlands mit allen Sehenswürdigkeiten 103

Penelope: die treue Gattin des Odysseus, die zwanzig Jahre auf seine Rückkehr wartete, obwohl sie von vielen Freiern umworben wurde 296

Pergamos, Pergamon: die Burg von Troja bzw. die ganze Stadt 1, 4ff., 25, 35, 37, 52, 74f., 123f., 126, 134f., 141ff., 146, 148, 152, 155f., 165ff., 169, 173, 176f., 182, 186, 193, 196, 203ff., 212, 224

Perikles: (um 500–429 v. Chr.) athenischer Staatsmann, der Athen zum kulturellen Mittelpunkt Griechenlands machte 93